임호진 · 김윤수 공저

# C Programming

# 프로그래밍

BM 성안당
www.cyber.co.kr

# 머리말

고등학교 시절에 처음 C언어를 배웠다. 처음 C언어를 공부할 때는 C언어에만 있는 포인터(Pointer) 때문에 고생한 기억이 지금도 생각난다. 하지만, C언어를 사용해서 계속적으로 실제 프로그램을 개발해보았고 그 시간이 1년 정도를 넘었을 때 어느 정도 C언어를 사용할 수 있게 되었다. C프로그램을 사용해서 팝업(Popup) 메뉴와 풀다운(Full down) 메뉴를 만들었고 지금의 탐색기와 비슷한 NCD(Norton Change Directory) 프로그램도 만들어 보았다. 또 유닉스(Unix) 서버 프로그램을 공부하면서 IPC(Inter Processing Communication)와 Socket 프로그램도 만들었다.

이렇게 많은 응용 프로그램을 만들어 보면서 자신의 실력이 조금씩 조금씩 늘어나는 것을 느끼게 되고 어느 정도 시간이 지나면 컴퓨터 프로그램 언어와 관계없이 프로그램에 자신이 생기게 된다.

필자는 본 책에서 독자 여러분들에게 제가 느낀 개발자로서의 희열을 느끼게 하고 싶다.

안타깝게도 최근 C언어를 공부하는 분들을 보면 너무나 많은 문법을 아주 상세히 공부해서 응용 프로그램을 작성해 볼 시간도 없이 지쳐서 C언어 공부를 그만하게 된다. 이렇게 문법 위주로 학습하게 되면 C언어를 배우긴 했지만 실제로 기업에서 사용하는 프로그램을 만들 수는 없게 된다.

이것은 영문법을 공부했다고 영어를 할 수 없는 것과 동일한 것이다. 하지만, 영문법을 몰라도 회화로 많은 영어를 해보게 되면 자신도 모르게 문법에 맞게 영어를 하는 수준으로 올라가게 된다.

독자 여러분들은 많은 응용 프로그램을 직접 키보드로 입력해서 만들면서 C언어 공부를 해야한다. 그것이 느리고 시간이 오래 걸리는 것처럼 느낄 수 있지만 궁극적으로 그러한 노력이 독자 여러분들을 개발자 수준으로 올려줄 것이다.

C언어는 지금도 시스템 프로그램, 솔루션 개발, 서버 프로그램, 데이터베이스 프로그램(Pro*C) 등의 형태로 다양하게 사용되고 있다. 따라서 독자들은 C언어 응용 프로그램을 열심히 공부하여서 능력이 있는 소프트웨어 개발자가 되기를 바란다.

정보관리기술사 임호진

오래전 프로그래머의 꿈을 갖게 될 즈음, 동네 서점의 작은 책장 하나 정도가 IT 관련 서적의 다였던 것이 기억납니다. 좋은 책 한 권이 보물같이 아쉬울 때였습니다. 요즘도 서점에 갈 때면 IT 서적들을 거의 다 뒤적이게 되는데, 주제별로 많은 책이 놓여있는 것을 보면 행복하기도 하고 고마운 맘이 들기도 합니다. 이렇게 C언어 관련 책도 많이 있는데, 다른 한 권의 책을 더 내놓게 되니 설렘과 떨리는 마음이 함께 듭니다.

C 언어를 이용하여 프로그래밍을 처음 시작하시는 독자들을 생각하며 빠뜨림 없이 담으려 노력하였으나, 모든 것을 담으려 하기에 앞서 실제 프로그램 개발에 필요할 경험을 전하는 것에 더 집중하였습니다. 특히, C언어는 컴퓨터시스템에 대한 이해와 함께 학습하는 것이 필요하고, 프로그램을 개발하다 보면 C언어 문법보다 개발 환경과 시스템에 대한 이해 부족으로 어려움을 겪는 경우가 더 많기 때문입니다.

아마도 '멘토의 한 수' 책으로 C언어를 공부하시는 독자들은 이제 막 프로그래밍에 입문하시는 분일 것으로 생각합니다. 제 경우도 도서 등을 통해 지식을 다진 후 개발을 진행하는, 그것도 같은 주제를 여러 책으로 학습하는 습관이 있기에 '꼭 필요한 저자의 경험과 정확한 지식'을 담은 책을 만나면 참 좋습니다. 여러 가지 부족하겠지만, 그런 느낌을 전할 수 있는 책으로 기억될 수 있다면 정말 기쁘겠습니다. 또, 이번에 미처 담지 못한 내용이나 궁금하신 것들은 홈페이지 등을 통해 소통하고 나누어 가면 좋겠습니다.

처음 C/C++를 성안당의 책으로 공부하였는데, 시간이 흘러 C언어 책을 성안당에서 출간하게 되니 감회가 새롭습니다.

책을 쓸 기회를 주신 임호진 멘토님께 감사하고, 특히 배우고자 하는 태도와 가치를 만드는 능력이 중요함을 알려 주셔서 고맙습니다.

또 오랫동안 기다려 주시고, 완성까지 지원해 주신 최재석 대리님께도 감사의 밤을 전합니다.

끝으로, 소중한 아내와 두 아이, 그리고 항상 좋은 것으로 예비하시는 하나님, 힝싱 고맙고 사랑합니다.

저자 김윤수

## ■ 멘토의 한수 무료 C언어 동영상 신청하기 : www.c언어.com

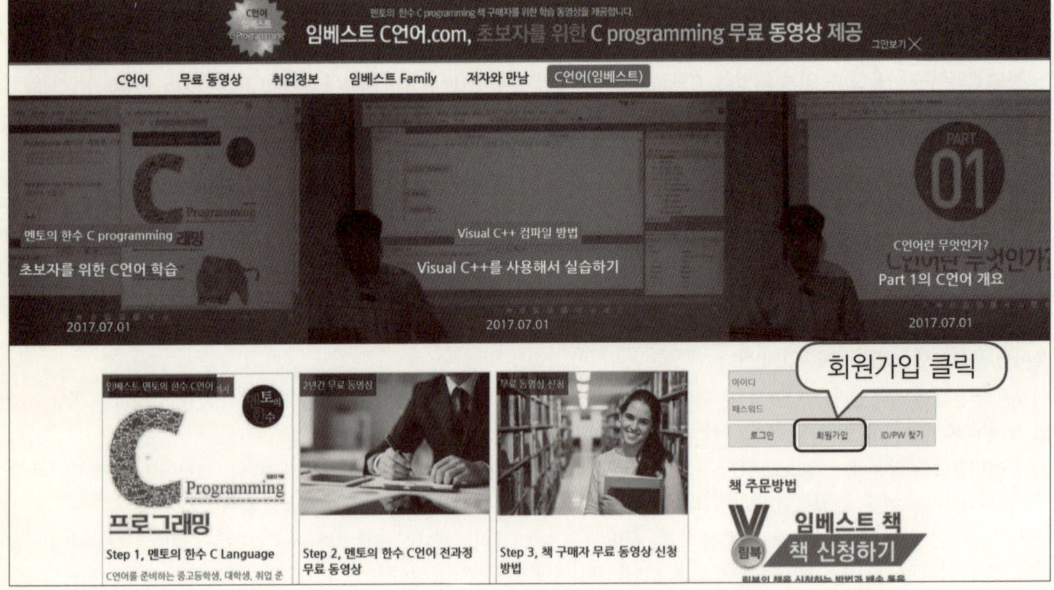

❶ www.c언어.com : 회원가입

❷ limhojin123@naver.com으로 아래의 내용을 발송

1) 회원 아이디
2) 책구매 사진
3) gmail 주소

❸ 신청 후에 동영상 정보를 gmail로 발송해 드립니다.

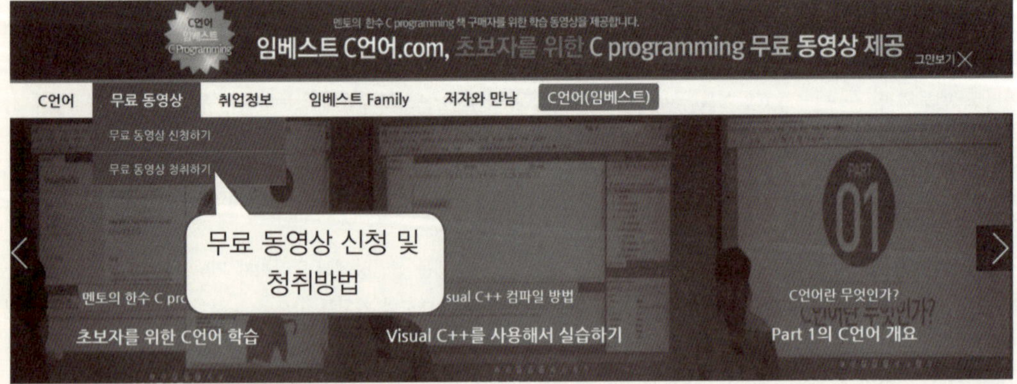

## ■ 멘토의 한 수 C프로그래밍 도서의 특징 및 학습서비스

### | 4단계 학습법 |

- 1단계 : 어렵게 느껴지는 프로그래밍 내용을 쉽게 풀이한 내용과 구성, 저자의 실전 노하우가 담긴 다양한 실무 예제를 통해 C프로그래밍을 이해하고 정복할 수 있습니다.
- 2단계 : 도서 전체 내용을 저자 직강의 무료 동영상 강의를 통해 이해할 수 있도록 하였습니다.(2년간 무료 이용)
- 3단계 : 무료 오프라인 교육을 통하여 저자의 설명을 직접 듣고 학습할 수 있습니다.(홈페이지 공지)
- 4단계 : 전용 홈페이지(www.c언어.com)를 통해서 모든 학습서비스 및 자료를 제공받아 학습할 수 있습니다.

❶ 전용 홈페이지(www.c언어.com)를 통한 지속적인 학습서비스 지원
- 무료 동영상강의
- 강의용 PPT 자료
- 무료 특강 공지
- 기타 학습자료 제공
- 저자와 만남(저자에게 물어보기)

❷ 무료동영상강의 제공(2년 무료)
본 도서의 전체 내용을 저자직강 동영상강의를 통해 학습할 수 있습니다.

❸ 강의용 PPT 자료
강의용 파워포인트 자료를 일선 선생님들에게 제공합니다.

❹ 무료 특강
무료 오프라인 교육을 통하여 저자의 설명을 직접 듣고 학습할 수 있습니다.
(홈페이지 공지, 일정 이상 인원 참석 시 선착순 진행)

❺ 학습자료
전용 홈페이시에서는 도서 내용 외의 실무 평가문제 능을 지속적으로 제공합니다.

# CONTENTS

# C언어란 무엇인가?

C언어는 간결한 문장구조로 되어 있으며, 어떤 운영체제(Operating System)에서도 실행될 수 있는 언어로 이식성이 아주 우수하다. 또한 C언어는 주기억장치에 직접 접근하여 데이터를 읽거나 수정할 수 있는 포인터(Pointer) 기능을 제공하며, 다양한 디바이스를 직접 제어할 수 있는 인터럽트(Interrupt) 기능을 지원한다.

# Cprogramming

# C언어

## 01 Point C언어 탄생

1972년 미국 벨 연구소에서 만들어진 절차형 언어로 인간이 이해하기 쉬운 고급언어(High Level Language)와 저급언어(Low Level Language)의 특징을 모두 가지고 있는 언어이며 윈도우 소프트웨어 개발, 유닉스 및 리눅스에서 소프트웨어 개발, 아이폰의 iOS 환경에서 소프트웨어 개발 시에도 사용되는 가장 범용적인 언어이다.

C언어는 간결한 문장구조로 되어 있으며, 어떤 운영체제(Operating System)에서도 실행될 수 있는 언어로 이식성이 아주 우수하다. 또한 C언어는 주기억장치에 직접 접근하여 데이터를 읽거나 수정할 수 있는 포인터(Pointer) 기능을 제공하며, 다양한 디바이스를 직접 제어할 수 있는 인터럽트(Interrupt) 기능을 지원한다.

### (1) 이식성

- C언어로 개발된 프로그램은 컴퓨터의 기종과 관계없이 컴파일되고 실행될 수 있다.

### (2) 다양성

- 과학계산 프로그램 및 윈도우와 같은 GUI(Graphics User Interface), 시스템 프로그램(System Program) 등과 같이 어떤 프로그램도 개발할 수 있다.

### (3) 유연성

- C언어는 함수를 기반으로 하는 프로그램으로 프로그램을 구조적으로 분할하여 개발할 수 있으며, 높은 모듈화를 지원한다.
- 모듈화란, 프로그램을 독립적인 기능을 수행하는 함수단위로 개발하여 프로그램 변경이 발생하면 해당 함수만 변경하여 프로그램 변경의 효율성을 향상시킨다.

### (4) 확장성

- 다른 프로그램 언어와 혼합하여 개발할 수 있어서 높은 확장성을 지원한다.
- 즉, C 프로그램 개발 시에 어셈블러(Assembly)를 혼용해서 개발할 수 있다.

## 02 Point  C언어를 사용해서 개발하는 업무

C언어는 다양한 분야에서 사용되고 있다. 즉, 은행, 증권회사, 보험회사와 같은 금융권 뿐만 아니라 스마트 폰을 제어 하거나 자동차를 제어하는 제조분야 등에서 다양하게 사용된다.

### 가. 금융권에서 C언어의 사용분야

좀 더 구체적으로 어떤 업무에서 어떻게 C언어가 사용되는지 이해하게 되면 독자가 무엇을 준비해야 하고 공부해야 하는지 정확하게 이해할 것으로 생각된다.

금융권에서 C언어의 사용분야는 크게 두 가지 분야로 볼 수 있다. 첫 번째는 **기업들 간에 데이터를 주고 받기위해서 통신 프로그램을 개발할 때 C언어를 사용**한다. 예를 들어 한국은행과 KB은행 간에 데이터를 송신하고 수신하기 위해서 C언어를 사용할 수가 있고, 이때 **socket( )함수라는 것을 사용해서 통신**을 한다. 또한 데이터를 메모리(Memory)에 올려두고 여러 프로그램들을 같이 사용하거나 한 컴퓨터 내에서 프로그램 간에 통신을 수행하는 부분에 활용된다. 즉, **IPC(Inter Processing Communication)라는 프로세스 간에 통신**을 수행할 때 사용된다.

■ 금융권에서 C언어 사용

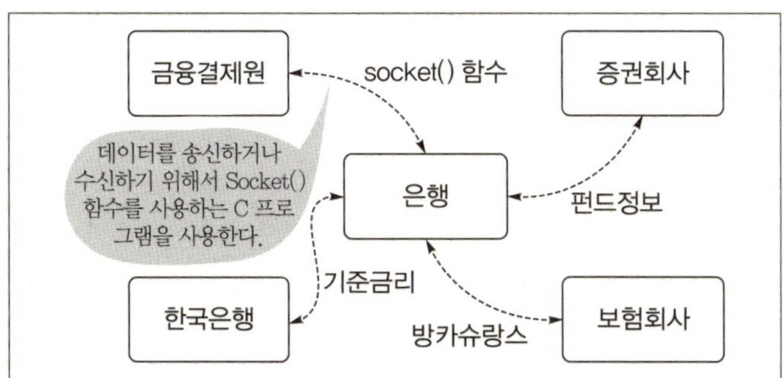


두 번째로 사용되는 부분은 데이터베이스(Database)와 같이 사용하는 Pro*C이다. Pro*C는 C언어와 완전히 동일한 것이지만 C언어에 데이터베이스를 조회하거나 입력, 수정, 삭제 등을 할 수 있는 SQL(Structure Query Language) 기능이 추가된 것뿐이다.

■ 데이터베이스에서 C언어 사용

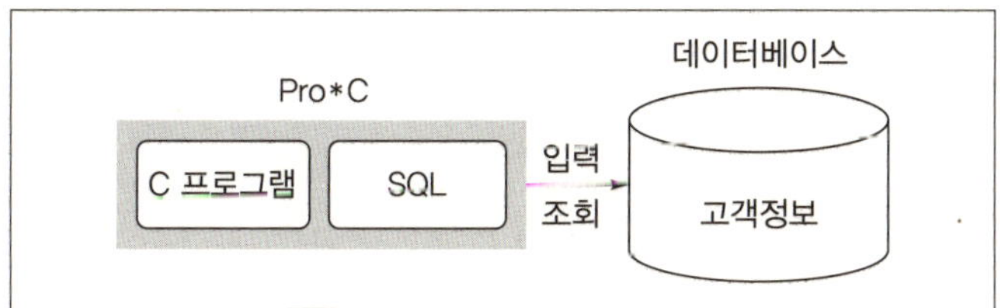

## 나. IoT 서비스를 위한 Device Driver

이마트나 홈플러스와 같은 유통회사에서 물건을 구매하면 바코드(Bar Code)로 상품을 체크(Check)하고 카드 단말기를 통해서 결제를 할 것이다. 이러한 시스템에서는 카드 단말기를 제어하거나 바코드를 제어해서 옆에 있는 컴퓨터에 전송한 후 구매한 상품목록과 결제금액을 계산해야 한다.

이러한 프로그램은 특정한 **디바이스(Device)을 제어해야 하는데, 이때 C언어를 사용**해서 제어할 수가 있다. C 프로그램을 통해서 다바이스에 명령을 내리거나 데이터를 보낼 수도 받을 수도 있다.

■ 디바이스 드라이버(Device Driver)

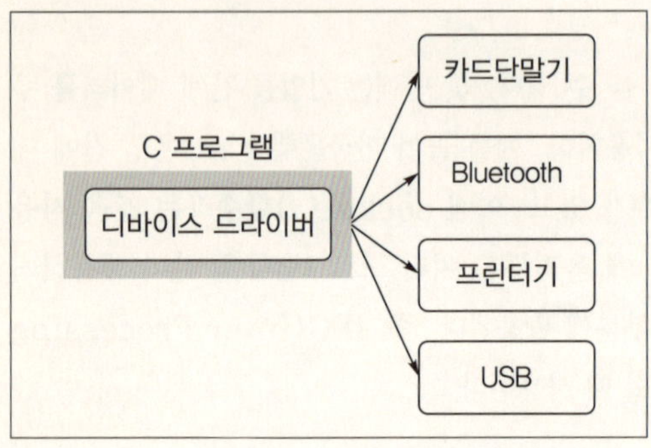


# 03 Point 컴파일러 설치하기

본 책에서 나오는 다양한 C언어 프로그램을 실습하기 위해서 Visual Studio를 설치해보자. Visual Studio는 누구나 무료로 다운로드 받을 수 있고 실습할 수가 있다.

■ 설치 프로그램 실행

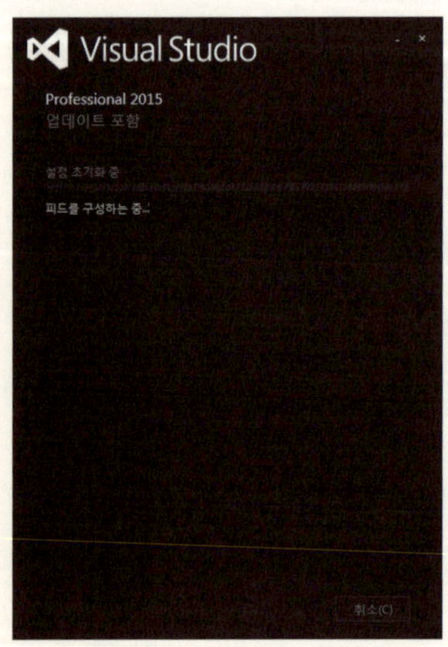


설치 프로그램을 실행하면, 먼저 최신 버전으로 업데이트를 위해서 업데이트 정보를 다운로드 받는다.
그리고 최신버전 설치를 위해서는 데스크톱 PC에 인터넷 익스플로우 10 이상의 버전이 설치되어 있어야 한다.

### ■ 설치 디렉터리 지정

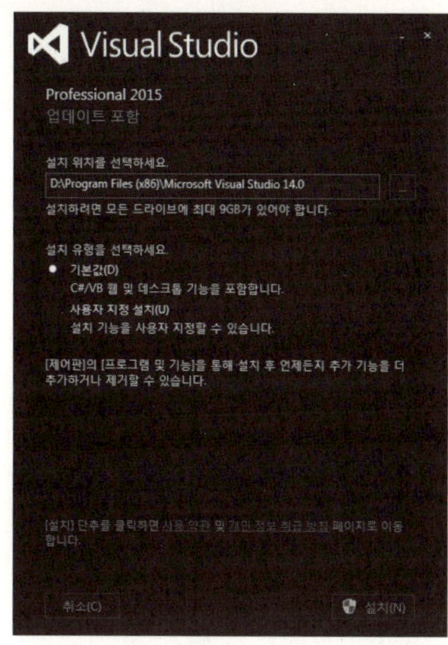

C 드라이브에 공간이 없으면 D 드라이브로 변경하거나 USB에 설치할 수도 있다.

설치위치를 자신이 결정해서 수정할 수도 있지만 별도로 수정하지 않으면 C:\Program Files(x86)에 설치된다.

설치유형에서 기본값은 Visual Studio에 필요한 모든 기능을 설치한다. 만약, 사용자 지정 설치를 선택하면 불필요한 프로그램을 설치하지 않을 수도 있다.

### ■ 사용자 지정 설치

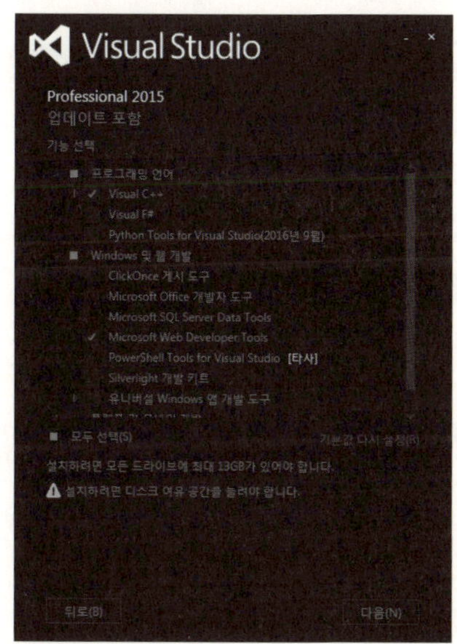

사용자 지정 설치를 선택하면 자신이 필요한 부분을 선택하면 된다. 실습을 위해서는 Visual C++를 선택하면 된다. 물론 디스크 여유공간이 있으면 기본값을 선택하면 된다.

### ■ 설치목록 확인

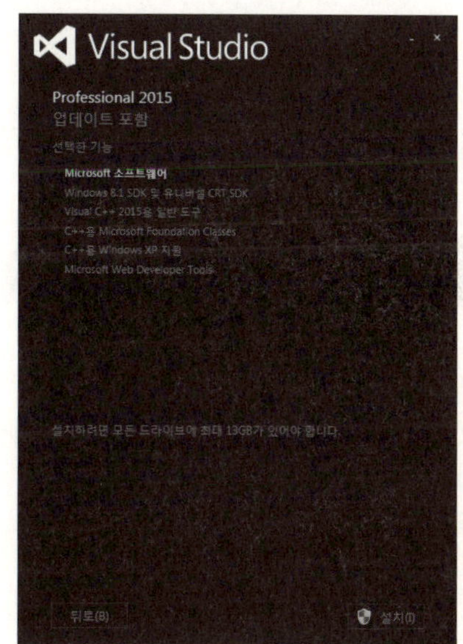

최종적으로 설치되는 프로그램 목록을 확인하고 설치버튼을 클릭하면 Visual Studio가 설치된다.

# 04 / Point  C언어 실행하기

프로그래머가 작성한 프로그램을 소스코드(Source Code)라고 하고 소스코드를 실행 파일로 만들려면 컴파일러(Compiler)가 있어야 한다. C언어를 컴파일하기 위해서는 윈도우 운영체제에서는 Visual Studio가 있고 유닉스 및 리눅스에서는 gcc 컴파일러가 있다.

■ 언어번역 프로그램 Visual Studio 예제

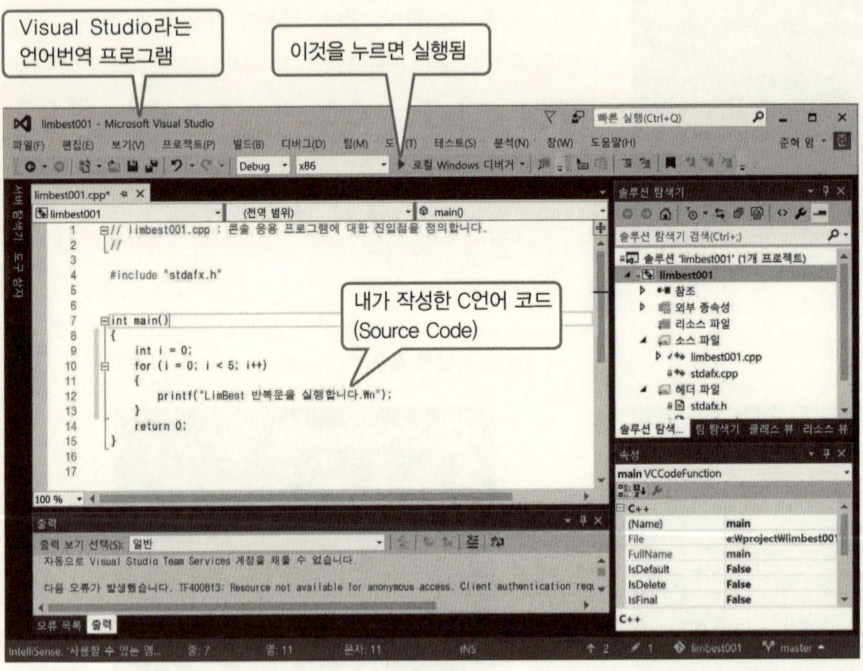


프로그램 개발자가 코드를 작성하면 실행까지 다음과 같은 단계를 가진다. **컴파일러는 소스코드를 목적 프로그램으로 변환하고, 연계는 목적 프로그램을 최종 실행파일로 변환**하는 작업이다.

■ 소스코드(Source Code) 실행과정

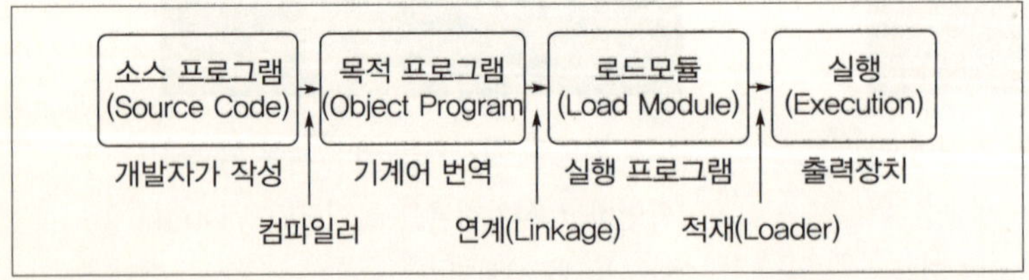


로더(Loader)는 실행 프로그램을 메모리에 할당, 연결, 재배치를 수행하는 프로그램이다.

개발자가 C 프로그램을 작성하면 그것을 **소스코드(Source Code)라고 한다. 소스코드는 일반 텍스트(Text)**로 되어 있고 프로그램을 실행할 수는 없다. 개발자가 만든 소스코드는 **컴파일(Compile) 단계를 걸쳐서 목적 프로그램(Object Program)**이 만들어진다. 목적 프로그램은 ***.obj로 끝나는 파일이고 목적 프로그램도 바로 실행할 수는 없다. 마지막 단계로 **연계(Linkage) 단계를 실행하면 최종 실행파일(***.exe)**이 만들어진다. 이 단계까지 수행하면 프로그램은 모두 만든 것이다.

만들어진 프로그램을 사용자가 실행하면 프로그램은 주기억장치에 적재되는데, 이때 적재를 수행하는 프로그램을 로더(Loader)라고 한다. 로더는 윈도우 및 유닉스, 리눅스 등의 운영체제에서 알아서 해주는 작업으로 개발자는 신경 쓸 필요가 없다.

지금까지의 실행파일을 만들고 Visual Studio에서 빌드(Bulid)를 누르면 지금까지 모든 단계를 자동으로 수행하게 된다.

컴파일러와 같은 것을 언어 번역기라고도 이야기 한다. 즉, 인간이 이해하기 쉬운 언어로 작성된 것을 기계(Machine)가 이해할 수 있도록 하는 것이고, 언어 번역기에는 컴파일러 이외에 어셈블러, 인터프린터 등도 있다.

### ■ 언어 번역기 종류

| 언어 번역기 종류 | 상세기능 |
| --- | --- |
| 컴파일러(Compiler) | - 고급언어(C, JAVA, COBOL 등)로 작성된 소스코드를 기계어로 변환 |
| 어셈블러(Assembler) | - 어셈블리 언어로 작성된 소스코드를 기계어로 변환 |
| 인터프린터(Interpreter) | - 대화식으로 작성된 프로그램을 즉시 기계어로 번역하고 실행 해주는 프로그램<br>- 한 줄 단위로 바로 실행하는 것을 의미함 |

* 컴퓨터 언어는 고급언어와 저급언어로 분류되는데, 고급 언어는 인간이 이해하기 쉬운 언어이고 저급언어는 어셈블리 언어로 작성된 것으로 기계가 이해하기 쉬운 언어이다.

컴파일러는 소스코드 전체를 한 번에 목적 파일로 변환하지만 인터프린터는 한 줄(행단위) 단위로 기계어로 번역하고 실행까지 수행하는 것이다.

이제 실제 Visual Studio로 프로그램을 만들고 실행해보자.

먼저 Visual Studio를 실행하고 새 프로젝트 만들기를 실행한다. 새 프로젝트에서 Win32 콘솔 응용 프로그램을 선택하고 확인 버튼을 누른다.

## ■ 프로젝트 만들기(1)

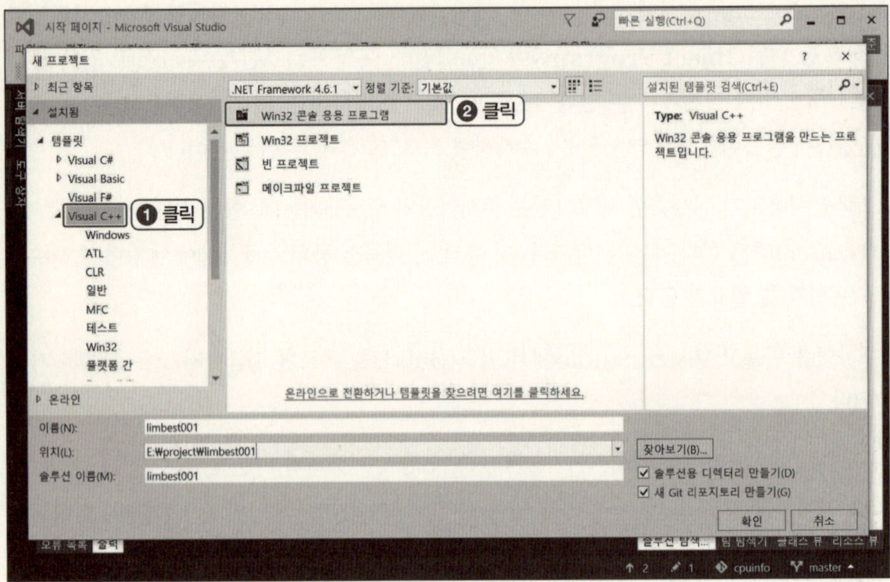

콘솔 응용 프로그램은 명령 프롬프트에서 실행 될 프로그램을 개발하는 것이다.

## ■ 콘솔 응용 프로그램 선택(2)

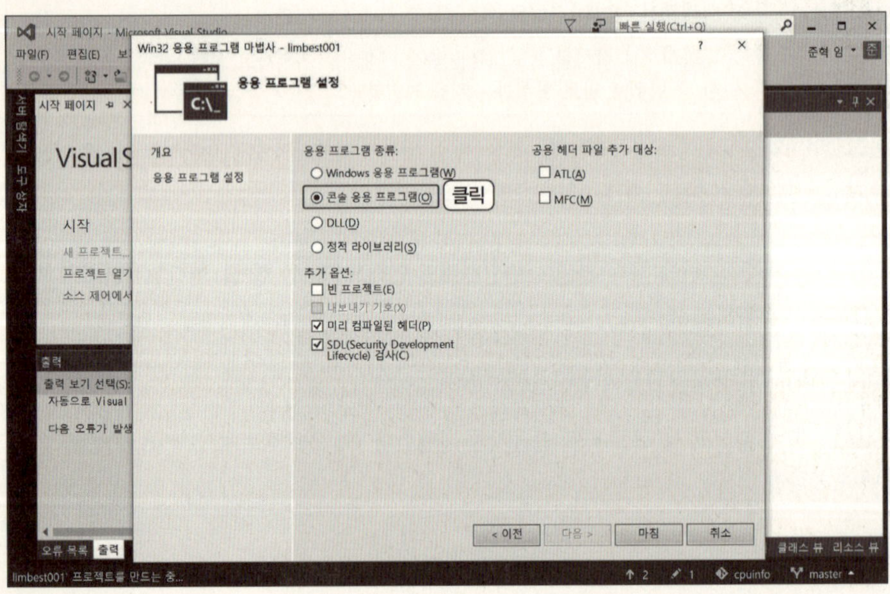

빌드 메뉴에서 빌드 혹은 컴파일을 선택해서 실행하면 프로그램을 실행할 수 있다.

■ 프로그램 작성 및 컴파일(3) (본 화면은 Visual Studio 버전별로 차이가 있음)

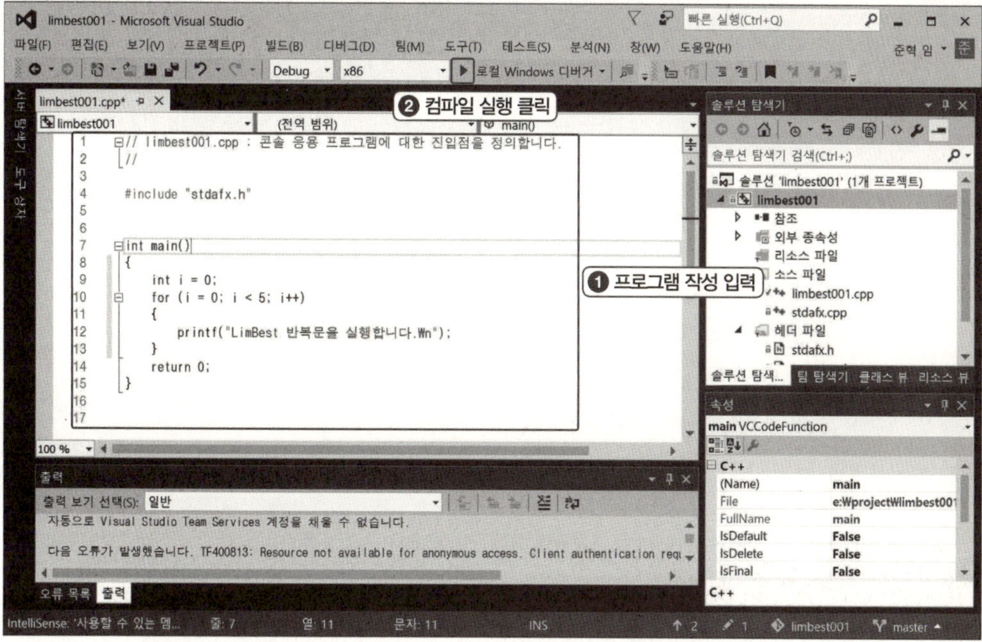


에러 없이 정상적으로 실행되면 다음과 같이 콘솔에 실행결과가 출력된다.

■ 프로그램 실행결과(4)

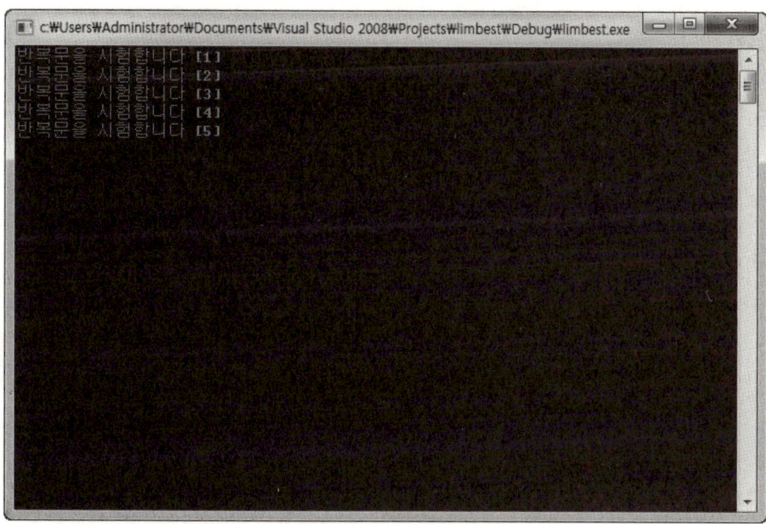

> **TIP** Visual Studio에서 프로그램을 실행하면 바로 콘솔(창)이 닫혀서 내용을 볼 수가 없어요!
>
> Visual studio로 프로그램을 컴파일시키면 잠깐 검은색 창이 나왔다가 살아질 것이다. 그래서 프로그램 실행 결과를 확인하기 어렵다. 이런 경우 두 가지 방법으로 확인할 수 있다.
>
> **(1) getchar( )함수를 추가하라.**
>
> - 프로그램에 getchar( )라고 한 줄 넣으면 사용자 키보드로 문자 하나를 입력 받을 때까지 프로그램이 대기한다.
>
> ```
> void main(void)
> {
>     getchar( );
> }
> ```
>
> **(2) 디버깅으로 실행하라.**
>
> - 디버깅으로 실행하고 Break Point를 설정하면 프로그램이 해당 시점에 멈춘다.

마지막으로 개발된 프로그램을 디버깅하여 실제 프로그램이 단계별로 어떻게 동작하는지 알아보자.

### ■ 디버깅 실행

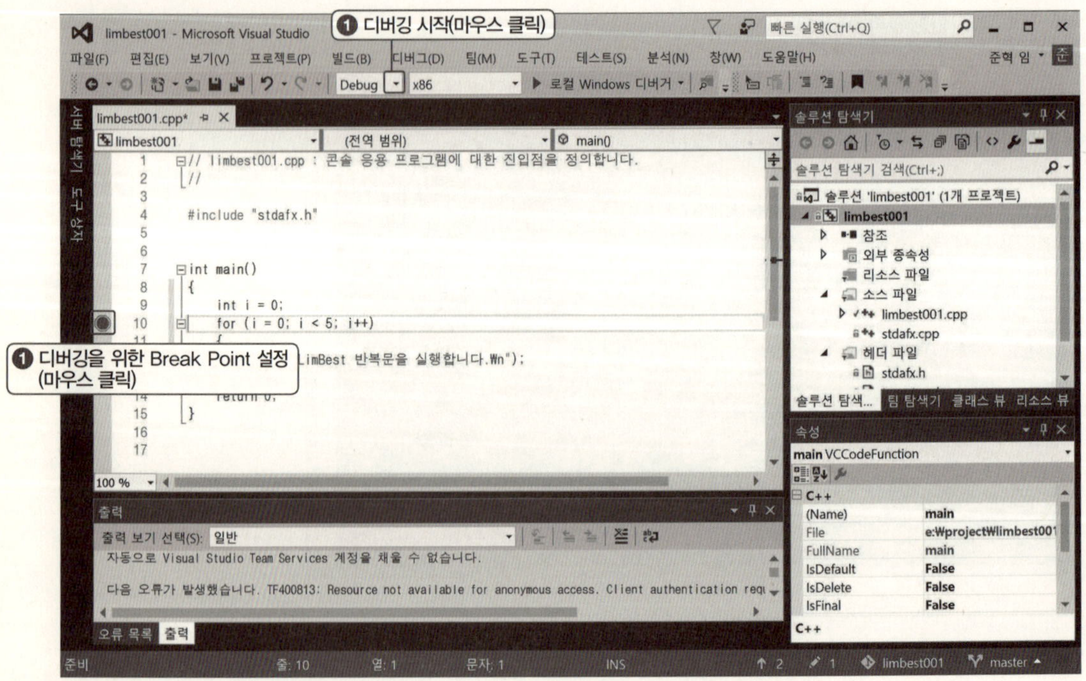

■ 디버깅으로 변수값 확인

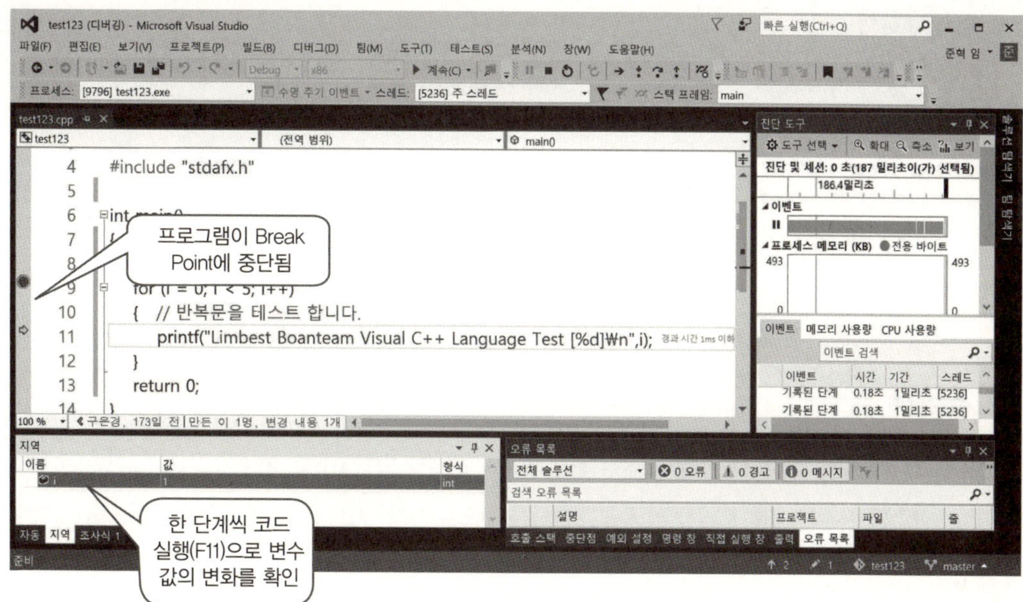


## Point 05  C언어 연습문제

**Q1** C언어에서 작성한 소스코드(Source Code)를 (     )을 수행해서 목적코드(Object Code)로 만드는 과정이다.

**정답**

컴파일(Compile)

**Q2** 소스코드에 문제가 있는 것 같다. 이런 경우 개발자가 프로그램을 실행시켜 어떻게 동작하는지 분석할 수 있는데, 이러한 분석과정을 무엇이라고 하는가?

**정답**

디버깅(Debugging)

**Q3** 디버깅 단계에서 실행 중인 프로그램을 중단시키는 것을 무엇이라고 하는가?

**정답**

Break Point

# C언어 프로그램 작성하기

## 01 Point Hello C언어 만들기

이제 본격적으로 C언어 프로그램에 대해서 알아보자. C언어는 기본적으로 함수(Function)로 이루어져 있다. 함수라는 것은 어떤 처리를 위해서 호출하는 것으로 가장 대표적인 C언어 함수는 main( )함수이다.

사용자가 C언어로 작성된 프로그램을 실행하면 제일 처음으로 호출되는 함수는 main( )함수이다.

> **main( )**
>
> - C언어로 개발된 프로그램은 모두 **main( )함수에서 프로그램이 처음 시작**한다. 그리고 **main( )함수가 끝나면 C 프로그램은 종료**된다.

■ main( )함수

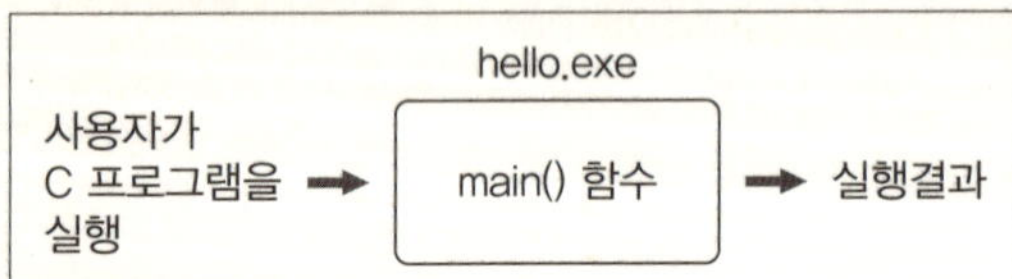


사용자에 의해서 main( )함수가 호출되면 사용자는 main( )함수 내에 자신이 만들고 싶은 프로그램을 작성해서 넣으면 된다.

■ main( )함수에 프로그램을 작성

```
1: void main(void)
2: {
3:   printf("Hello C \n");
4: }
```

main( )함수 내에서 printf( )라는 함수를 다시 호출했는데, printf( )함수는 화면(Standand Output)에 무언가를 출력하는 함수이다. 본 프로그램에서는 "Hello C"라는 문자열을 출력시키고 **"Wn"은 커서(Cursor)를 한 줄 내리게 한다.**

main( )함수 내부에서 개발자는 printf( )함수를 호출하였는데, printf( )함수는 이미 C언어에서 정의된 함수 중 하나이다. 이렇게 C언어에서 정의된 함수를 사용할 때 어떤 함수를 사용할 것인지를 선언해야한다. 즉, #include 〈stdio.h〉라고 선언을 해서 printf( )함수를 사용하겠다는 것을 알려야 하는 것이다. 물론 #include 〈stdio.h〉의 의미는 printf( )함수만 사용하겠다는 것은 아니고 stdio.h 파일에 정의된 C언어 함수를 모두 사용할 수 있다는 의미로, **stdio.h 파일에 입력(Input)과 출력(Output)에 관한 함수**들을 포함하고 있다.

그럼, 이제 완성된 Hello C 출력 프로그램을 확인해보자.

■ main( )함수에 프로그램을 작성

```
1: #include <stdio.h>
2:
3: int main(void)
4: {
5:     printf("Hello C \n");
6:     return 0;
7: }
```

## 가. #include 선언문은 무엇을 할까요?

**#include문**
- **외부에 있는 파일을 개발자가 만든 프로그램에 포함**시킬 때 사용하는 명령이다.
- 외부파일은 C언어에서 제공되는 파일일 수도 있지만 개발자가 만든 파일일 수도 있다.

C언어에서 #include문은 외부의 파일을 개발자가 개발한 소스코드에 포함시킬 때 사용하는 문이다. 즉, #include 〈stdio.h〉라고 하면 stdio.h 파일의 소스코드를 포함시키게 된다.

■ 사용할 함수목록을 정의

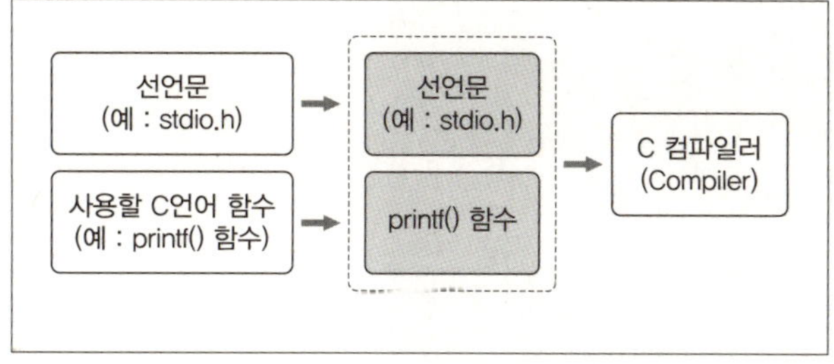

stdio.h 파일을 포함시키는 이유는 개발자가 프로그램을 작성할 때 printf( )함수를 사용했는데, stdio.h 파일에는 표준 입력(Standard Input)과 표준 출력(Standard Output) 기능을 가지고 있고 함수의 목록을 가지기 때문이다. 그래서 C 컴파일러에게 소스코드에서 사용한 함수의 정보를 알려주는 역할을 한다.

## 나. main( )함수에서 시작해서 main( )함수에서 끝난다.

프로그램의 처음 시작은 어디에서 시작될까? C언어로 개발된 모든 프로그램은 main( )함수에서 프로그램이 실행되게 된다. 그래서 개발자는 main( )함수에 사용자가 작성하고 싶은 소스코드를 입력해서 프로그램(Program)을 개발하는 것이다.

main( )함수를 사용할 때 출력값을 정하는데, main( )함수의 출력값이라는 것은 main( )함수가 종료될 때 되돌려주는 데이터 형(Data Type)을 의미한다.

■ main( )함수

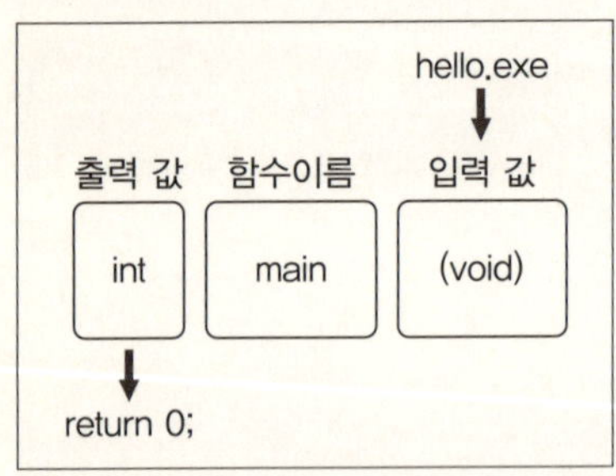


즉, 왼쪽 예의 출력값은 int로 정의되어 있는데, 이것은 main( ) 함수가 종료될 때 정수 값을 되돌려 준다는 것을 의미한다. 만약 아무런 값도 되돌리지 않을 것이면 void라고 쓰면 된다. 즉, void main(void)으로 한다.

그 다음이 main이라는 함수이름이고, main 함수의 이름은 변경할 수가 없다. 마지막으로 main( )함수를 호출할 때 넘겨주는 데이터인 입력값의 데이터 형을 정의하게 된다. Hello C 프로그램에서는 void로 정의하여 입력값이 없음을 의미한다.

> **TIP**
>
> main( )함수의 입력값은 어떤 것이 있을까? 다음의 예는 명령 프롬프트를 실행하고 dir /w 프로그램을 실행한 것이다.
>
> 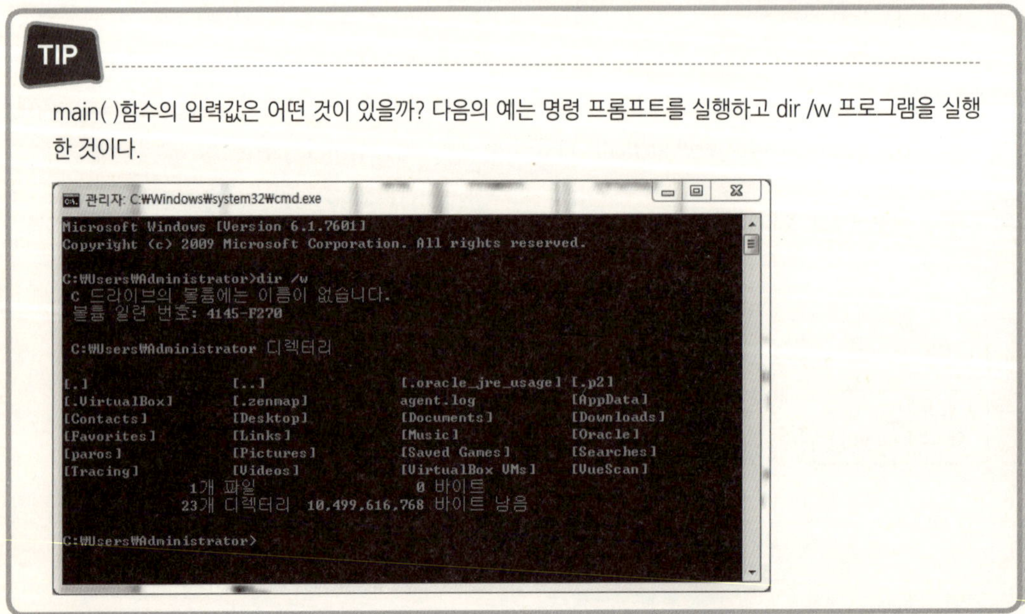

위의 예에서 dir이라는 프로그램이 개발자가 만든 C프로그램이라고 가정하여 설명하겠다. dir을 처음 시작하면 main( )함수가 호출된다. main( )함수는 자신이 실행될 때 넘어오는 입력값을 받을 수 있는데, 입력값을 받기 위해서는 다음과 같이 써야한다.

**argc는 main( )함수가 호출될 때 넘어오는 입력값의 갯수**로 "dir /w"와 같이 실행되면 2가 넘어오게 된다.

그리고 ***argv[ ]는 입력값으로 넘어오는 문자열**이다.

argv[0]="dir"

argv[1]="/w" 식으로 문자열이 넘어온다.

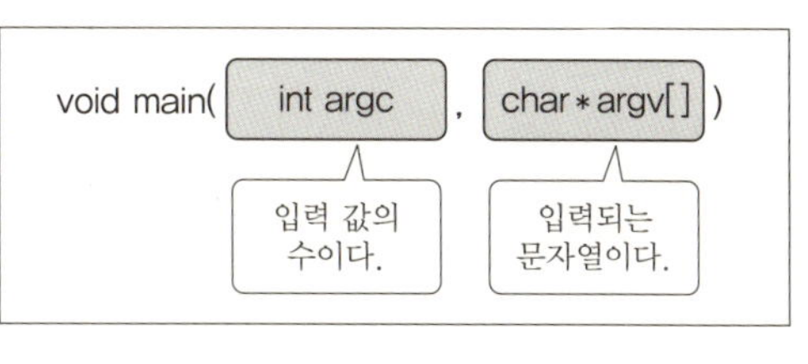


지금까지 이야기한 입력값이라는 것을 다른 용어로 인자값이라고도 한다.

함수의 출력값, 함수이름, 입력값이 정의되면 이제 실제 개발자가 만들고 싶은 소스코드를 입력하면 된다. 즉, C언어의 모든 함수는 { 로 시작하고 }로 끝나게 된다. { } 사이에 소스코드를 넣으면 된다.

#### ■ main 함수 몸체

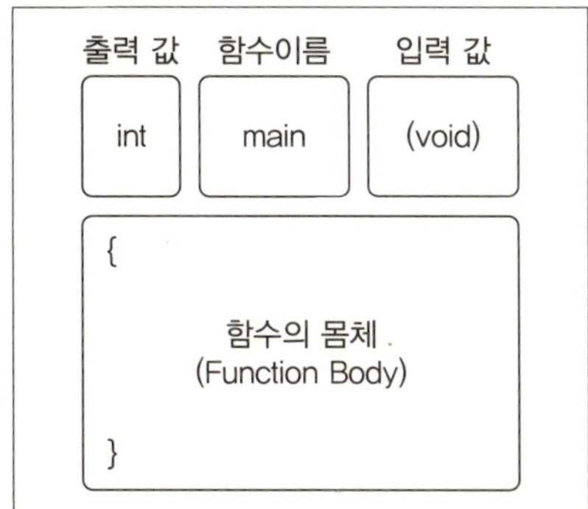


---

**TIP** 다음의 에러(Error)는 어떤 의미일까?

```
hello.c: In function 'main':
hello.c:7:2: error: expected declaration or statement at end of input
```

C언어를 컴파일 했는데 위와 같은 에러가 발생했다면 main( )함수 내에서(In Function main) { }이 맞지 않아서 이다. 즉, { 으로 열고 }로 닫지 않은 것이다.

## 다. C언어에서 모든 문자의 끝은 세미콜론(;)으로 끝난다.

C언어로 프로그램을 개발할 때 문장의 마지막에는 항상 **세미콜론(;)**을 붙여야 한다. 이것은 **C언어 컴파일러에게 문장의 마지막을 알려주는 약속**이며, 세미콜론을 붙이지 않으면 컴파일 에러가 발생한다.

■ 문장 마지막에는 세미콜론(;)을 붙인다.

```
printf("Hello C \n");
return 0;
```

> **TIP** 다음의 에러(Error)는 어떤 의미일까?
>
> hello.c: In function 'main':
> hello.c:7:2: error: expected ';' before 'return'
>
> 위의 예는 문장의 끝에 세미콜론(;)을 붙이지 않을 때 발생되는 에러이다.

## 라. return으로 반환 값을 전달한다.

return은 값을 되돌리는 것이다. 즉, return 0이라고 하면 0의 값을 되돌려 준다. 이렇게 하는 것은 프로그램 실행이 정상적으로 이루어졌는지 확인이 필요할 때 사용한다.

> **TIP** 리눅스 및 유닉스에서는 gcc라는 C 컴파일러를 사용해서 C 프로그램을 개발할 수 있다.
>
> 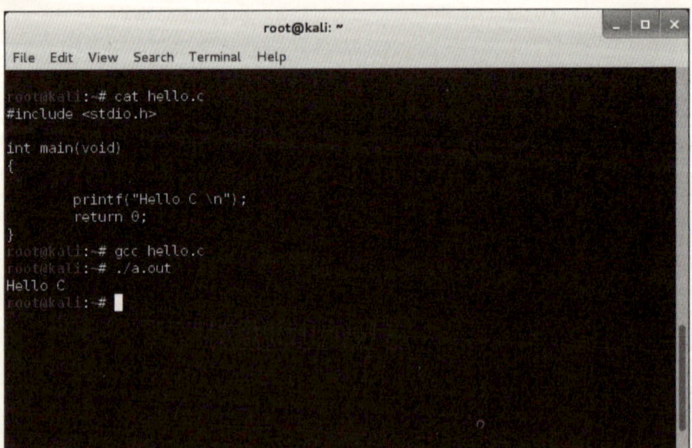
> 
>
> gcc hello.c라고 실행하면 C 컴파일러가 수행되어서 a.out이라는 실행파일이 생성되고, a.out을 실행시키면 실행결과를 확인할 수 있다. 리눅스에서 실행한 C 소스코드를 보면 윈도우의 Visual Studio의 소스코드와 동일한 것을 확인할 수 있다. 즉, C언어는 운영체제(Operating System)와 관계없이 실행될 수 있기 때문에 이식성이 우수하다.

## 02 Point  화면에 출력하는 printf( )함수

### 가. print( )함수 사용

Hello C 프로그램은 printf( )함수를 사용해서 문자열 "Hello C"를 화면에 출력했다. **printf( )함수는 문자, 문자열, 정수, 실수 등과 같은 것을 화면에 출력할 때 사용**한다. 그리고 여기서 문자라는 것은 'C'이고, 문자열은 "C언어", 정수는 1, 2, 3 등이며, 실수는 10.00, 10.01 등을 의미한다.

그럼 특정서식이 있는 문자열과 정수 등을 printf( )함수를 사용하여 출력해보자. printf( )함수를 사용할려면, 먼저 stdio.h 파일을 포함시켜야 한다.

■ printf( )함수를 사용(파일명 : printtest.c)

```
1: #include <stdio.h>
2:
3: void main(void)
4: {
5:     printf("서식이 있는 것을 출력합니다. \n");
6:     printf("%d\n", 1000);
7:     printf("%d  %d  %d\n", 1, 2, 3);
8:     printf("%s\n", "나는 문자열입니다");
9: }
```

위의 프로그램은 Visual C++로 콘솔 프로젝트로 개발해도 되고, 리눅스 gcc를 사용해서 컴파일을 해도 동일한 결과가 나온다.

**실행결과**

```
서식이 있는 것을 출력합니다.
1000
1 2 3
나는 문자열입니다
```

그럼, 위의 프로그램에서 사용되는 printf( )함수를 알아보자. 우선 문자열 출력을 보면 printf( )함수의 인자 값으로 문자열을 보내게 되고, printf( )함수는 " " 기호로 문자열을 인식하고 화면에 출력하게 된다.

■ printf( )함수로 문자열을 출력

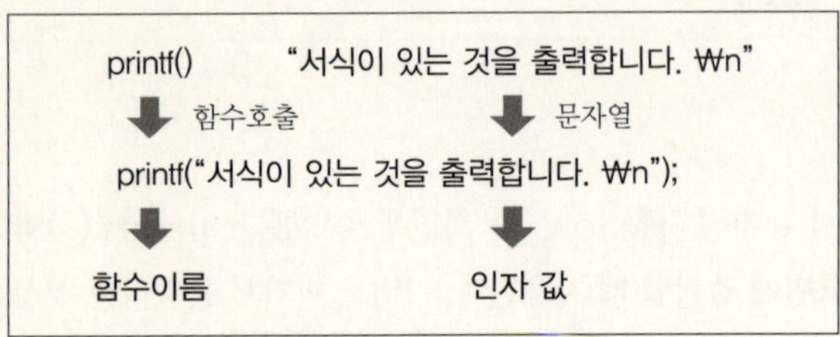

%d라는 출력형식은 정수를 화면에 출력할 때 사용하는 출력형식이다.

■ printf( )함수로 정수출력

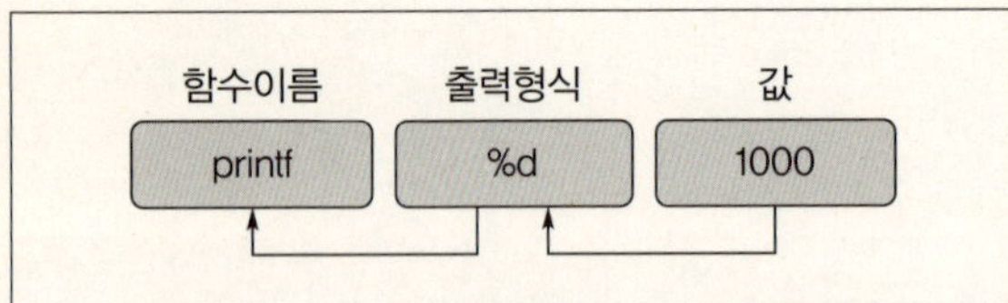

printf( )함수는 여러 개의 출력형식을 사용하여 출력할 수 있다. 그럴 때에는 출력형식을 연속적으로 쓰면 된다.

■ printf( )함수로 정수출력

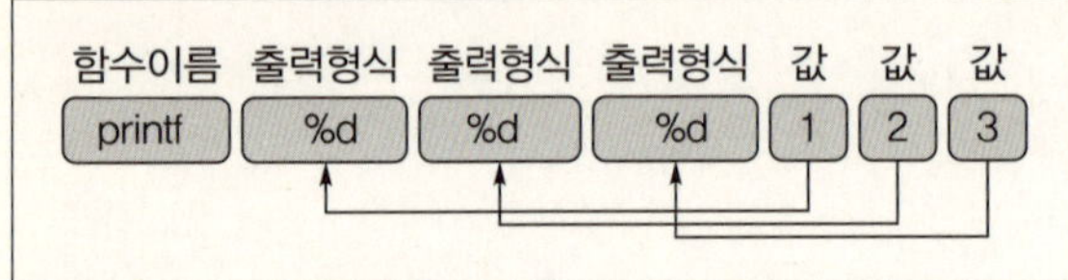

마지막으로 ₩n은 다음 줄로 커서(Cursor)를 옮기는 것이다. 만약 다음과 같이 출력하면 어떤 형태로 화면에 출력될지 생각해보자.

■ printf( )함수를 사용(파일명 : printtest.c)

```
1: #include <stdio.h>
2:
3: void main(void)
4: {
5:     printf("C언어로\nNCS를\n점령하자!");
6: }
```

**실행결과**

```
C언어로
NCS를
점령하자!
```

> **TIP**  Visual Studio 콘솔(Console) 프로젝트로 개발한 예제이다.

```cpp
// printtest.cpp : 콘솔응용프로그램에 대한 진입점을 정의합니다.
//

#include "stdafx.h"


int _tmain(int argc, _TCHAR* argv[])
{
        // Visual Studio Win32 콘솔프로젝트로 개발한 예제

        printf("서식이 있는 것을 출력합니다. \n");
        printf("%d\n", 1000);
        printf("%d  %d  %d\n", 1, 2, 3);
        printf("%s\n", "나는 문자열입니다");

        return 0;
}
```

**실행결과**

```
c:\Users\Administrator\Documents\Visual Studio 2008\Projects\printtest\Debug\printtest.e...
서식이 있는 것을 출력합니다.
1000
1  2  3
나는 문자열입니다
```

## 나. printf( )함수 출력형식

"%d"는 정수를 출력하기 위해서 사용했다. 하지만 printf( )함수는 다양한 정수, 실수, 문자, 문자열, 주소 등을 출력하기 위한 출력형식을 지원한다. 그래서 개발자는 출력하고자 하는 형태에 따라 출력형식을 지정해서 사용하면 된다.

### ■ 정수형 출력형식

| 출력형식 | 설명 | 출력 |
|---|---|---|
| %d | 부호있는 10진수 정수 | char, short, int |
| %ld | 부호있는 10진수 정수 | long |
| %lld | 부호있는 10진수 정수 | long long |

| %u | 부호없는 10진수 정수 | unsigned int |
|---|---|---|
| %o | 부호없는 8진수 정수 | unsigned int |
| %x, %X | 부호없는 16진수 정수 | unsigned int |

### ■ 실수형 출력형식

| 출력형식 | 설명 | 출력 |
|---|---|---|
| %f | 10진수 부동소수점 실수 | float, double |
| %lf | 10진수 부동소수점 실수 | long double |
| %e, %E | e 혹은 E 방식의 부동소수점 실수 | float, double |
| %g, %G | 출력값에 따라 %f와 %e 중 선택 | float, double |

한 개의 문자와 문자열을 출력하려면 %c와 %s가 있다.

### ■ 문자형 출력형식

| 출력형식 | 설명 | 출력 |
|---|---|---|
| %c | 문자 | char, short, int |
| %s | 문자열 | char * |

마지막으로 C언어는 주소를 지정할 수 있고 주소값을 확인할 수 있다. 즉, 주기억장치에 저장된 변수들의 주소를 출력해서 확인할 수 있다는 것이다. 이때 사용되는 것이 %p이다.

### ■ 주소 출력형식

| 출력형식 | 설명 | 출력 |
|---|---|---|
| %p | 포인터 주소값 | void * |

## 다. printf( )에 출력형식을 사용해서 출력하자.

%d, %o, %x를 사용해서 정수를 출력해보자.

### ■ 정수출력

```
1: #include <stdio.h>
2:
3: void main(void)
4: {
5:     int x=10;
```

```
6:    int y=12;
7:    int z=0xA;
8:    printf("%d %o %x\n", x, y, z);
9: }
```



- 8행 : 10진수 %d, 8진수 %o, 16진수 %x로 출력한다.
- 다음의 결과에서 A는 16진수로 10을 의미한다.



```
10 14 a
```

%f, %e, %g로 실수를 출력해보자.

■ 실수 출력

```
1: #include <stdio.h>
2:
3: void main(void)
4: {
5:    float x=10.12;
6:    float y=10.1234;
7:    float z=10.123456;
8:    printf("%f %e %g\n", x, y, z);
9: }
```



- 8행 : 실수로 소수점 이하의 자리를 출력한다.



```
10.120000 1.012340e+001 10.1235
```

문자와 문자열은 %c와 %s를 사용해서 출력한다. 문자는 1비이트의 한 문자를 의미하고, 문자열은 2문자 이상을 의미한다.

### ■ 문자와 문자열 출력

```
1: #include <stdio.h>
2:
3: void main(void)
4: {
5:     printf("%c %s \n",'A', "ABC");
6: }
```

**해설**

• 5행 : 한 개의 문자를 출력하기 위해서 %c를 사용했고 ''로 한 개의 문자를 입력한 것이다. 문자열은 %s를 사용하고 ""로 문자열을 입력한다.

**실행결과**

```
A ABC
```

%p를 사용해서 변수의 주소를 출력해보자.

int x라는 것은 주기억장치에 정수를 저장하는 것이다. 개발자가 x=10과 같이 표현하면 주기억장치에 10의 값이 들어가게 된다. 하지만 내부적으로 x변수의 주기억장치 주소에 10이라는 값을 넣는 것이다. %p를 사용하면 변수의 주소를 확인할 수 있다.

### ■ 주소를 출력

```
1: #include <stdio.h>
2:
3: void main(void)
4: {
5:     int x=10;
6:     printf("%p \n", x);
7: }
```

**해설**

• 7행 : 주기억장치에 있는 x변수의 주기억장치 주소를 출력한다. 여기서 주소(Address)를 다른 말로 포인터(Pointer)라고 한다.

■ 변수의 주소

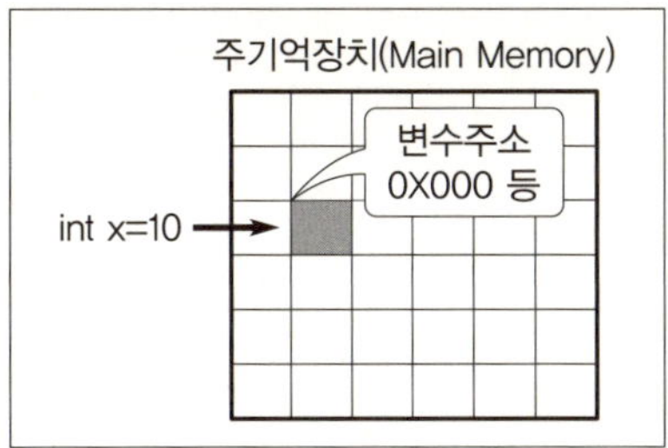



**실행결과**

```
0000000A
```

## 라. 특수문자를 사용해서 printf( )를 풍부하게 만들기

printf( )함수는 다양한 특수문자를 사용해서 좀 더 편리하게 문자를 출력할 수 있다. printf( )함수를 사용해서 Beep 소리를 낼 수도 있고, 탭(Tab) 기능을 사용해서 5칸 단위로 간격을 벌려서 출력할 수도 있다.

■ 주소 출력형식

| 특수문자 | 설명 | 출력 |
|---|---|---|
| \a | 경고음을 출력한다. | printf("\a"); |
| \b | 백스페이스(Backspace)를 출력한다. | printf("\b"); |
| \f | 폼피드(Form Feed)를 출력한다. | printf("\f"); |
| \n | 커서를 새로운 라인(New Line)으로 내린다. | printf("\n"); |
| \r | 캐리지 리턴(Carriage Return)을 출력한다. | printf("\r"); |
| \t | 수평 탭을 출력한다. | printf("\t"); |
| \v | 수직 탭을 출력한다. | printf("\v"); |
| \' | 작은 따옴표를 출력한다. | printf("\'"); |
| \" | 큰 따옴표를 출력한다. | printf("\""); |
| \? | 물음표를 출력한다. | printf("\?"); |
| \\ | 역슬래시를 출력한다. | printf("\\"); |

**■ 탭(TAB)을 사용해서 출력**

```
1: #include <stdio.h>
2:
3: void main(void)
4: {
5:     printf("다음 줄로 한 줄 내립니다.\n");
6:     printf("I\tLove\t C Language\n");
7: }
```

**해설**

• 5~6행 : \n은 커서(Cursor)를 한 줄 내리는 것이고, \t는 탭을 실행하는 것이라서 5칸을 이동한다.

**실행결과**

```
다음 줄로 한 줄 내립니다.
I       Love    C
```

## 마. 필드(Field) 폭을 조정하기

필드 폭이라는 것은 출력하는 길이(Length)라고 생각하면 된다. 만약 실제 데이터는 3문자인데 출력 폭이 8자로 되게 하고 왼쪽부터 출력할지 오른쪽부터 출력할 것인지를 설정할 수 있다.

**■ 필드 폭 조정(1)**

| 출력형식 | 설명 | 사용방법 |
| --- | --- | --- |
| %10d | 출력할 때 10자리를 확보하고 오른쪽부터 출력한다. | printf("%10d",1234); |
| %-10d | 출력할 때 10자리를 확보하고 왼쪽부터 출력한다. | printf("%-10d",1234); |

**■ 필드 폭 조정(2)**

위의 내용을 보면 10이라는 것은 출력 폭을 의미하고 "-"를 붙이면 왼쪽 정렬해서 출력하는 것이다. 이 것은 %d 뿐만 아니라 %s, %f 등에 모두 사용이 가능하다.

■ 필드 폭 조정

```
1: #include <stdio.h>
2:
3: void main(void)
4: {
5:    printf("\t\t회원정보리스트.\n");
6:    printf("=============================\n");
7:    printf("이름                나이            생년월일\n");
8:    printf("=============================\n");
9:    printf("%-10s    %8d    %10s \n", "홍길동", 10, "99/11/23");
10:   printf("%-10s    %8d    %10s \n", "갑순이", 12, "88/10/04");
11:   printf("%-10s    %8d    %10s \n", "을순이", 20, "02/09/23");
12: }
```

**해설**

• 9~11행 : 문자열도 동일하게 %-10s로 하면 10개의 폭에 왼쪽으로 정렬해서 출력하는 것이다. %10s로 하면 10개의 폭에 오른쪽으로 정렬해서 출력한다. 마찬가지로 %8d는 8개의 폭에 왼쪽 정렬로 출력한다.

**실행결과**

```
                회원정보리스트

=============================
이름        나이        생년월일
=============================
홍길동        10        99/11/23
갑순이        12        88/10/04
을순이        20        02/09/23
```

# 03 Point  scanf( )함수로 키보드에서 입력받기

키보드(Keyboard)에서 **특정값(Value)을 입력받기 위해서는 scanf( )함수를 사용**할 수 있다. 물론 scanf( ) 말고도 C언어는 getchar( ), gets( ) 등의 다양한 함수를 제공하고 있시만 본 장에서는 scanf( )에서 알아보자.

### ■ scanf( )함수의 구조

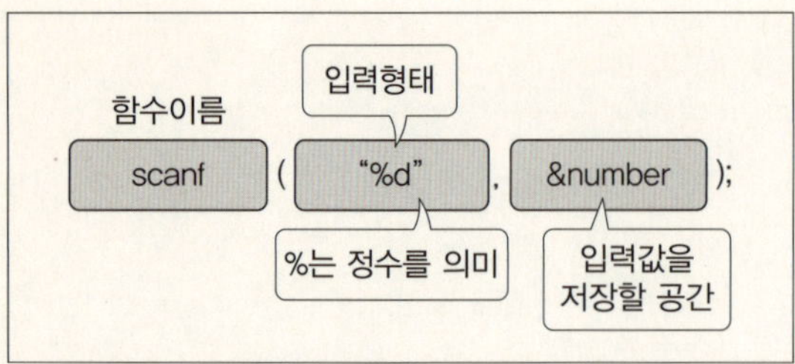



scanf( )함수를 보면 입력형태를 넣게 되어 있는데 %d는 정수형이고, %f는 실수형, %c는 문자 한 개, %s는 문자열을 입력받겠다는 의미이다. 즉, printf( )함수에서 사용하는 입력형태를 그대로 사용하면 된다.

사용자가 키보드에서 입력을 하면 그 값을 number 변수에 저장하는 것이다. 그러면 printf( )함수를 사용해서 number 변수를 출력하면 사용자가 입력한 값을 화면에 출력한다.

여기서 중요한 내용이 하나 있다. number 변수 앞에는 &가 붙여있다. &의 의미는 주소(Address)를 의미한다. 즉, 입력한 값을 number 변수의 주소에 넣으라는 뜻으로 &을 붙여 준다.

> **TIP** scanf( ) 함수를 사용할 때 에러처리 방법
>
> 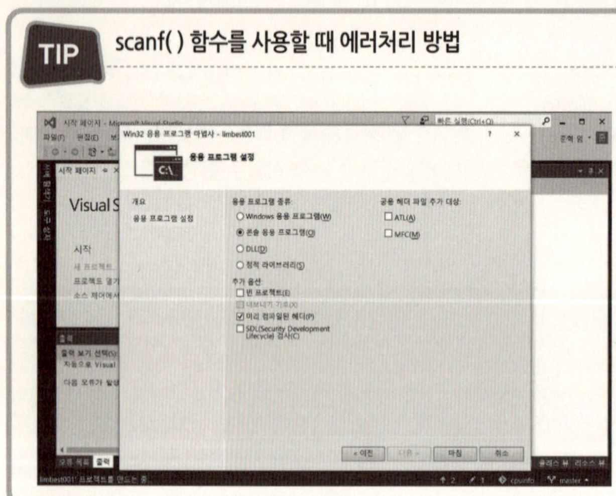
>
> 잘못된 것이 없는데 scanf( ) 함수를 사용해서 컴파일을할 때 에러가 발생하면 최신 Visual Studio에서 추가된 보안기능 때문이다. 그래서 프로젝트 생성 시에 SDL(Security Development Lifecycle) 체크를 해제하면 된다. 물론 과거 Visual Studio 버전은 해당되지 않는다.

### ■ scanf( )함수

```
1: #include <stdio.h>
2:
3: void main(void)
4: {
5:    int number;
6:    scanf("%d", &number);
7:    printf("사용자가 입력한 값은 %d 이다.\n", number);
6: }
```

**실행결과**

```
6
사용자가 입력한 값은 6이다.
```

그럼 두 개의 변수를 입력받아서 합계를 계산해보자.

■ scanf( )함수

```
1: #include <stdio.h>
2:
3: void main(void)
4: {
5:    int number1;
6:    int number2;
6:    scanf("%d  %d", &number1, &number2);
7:    printf("합계는 %d 이다.\n", number1+number2);
6: }
```

**실행결과**

```
6 4
합계는 100이다.
```

scanf( )함수로 정수를 입력받을 때 10진수만 입력받을 수 있는 것은 아니다. 8진수와 16진수도 입력받을 수 있다.

■ 8진수, 10진수, 16진수 입력형식

| 구분 | 입력형식 | 사용방법 |
| --- | --- | --- |
| %d | 10진수를 입력받는다. | scanf("%d", &number); |
| %o | 8진수를 입력받는다. | scanf("%o", &number); |
| %x | 16진수를 입력받는다. | scanf("%x", &number); |

8진수, 10진수, 16진수를 입력받아서 화면에 출력해보자.

■ 8진수, 10진수, 16진수 입력

```
1: #include <stdio.h>
2:
3: void main(void)
4: {
5:    int number1;
6:    int number2;
7:    int number3;
8:    scanf("%d %o %x", &number1, &number2, &number3);
9:    printf("결과출력 %d %o  %x\n", number1, number2, number3);
10: }
```

결과출력 10   20   30

그럼, 소수점을 가지고 있는 실수를 입력받아서 화면에 출력해보자. 실수는 float로 정의하고 "%f" 입력 형태를 사용해야 한다.

### ■ scanf( )함수로 실수를 입력받음

```
1: #include <stdio.h>     // 표준 입출력 함수를 사용하기 위해서 포함시켜야 함
2:
3: void main( )
4: {
5:    float x, y;                                    // 실수형 변수 x와 y를 선언
6:
7:    printf("실수를 입력하세요);
8:    scanf("%f%f", &x, &y);                         // 키보드로 정수를 입력함
9:    printf("%f와 %f을 입력했습니다.\n", x, y);    // 입력받은 실수를 화면에 출력
10: }
```



6.2 4.3
6.2와 4.3을 입력했습니다.

한 개의 문자를 입력받아 출력하려면 "%c"를 사용하여 출력하면 된다.

### ■ scanf( )함수로 문자 입력받음

```
1: #include <stdio.h>     // 표준 입출력 함수를 사용하기 위해서 포함시켜야 함
2:
3: void main( )
4: {
5:    char x;                    // char로 문자 변수 1byte를 선언함
6:
7:    printf("한 개의 문자를 입력하세요.");
8:    scanf("%c", &x);                           // 키보드로 문자 하나를 입력 받음
9:    printf("%c를 입력했습니다\n", x);    // 입력받은 문자를 화면에 출력
10: }
```



한 개의 문자를 입력하세요. a
a를 입력했습니다.

마지막으로 문자열을 입력받아 보자. 문자열은 정수형(integer)과 실수형(float), 문자(char)와는 다르게 입력받는 변수에 &를 붙이지 않는다. 물론 문자열을 입력받으려면 배열(Array)을 사용해야 하는데, 본 장에서는 배열부분은 설명하지 않고 후반에 설명할 것이다.

■ scanf( )함수로 문자열 입력받음

```
 1: #include <stdio.h>     // 표준 입출력 함수를 사용하기 위해서 포함시켜야 함
 2:
 3: void main( )
 4: {
 5:    char lim[10];                    // char로 문자 변수  10byte를 선언함(배열정의)
 6:
 7:    printf("문자열을 입력하세요.);
 8:    scanf("%s", lim);                // 키보드로 문자열을 입력함
 9:    printf("%s를 입력했습니다.\n", lim);   // 입력받은 문자열을 화면에 출력
10: }
```

**해설**

배열부분을 제외하고 문자열 입력 부분을 보면 문자열을 입력받기 위해서 "%s"를 사용했다. 또한 lim이라는 변수에 &를 붙이지 않는다. 지금까지 정수형, 실수형, 문자형 모두 입력받는 변수에 &을 붙였는데 문자열만큼은 붙이지 않는다. &의 의미가 주소를 의미하는데, 배열을 사용하여 배열명 자체(본 예에서 lim)가 주소를 나타내기 때문에 &를 사용하지 않는 것이다.

**실행결과**

문자열을 입력하세요. I Love C
I Love C를 입력했습니다.


# 04 Point 주석(Comment)을 달아서 이해력을 높이자!

간단한 프로그램은 문제가 되지 않겠지만 복잡하고 많은 양의 소스코드로 개발된 프로그램들은 나중에 변경 할 때 과거에 개발된 소스코드를 이해하지 못하거나 다른 사람이 작성한 프로그램을 이해할 수 없어서 수정하기 어려운 문제가 발생된다.

이러한 것을 예방하는 것이 주석(Comment)이다. 즉, 소스코드를 설명하는 것이다. 주석의 형태는 블록(Block) 단위와 행 단위(Row)로 붙일 수 있다. 주식의 내용을 아무리 많이 날아도 C언어 컴파일(Complier)의 주석 부분을 컴파일 하지 않는다.

■ 블록단위 주석

```
1: /* 여기부터 주석 시작
2: 프로그램 개발자 : 임준혁
3: 프로그램 컴파일러 : Visual Studio Version XXX
4: 개발일자 : 2017.01.01
5: 프로그램 기능 : 화면에 문자열을 출력함
6: 여기가 주석의 끝 */
7: void main(void)
8: {
9:     printf("문자열을 출력합니다.");
10: }
```

즉, 블록단위 주석은 주석의 시작을 의미하는 /*와 주석의 끝을 의미하는 */로 이루어진다. 행단위 주석은 //를 사용해서 주석을 사용할 수 있다.

■ 블록단위 주석

```
1: void main(void)
2: {
3:     printf("문자열을 출력합니다.");    // 여기가 행단위 주석이다.
4: }
```

주석은 개발자가 소스코드에 붙여서 소스코드의 이해력을 높인다. 블록단위 주석이든 행단위 주석이든 개발자가 자유롭게 사용하면 된다.

## Point 05  C언어 프로그램 연습문제

**Q1** 4*2의 결과를 printf( )함수를 사용해서 출력하는 프로그램을 작성하시오.

> printf( )함수를 출력하기 전에 4*3을 하면 된다.

● 프로그램

```
1: void main(void)
2: {
3:     printf("%d", 4*3);
4: }
```

## Q2 다음과 같이 출력하시오

**실행결과**

```
C언어
정복하자!
```

● 프로그램

```
1: void main(void)
2: {
3:     printf("C언어\n정복하자!\n");
4: }
```

위의 프로그램은 문자열 출력형태인 "%s"를 사용해도 된다. 즉, printf("%s\n%s\n", "C언어", "정복하자!");
로 해도 된다.


## Q3 정수 두 개를 입력받아서 합계와 평균을 구하시오

**입력**

10 20

**출력**

합계 : 30
평균 : 15

scanf( )함수로 정수를 입력받고 합계와 평균을 구한 후에 printf( )함수로 출력한다.

● 프로그램

```
1: #include <stdio.h>
1: void main(void)
2: {
3:     int x=0, y=0;
4:     scanf("%d %d", &x, &y);
5:     printf("합계 : %d\n", x+y);
6:     printf("평균 : %d\n", (x+y)/2);
7: }
```

**Q4** 정수 5, 6을 출력하시오.

● 프로그램

```
1: void main(void)
2: {
3:     printf("%d %d\n", 5, 6);
4: }
```

**Q5** 다음 프로그램의 출력 결과는 무엇인가?

```
int y=2013, m=5, d=25;
printf("%d\n", y + m * d);
```

**정답**

2138

**해설**

• y값에 2013, m에 5, d에 25의 값을 넣고 printf 함수를 사용해서 정수(%d)를 출력하라는 것이다. 즉, y+m*d이다. 2013+5*25를 출력한다.

**Q6** 당신의 나이를 입력받고 출력하시오.

> **입력형식**
>
> 당신의 나이는 몇 살인가요? 20
>
> **출력형식**
>
> 20살 이군요

● 프로그램

```
1: void main(void)
2: {
3:     int age=0;
4:     printf("당신의 나이는 몇 살인가요? ");
5:     scanf("%d", &age);
6:     printf("%d 살 이군요. \n", age);
7: }
```

**Q7** 두 수를 입력 받고 합과 곱을 출력하시오.

| 입력형식 | 출력형식 |
| --- | --- |
| 정수를 두 개 입력하시오. 10 20 | 10+20=30 |
| | 10*20=200 |

● 프로그램

```
1: void main(void)
2: {
3:     int x, y;
4:     printf("정수를 두 개 입력하시오. ");
5:     scanf("%d %d", &x, &y);
6:     printf("%d+%d=%d \n", x, y, x+y);
7:     printf("%d*%d=%d \n", x, y, x*y);
8: }
```

**Q8** 두 개의 정수를 입력받아 출력하시오.

| 입력형식 | 출력형식 |
| --- | --- |
| 정수를 두 개 입력하시오. 3 2 | 3+2=5 |
| | 3-2=1 |
| | 3*2=6 |
| | 3/2=1 |
| | 3%2=1 |

● 프로그램

```
1: void main(void)
2: {
3:     int x, y;
4:     printf("정수를 두 개 입력하시오. ");
5:     scanf("%d %d", &x, &y);
6:     printf("%d+%d=%d \n", x, y, x+y);
7:     printf("%d-%d=%d \n", x, y, x-y);
8:     printf("%d*%d=%d \n", x, y, x*y);
9:     printf("%d/%d=%d \n", x, y, x/y);
10:    printf("%d%%d=%d \n", x, y, x%y);
11: }
```

# 변수(Variable)와 연산자(Operator)

## 01 Point 변수(Variable)

### 가. 변수와 데이터

프로그램에서 어떤 데이터를 저장하기 위해서는 변수(Variable)를 사용해야 한다. 변수라는 것은 **데이터를 저장하기 위해서 주기억장치(Main Memory) 내의 공간으로 프로그램이 실행될 때 만들어져서 프로그램이 종료하면 사라지는 공간**이다.

> **변수(Variable)**
>
> - C언어에서 **어떤 값을 주기억장치에 기억하기 위해서 사용하는 것으로 정수형, 실수형, 문자열 변수**가 있다.

데이터는 프로그램에서 필요로하는 정수형, 실수형, 문자형에 입력되는 같은 값(Value)을 의미한다. 그럼 예제를 보고 그 의미를 알아보자.

■ 변수(Variable)

```
int number;
```

위의 예는 정수(Integer) 변수를 선언한 예제이다. 위와 같이 int number라고 선언하면 주기억장치에 4바이트(Byte) 크기의 공간이 할당된다. 여기서 4바이트가 할당되는 것은 정수를 선언하는 int를 사용했기 때문이고 실수와 문자 등을 선언하면 그 크기는 달라진다.

> **TIP** | **Byte란 무엇인가?**
>
> 컴퓨터는 0 혹은 1을 사용해서 데이터를 처리한다. 컴퓨터에서 0 혹은 1의 값을 비트(Bit)라고 하고, 바이트(Byte)라는 것은 8개의 비트를 1Byte라고 하는 것이다. 즉, 00000000, 10101101, 00111110 등 어떤 형태이든 0 혹은 1의 값을 8비트 단위로 묶는 것을 1Byte라고 하는 것이다.

그럼, int라고 사용하면 4Byte 공간이 할당 된다고 했는데 1Byte가 8비트이므로 4*8=32 비트를 저장할 수 있는 메모리 공간이 할당된다는 것이다. 즉, 0 혹은 1을 32개 저장할 수 있다는 것이다.

■ **변수의 구조**

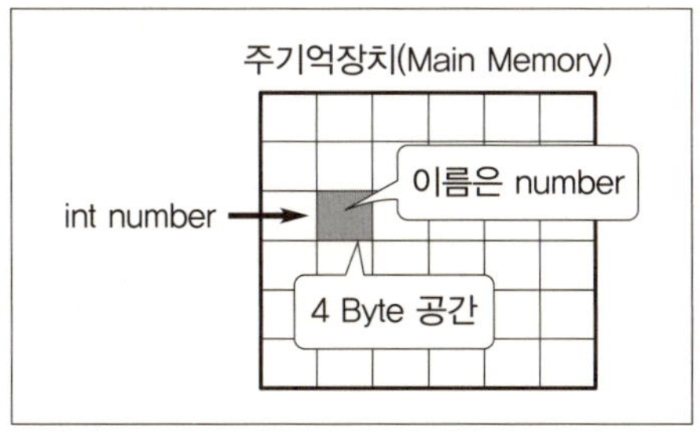


개발자가 주기억장치에 어떤 값을 읽고 쓰기 위해서 원래는 주기억장치의 주소를 사용해서 읽고 쓰기를 해야 한다. 하지만 주소를 사용하는 것은 생각보다 쉽지 않다. 그래서 변수에서는 변수의 이름을 개발자가 정의하게 하고 그 이름을 통해서 주기억장치에 데이터를 읽거나 쓸 수 있다. 즉, 여기에서는 number라는 것이 변수이름이 되고, number를 사용해서 데이터를 저장하고 읽을 수 있다. 그럼, number라는 변수에 숫자 10을 저장해보자.

■ **변수(Variable)에 데이터 저장(1)**

```
int number;
number=10;
```

변수에 어떤 데이터(값)를 넣기 위해서는 "="을 사용한다. 즉, number에 10을 넣고 싶으면 number=10으로 표시하는 것이다.

■ **변수(Variable)에 데이터 저장(2)**

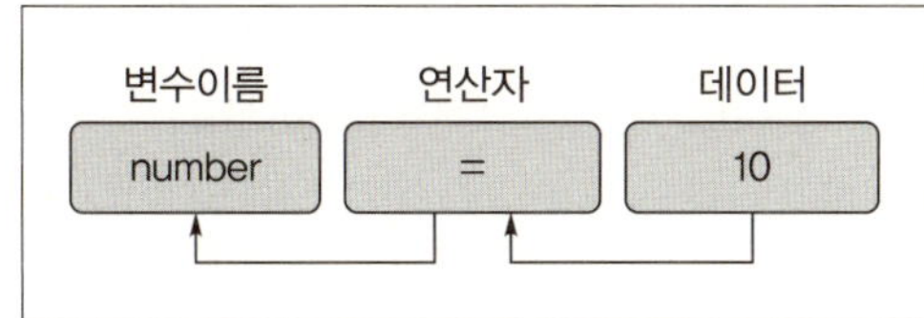


그럼, 변수에 데이터를 저장하면 주기억장치에서는 어떻게 될까? 정수형으로 할당된 4Byte에 데이터를 넣게 된다.

■ **변수(Variable)에 데이터 저장(3)**

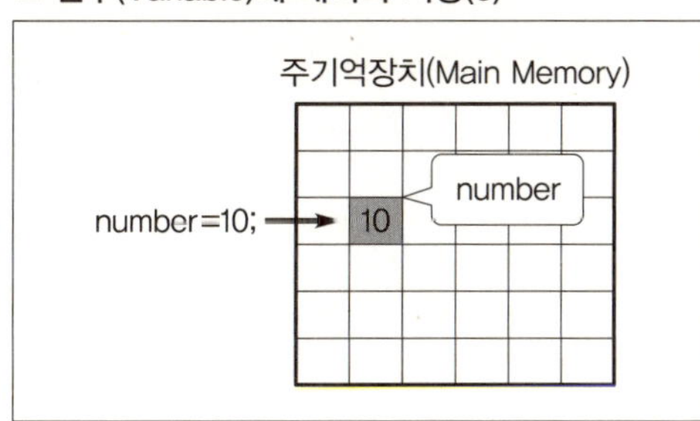


그럼, 앞서 배운 printf( )함수를 사용하여 변수를 화면에 출력해보자. 그러면 변수에 데이터를 저장하고 읽는 프로그램을 완성할 수 있다.

■ 변수를 출력

```
1: #include <stdio.h>
2:
3: void main(void)
4: {
5:    int number;
6:    number=10;
7:    printf("Number 변수 값을 출력 : ");
7:    printf("%d\n", number);
8: }
```

**실행결과**

```
Number 변수 값을 출력 : 10
```

## 나. 변수의 사용

변수를 사용하려면 먼저 어떤 변수를 사용할 것인지 선언해야 한다. 어떤 변수라는 것은 정수를 저장할 것인지, 실수를 저장할 것인지, 문자를 저장할 것인지를 선언하는 것이다.

다음과 같이 정수형을 선언하면 된다. 즉, number라는 변수가 정수형으로 선언된 것이다.

■ 변수선언

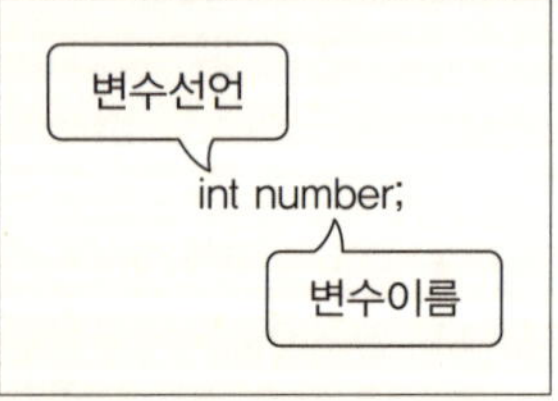


만약, 위의 예처럼 number라는 변수를 선언하고 어떤 데이터도 넣지 않고 pinrtf( )로 number를 출력하면 어떻게 될까?

다음의 프로그램은 Visual Studio 콘솔 프로젝트로 number를 정수형 변수 number로 선언하고 바로 printf( )함수로 출력한 것이다.

■ number를 출력

```
#include "stdafx.h"

int _tmain(int argc, _TCHAR* argv[])
{
     int number; // 변수를 선언함
     printf("%d\n",number);
     return 0;
}
```

그 결과는 다음과 같다. 즉, number에 아무런 데이터도 넣지 않았는데 알 수 없는 858993460이라는 것이 출력된 것을 확인 할 수 있다.

**실행결과**

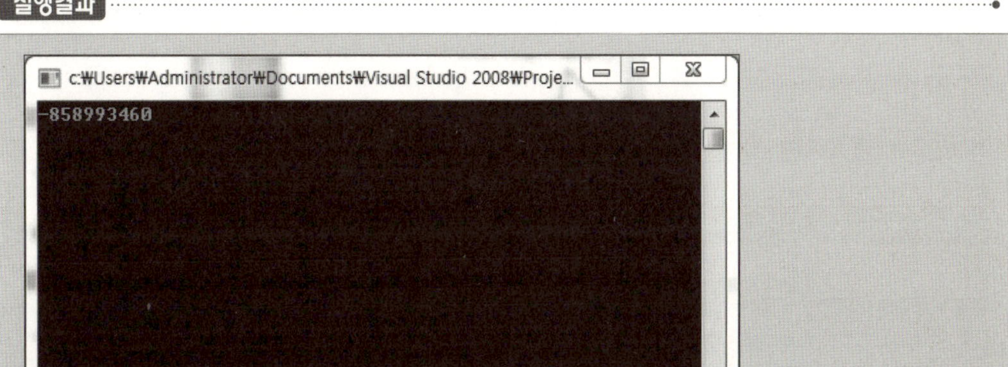


출력된 값은 주기억장치 내에 남아 있던 데이터이다. 즉, 쓰레기값이다. 개발자가 선언한 변수에 이러한 쓰레기 값이 들어가는 것을 막기 위해서는 변수를 초기화 해야한다. 즉, 임의의 값을 넣으면 된다는 것이다.

> **변수 초기화**
>
> 국내 소프트웨어 개발보안 가이드를 확인 해보면 정보보안을 **위해서 변수는 선언과 함께 즉시 초기화 하도록 가이드**하고 있다.

■ 변수 초기화

| 선언과 동시에 초기화 | 선언과 별도로 초기화 |
|---|---|
| int number1=0;<br>int number2=10; | int number1;<br>int number2;<br><br>number1=0;<br>number2=10; |
| number1과 number2 두 개의 정수형 변수를 만들고 number1에는 0, number2에는 10의 값을 넣는다. | number1과 number2를 선언하고 0과 10을 넣은 것이다. |

그럼 변수를 선언하고 다양하게 출력하는 프로그램을 만들어보자.

■ 변수를 출력

```
1: #include <stdio.h>
2:
3: void main(void)
4: {
5:    int number1, number2;     // 정수형 변수 number1과 number2를 선언
6:    number1=10;               // number1에 10을 넣음
7:    number2=20;               // number2에 20을 넣음
8:    printf("number1은 %d이고 number2는 %d이다.\n", number1, number2);
9:    number1=40;               // number1에 40을 넣음
10:   number2=80;               // number2에 40을 넣음
11:   printf("number1과 number2의 값이 바뀌었습니다.\n");
12:   printf("number1은 %d이고 number2는 %d 이다.\n", number1, number2);
13: }
```

**실행결과**

```
number1은 10이고 number2는 20이다.
number1과 number2의 값이 바뀌었습니다.
number1은 40이고 number2는 80이다.
```

## 다. 변수이름(Variable Name)

지금까지 변수이름은 number, number1, number2를 사용하는 것을 보았다. 변수이름은 개발자가 자유롭게 사용하면 된다. 하지만 C언어에서 변수이름을 사용할 때 최소한의 규칙(Rule)이 있다.

예를 들어 int my name;과 같이 사용할 수는 없다. 즉, my와 name 사이에 공백(Space)이 온 것이고 이러한 공백을 허용하지 않는다. 단, int myname;은 가능하다. 그럼, 변수이름을 사용하기 위한 최소한의 규칙이 무엇인지 알아보자.

■ 변수이름을 만드는 최소한의 규칙

| 변수이름 규칙 | 사용가능한 예제 |
|---|---|
| 영문자, 숫자, 언더바 사용가능 | int x7;<br>int abc_a;<br>int x11; |
| 대소문자를 구분하므로 int abc와 int ABC는 다른 것 | int abc;<br>int ABC; |
| 숫자로 시작할 수 없으므로 int 1a는 사용할 수 없음 | int a1; |
| 공백을 넣을 수 없음, 즉 int my name; | int myname; |

> **TIP**  컴파일 단계에서 발생한 다음의 에러(Error)는 무엇일까?
>
> error C2059: 구문 오류 : '숫자의 접미사가 잘못되었습니다.'
>
> warning C4091: '' : 변수를 선언하지 않으면 'int' 왼쪽은 무시됩니다.
>
> error C2143: 구문 오류 : ';'이(가) '상수' 앞에 없습니다.
>
> error C2146: 구문 오류 : ';'이(가) 'a' 식별자 앞에 없습니다.
>
> error C2065: 'a' : 선언되지 않은 식별자입니다.
>
> 위의 에러와 경고는 변수이름을 잘못 사용해서 발생한 것이다.
>
> 즉, 다음과 같이 선언했고 변수이름 앞에 숫자가 먼저 나온 것이다.
>
> int 111a;
>
> 위의 변수이름을 int a111;로 변경하면 에러가 발생하지 않는다.

## 라. 데이터 타입(Data Type) 사용

int number;는 정수 4Byte를 할당한다고 이미 이야기 했다. C언어의 데이터 타입은 문자형, 정수형, 실수형이며 마지막으로 void형으로 구분할 수 있다.

지금까지 배운 정수형은 정수형 데이터를 저장하기 위해서 사용되는 것이고, 실수형은 소수점 이하의 데이터를 저장하기 위해서 사용된다. 그리고 문자형은 문자 혹은 문자를 저장하기 위해서 사용된다.

### ■ C언어 데이터 타입(Data Typ)

| 자료형 | 예약어 | Byte | 내용 |
|---|---|---|---|
| 문자형 | char | 1 | $-128 \sim +127$ |
| | unsigned char | 1 | $0 \sim +255$ |
| 정수형 | short | 2 | $-32{,}768 \sim +32{,}767$ |
| | unsigned short | 2~4 | $0 \sim +65{,}535$ |
| | int | 2~4 | $-32{,}768 \sim +32{,}767$(2Byte의 경우) |
| | unsigned int | 2 | $0 \sim +65{,}535$(2Byte의 경우) |
| | long | 4 | $-2{,}147{,}483{,}648 \sim +2{,}147{,}483{,}647$ |
| | unsigned long | 4 | $0 \sim +4{,}294{,}967{,}295$ |
| 실수형 | float | 4 | $-3.4 \times 10^{-38} \sim 3.4 \times 10^{+38}$ |
| | double | 8 | $-1.7 \times 10^{-308} \sim 1.7 \times 10^{+308}$ |
| void형 | void | − | 실제 자료는 없음을 명시적으로 선언 |

위의 데이터 타입에서 가장 많이 사용하는 것은 char, int, long, float, double 정도이다.

## 1) unsigned int로 정수의 표현범위 증가

**int형은 음수와 양수 모두를 표현**할 수 있어서 −32,768 ~ +32,767값을 표현할 수 있다. 하지만 **unsigned int에서 음수는 표현할 수가 없고 양수만 표현할 수 있지만 int형에 비해서 2배의 데이터를 표현**할 수 있다. 그래서 0~+65,535까지의 데이터를 표현할 수 있다.

■ int형과 unsigned int 표현범위

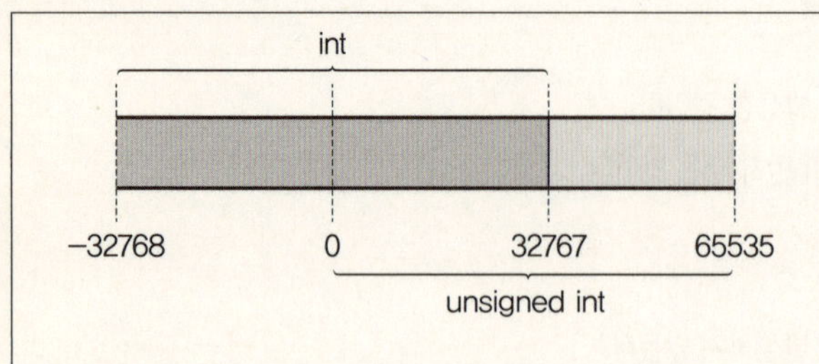


즉, unsigned형 모두 0 이상의 양수를 표현할 수 있는 것으로 양수를 좀 더 많이 표현할 수 있는 장점이 있다.

## 2) char형 데이터 타입

unsigned char와 char는 기본적으로 동일한 것이지만 값의 표현 범위가 다르다. 즉, char는 −128에서 +127을 표현할 수 있고, unsigned char는 0~255까지 표현이 가능하다. 그러면 여기서 약간 이상한 것이 있다. char 및 unsigned char는 문자형인데 −128, 128, 255의 범위라는 것이 무엇일까? 다음의 예제를 보면서 확인해보자.

■ char형 사용

```
1: #include <stdio.h>
2:
3: void main(void)
4: {
5:    char name;            // 문자형 변수 name을 선언함
6:    name='a';             // name에 한 문자 a를 저장함
7:    printf("%c", name);   // printf( )함수에서 %c를 사용하여 문자를 출력
8: }
```

**실행결과**

```
a
```

char name;이라고 선언하면, 주기억장치 내에 1바이트의 공간을 할당한다. 그리고 한 개의 문자를 저장하기 위해서는 저장하고 싶은 한 문자를 ' ' 넣어서 저장하면 된다. 즉, name='a';이다. 마지막으로 한 개의 문자를 printf( )함수를 사용하여 출력하려면 "%c"를 사용하여 한 개의 문자를 출력할 수 있다.

### ■ char 변수 사용

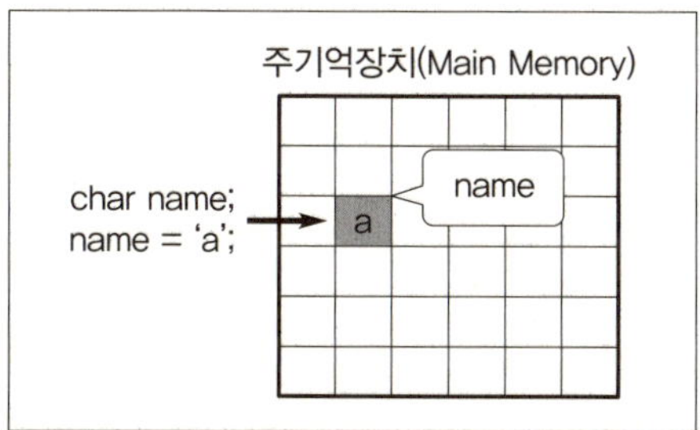


만약 name 변수에 저장된 'a'를 printf( )함수에서 "%d"로 출력하면 어떻게 될까? 다음의 소스코드는 name 변수를 "%d"로 변경해서 출력한 것이다.

### ■ char형 사용

```
1: #include <stdio.h>
2:
3: void main(void)
4: {
5:    char name;              // 문자형 변수 name을 선언함
6:    name='a';               // name에 한 문자 a를 저장함
7:    printf("%d", name);   // printf( )함수에서 %d를 사용하여 문자를 출력
8: }
```

**실행결과**

```
97
```

name이라는 변수에는 분명히 'a'를 저장했는데 printf( )함수에서 "%d"를 출력하니깐 숫자 97을 출력했다. 숫자 97의 의미는 무엇일까? 사실 숫자 97과 a는 같은 것이다. 즉, 컴퓨터는 한 개의 문자 a를 ASC II 코드 테이블로 변환한다. **ASC II 코드 테이블은 각각의 문자를 정해진 코드로 변환**하는데, 영문 소문자 a는 97, b는 98로 변환하고, 영문 대문자 A는 65, B는 66 등으로 변환하는 것이다. 즉, ASC II 코드는 0에서 127이라는 10진수로 변환하는 것이다. 그래서 char형은 −127에서 +127까지의 숫자를 표현할 수 있으면 ASC II 코드의 모든 문자를 표현할 수 있다. 만약 ASC II 코드의 최대 값이 127 이상의 값의 문자를 표현하고자 할 때 unsigned char를 사용하면 255까지 표현할 수 있다.

■ ASC Ⅱ 코드 출력

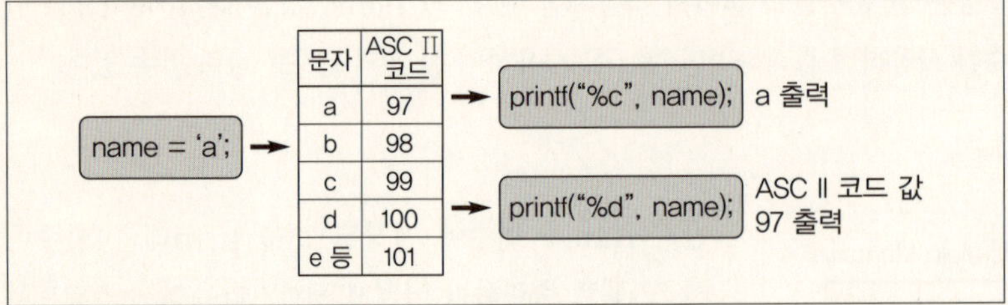


그럼, scanf( )함수를 사용해서 영문자의 ASC Ⅱ 코드 값을 출력하는 프로그램을 만들어보자.

■ ASC Ⅱ 코드 값 출력

```
1: #include <stdio.h>
2:
3: void main(void)
4: {
5:    char name;              // 문자형 변수 name을 선언함
6:    scanf("%c", &name);
7:    printf("ASC II 코드값은 %d 이다.\n", name);
8: }
```

실행결과

```
A
65
```

### 3) 정수형(Integer) 데이터 타입

정수형 데이터 타입은 short와 unsigned short, int, unsigned int, long, unsigned long이 있다. 이러한 정수형 데이터 타입은 우선 할당되는 주기억장치 공간이 다르고 표현할 수 있는 정수의 범위가 다르다. short는 2Byte의 주기억장치 공간을 할당하고 −32,768에서 +32,767까지의 데이터를 표현할 수 있고, **int는 2~4Byte의 주기억장치 공간을 할당**하고 −32,768에서 +32,767까지 데이터를 표현한다. 만약 long 데이터 타입을 선언하면 정수형 데이터를 표현할 수 있는 값의 범위가 대폭 증대되어 −2,147,483,648 ~ +2,147,483,647까지 표현할 수 있다.

은행 계좌에 예금을 생각해보자. 계좌에 들어갈 수 있는 예금은 십원부터 백만원, 천만원, 몇억, 몇조, 몇경까지 표현할 수 있으면 된다. 만약 진짜 계좌에 1경이 있는 사람이 있다면 10,000,000,000,000,000

까지 데이터를 저장할 수 있어야 한다. 이처럼 정수형 데이터 타입이라는 것은 저장되는 값의 범위를 생각 해보고 필요한 것을 결정해야 한다. 물론 필자가 예로든 돈의 단위는 **소수점까지 표현해야 하므로 정수형이 아니라 실수형을 사용**해야 한다.

■ 정수형 데이터 타입 사용

```
int number1=10;
unsigned int number2=20;
```

int형은 주기억장치에 4바이트 공간이 할당되고, unsigned int는 2바이트 공간이 할당된다.

■ 정수형의 주기억장치 할당(Main Memory)

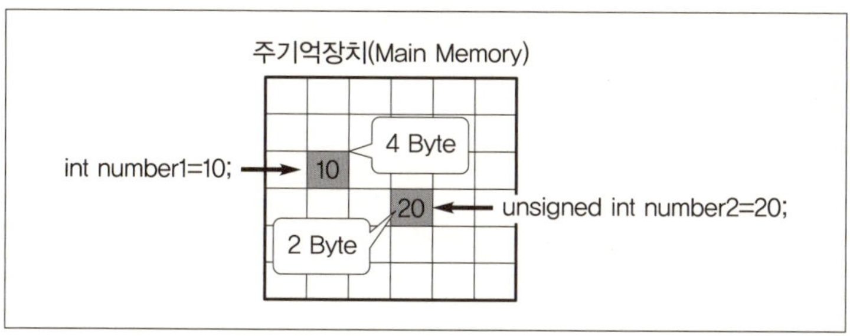


## 4) 실수형(Float) 데이터 타입

실수형은 소수점 이하의 자리를 사용하고자 할 때 사용하는 것으로 float와 double이 있으며, **float는 4바이트의 메모리 공간을 사용하고, double은 8바이트의 메모리 공간을 사용**한다. 소수점을 표현하는 것은 모두 동일하지만 **float와 double 그리고 long double형은 숫자를 표현하는 정밀도가 다른 것**이다.

■ 8진수, 10진수, 16진수 입력형식

| 구분 | 사용하는 바이트 | 소수점 |
| --- | --- | --- |
| float | 4 | 6자리 |
| double | 8 | 15자리 |
| long double | 12 | 18자리 |

■ 실수형 데이터 타입 사용

```
float number1=10.20;
double number2=20.32;
```

그럼, 정수형 데이터 타입과 실수형 데이터 타입을 사용하여 printf( )함수를 사용해서 실제 출력해보자.

■ 정수 및 실수 출력

```
1: #include <stdio.h>    // 선언부
2: void main( )              // main 함수로 프로그램의 시작을 의미함
3: {
4:    int x=10;        // 정수  x를 선언하고 초기값으로  10을 넣음
5:    float y=10;       // 실수  y를 선언하고 초기값으로  10을 넣음
6:    double z=10.1234    // 실수 z를 선언하고 초기값으로 10.1234를 넣음
7:
8:    printf("%d", x);     // 정수 출력은  %d로 출력함
9:    printf("%f", y);     // 실수 출력은  %f로 출력함
10:  printf("%f", z);     // 실수 출력은  %f로 출력함
11: }
```

위의 예는 10, 10.000000, 10.123400으로 출력된다.

printf( )함수로 정수를 출력하려면 "%d"를 사용하고 실수를 출력하려면 "%f"를 사용해야 한다.

> **TIP** 정수형 데이터 타입과 실수형 데이터 타입은 주기억장치의 어느 위치에 메모리가 할당되는 것일까?
>
> 이 문제의 대답은 주기억장치 할당은 운영체제인 윈도우와 리눅스가 알아서 할 일이고 개발자가 관여할 것은 아니다. 하지만, **C언어는 포인터(Pointer)라는 변수를 지원해주기 때문에 주기억장치에 대해서 주소를 사용해서 참조**할 수도 있다.

## 마. sizeof( )함수로 변수의 크기 알아보기

정수형과 실수형, 문자형 등의 실제 크기를 알아보자. 물론 정수형 중에서 int형은 4바이트이고, char는 1바이트라는 것을 이미 설명했다. C언어에서는 데이터 타입에 따라 크기를 알 수 있는 함수를 제공한다.

**즉, sizeof( )함수를 사용하여 데이터 타입의 크기를 알 수 있다.**

■ 데이터 타입 길이 알기

```
1: #include <stdio.h>    // 선언부
2: void main( )              // main 함수로 프로그램의 시작을 의미함
3: {
```

```
4:      printf("char형 크기는 %d \n", sizeof(char));
5:      printf("int형 크기는 %d \n", sizeof(int));
6:      printf("long형 크기는 %d \n", sizeof(long));
7:      printf("float형 크기는 %d \n", sizeof(float));
8:      printf("double형 크기는 %d \n", sizeof(double));
9: }
```

**해설**

4~8행 : sizeof( )함수를 사용해서 char, int, long, float, double의 크기를 printf( )함수로 출력한다.

**실행결과**

```
char형 크기는 1
int형 크기는 4
long형 크기는 4
float형 크기는 4
double형 크기는 8
```

sizeof( )함수는 단순하게 char, int, char, float, double 등의 크기를 알기 위해서 사용하지 않는다. **sizeof( )함수의 주요 용도는 특정 배열의 길이만큼 복사를 하는 경우에 많이 사용된다.**

즉, 앞서 배운 scanf( )함수로 문자열을 입력받고, 입력받은 문자열 buf라는 변수에 복사를 할 때 몇 바이트를 복사해야 할지 알 수가 없으므로 sizeof( )함수를 사용해서 배열의 길이만큼을 복사하는 것이다.

■ sizeof( )함수 사용해서 배열의 크기만큼 복사

```
strncpy(buf1, buf2, sizeof(buf2));
```

위에서 사용한 strncpy( )함수는 문자열을 특정한 길이만큼 복사하는 함수로 buf2의 내용을 buf1로 복사한다. 이러한 복사를 수행할 때 sizeof( )함수를 사용해서 buf2 배열의 크기만큼만 복사하는 것이다. 그리고 **strncpy( )함수는 string.h 라는 파일에 선언되어 있기 때문에 실제 프로그램을 만들 때 #include <string.h>를 포함**시켜야 한다.

■ 문자열 복사

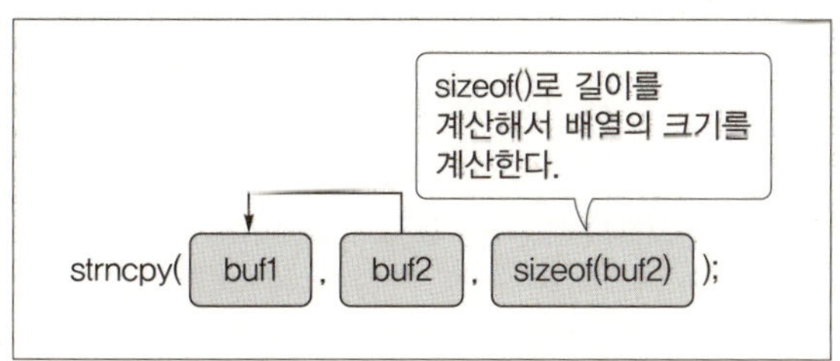

그럼, 실제 scanf( )함수로 데이터를 입력받아서 문자열을 복사하는 프로그램을 만들어보자.

■ **strncpy( )와 sizeof( )함수로 문자열 복사**

```
1: #include <stdio.h>
2: #include <string.h>     // 문자열 관련 함수들을 사용할 때 선언함
3: void main( )
4: {
5:     char buf1[10], buf2[10];   // 2개의 문자열 배열선언
6:     printf("문자열을 입력하세요.);
7:     scanf("%s", buf2);
8:     strncpy(buf1, buf2, sizeof(buf2));
9:     printf("복사된 문자열은 %s 이다. \n", buf1);
10: }
```

**해설**

• 2행 : 문자열 관련 함수를 사용할 때 string.h 파일을 포함시켜야 한다.
• 5행 : 문자열을 입력받고 복사할려고 buf1과 buf2 배열을 선언한 것이다. 배열 부분은 추후 설명하겠다.
• 7행 : 사용자로부터 특정 문자열을 입력받는다.
• 8~9행 : strncpy( )함수를 사용해서 문자열을 buf1에 복사하고 printf( )함수로 출력한다.

**실행결과**

```
문자열을 입력하세요. LimBest
복사된 문자열은 LimBest이다.
```

**Q1** 화면에서 정수를 하나 입력받고 그 크기를 출력하시오?

■ **프로그램**

```
1: void main(void)
2: {
3:     int x;
    printf("정수를 입력하세요.");
    scanf("%d", &x);
    printf("입력한 정수는 %d이다. \n", x);
4: }
```

## 바. 데이터 타입(Data Type)의 변환

데이터 타입 변환이라는 것은 정수를 실수로, 실수를 정수로 변환하거나 숫자를 문자로, 문자를 다시 숫자 등으로 변환하는 것으로 의미한다. C언어에서 형변환은 컴파일러(Compiler)가 자동으로 수행하는 자동 형변환과 프로그래머가 지정한 명시적 형변환이 있다.

> **데이터 타입 변환**
>
> - C언어는 데이터 타입이 다르면 기본적으로 자동 데이터 형변환을 수행한다.
> - **명시적 형변환**은 개발자가 **데이터 타입을 강제적으로 변환할 때 사용하는 것으로 Cast 연산자**라고도 한다.

명시적 형변환은 Cast라는 것을 사용해서 형변환을 수행하고 Cast를 사용할 때 (int)형태를 가진다. 즉, 실수 10.12를 정수로 변환할 때 x=(int)10.12;로 지정하면 x는 정수 10이 된다. 즉, Cast를 통해서 실수를 정수로 변환한 것이다.

■ 실수를 정수로 변환

```
 1: #include <stdio.h>    // 선언부
 2: void main( )              // main 함수로 프로그램의 시작을 의미함
 3: {
 4:    float y=10.12;
 5:    int x;
 6:
 7:    x=(int)y;              // Cast를 통한 명시적 형변환 수행
 8:
 9:    printf("%d", x);       // 정수를 출력
10: }
```

**실행결과**

```
10
```

# 02 Point 연산자(Operator)

C언어의 **연산자(Operator)라는 것은 프로그램이 어떤 작업을 수행할지 결정하는 일종의 명령 (Instruction)으로 연산자를 사용해서 CPU에게 연산을 수행할 수 있게 한다.** C언어 연산자는 산술 연산자, 관계 연산자, 논리 연산자, 대입 연산자가 있다.

## 가. 산술 연산자(Arithmetic Operator)

산술 연산자는 더하기, 빼기, 곱하기, 나누기를 의미하는 것으로 사칙연산을 의미한다. 그러면 산술 연산자를 보기 전에 대입 연산자를 먼저보자.

### 1) 대입 연산자

■ 대입 연산자("=")

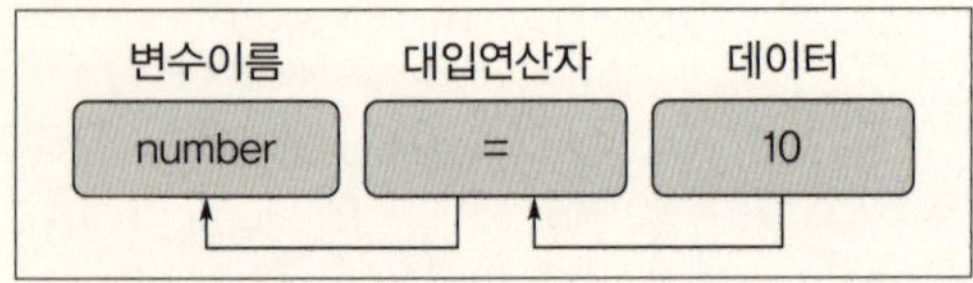


대입 연산자는 오른쪽에 있는 데이터를 왼쪽에 있는 변수에 넣는 것이다.

■ 대입 연산자 사용

```
number=10;
number1=number2;
```

### 2) 연산자와 피연산자

**연산자는 대입 연산자 및 산술 연산자(더하기, 빼기, 나누기, 곱하기)** 등을 의미하고, **피연산자** 는 연산을 하기 위해서 **필요로 하는 데이터나 데이터를 가지고 있는 주소(Address)를** 의미한다.

■ 연산자와 피연산자(1)

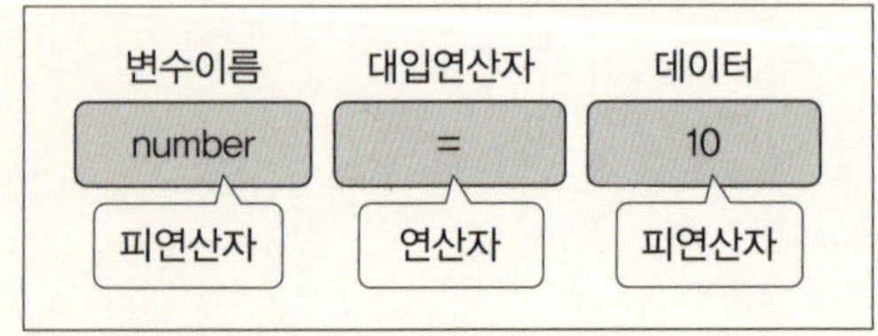


다음의 예에서 연산자는 대입 연산자이고, 피연산자는 10과 number라는 데이터를 의미한다.

■ 연산자와 피연산자(2)

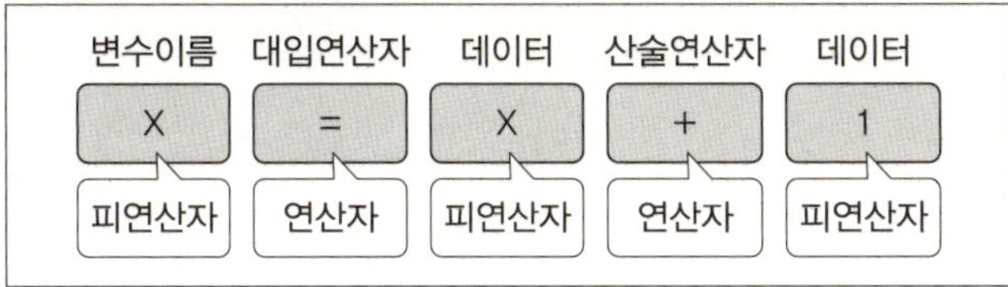


## 3) 산술 연산자의 사용

그럼 산술 연산자를 사용하는 프로그램을 만들어보자.

■ 정수 및 실수 출력

```
 1: #include <stdio.h>
 2: void main( )
 3: {
 4:    int result=0;              // result 변수를 0으로 초기화
 5:    int number1, number2;    // 정수형 변수 2개를 선언함
 6:    number1=10;              // number1에 10의 값을 넣음
 7:    number2=20;              // number2에 20의 값을 넣음
 8:    result=number1 + number2;   // 10과 20을 더해서 그 결과 30을 result에 넣음
 9:
10:    printf("더하기 %d+%d의 결과는 %d이다. \n", number1, number2, result);
11:    printf("빼기 %d-%d의 결과는 %d이다. \n", number1, number2,
           number1-number2);
12:    printf("곱하기 %d*%d의 결과는 %d이다. \n", number1, number2,
           number1*number2);
13:    printf("나누기 %d/%d의 결과는 %d이다. \n", number1, number2,
           number1/number2);
14:    printf("나머지 %d%d의 결과는 %d이다. \n", number1, number2,
           number1%number2);
15: }
```

**실행결과**

더하기 10+20의 결과는 30이다.
빼기 10-20의 결과는 -10이다.
곱하기 10*20%d의 결과는 2000이다.
나누기 10 20의 결과는 00이다.
나머지 10 20의 결과는 100이다.

■ 산술 연산자

| 산술 연산자 | 설명 | 예제 |
| --- | --- | --- |
| + | 피연산자 두 개의 값을 더한다. | X=1+2;<br>X=number1+number2; |
| − | 피연산자 두 개의 값을 뺀다. | X=2−1;<br>X=number1−number2; |
| * | 피연산자 두 개의 값을 곱한다. | X=3*2;<br>X=number1*number2; |
| / | 피연산자 두 개의 값을 나눈다. | X=3/2;<br>X=number1/number2; |
| % | 나머지를 계산한다. | X=number1%number2; |

## 4) 복합 대입 연산자

result=number1+1;은 number1의 값에 1을 더해서 그 결과를 result에 넣는 것이다. 만약 number1에 2가 있었다면 2+1을 해서 3의 값을 result에 넣는다. 만약 result=result+1; 에서 result에 1이 있었다면 1+1을 해서 2의 값을 다시 result에 넣는다. 이런 경우 C언어에서는 복합 대입 연산자를 제공해서 간략하게 표현할 수 있다.

즉, result=result+1;의 경우 result+=1;과 같은 것이다. 이러한 것을 복합 대입 연산자라고 하며 간략하게 만들 때 사용하지만 복합 대입 연산자를 사용하면 프로그램이 좀 복잡하게 보여서 잘 사용하지는 않는다. 그럼 복합 대입 연산자 사용의 예제를 보자.

다음의 예는 산술 연산자를 사용해서 단일 대입 연산자와 복합 대입 연산자를 표현한 것이다. 단일 대입 연산자와 복합 대입 연산자는 표현 방법은 다르지만 결과는 완전히 동일한 것이다.

■ 산술 연산자

| 산술 연산자 | 단일 대입 연산자 | 복합 대입 연산자 |
| --- | --- | --- |
| + | result=result+number; | result+=number; |
| − | result=result−number; | result−=number; |
| * | result=result*number; | result*=number; |
| / | result=result/number; | result/=number; |
| % | result=result%number; | result%=number; |

그럼, 복합 대입 연산자를 사용해서 산술 연산을 수행해보자.

■ 복합 대입 연산자 사용

```
1: #include <stdio.h>
2: void main( )
3: {
4:    int result=0;                    // result 변수를 0으로 초기화
5:    int number1, number2;     // 정수형 변수 2개를 선언함
6:    number1=10;                   // number1에 10의 값을 넣음
7:    number2=20;                   // number2에 20의 값을 넣음
8:    result=number1+number2;    // 10과 20을 더해서 그 결과 30을 result에 넣음
9:    printf("단일 대입 연산자 결과 %d\n", result);
10:   result+=number1;   // result값 30에 10을 더한다. 그래서 result는 40이 된다.
11:   printf("복합 대입 연산자 결과(더하기) %d\n", result);
12:   result-=number1; // result 값이 40이므로 10을 빼면 result가 30이 된다.
13:   printf("복합 대입 연산자 결과(빼기) %d\n", result);
14: }
```

**실행결과**

```
단일 대입 연산자 결과 30
복합 대입 연산자 결과(더하기) 40
복합 대입 연산자 결과(빼기) 30
```

## 5) 증감 연산자와 감소 연산자

**증감 연산자와 감소 연산자는 변수에 1의 값씩 증가시키거나 감소시키는 연산자**이다. 그럼 증감 연산자와 감소 연산자를 사용하지 않고 1의 값을 증가하거나 감소하는 것을 해보자.

■ 변수에 1의 값을 증감 및 감소

```
x=x+1;   // 1의 값을 증가시킴
x=x-1;   // 1의 값을 감소시킴
```

이렇게 1의 값을 증가 혹은 감소시키는 것은 증감 및 감소 연산자를 사용하여 해결할 수 있다. 즉, x=x+1을 ++x로 해도 같은 결과를 얻을 수 있다. 이러한 것을 증감 연산자라고 하고 --x는 감소 연산자라고 한다.

### ■ 선 증가 및 후위 증가

| 선 증가 | 후위 증가 |
| --- | --- |
| result=++x; | result=x++; |
| **1의 값을 먼저 증가한다.**<br>즉, x를 1 증가 시키고 증가된 값을 result에 넣는다. | **문장을 먼저 실행 후 1의 값을 증가한다.**<br>x의 값을 result에 넣고 그 다음 1을 증가시킨다. |

### ■ 선 감소 및 후위 감소

| 선 감소 | 후위 감소 |
| --- | --- |
| result=--x; | result=x--; |
| **1의 값을 먼저 감소한다.**<br>즉, x를 1 감소시키고 증가된 값을 result에 넣는다. | **문장을 먼저 실행 후 1의 값을 감소한다.**<br>x의 값을 result에 넣고 그 다음 1을 감소시킨다. |

증감 연산자와 감소 연산자는 실제 많이 사용되므로 다양한 예제를 보면서 어떤 결과가 화면에 출력될지 예측해보자.

### ■ 선 증가와 후 증가

```
1: #include <stdio.h>
2: void main( )
3: {
4:    int x=10;
5:    printf("선 증가 %d\n", ++x);
6:    x=10;
7:    printf("후 증가 %d\n", x++);
8: }
```

위의 두 개의 printf( )함수에서 x값은 어떤 결과가 나올까? 즉, 첫 번째 x값은 1이 증가해서 10이 출력되고, 두 번째 x값은 10을 먼저 출력하고 1을 증가한다. 두 번째 printf( )함수에서 11이 아니라 10이 출력되는 것은 printf( )함수가 먼저 실행되어서 출력한 후에 x값이 증가하기 때문에 10이 출력된다. printf( )함수로 출력하고 그 다음 x값은 11이 되는 것이다.

### ■ 선 증가와 후위 증가 순서

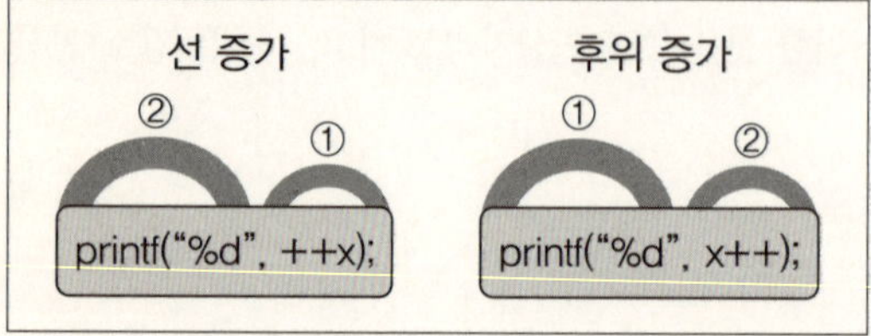

**실행결과**

```
선 증가 11
후 증가 10
```

선 감소와 후위 감소도 동일하다.

■ **선 감소와 후 감소**

```c
1: #include <stdio.h>
2: void main( )
3: {
4:    int x=10;
5:    printf("선 감소 %d\n", --x);
6:    x=10;
7:    printf("후 감소 %d\n", x--);
8: }
```

■ **선 감소와 후위 감소 순서**

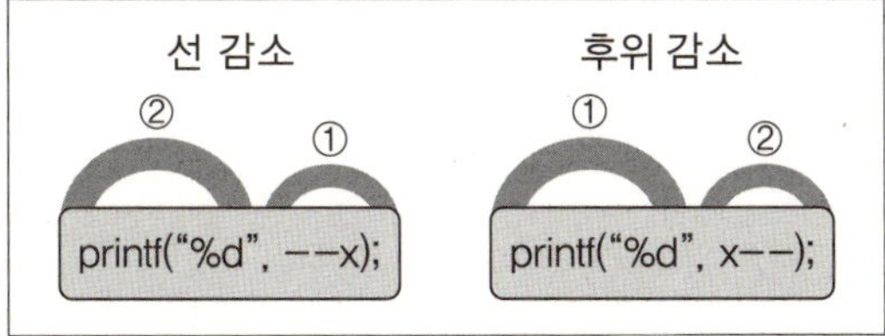


**실행결과**

```
선 감소 9
후 감소 10
```

## 나. 관계 연산자(Relational Operator)

관계 연산자(Relational Operator)는 특정 조건을 비교해서 참과 거짓을 알 때 사용한다. 참은 True 이고 1로도 나타낸다. 거짓은 False이며 0으로 나타낸다.

■ 관계 연산자(Relational Operator)

| 관계 연산자 | 내용 | 결과 |
|---|---|---|
| X==Y | X와 Y는 같다. | 같으면 1, 다르면 0 |
| X != Y | X와 Y는 다르다. | 다르면 1, 같으면 0 |
| X > Y | X가 Y보다 크다. | X가 크면 1, 작으면 0 |
| X >= Y | X가 Y보다 크거나 같다. | X가 크거나 같으면 1, 작으면 0 |
| X < Y | X가 Y보다 작다. | X가 작으면 1, 아니면 0 |
| X <= Y | X가 Y보다 작거나 같다. | X가 같거나 작으면 1, 아니면 0 |

간단한 관계 연산자의 예를 보자.

■ 관계 연산자 사용

```
1: #include <stdio.h>     // 표준 입출력 함수를 사용하기 위해서 포함시켜야 함
2:
3: void main( )
4: {
5:    int x, y, z;
6:
7:    x=15;
8:    y=10;
9:  z=x>y;
10:   printf("%d\n",z);   // z는 1을 출력한다.
11:   z=x==y;
12:   printf("%d\n",z);   // z는 0을 출력한다.
13: }
```

## 다. 논리 연산자(Logical Operator)

논리연산이라는 것은 AND, OR, NOT을 의미하고, AND는 논리곱, OR는 논리합, NOT은 부정이다. 논리곱이라는 것은 A*B의 의미로, 1*1=1이 될 것이다. 논리합은 A+B로 1+0=1이 되고, 1+1=1이 된다. 1+1=2가 되지 않는 이유는 논리연산에서 0 혹은 1만 있기 때문에 1 이상의 값을 표시할 수가 없다.

### ■ AND(논리곱)

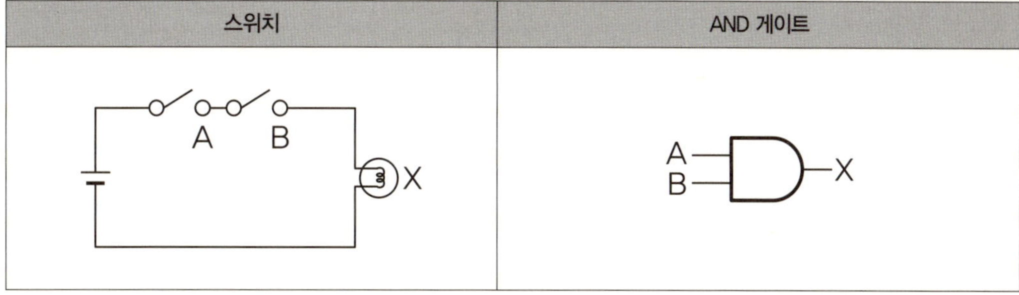



위의 도표에서 A와 B 모두가 On일 경우 램프가 켜진다.

### ■ AND 게이트 진리표 및 논리식

| 진리표 | | | 논리식 |
|---|---|---|---|
| A | B | Y | |
| 0 | 0 | 0 | |
| 0 | 1 | 0 | Y=A*B |
| 1 | 0 | 0 | Y=AB |
| 1 | 1 | 1 | |
| A와 B는 입력, Y는 출력 | | | |

### ■ OR(논리합)

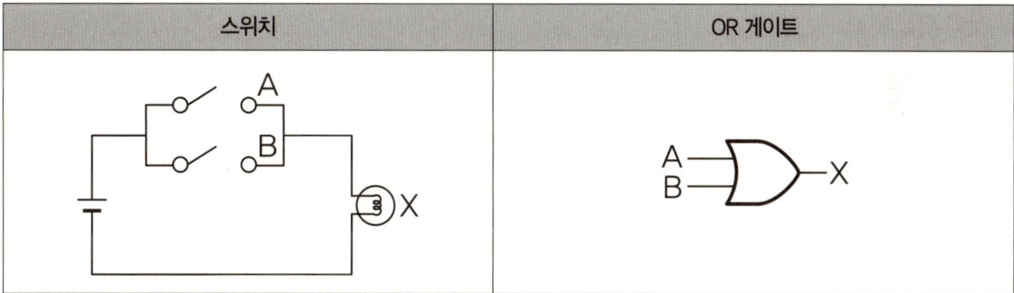



### ■ OR 게이트 진리표 및 논리식

| 진리표 | | | 논리식 |
|---|---|---|---|
| A | B | Y | |
| 0 | 0 | 0 | |
| 0 | 1 | 0 | Y=A+B |
| 1 | 0 | 0 | |
| 1 | 1 | 1 | |
| A와 B는 입력, Y는 출력 | | | |

### ■ NOT(부정)

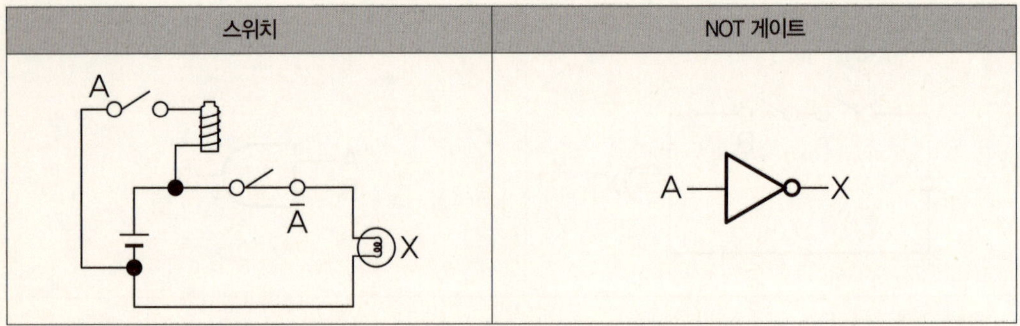

| 스위치 | NOT 게이트 |
|---|---|

### ■ NOT 게이트 진리표 및 논리식

| 진리표 | | 논리식 |
|---|---|---|
| A | Y | |
| 0 | 1 | Y=A |
| 1 | 0 | |
| A는 입력, Y는 출력 | | |

C언어에서 AND는 &&로 나타내고, OR는 ||로 표현하며, NOT은 !로 정의하고 있다. 즉 0||1은 한 쪽이 1이므로 1이 되는 OR을 의미한다. Z=X⟨Y&& X==1; X가 Y보다 작고 X가 1과 같으면 참이 되어서 Z는 1이 되는 AND를 표시한 것이다.

### ■ 논리 연산자

| 논리 연산자 | 설명 | 예제 |
|---|---|---|
| && | X와 Y 모두가 참일 경우 참이 된다. | X && Y |
| \|\| | X와 Y에서 둘 중 하나만 참이면 참이 된다. | X \|\| Y |
| ! | X가 참이면 거짓으로 거짓이면 참으로 바꾼다. | !X |

그럼, 다음의 예제 하나를 확인해보자.

### ■ 논리 연산자 사용

```
result=(x==1&&y==2)
printf("논리 곱(AND) : %d\n", result)
```

위의 예제는 x가 1이고 y가 2이면 둘 다 참이 되므로 result는 1이 된다. 만약 x는 1과 같은데 y가 2와 같지 않으면 result는 거짓이 되므로 0이 된다.

■ 논리 곱(AND) 처리

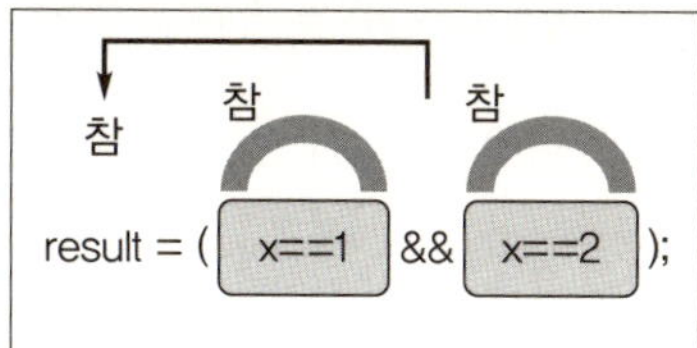


■ 논리 연산자

```
1: #include <stdio.h>
2: void main( )
3: {
4:    int x=10;
5:    int y=20;
6:    int result1=0;
7:    int result2=0;
6:    int result3=0;
6
6:    result1=(x==10 && y==20);
6:    result2=(x<11 || y < 10);
6:    result=(!result1);
7:    printf("result1 [%d] result2[%d] result3[%d]\n", result1, result2,
       result3);
8: }
```

result1의 값은 x가 10과 같고 y가 20과 같으므로 참(1)이 된다. 그리고 x가 10이므로 10보다 작고 y 는 20이므로 10보다 크다. 하지만 논리합(OR)의 참(1)이 result2에 입력된다. 마지막으로 !result1 은 부정(Not)이므로 1의 값이 0으로 바뀐다.

**실행결과**

```
result1 [1] result2 [1] result3[0]
```

## Point 03 | 변수와 연산자 연습문제

**Q1** x변수에 4가 있고 y변수에 2가 있다. X와 y에 대해서 더하기, 빼기, 곱하기, 나누기, 나머지를 계산해서 화면에 출력하는 프로그램을 만드시오.

● 프로그램

```
1: void main(void)
2: {
3:   int x=4, y=2;
4:   printf("더하기 %d \n", x+y);
5:   printf("빼기 %d \n", x-y);
6:   printf("곱하기 %d \n", x*y);
7:   printf("나누기 %d \n", x/y);
8:   printf("나머지 %d \n", x%y);
9: }
```

**Q2** x에 10을 넣고 y에 10을 넣은 다음 선 증감, 후위 증감, 선 감소, 후위 감소를 수행해서 결과를 화면에 출력하시오.

● 프로그램

```
1: void main(void)
2: {
3:   int x=10, y=10;
4:   printf("선 증감 %d \n", ++x);
5:   printf("후위 증감 %d \n", y++);
6:   printf("선 감소 %d \n", --x);
7:   printf("후위 감소 %d \n", y++);
8: }
```

**Q3** x에 100, y에 150일 때 논리곱으로 비교하여 그 결과를 출력하시오.

● 프로그램

```
1: void main(void)
2: {
3:   int x=100, y=150;
4:   int result=0;
5:   result=(x==100 && y==150);
6:   printf("논리곱(AND) 결과는 %d 이다. \n", result);
7: }
```

**Q4** 두 변수에 10과 20을 넣고 그 합을 출력한 후 변수 값을 20과 30으로 변경하여 출력하시오.

> **출력형식**
>
> 10+20=30
>
> 20+30=50

● 프로그램

```c
1: void main(void)
2: {
3:    int x=10, y=20;
4:
5:    printf("%d + %d=%d \n", x, y, x+y);
6:    x=20;
7:    y=30;
8:    printf("%d + %d=%d \n", x, y, x+y);
9: }
```

**Q5** 다음과 같은 프로그램을 작성하시오

> **출력형식**
>
> 원주=5*2*3.140000=31.400000
>
> 넓이=5*5*3.140000=78.500000

● 프로그램

```c
1: void main(void)
2: {
3:    int radius=5;
4:    double pie=3.14;
5:    printf("원주=%d * 2 * %lf=%lf \n", radius, pie, radius*2*pie);
6:    printf("넓이=%d * %d * %lf=%lf \n", radius, radius, pie,
          radius*radius*pie);
7: }
```

**Q6** 다음과 같은 프로그램을 작성하시오

> **출력형식**
>
> 진체를 8자리로 맞추고 소수점 3자리까지 출력
>
> x=1.234
>
> y=20.123

● 프로그램

```c
1: void main(void)
2: {
3:   double x=1.234;
4:   double y=20.123;
5:   printf("소수점을 출력합니다. \n");
6:   printf("x=%8.3f \n", x);
7:   printf("y=%8.3f \n", y);
8: }
```

**Q7** 3개의 정수에 1, 2, 2를 넣고 x와 y, y와 z를 비교한 후 그 결과가 같으면 1을 출력하고 다르면 0을 출력하고, x와 y가 같지 않으면 1을 같으면 0을 출력하시오.

● 프로그램

```c
1: void main(void)
2: {
3:   int x=1, y=2, z=2
4:   int result1=0, result2=0;
5:   result1=(x==y);
6:   result2=(y==z);
7:   printf("%d %d", result1, result2);
8:   result1=(x!=y);
9:   printf("%d \n", result1);
10: }
```

**Q8** 키보드로 정수 x값과 y값을 입력받고 y가 x보다 크거나 같으면 "y가 x보다 크거나 같습니다."를 출력하고 그렇지 않으면 "x가 y보다 큽니다."를 출력하시오.

● 프로그램

```c
1: void main(void)
2: {
3:   int x=0, y=0;
4:   int result=0;
5:   printf("x값과 y값을 입력하시오.");
6:   scanf("%d %d", &x, &y);
7:   result=(x<=y);
8:   if(result==1)
9:       printf("y가 x보다 크거나 같습니다.\n");
10:  else
11:      printf("x가 y보다 큽니다. \n");
12: }
```

**Q9** 정수 x = 0, y = 1, z = 1로 초기화 후에 x와 y가 모두 참인지, x 또는 y가 참인지, y와 x 모두 참인지, x가 참이 아닌지를 확인해서 참이면 1을 거짓이면 0을 출력하시오.

● 프로그램

```
1: void main(void)
2: {
3:    int x=0, y=1, z=1;
4:    int result1=0, result2=0, result3=0, result4=0;
5:    result1=(x && y);
6:    result2=(x || y);
7:    result3=(y && z);
8:    result4=!x;
9:    printf("%d %d %d %d \n", result1, result2, result3, result4);
10: }
```

**Q10** 두 개의 실수형 변수에 10.0과 11.0으로 초기화 하고 두 개의 실수형 변수의 합계를 계산 후 정수형 변수에 합계를 넣으시오. 마지막으로 정수형 변수를 출력하시오.

● 프로그램

```
1: void main(void)
2: {
3:    float x=10.0, y=11.0;
4:    float total=0.0;
5:    int result=0;
6:    total=x+y;
7:    result=(int) total;
8:    printf("정수형 합계는 %d 이다. \n", result);
9: }
```

# 데이터 표현

## 01 Point 정수와 실수의 표현

### 가. 정수의 표현

이번 장에서는 정수의 표현 방식에 대해서 알아보자. 정수는 소수점을 가지고 있지 않고 소수점은 실수로 표현해야 한다. 그럼 1바이트(Byte)에 대해서 정수가 어떻게 표현되는지 알아야 한다.

### 1) 양의 정수 표현

1바이트로 정수를 표현하면 제일 왼쪽 비트는 양수와 음수를 나타내는 부호비트를 의미하고, 이러한 부호비트를 MBS(Most Signification Bit)라고 한다. 즉, MBS가 0이면 양의 정수이고, 1이면 음의 정수를 의미하는 것이다.

■ 정수 표현

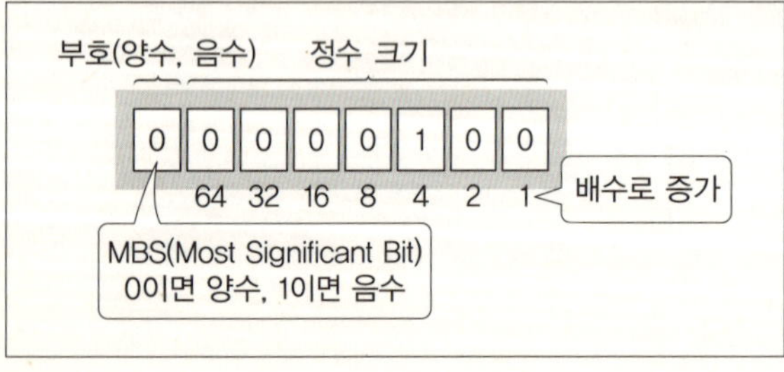


1바이트는 8비트이고 그 중 가장 왼쪽 1비트가 부호비트이므로 정수 데이터를 표현할 수 있는 것은 7비트만 남게 된다. 그리고 2진수를 통해서 값을 표현하고 1로 설정된 위치를 10진수로 변환한다. 즉, 위의 예에서는 4의 자리가 1로 설정되어 있으므로 10진수 4가 된다.

### 2) 음의 정수 표현

이제 음수의 표현에 대해서 알아보자. 앞에서 설명한 양의 정수 표현처럼 부호비트만 1로 설정하고 끝나면 너무나 편할 것이다. 예를 들어 다음과 같이 하는 것이다.

### ■ 음의 정수 표현

음수의 경우는 표현방법이 다르다. 즉, **음수를 표현하려면 2의 보수를 사용해야 한다.** 그래서 먼저 2의 보수부터 알아야 한다.

2의 보수는 먼저 1의 보수를 변경하고 1을 더하면 된다. 여기는 1의 보수로 변경하는 방법은 0은 1로 1은 0으로 변경하는 것이다. 이렇게 변경하고 1을 더하면 2의 보수가 되는 것이다.

그럼, 먼저 정수 4를 1의 보수로 변경해보자.

### ■ 정수 4를 1의 보수로 변경

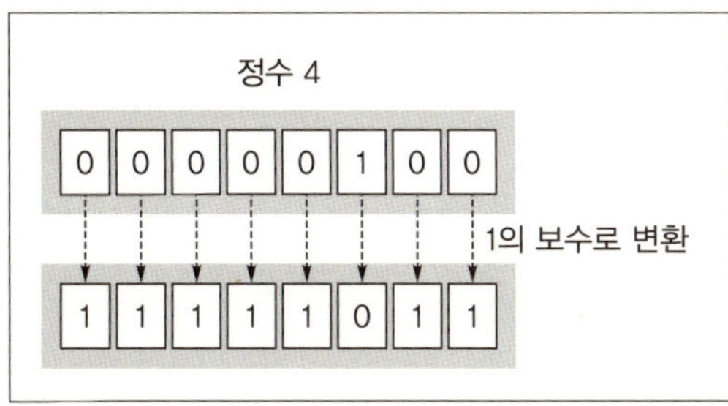


1의 보수로 변경이 끝났으면 2의 보수는 1을 더하면 된다. 단, 1을 더할 경우 자리올림(Carry)이 발생할 수 있다. 즉 1+1=10이 되는 것이다. 그것은 2 진수이기 때문에 1+1=0이 나오고 자리올림 1이 올라가서 최종적으로 10이 된다.

### ■ 2의 보수로 변환

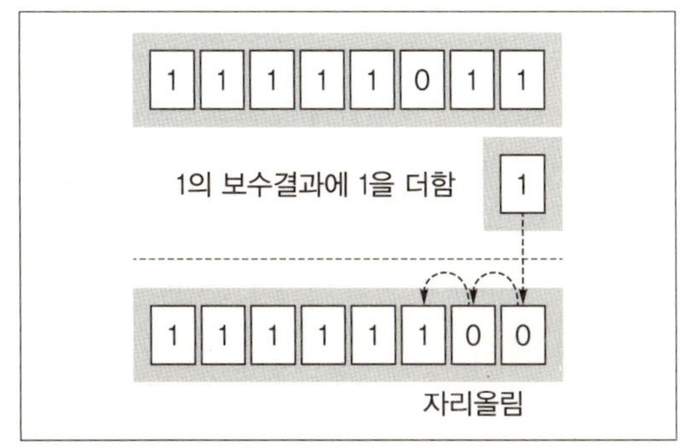


결과적으로 −4의 값은 11111100이 된다. 음수는 2의 보수로 변환해서 표현하는 것이다.

## 나. 실수의 표현

실수는 소수점 이하의 자리를 표현하는 것이다. 그래서 앞의 자리와 소수점 자리 둘로 나누어진다.

### ■ 실수 표현

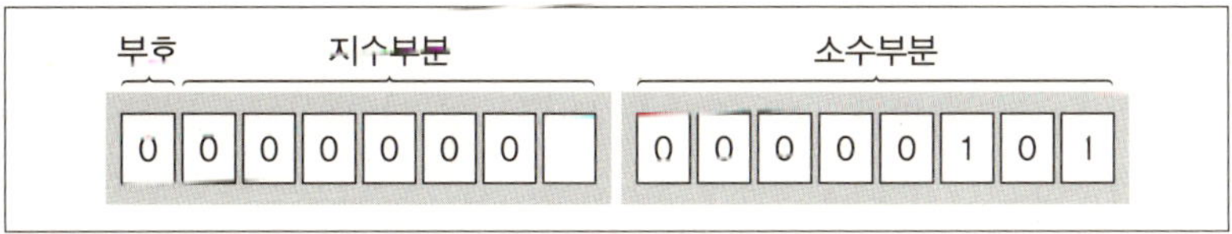

**Q1** **(101101)1의 2의 보수는 얼마인가?**

**해설** ....................................................................................................................

보수는 반대이다. 그래서 101101의 1의 보수는 010010이다. 여기에 2의 보수는 1을 더하므로 010011이 된다.

**정답**

010011

# 02 Point 컴퓨터가 데이터를 처리하는 원리

## 가. 2진수를 사용하는 컴퓨터

우리가 사용하고 있는 컴퓨터는 폰노이만이 만든 2진수 체계를 사용하고 있는 컴퓨터이다. **2진수 체계에서 컴퓨터는 0 혹은 1밖에 알 수 없다는 것**이다. 2진수의 데이터를 표현할 수 있는 최대 값이 1이므로 그 이상의 숫자는 사용할 수 없다.

### ■ 2진수

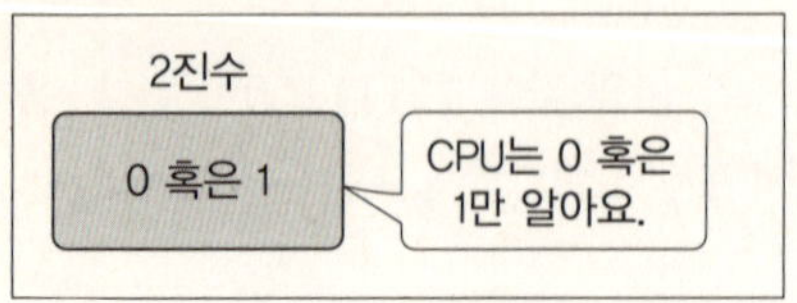


2진수의 데이터를 처리하는 것은 컴퓨터 내부에서 산술연산과 논리연산을 수행하는 CPU이다. 그래서 CPU 이진수는 0 혹은 1만 데이터를 처리할 수 있으므로 0과 1의 값을 가지고 무엇을 수행해야 하는지 판단해야 한다. 하지만 0과 1로써는 2개의 명령밖에 처리할 수 없다. 그래서 0 혹은 1을 비트(Bit)라고 하고, 8개의 비트를 묶은 바이트(Byte) 단위로 처리하면 좀 더 많은 명령과 데이터를 표현할 수 있을 것이다. CPU는 사실 바이트 단위로 데이터를 처리하지 않고 1워드(Word) 단위로 처리한다.

### ■ Bit와 Byte

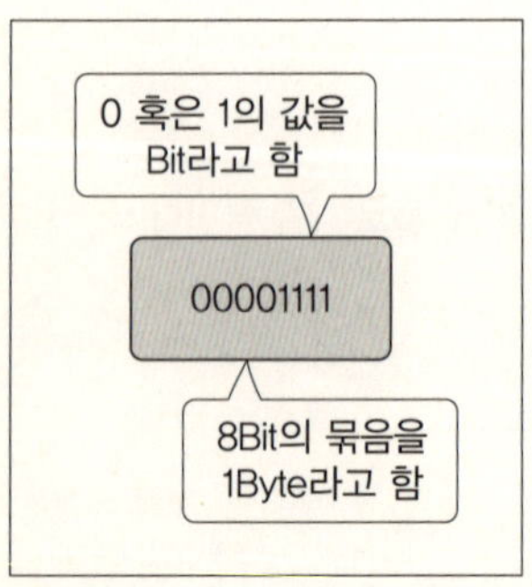


1워드라는 것은 4바이트의 묶음이고 1바이트가 8비트이므로 1워드=4바이트*8비트인 32비트 단위로 처리하게 된다. 32비트 컴퓨터라는 것은 CPU가 32비트 단위로 연산을 처리 한다는 의미이다. 그럼 최근의 컴퓨터인 64비트 컴퓨는 무엇일까? 1워드가 8바이트로 이루어져 있고 그것을 한 번에 CPU가 처리할 수 있다는 것이다.

그럼 사람은 어떤 숫자를 사용할까? 사람은 바로 10진수를 사용한다. 즉, 0에서부터 9까지의 숫자를 사용해서 명령과 데이터를 표현할 수 있다. 10진수는 1비트로 0~9까지의 10개의 데이터를 표현할 수 있는 장점이 있지만 CPU는 10진수를 사용하지 않고 2진수를 사용한다.

### ■ 2진수와 10진수

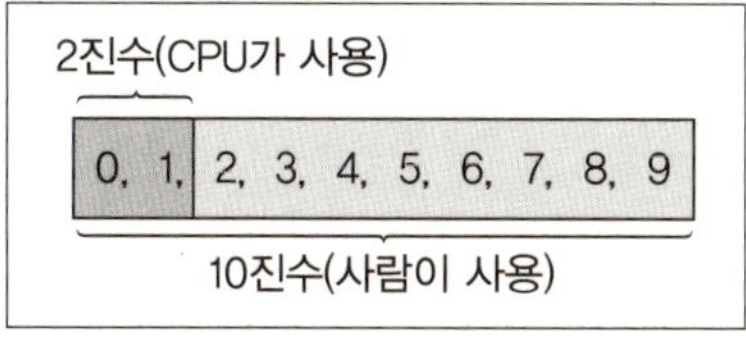


그러므로 사용자가 입력하는 10진수를 CPU가 처리하려면 2진수로 변경을 해야한다. 즉, 진법변환을 해야한다는 것이다. 그럼 10진수를 2진수로 바꾸어 보자. 그래야 CPU가 사용자가 입력한 수를 알 수 있을 것이다. 10진수를 2진수로 바꾸는 것은 2로 계속 나누면 된다. 그리고 그 나머지를 읽으면 2진수가 된다.

### ■ 10진수 5를 2진수로 변환

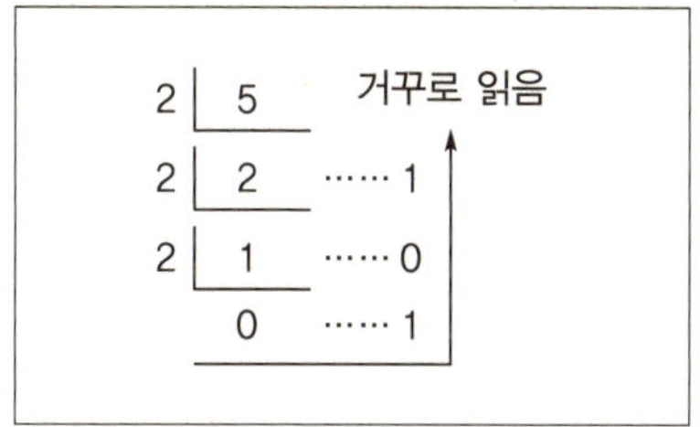


5를 2로 나누면 나머지가 1이 되고, 다시 2를 2로 나누면 나머지는 0이 된다. 1을 2로 나눌 수 없기 때문에 1이 되고 마지막으로 0을 붙여준다. 그러면 0101이 5값에 대한 2진수가 되는 것이다. 하지만, 8421 코드를 사용하면 좀 더 쉽게 변환할 수 있다. 즉, 8421 코드에서 5는 4+1=5로 만들 수 있을 것이다. 4와 1의 자리를 1로 설정하고 나머지는 0으로 하면

0101이 된다. 즉, 8412 코드를 사용하면 좀 더 간단하게 변환할 수가 있다.

### ■ 8421 코드로 2진수 변환

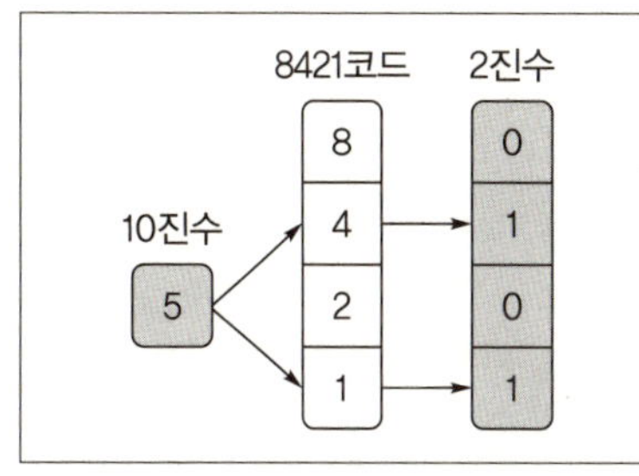


지금까지 CPU는 2진수를 사용하고 사람은 10진수를 사용한다는 것을 배웠고 CPU가 명령을 실행하려면 사람이 사용하는 10진수를 2진수로 변환하여 컴퓨터에게 전달해야 한다는 것을 알게 된 것이다. 하지만 사용자가 입력한 10진수는 바로 CPU에게 전달되는 것은 아니다. 폰노이만이 만든 컴퓨터 구조에서 CPU가 명령을 처리하려면 주기억장치(Main Memory)를 통해서 가야한다. 그래서 사용자가 입력한 10진수는 주기억장치에 먼저 저장되어야 한다. 주기억장치는 한 개의 프로그램이 혼자 사용하는 공간이 아니라 여러 프로그램들이 같이 사용하는 공간이므로 주기억장치를 특정한 크기로 분할하고 각 분할영역에 주소(Address)를 부여하게 되는데, 이때 주소를 부여하기 위해서 사용하는 방식이 바로 16진수이다. 즉, 주기억장치에 많은 분할을 만들어서 많은 프로그램들이 사용할 수 있게 하려는 것이다. 16진수는 10진수보다 표현할 수 있는 수가 크기 때문이다. 즉 0~15까지 표현할 수 있다는 것이다.

**■ 16진수**

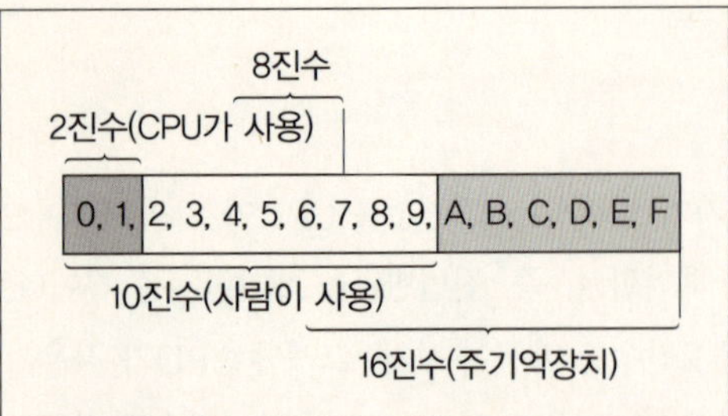

다음의 16진수에서 A는 10, B는 11, C는 12, D는 13, E는 14, F는 15를 의미한다.

마지막으로 8진수는 지금까지 배운 것과 동일하다. 즉, 8진수는 0에서 7까지의 데이터를 표현한다.

---

**TIP** 컴퓨터 시스템 사용하는 자료처리 단위

| 구성 | 상세기능 |
|---|---|
| 비트(Bit) | Binary Digit, 디지털 정보의 최소 표현단위, 2진수 0 혹은 1로 표현한다. |
| 바이트(Byte) | 8개의 비트가 1바이트를 구성하며 컴퓨터에서 문자를 표현하는 기본단위이다. |
| 워드(Word) | 컴퓨터 내부에서 명령을 처리하는 단위로 N개의 바이트로 구성된다. |
| 필드(Field) | - 항목(item)이라고 하며, 파일을 구성하는 최소단위<br>- 의미를 갖는 정보단위이다.<br>- **예** 학번, 성명, 주소 등 |
| 레코드(Record) | - 여러 필드를 한 개의 행으로 묶은 것이다.<br>- 하나 이상의 필드로 묶여서 구성한 자료처리 단위이다. |
| 파일(File) | - 여러 개의 레코드가 묶인 것이다.<br>- 디스크에 자료를 관리하는 단위이다. |

## 나. C언어에서 진수표현

그럼 지금까지 학습한 데이터 표현을 C언어에서 표현하여 8진수, 10진수, 16진수 데이터를 출력해보자.

다음의 예는 10진수 10을 8진수와 16진수로 표현한 것이다. 8진수를 표현할 때 숫자 앞에 0을 붙여주면 C언어 컴파일러가 8진수로 인식하게 되는 것이다. 그리고 16진수는 0x를 붙이고 A는 10의 값을 의미한다.

**■ 데이터 표현**

| 진수 | 데이터 | C언어 표현 |
|---|---|---|
| 8진수 | 12 | int x=012; |
| 10진수 | 10 | int x=10; |
| 16진수 | A | int x=0xA; |

■ 8진수, 10진수, 16진수 출력 프로그램

```
1: #include <stdio.h>
2: void main( )
3: {
4:    int x=10;
5:    int y=012;
6:    int z=0xA;
7:    printf("10진수 %d\n", x);
8:    printf("8진수 %d\n", y);
9:    printf("16진수 %d\n", z);
10: }
```

**해설**

- 4~6행 : 10진수, 8진수, 16진수를 int형으로 선언하고 값을 넣는다.
- 7~9행 : 10진수, 8진수, 16진수를 printf( )함수로 출력한다.

**실행결과**

```
10진수 10
8진수 10
16진수 10
```

# 03 Point 비트 연산(Bit Operator)

## 가. 비트 연산자 종류

컴퓨터 내에서 산술연산과 논리연산을 수행하는 CPU는 비트단위로 연산을 처리한다. C언어에서는 이러한 비트단위 연산을 수행할 수 있는 기능을 제공하고 있다.

즉, AND, OR, XOR, NOT(반전), 왼쪽 시프트(Left Shift), 오른쪽 시프트(Right Shift)이다. 각각의 개념을 한 번 알아보기로 하자.

**AND 연산은 오직 1과 1이 입력될 때 1의 결과가 나오고 나머지는 모두 0이 된다.** 그래서 1011과 1111이 입력되면 AND의 결과는 1011이 된다. 다음의 예에서 ALU라고 하는 것은 CPU 내에서 연산을 처리하는 장치이다.

### ■ AND 연산

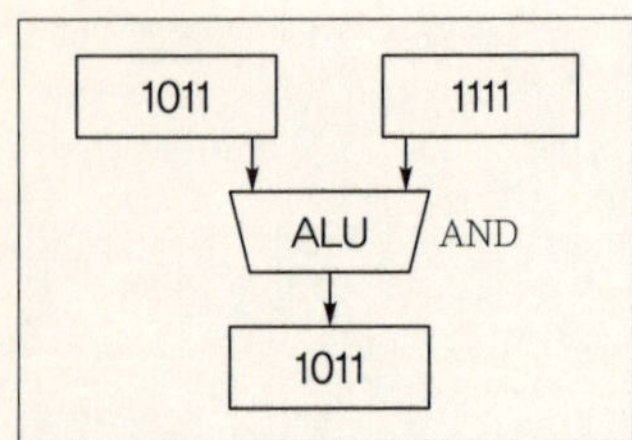


AND 연산의 경우 비트 연산자에서는 &로 표현한다.

### ■ OR 연산

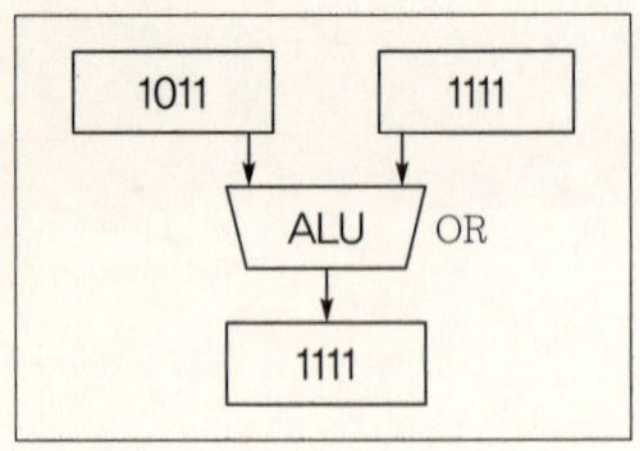


**OR연산은 한쪽에서라도 1이 입력되면 1이 된다.** OR 연산의 경우 비트 연산자에서는 |로 표현한다.

### ■ XOR 연산

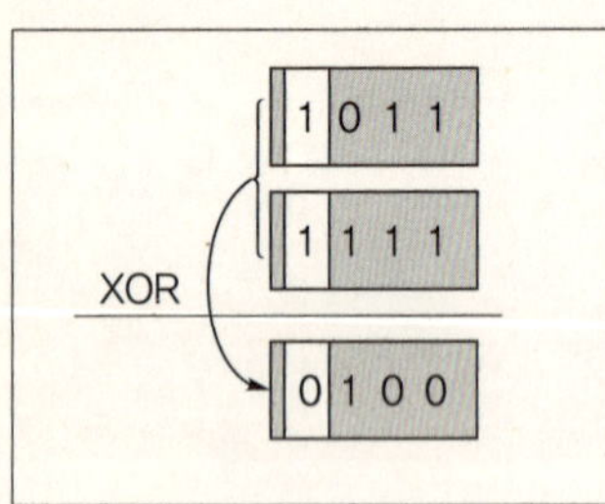


**XOR은 OR 연산과 기본적으로 동일하지만 입력값이 1과 1이 입력되면 0이 되는 연산이다.** XOR은 비트 연산자로 ^으로 표현한다.

### ■ NOT 연산

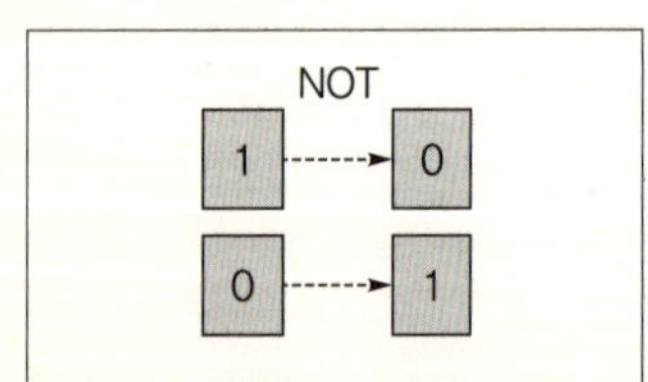


**NOT(반전)은 1이면 0으로 0이면 1로 변경하는 것이다.** NOT은 비트 연산자로 ~으로 표현한다.

### ■ 1비트 왼쪽 시프트(Left Shift) 연산

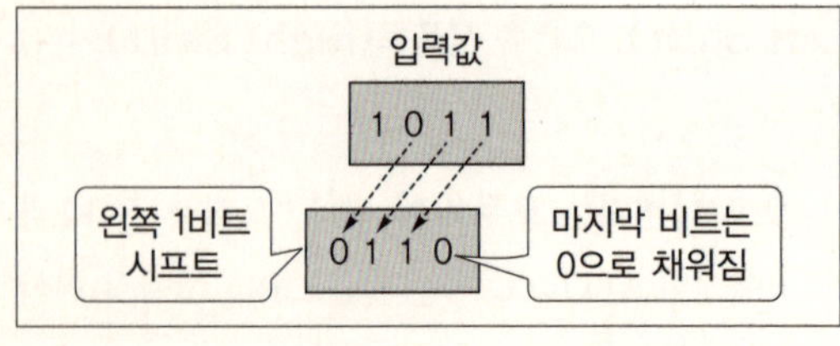


**시프트(Shift) 연산자는 한 비트를 왼쪽 혹은 오른쪽으로 이동시키는 연산자**이고 왼쪽 시프트는 <<로 표현하고, 오른쪽 시프트는 >>로 표현한다. 왼쪽 시프트는 1비트를 왼쪽으로 이동하고 이동으로 생기는 공백은 0으로 채워진다. 오른쪽 시프트는 이동 방향이 오른쪽으로 이동할 뿐 방법은 동일하다.

>  **TIP** **시프트(Shift) 연산은 왜 필요한 것일까?**
>
> 10진수 5를 2진수로 바꾸면 0101이다. 그럼 0101을 1비트 왼쪽 시프트로 수행하면 다음과 같다.
>
> 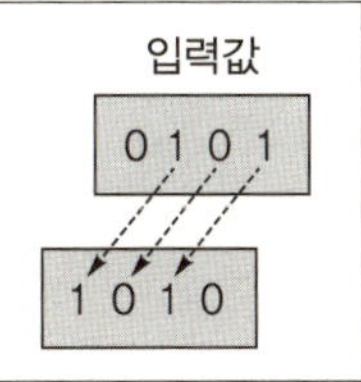
> 
>
> 1010이 출력되며, 1010을 다시 10진수로 변경하면 10이 된다. 8421코드로 변경하면 8+2=10이 된다는 것이다. 왼쪽 시프트를 통해서 1비트만 이동한것 뿐인데 5*2=10이 된 결과와 같게 된다. 즉, 왼쪽 시프트는 곱하기를 한 것과 동일한 결과가 나온다. 반대로 오른쪽 시프트는 나누기를 한 것과 같은 결과가 나온다.
>
> 시프트를 사용한 곱셈과 나눗셈은 CPU로 하여금 아주 빠르게 연산을 수행할 수 있게 하는 장점을 가지게 된다.

지금까지 학습한 비트 연산자를 정리하면 다음과 같다.

■ 비트 연산자

| 비트 연산자 | 의미 | 사용방법 |
|---|---|---|
| & | AND | X & Y; |
| \| | OR | X \| Y; |
| ^ | XOR | X ^ Y; |
| ~ | NOT | ~X; |
| << | 왼쪽 시프트 | X<<2; |
| >> | 오른쪽 시프트 | X>>3; |

## 나. 비트 연산자 사용하기

### 1) AND 비트 연산자

그럼 실제 AND 비트 연산자를 사용해서 비트 연산이 어떻게 동작하는지 알아보자.

■ AND 비트 연산자

```
1: #include <stdio.h>
2: void main( )
3: {
4:    int x=10;
5:    int y=20;
6:    int z=0;
7:    z=x & y;   // AND 비트 연산 수행
8:    printf("AND 연산결과 %d\n", z);
9: }
```

**해설**

- 4~6행 : x, y, z 변수를 초기화한다.
- 7행 : AND 비트 연산을 수행한다.

**AND 비트 연산**

```
x값:  00000000  00000000  00000000 00001010
y값:  00000000  00000000  00000000 00010010
AND  ------------------------------------------
z값   00000000 00000000  00000000 00000010
```

위의 결과를 10진수로 변환해서 출력하면 다음과 같다.

■ **10진수로 변환**

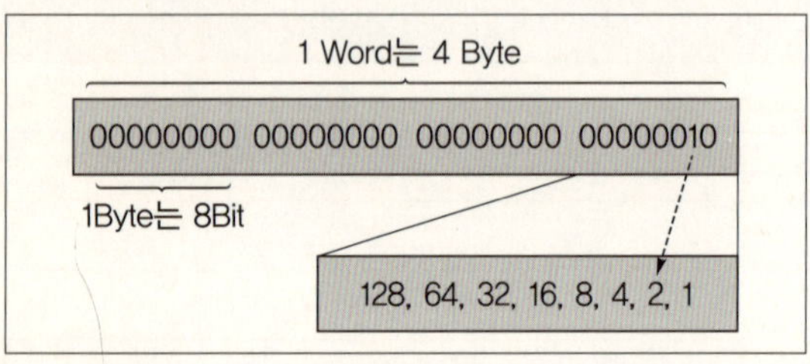


**실행결과**

```
AND 연산결과 2
```

## 2) OR 비트 연산자

앞에서 수행한 동일한 소스코드를 OR 비트 연산자로 실행해보자.

■ **OR 비트 연산자**

```c
1: #include <stdio.h>
2: void main( )
3: {
4:    int x=10;
5:    int y=20;
6:    int z=0;
7:    z=x | y;   // OR 비트 연산 수행
8:    printf("OR 연산결과 %d\n", z);
9: }
```

- 4~6행 : x, y, z 변수를 초기화한다.
- 7행 : OR 비트 연산을 수행한다.

**OR 비트 연산**

```
x값:  00000000  00000000  00000000 00001010
y값:  00000000  00000000  00000000 00010010
OR  ------------------------------------------
z값   00000000 00000000  00000000 00011010
```



```
OR 연산결과 26
```

## 3) XOR 비트 연산자

XOR로 변경해서 실행해보자.

■ **XOR 비트 연산자**

```c
1: #include <stdio.h>
2: void main( )
3: {
4:    int x=10;
5:    int y=20;
6:    int z=0;
7:    z=x ^ y;   // XOR 비트 연산 수행
8:    printf("XOR 연산결과 %d\n", z);
9: }
```



- 4~6행 : x, y, z 변수를 초기화한다.
- 7행 : XOR 비트 연산을 수행한다.

### OR 비트 연산

```
x값:  00000000  00000000  00000000  00001010
y값:  00000000  00000000  00000000  00010010
XOR  ----------------------------------------
z값:  00000000  00000000  00000000  00011000
```

XOR은 1, 1일 때 0이 된다.

**실행결과**

```
XOR 연산결과 24
```

### 4) NOT 비트 연산자

NOT은 반전이다. 1을 0으로 0을 1로 바꾸는 것이다. NOT을 사용해서 반전을 시키는 것은 바로 1의 보수로 변경하는 것을 의미한다. NOT을 사용해서 반전을 하면 모든 비트가 반대로 변경되고, 이때 부호 비트까지도 변경된다. 즉, 양수는 음수로 음수는 양수로 변경 된다는 것이다.

**■ NOT 비트 연산자**

```c
1: #include <stdio.h>
2: void main( )
3: {
4:    int x=10;
5:    int y=0;
6:    y=~x;
7:    printf("NOT 연산결과 %d\n", y);
8: }
```

**해설**

NOT은 부호비트까지도 반전되므로 양수가 음수로 변경된다.

### OR 비트 연산

```
x값:  00000000  00000000  00000000  00001010
NOT  ----------------------------------------
y값  11111111  11111111  11111111  11110101
```

> NOT 연산결과 -11

## 5) 왼쪽 시프트(Left Shift)

왼쪽 시프트는 특정 비트를 왼쪽으로 이동시키는 비트 연산자이고 이동하고 싶은 비트의 수는 개발자가 지정하면 된다. 예를 들어 x의 값을 2비트 왼쪽으로 이동하고 싶으면 다음과 같이 하면 된다.

### ■ 왼쪽 2비트 시프트

```
x << 2;
```

만약 이동시키고 싶은 비트의 수를 특정 변수만큼 이동시키고 싶다면 다음과 같이 하면 된다.

### ■ 특정 비트를 왼쪽 시프트

```
int x=10;
int bit;
scanf("%d", &bit);
x << bit;
printf("%d", x);
```

위의 예는 사용자가 입력한 bit값만큼 왼쪽으로 이동시키게 된다. 그리고 x의 변화를 printf( )함수를 사용해서 확인할 수 있다.

### ■ 왼쪽 시프트 비트 연산자

```
1: #include <stdio.h>
2: void main( )
3: {
4:   int x=10;
5:   int result1 =0, result2=0;
6:
7:   result1=x << 1;
8:   result2=x << 2;
9:   printf("X값은 [%d] 인데 1비트 왼쪽 시프트 한 결과 [%d]이고 2비트를 한 결과 [%d]이다.\n", x,
      result1, result2);
10: }
```

x값은 [10] 인데 1비트 왼쪽 시프트 한 결과 [20]이고 2비트를 한 결과 [40]이다.

## 6) 오른쪽 시프트(Right Shift)

오른쪽 시프트는 왼쪽 시프트와 동일하다. 단, 방향이 다르고 나눗셈의 효과를 가진다.

■ 왼쪽 시프트 비트 연산자

```
1: #include <stdio.h>
2: void main( )
3: {
4:    int x=40;
5:    int result1 =0, result2=0;
6:
7:    result1=x >> 1;
8:    result2=x >> 2;
9:    printf("X값은 [%d] 인데 1비트 오른쪽 시프트 한 결과 [%d]이고 2비트를 한 결과 [%d]이다.\n", x,
       result1, result2);
10: }
```



x값은 [40]인데 1비트 오른쪽 시프트 한 결과 [20]이고 2비트를 한 결과 [10]이다.

---

**TIP** 비트 연산자로 어떤 프로그램을 만들 수 있나요?

특별한 경우가 아니면 사실 비트 연산자(Bit Operator)를 사용할 일은 별로 없다. 특히 기업의 업무 프로그램을 개발할 때는 거의 비트 연산자를 사용하지 않는다. 하지만, 암호화 프로그램을 개발한다고 생각하면 비트 연산자를 사용하게 된다. 즉, 암호화 기법 중에서 스트림(Stream) 암호화 기법은 비트 단위로 XOR을 수행하거나 시프트(Shift) 연산을 수행하여 데이터 암호화를 수행한다.

또 특정 센서에 들어가는 프로그램을 개발할 때도 비트 연산자를 사용해서 데이터 연산을 수행한다. 비트 연산자를 사용하는 것은 하드웨어가 데스크톱 컴퓨터처럼 우수하지 않는 경우 센서의 자원을 최소한으로 사용하면서 원하는 연산을 수행하기 위해서 사용된다.

## Point 04  데이터 표현 연습문제

**Q1** 정수형 변수 두 개에 20, 40을 넣고 논리곱 비트 연산을 수행 후 출력하시오.

● 프로그램

```
1: #include <stdio.h>
2: void main(void)
3: {
4:     int numa=20;
5:     int numb=40;
6:     int numc=0;
7:     numc=numa & numb;
8:     printf("%d \n", numc);
9: }
```

**Q2** NOT 비트 연산자를 사용해서 정수 75를 음수로 변경하시오.

음수는 2의 보수로 표현한다. 2의 보수를 만들려면 1의 보수로 변경 후 1을 더하면 된다. 그리고 1의 보수 1은 0으로, 0은 1로 변경하면 된다.

● 프로그램

```
1: #include <stdio.h>
2: void main(void)
3: {
4:     int result=0;
5:     int data=75;
6:
7:     result=~data+1;
8:     printf("%d \n", result);
9: }
```

**Q3** 정수형 변수에 −16을 넣고 2비트를 오른쪽으로 시프트 후에 출력하시오.

> **출력형식**
> -4

● 프로그램

```
1: #include <stdio.h>
2: void main(void)
3: {
4:     int result=-16;
5:
6:     printf("%d \n", result>>2);
7: }
```

# 반복문

## 01 Point   for문

본 장에서는 반복문에 대해서 알아보자. 반복문을 무언가를 N번 실행시키는 것으로 **C언어의 반복문은 for문, while문, do~while문**이 있다. 반복문을 어떤 용도로 사용하는지 확인하기 위해서 다음의 예를 보자.

■ 반복문을 사용하는 이유

| 반복문을 사용하지 않았을 때 | 반복문을 사용했을 때 |
|---|---|
| 출력형태<br>　안녕하세요 C입니다.<br>　안녕하세요 C입니다.<br>　안녕하세요 C입니다.<br>　안녕하세요 C입니다.<br>　안녕하세요 C입니다. | 출력형태<br>　안녕하세요 C입니다.<br>　안녕하세요 C입니다.<br>　안녕하세요 C입니다.<br>　안녕하세요 C입니다.<br>　안녕하세요 C입니다. |
| 프로그램 형태<br>　printf("안녕하세요 C입니다.\n");<br>　printf("안녕하세요 C입니다.\n");<br>　printf("안녕하세요 C입니다.\n");<br>　printf("안녕하세요 C입니다.\n");<br>　printf("안녕하세요 C입니다.\n"); | 프로그램 형태<br><br>　for(i=0; i<5;i++)<br>　　printf("안녕하세요 C입니다.\n"); |
| 동일한 문장을 5번 출력하는 printf( )함수를 사용했다. 만약 100번 출력해야 한다면 100개의 printf( )함수를 사용해야 한다. | 반복문 printf( )함수만 사용해서 모두 출력시켰다. 100번 출력해야 한다면 5를 100으로만 변경하면 된다. |

위의 내용을 보면 반복문을 왜 사용하는지 알 수 있을 것이다. 반복문은 특정한 것을 반복적으로 실행해서 프로그램을 간단하게 만든다. 예를 들어보면 scanf( )함수를 사용해서 국어, 영어, 수학의 점수를 입력받아 보자. 반복문을 사용하면 scanf( )함수를 한 번만 사용해서 국어, 영어, 수학의 점수를 입력받을 수 있다.

**■ 반복문을 사용한 scanf( )함수 실행**

```
1: #include <stdio.h>
2: void main( )
3: {
4:    int i =0;
5:    int count=3, score=0;
6:
7:    for(i=0; i<count;i++)
8:       scanf("점수 %d", &score);
9: }
```

굳이 for문의 구조를 설명하지 않아도 어떤 의미인지 느낄 수 있을 것이다. for문의 구조는 나중에 설명하고 본 프로그램의 문제점을 한 번 생각해보자. scanf( )함수를 사용해서 국어, 영어, 수학 점수를 입력받기는 하지만 프로그램을 실행 해보면 국어점수를 입력해야 할지, 영어점수를 입력해야 할지, 수학점수를 입력해야 할지 알 수가 없다. 이러한 문제점을 해결하려면 반복문은 조건문과 같이 사용될 때 그 효과가 크고 실제 프로그램을 개발할 때도 반복문과 함께 조건문을 사용한다. 조건문은 다음 장에서 설명하겠다.

다음의 예를 보면 반복을 수행할 때 첫 번째 반복의 경우 printf( )함수로 국어점수를 화면에 출력시키고, 두 번째 반복은 영어점수, 세 번째는 수학점수를 화면에 출력하게 한다. 화면에 출력이 끝나면 scanf( )함수를 실행시켜 과목별로 화면에 출력할 수 있을 것이다.

**■ 반복문과 조건문을 같이 사용**

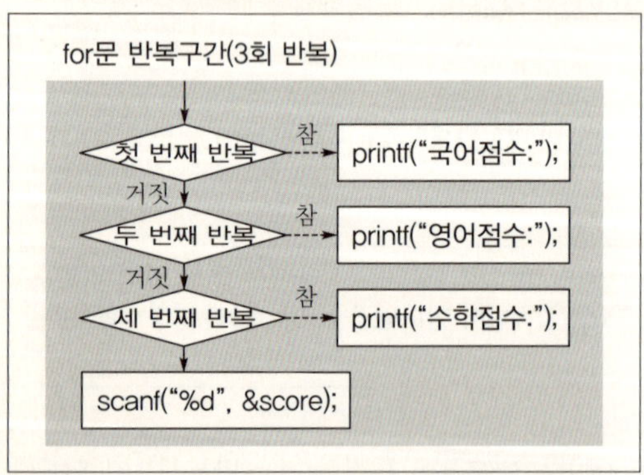


바로 이러한 문제를 해결하기 위해서 반복문과 조건문을 같이 사용하는 것이다.

## 가. for문의 구조

반복문 중에서 가장 많이 사용되는 반복문은 for문이다. 그리고 for문만 알고 있으면 while문과 do~while문은 쉽게 이해하고 사용할 수 있다.

그럼 for문의 기본구조부터 확인해보자.

### ■ for문 구조

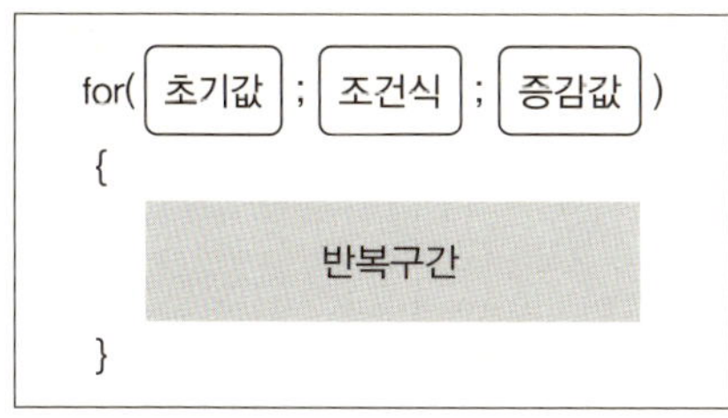



초기값은 반복을 위한 변수 초기값을 선언하고 조건식은 반복조건을 확인해서 계속 반복을 수행할지 혹은 반복을 중단할지 결정한다. 그리고 증감값은 초기값을 증가시키거나 감소시키는 것이다. 마지막으로 **반복구간은 "{", "}" 사이의 문장을 반복적으로 실행하는 구간이다.** 만약 "{", "}"을 사용하지 않으면 for문 바로 아래의 한 줄만 반복적으로 실행한다. 즉, 여러 줄을 반복적으로 실행 할때는 "{", "}"을 반드시 사용해야 하고 한 줄만 반복한다면 "{", "}"은 생략해도 된다.

### ■ 반복구간

| 여러 줄을 반복해야 할 경우 | 한 줄만 반복하는 경우 |
|---|---|
| for( 초기값 ; 조건식 ; 증감값 )<br>{<br>반복구간<br>} | for( 초기값 ; 조건식 ; 증감값 )<br>한 줄만 반복함 |
| 여러 줄을 반복적으로 실행한다. | for문 한 줄만 반복적으로 실행한다. |

### ■ for문 구조

| 구조 | 의미 | 사용방법 |
|---|---|---|
| 초기값 | 반복 변수를 선언한다. | int i=0; |
| 조건식 | 반복 조건을 선언한다. | i<5; |
| 증감값 | 증감 혹은 감소 | i++ 혹은 i--; |

이제 실제 구문의 예제를 보면서 for문의 구조를 알아보자.

### ■ for문의 실행구조 및 실행순서

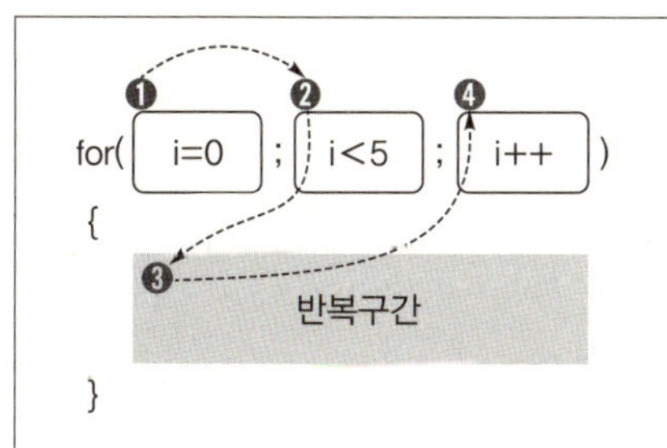



for문의 실행순서를 보면 ❶번은 변수 초기값부터 실행된다. 그래서 i값은 0이 되고, 초기값 부분은 단 한 번만 실행된다. 본 예제처럼 초기값은 0부터 시작할 수도 있고 2부터 시작하고 싶으면 i=2로 하면 된다. 그리고 ❷번으로 가서 조건식을 비교한다. 즉, i는 초기값에 의해서 0이므로 i는 5보다 작다. I가 5보다 작기 때문에 ❸번 반복구간이 실행된다. 반복구간 실행이 완료되면 ❹번으로 이동하여 i값을 1 증가시킨다. 그 결과로 i는 1이 되고, 다시 ❷번으로 가서 조건식을 비교한다. 이렇게 반복적으로 수행하면서 i의 값이 5가 되면 조건식에서 i는 5이고 조건 값 5와 같기 때문에 반복문은 종료하게 된다.

■ for문에서 i값의 변화

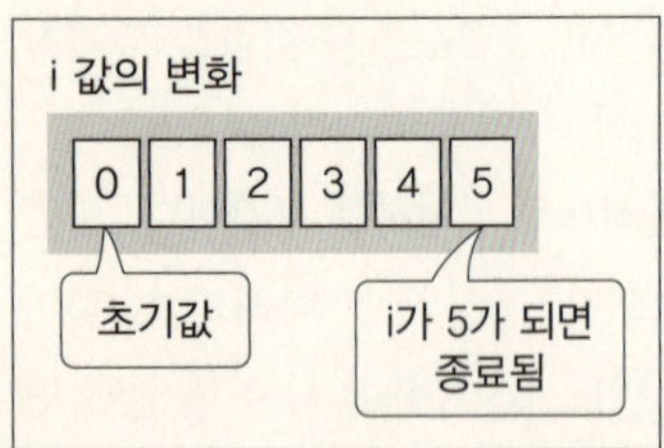


## 나. 조건식 변화에 따른 반복횟수

for문을 사용해서 i값의 변화를 출력해보자. 특히 조건식에 따라 변화하는 i값을 확인해야 한다.

■ 조건식(i<5)

```
1: #include <stdio.h>
2: void main( )
3: {
4:    int i =0;
5:    for(i=0; i<5;i++)
6:    {
7:        printf("i=[%d]\n", i);
8:    }
9: }
```

해설

• 5행 : i는 0부터 4까지 5번 반복하게 된다.

• 6, 8행 : 반복으로 실행되는 구간이 printf( )문 하나 밖에 없기 때문에 6행과 8행은 없어도 된다.

  실행결과를 보면 i값은 5가 되지 않는다. 즉, i가 5가 되면 조건식에 의해서 for문이 나오게 된다.

실행결과

```
i=[0]
i=[1]
i=[2]
i=[3]
i=[4]
```

이제 조건식을 조금 변경해보자.

■ **조건식(i<=5)**

```c
1: #include <stdio.h>
2: void main( )
3: {
4:    int i=0;
5:    for(i=0; i<=5;i++)
6:    {
7:        printf("i=[%d]\n", i);
8:    }
9: }
```

**해설**

• 5행 : 조건식이 i<=5로 변경되었다. 이 변경으로 인해서 i값은 5까지 출력한다. 즉, 0부터 5까지 6번 반복하는 것이다.

**실행결과**

```
i=[0]
i=[1]
i=[2]
i=[3]
i=[4]
i=[5]
```

예제에서 for문이 완료된 이후에 i값을 출력해보자.

```c
for(i=0; i<5;i++)
{
    printf("i=[%d]\n", i);
}
printf("i값은 얼마일까? %d \n", i);
```

마지막 i값은 5이다. 하지만 for문은 0부터 4까지만 반복된 것이다.

반복문은 i를 0부터 N까지 반복하게 할 수도 있지만 증감을 사용해서 반대로 할 수도 있다.

■ 조건식(i<=5)

```
1: #include <stdio.h>
2: void main( )
3: {
4:   int i=0;
5:   for(i=5; i<0;i--)
6:   {
7:       printf("i=[%d]\n", i);
8:   }
9:   printf("마지막 i값은 %d 이다.\n", i);
10: }
```

**해설**

• 5행 : 초기값이 5부터 0까지 1씩 감소시키면서 반복을 수행한 것이다.

**실행결과**

```
i=[5]
i=[4]
i=[3]
i=[2]
i=[1]
i=[0]
```

지금까지 배운 for문을 사용해서 합계를 계산해보자.

■ 합계 계산 프로그램

```
1: #include <stdio.h>
2: void main( )
3: {
4:   int i=0;
5:   int count=0;
6:   int score=0, total=0;
7:   printf("몇 명의 점수를 입력할 것인가?");
8:   scanf("%d", &count);
```

```
 9:    for(i=0; i<count; i++)
10:    {
11:        printf("점수를 입력하세요!");
12:        scanf("%d", &score);
13:        total=total+score;
14:    }
15:    printf("합계 %d 이다.\n", total);
16: }
```

**해설**

- 8행 : 입력할 과목 수를 입력한다.
- 9행 : 입력한 과목 수만큼 반복을 수행한다.
- 12~13행 : 과목 점수를 입력받고 `total` 점수에 누적한다.

**실행결과**

```
몇 명의 점수를 입력할 것인가? 3
10
20
30
합계 60 이다.
```

**Q1** for문을 5부터 0까지 반복하면서 초기값을 0, 1, 2, 3, 4로 출력하라.

● 프로그램

```c
1: #include <stdio.h>
2: void main( )
3: {
4:    int i=0;
5:    for(i=5; i<0;i--)
6:    {
7:        printf("i=[%d]\n", 5-i);
8:    }
9: }
```

**Q2** 0부터 10 사이에 짝수의 합계를 출력하라.

● 프로그램

```
1: #include <stdio.h>
2: void main( )
3: {
4:    int i =0;
5:    for(i=0;i<=10;i=i+2)   // 증감값 i는 2, 4, 6 으로 증가함
6:    {
7:        sum=sum + i;   // 짝수의 합계를 구함. 즉, 0+2+4+6+8+10의 합계가 구해짐
8:    }
9:    printf("짝수 합계는 %이다.\n", sum);
9: }
```

## 다. 다중 for문

다중 for문은 하나의 for 내에 여러 개의 for문을 사용하는 것이다. 다음은 다중 for문의 예이다. 즉, i가 반복문으로 0에서 4회 수행하고 다시 for문 내에서 j가 0에서 4까지 5회 수행한다.

■ 다중 for문

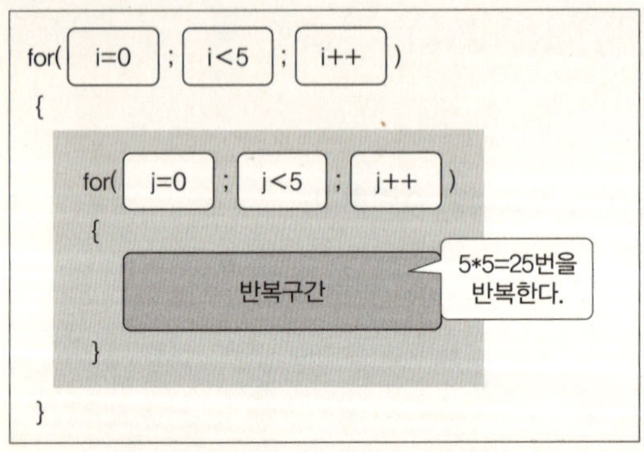


for문 i가 0일 때 j는 0부터 4까지 5번을 수행한다. j가 5번을 반복수행 하면 다시 i는 1로 증가하고 다시 j는 0부터 4까지 5번을 수행한다.

■ 다중 for문의 반복횟수

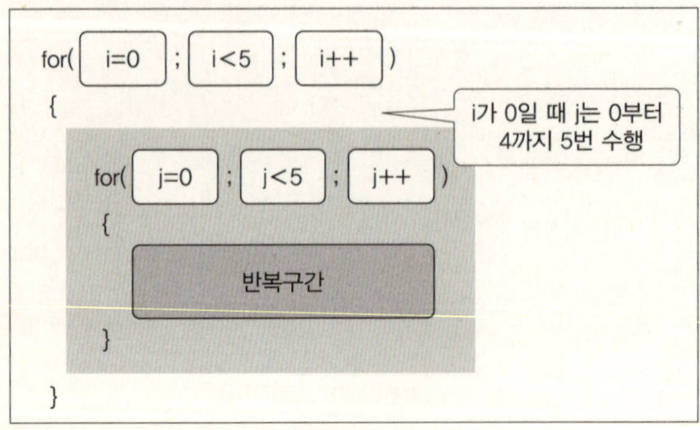


결과적으로 5*5=25번을 수행하게 되는 것이다.

그럼 다중 for문을 사용해서 다음과 같은 형태로 출력해보자. 즉, 5행 5열로 *를 출력하는 것이다. 여기서 주의할 것은 5열을 출력하고 한 줄 내려서 5열을 출력하는 식으로 해야 한다는 것이다.

```
*****
*****
*****
*****
*****
```

■ 다중 for문 사용

```c
1: #include <stdio.h>
2: void main( )
3: {
4:    int i=0, j=0;
5:
6:    for(i=0; i<5; i++)
7:    {
8:       for(j=0; i<5; i++)
9:          printf("*");
10:      printf("\n");
11:   }
12: }
```

**해설**

- 5~8행 : i와 j를 다중 for문으로 실행시킨다.
- 9행 : j가 0에서 4까지 5번 실행되는 동안 "*"를 수평으로 출력한다.
- 10행 : j가 5번 수행을 완료하면 printf("\n");로 한 줄 내린다.

**실행결과**

```
*****
*****
*****
*****
*****
```

이제 다중 for문을 사용해서 구구단 출력 프로그램을 만들어보자.

## ■ 구구단

```
1:  #include <stdio.h>
2:  void main( )
3:  {
4:     int i=0, j=0;
5:     for(i=2; i<=9; i++)
6:     {
7:        for(j=1; j<=9; j++)
8:        {
9:           printf("%d 단 %d * %d=%d \n", i, i, j, i*j);
10:       }
11:    }
10: }
```

**해설**

• 5~7행 : 구구단은 2단부터 시작하니 i는 2부터 9까지 반복한다. 그리고 j는 1부터 9까지 반복한다.

• 9행 : printf( )함수로 2단부터 9단까지를 출력한다.

**실행결과**

```
2단 2*1=2
2단 2*2=4
2단 2*3=6
2단 2*4=8
2단 2*5=10
2단 2*6=12
2단 2*7=14
2단 2*8=16
2단 2*9=18 등
```

**TIP  문으로 무한루프 만들기**

무한루프라는 것은 멈추지 않고 계속 반복 수행하는 것이다. for문으로 무한루프를 만들때는 다음과 같이 만들면 된다.

```
for(;;)
{
  // 무한루프 블록
}
```

무한루프에서 빠져 나올려면 break문을 사용하여 나올 수 있다.

# 02 Point  while문

while문은 for문과 거의 비슷하다. 단지 사용히는 방법에 좀 차이가 있을 뿐이다. 다음의 내용을 보면 초기값, 조건식, 증감값의 위치가 for문과는 다르다. 즉, **초기값을 먼저 할당하고 조건식을 비교 후에 반복구간에 진입**한다. 그리고 증감값을 증가 혹은 감소 한 후에 조건식으로 가서 다시 조건을 확인한다.

■ while문 사용

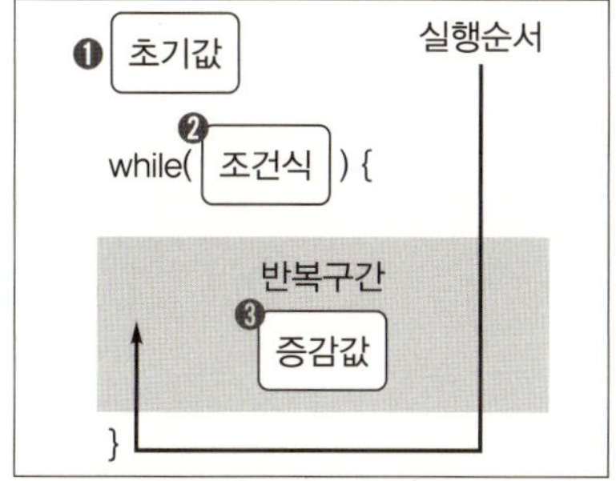


그럼, 실제 프로그램을 만들어서 i값의 변화를 살펴보자.

■ while문 사용

```c
1: #include <stdio.h>
2: void main( )
3: {
4:    int i=0;
5:    while(i<5)
6:    {
7:        printf("i=[%d]\n", i);
8:        i=i+1;
9:    }
10: }
```

해설

· 4행 : 초기값 설정으로 i에 0을 설정한다.

· 5~9행 : 조건식을 비교한다. i는 0이므로 while( ) 내부의 반복구간이 실행되어서 printf( )함수로 i를 출력힌다. i=i+1은 I값을 증가시킨다. 그리고 다시 while문의 조건문을 비교한나.

```
i=[0]
i=[1]
i=[2]
i=[3]
i=[4]
```

while문을 사용해서 i값의 합계를 출력해보자.

■ while문 사용

```
1: #include <stdio.h>
2: void main( )
3: {
4:    int i=0, sum=0;
5:    while(i<5)
6:    {
7:       sum=sum + i;
8:       i=i+1;
9:    }
10:   printf("i값의 합계는 %d 이다.\n", sum);
11: }
```



• 8행 : sum 변수에 i값을 누적해서 0+1+2+3+4를 수행한다.



```
i 값의 합계는 80이다.
```

다음과 같은 프로그램을 만들어보자.

■ 성적표 관리 프로그램 요구사항

1. 사용자에게 과목별 점수를 입력받는다.

2. 과목별 점수를 입력받는다.

3. 과목별 점수는 무한대로 입력받는다.

4. 과목점수에 0이 입력되면 프로그램은 종료된다.

5. 프로그램이 종료될 때 전체 합계와 평균을 계산한다.

### ■ while문을 사용한 성적표 입력

```
1: #include <stdio.h>
2: #include <string.h>
3: void main( )
4: {
5:    int i=0, total=0;
6:    int score=0;
7:    while(1)                    // 무한 Loop를 실행
8:    {
9:        printf("과목점수를 입력하세요:");
10:       scanf("%d", &score);
11:       if(score == 0) break;
12:        total=total+score;
13:        i=i+1;
14:    }
15:  printf("과목점수의 합계   %d", total);
16:  printf("과목점수의 평균   %d", total/(i-1));
17: }
```

**해설**

- 7행 : 과목별 점수를 무한대로 입력받아야 하기 때문에 while(1)로 하면 항상 참이 되어서 무한 루프가 발생하게 된다.
- 11행 : 만약 사용자가 입력한 값이 0이면 break문을 실행하여 while( )문을 빠져나가게 한다.
- 13행 : 단, 과목평균을 계산하려면 입력한 과목 수를 알아야 하기 때문에 i는 과목수를 누적하는 것이다.

### ■ break문

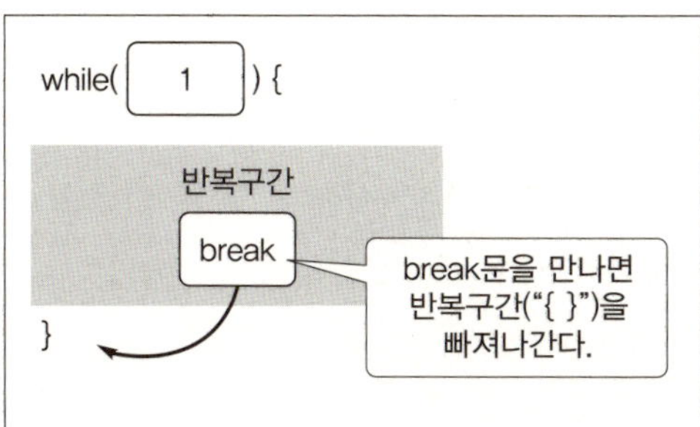


위의 break문은 모든 반복구간을 빠져나가는 것이 아니라 자신을 포함한 하나의 반복구간만 빠져 나간다. 즉, 다중 반복문으로 되었을 때 자신이 속한 반복구간의 하나만 빠져 나간다는 것이다.

### ■ break문

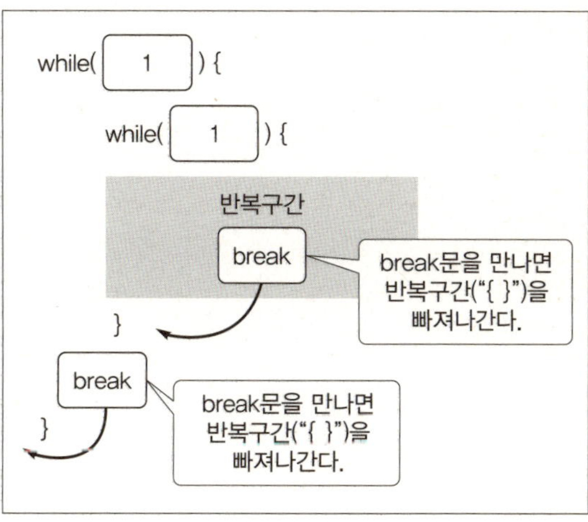

```
과목점수를 입력하세요 : 90
과목점수를 입력하세요 : 80
과목점수를 입력하세요 : 70
과목점수를 입력하세요 : 0
과목점수의 합계 240
과목점수의 평균 80
```

# 03 Point  do while문

while문과 do~while문은 거의 비슷하다. 단, while문은 조건을 먼저 비교하고 반복구간을 실행한 것이고, **do~while문은 반복구간을 먼저 실행하고 조건을 비교하는 것**이다.

■ while문과 do~while문의 차이점

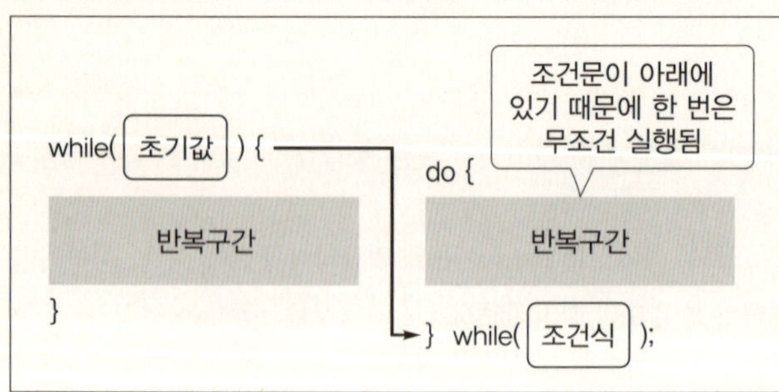


이제 do~while( )문으로 i값의 변화를 살펴보자. 그리고 do~while( )문은 while( )문과 다르게 무조건 한 번은 실행된다는 것을 기억해야 할 것이다.

즉, 다음의 예에서 조건문이 참이든 거짓이든 간에 printf("반복구간입니다.Wn");는 실행된다.

■ do~while문

```
i=0;
do
{
   printf("반복구간입니다.\n");
   i=i+1;
} while(i<3);
```

위의 프로그램은 간단하게 3번을 반복하고 반복할 때마다 printf( )함수를 실행하는 프로그램이다. 그 단계를 확인해보자.

먼저 i=0으로 초기값을 할당하고 do~while( )문에 진입하게 된다. 그리고 반복구간에서 i의 값을 1증가시켜서 i는 1이 된다.

그리고 while(i<3)으로 i 값이 3보다 작은지 확인한다. i는 1이기 때문에 3보다 작다. 그래서 다시 do 쪽으로 올라가서 반복하게 된다.

### ■ 1단계 반복수행

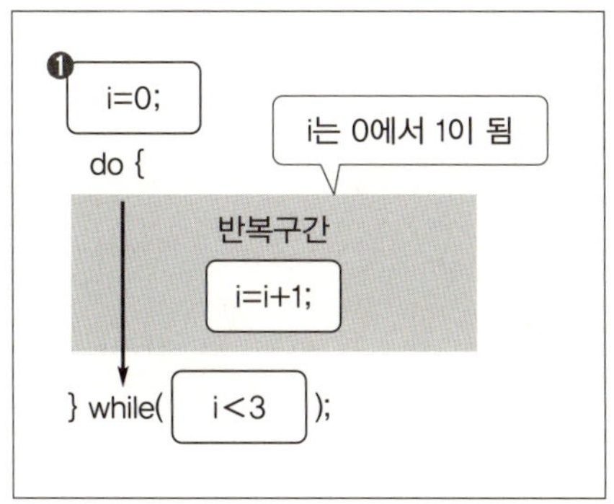


2단계 반복에서 i가 다시 1이 증가되어서 i는 2가 된다. 그리고 while(i<3)과 비교한다. i는 2이기 때문에 다시 반복구간의 처음으로 이동하게 된다.

### ■ 2단계 반복수행

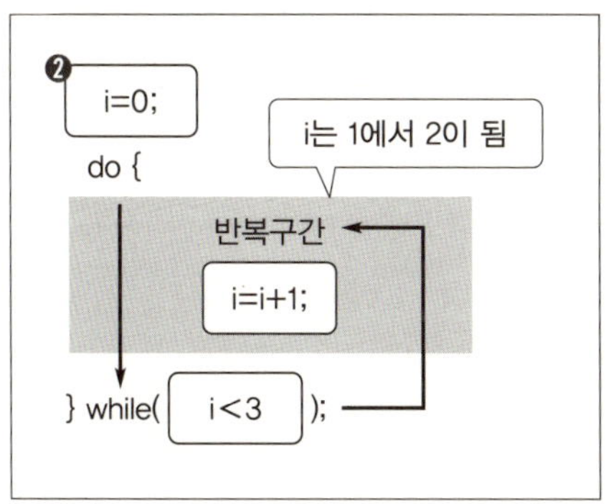


i는 반복구간에서 1 증가시켜서 i는 3이 된다. 그 결과가 조건문 while(i<3) 비교하면 i값은 3과 같아지기 때문에 반복문은 종료하게 된다.

### ■ 3단계 반복수행

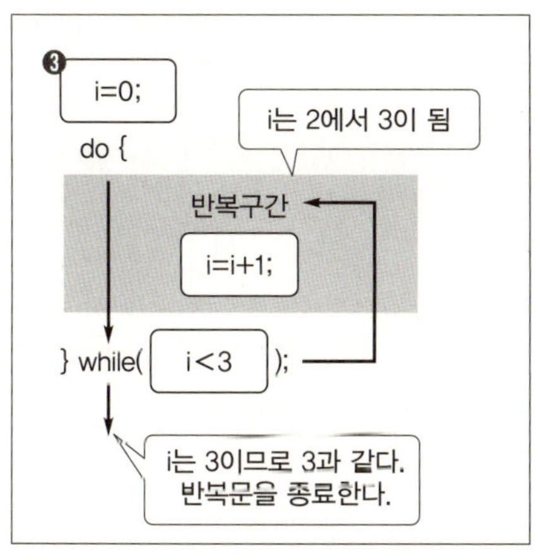


그럼 while과 do~while문을 사용하여 구구단을 출력하는 프로그램을 만들어보자. While과 do~while 문은 연속적으로 사용하고 그 결과는 같게 만들어보자.

■ while문과 do~while문 사용

```
 1: #include <stdio.h>
 2: void main( )
 3: {
 4:    int i=1, dan=5;
 5:    printf("while문을 실행합니다.\n");
 6:    while(i<10)
 7:    {
 8:       printf("%d * %d=%d\n", dan, i, dan*i);
 9:       i=i+1;
10:    }
11:    printf("이제 do~while문을 실행합니다.\n");
12:    i=1;
13:    do{
14:      printf("%d * %d=%d\n", dan, i, dan*i);
15:      i=i+1;
16:    }while(i<10);
17: }
```

**해설**

- 6~10행 : sum 변수에 i값을 누적해서 0+1+2+3+4를 수행한다.
- 13~16행 : sum 변수에 i값을 누적해서 0+1+2+3+4를 수행한다.

**실행결과**

```
while문을 실행합니다.
5*1=5
5*2=10
5*3=15
5*4=20
5*5=25
5*6=30
5*7=35
5*8=40
5*9=45
이제 do~while문을 실행합니다.
5*1=5
5*2=10
5*3=15
5*4=20
5*5=25
5*6=30
5*7=35
5*8=40
5*9=45
```

## Point 04  반복문 연습문제

**Q1** while문을 사용해서 ABCDEFGHIJKLMNOPQRSTUVWXYZ를 출력하는 프로그램을 작성하시오.

● 프로그램

```
1: #include <stdio.h>
2: void main(void)
3: {
4:    char name='A';
5:    while(name<='Z')
6:    {
7:       printf("%c", name);
8:       name=name+1;
9:    }
10:   printf("\n");
11: }
```

**Q2** 1부터 10까지의 합계를 구하시오.

● 프로그램

```
1: #include <stdio.h>
2: void main(void)
3: {
4:    int sum=0;
5:    int i=1;
6:    while(i<=10)
7:    {
8:       sum=sum+i;
9:       i=i+1;
10:    }
11:   printf("1에서 10까지 합계는 %d 이다.", sum);
12: }
```

**Q3** 다음의 프로그램을 작성하시오.

| 출력형식 | |
|---|---|
| 1. 1학년 | 1. 1학년 |
| 2. 2 학년 | 2. 2 학년 |
| 3. 종료 | 3. 종료 |
| 메뉴를 선택하시오. 1 | 메뉴를 선택하시오. 3 |
| 1학년을 선택했습니다. | 종료합니다 |

● 프로그램

```c
1: #include <stdio.h>
2: void main(void)
3: {
4:    int mune=0;
5:    while(1){    // 무한루프를 돌려서 메뉴를 계속 선택할 수 있게 한다.
6:      printf("1. 1학년\n2. 2학년\n3. 종료\n메뉴를 선택하시오.");
7:      scanf("%d", &menu);
8:
9:      if(menu==1) printf("1학년을 선택했습니다.\n");
10:     if(menu==2) printf("2학년을 선택했습니다.\n");
11:     if(menu==3)
12:     {
13:         printf("종료합니다.\n");
14:         return;
15:     }
16:   }
17: }
```

**Q4** 다음의 프로그램을 작성하시오.

| - 학생의 성적을 입력한다. | |
|---|---|
| - 0이 입력되면 프로그램은 종료된다. | |
| **입력형식** | **출력형식** |
| 10 | 총점: 60 |
| 20 | 평균: 20 |
| 30 | |
| 0 | |

● 프로그램

```c
1: #include <stdio.h>
2: void main(void)
3: {
4:     int sum=0;
5:     int score=0;
6:     int i=0;
7:     while(1)
8:     {
9:         scanf("%d", &score);
10:        if(score==0) break;
11:        sum=sum+score;
12:         i=i+1;
13:     }
14:    printf("총점: %d\n", sum);
15:    printf("평균: %d\n", sum/i);
16: }
```

**Q5** 다음의 프로그램을 작성하시오.

| - 학생의 성적을 입력한다. | 4 |
|---|---|
| - 0이 입력되면 프로그램은 종료된다. | 0 |
| - 짝수의 합계를 계산해라 | **출력형식** |
| **입력형식** | 합계: 6 |
| 3 | |
| 2 | |

● 프로그램

```c
1: #include <stdio.h>
2: void main(void)
3: {
4:     int sum=0;
5:     int score=0;
6:     while(1)
7:     {
8:         scanf("%d", &score);
9:         if(score==0) break;
10:        if(score%2==0)     // 2로 나누어서 나머지가 0이면 짝수이다.
11:            sum=sum+score;
12:     }
13:    printf("합계: %d\n", sum);
14: }
```

**Q6** 반복문을 사용해서 다음과 같이 출력하시오.

| 출력형식 | 1 2 3 4 5 |
|---|---|
| 1 2 3 4 5 | 1 2 3 4 5 |
| 1 2 3 4 5 | 1 2 3 4 5 |

● 프로그램

```c
1: #include <stdio.h>
2: void main(void)
3: {
4:     int i=0, j=0;
5:
6:     for(i=1;i<=5;i++)
7:     {
8:         for(j=1;j<=5;j++)
9:         {
10:             printf("%d ", j);
11:         }
12:         printf("\n");
13:     }
14: }
```

**Q7** 반복문을 사용해서 구구단을 출력하시오.

- 구구단은 2단과 3단만 출력한다.

| 출력형식 | |
|---|---|
| 2 * 1=2 3 * 1=3 | 2 * 5=10 3 * 5=15 |
| 2 * 2=4 3 * 2=6 | 2 * 6=12 3 * 6=18 |
| 2 * 3=6 3 * 3=9 | 2 * 7=14 3 * 7=21 |
| 2 * 4=8 3 * 4=12 | 2 * 8=16 3 * 8=24 |
| | 2 * 9=18 3 * 9=27 |

● 프로그램

```c
1: #include <stdio.h>
2: void main(void)
3: {
4:     int i=0, j=0;
5:
6:     for(i=1;i<10;i++)
7:     {
```

```
8:          for(j=2;j<4;j++)
9:          {
10:             printf("%d * %d=%d ", j, i, j*i);
11:          }
12:          printf("\n");
13:     }
14: }
```

**Q8** 다음의 프로그램은 어떤 결과를 출력할까?

```
int a=63, b=39;
int x=a * b;
int y;

while(a > 0 && b > 0) {
  if(a > b)
    a=a - b;
  else
    b=b - a;
}
y=a+b;
printf("%d\n",x/y);
```

X는 a*b 이다.

| 반복 | a | B |
|---|---|---|
| 1 | 63 | 39 |
|  | 24 | 15 |
|  | 9 | 6 |
|  | 3 | 3 |
|  |  | 0 |

y=0+3이고 x/y의 결과를 출력한다. 즉, 819를 출력한다.

**Q9** 다음의 프로그램은 어떤 결과를 출력할까?

```
int i, tot=0;

for(i=2010; i <= 2013; i++)
{
   tot=tot + 3 *(i - 2000) + 1;
}
printf("%d\n", tot);
```

위의 for문은 2010값부터 1씩 증가하면서 i<=2013일 때까지 반복한다. 즉, tot=tot + 3 *(i - 2000) + 1을 실행하는 것이다. 즉, i값이 2014가 되면 for문은 종료된다.

● 반복과정

| i | 3*(i-2000)+1 | tot |
|---|---|---|
|  |  | 0 |
| 2010 | 31 | 31 |
| 2011 | 34 | 65 |
| 2012 | 37 | 102 |
| 2013 | 40 | 142 |

142를 출력한다.

### Q10 다음의 프로그램을 작성하시오?

> 진법변환이라는 것은 10진수를 입력 받아 2진수, 8진수, 16진수 등으로 변환을 수행하는 것이다. 즉, 10진수의 임의 정수를 입력 받아서 해당 진수로 나누어 나머지를 출력한다. 그리고 해당 진수를 계속 나누어 가면 진법변환은 간단히 끝나게 된다.

● 진법변환 프로그램

```
1: #include <stdio.h>
2:
3: void main(void)
4: {
5:    int change=0;
6:    int number=0;
7:
8:    printf("10진수를 변환하는 프로그램입니다.  10진수를 입력하세요.");
9:    scanf("%d",&number);
10:
11:   while(1)  // 무한루프
12:   {
13:     printf("\n\n변환할 진수를 2에서 16사이 값을 입력하세요.: ");
14:     scanf("%d",& change);
15:
16:     if(change <=0) return;  // 0과 같거나 작으면 프로그램을 종료함
17:
18:     if(change <2  || change >16)  //진법변환 값 범위 검사
19:         printf("2에서  16사이의 값을 입력해야 합니다.\n");
20:     else
21:        break;
22:   }
23:
24:   while(number >0)  // 진법변환 수행
25:   {
26:     if(number%change  <10)
27:         printf("%d",number% change);
28:     else
29:         printf("%c",'A'+(number%change) -10);  // 변환된 값 나머지를 출력
30:     number=number / change;
31:   }
32:   printf("프로그램 종료합니다.\n");
33: }
```

**Q11** 정수 n을 입력받아서 다음과 같이 출력하시오.

| 출력형식 | 4 5 6 |
|---|---|
| 1 | 7 8 9 10 |
| 2 3 | 11 12 13 14 15 |

● 프로그램

```
1: #include <stdio.h>
2: void main(void)
3: {
4:     int i=0, j=0, n=0, count=1;
5:     scanf("%d", &n);
6:     for(i=1;i<=n;i++)
7:     {
8:        for(j=1;j<=i;j++)
9:        {
10:            printf("%d",count++);
11:        }
12:        printf("\n");
13:    }
14: }
```

**Q12** (77×1)+(76×2)+(75×3)의 결과를 구하는 프로그램을 작성하시오.

● 프로그램

```
1: #include <stdio.h>
2: void main(void)
3: {
4:     int h=0;
5:     int i=0;
6:     int m=0;
7:     int p=78;
8:
9:     for(i=1;i<=3;i++)
10:    {
11:       p=p-1;
12:       m=p*i
13:       printf("(%d * %d)", m, i);
14:       if(i!=3) printf("+");
15:       h=h+m;
16:    }
17:    printf("\n합계 %d \n", h);
18: }
```

**Q13** 1+1+2+3+5+8+13+21+34의 결과를 구하는 흐름도이다. 프로그램으로 변환하시오.

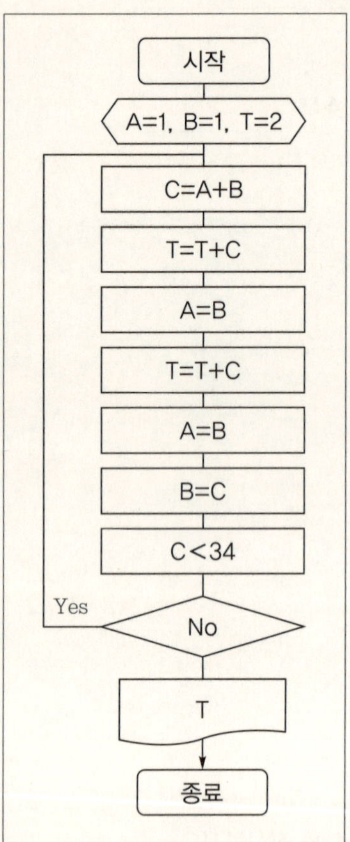

본 흐름도의 프로그램을 만들기 위해서는 반복문을 사용해야 한다. 하지만, 반복문은 뒷장에서 학습하고 goto문을 사용해서 구현해보자. goto문은 특정 위치가 분기하는 명령이다.

### TIP goto문

C언어에서 goto문은 지정된 영역으로 이동하는 명령어이다. 즉, "test:"를 프로그램에 지정하고 "goto test:"라고 하면 프로그램의 순서가 "test:"로 이동하게 된다.

단, goto문은 실제 프로그램에서는 거의 사용하지 않는다. 그것은 프로그램의 순서를 너무 복잡하게 만들어서 프로그램을 변경하기 어렵게 한다. 즉, goto문 대신에 for( ), while( ) 등의 반복문을 사용한다.

● 프로그램

```
1: #include <stdio.h>
1: void main(void)
2: {
3:     int a=1, b=1, t=2;
3:     int c=0;
3:   first:
4:     c=a+b;
5:     t=t+1;
6:     a=b;
7:     b=c;
1:     if(c<34) goto first;
8:     printf("피보나치 수열은 %d 이다. \n", t);
9: }
```

# 조건문

## 01 / Point 조건문(if문)

프로그램(Program)의 흐름(Flow)을 생각해보자. 프로그램은 순차적으로 처리한다. 즉, 무엇을 하고 그 다음 무엇을 하는 식의 단계적으로 처리되는 것이 기본이다. 그럼, 다음의 예를 보자.

### ■ 프로그램의 흐름

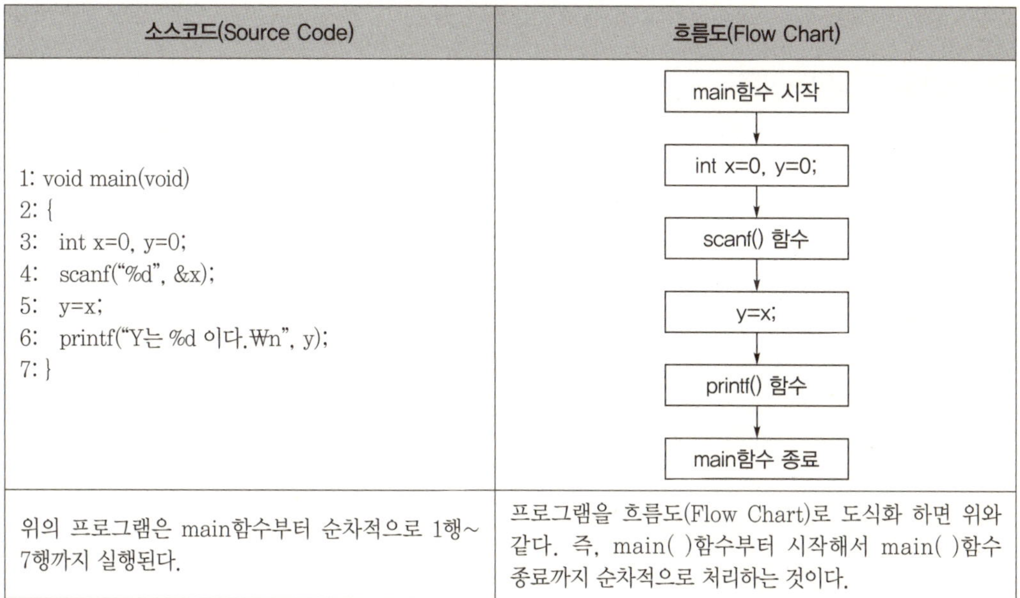

| 소스코드(Source Code) | 흐름도(Flow Chart) |
| --- | --- |
| 1: void main(void)<br>2: {<br>3:   int x=0, y=0;<br>4:   scanf("%d", &x);<br>5:   y=x;<br>6:   printf("Y는 %d 이다.\n", y);<br>7: } |  |
| 위의 프로그램은 main함수부터 순차적으로 1행~7행까지 실행된다. | 프로그램을 흐름도(Flow Chart)로 도식화 하면 위와 같다. 즉, main( )함수부터 시작해서 main( )함수 종료까지 순차적으로 처리하는 것이다. |

만약 여러분들이 특정 조건이 되면 X를 실행하고 그렇지 않으면 Y를 실행해라! 이런식으로 프로그램을 만들려면 어떻게 해야 할까? 즉, 다음과 같은 프로그램의 흐름은 어떻게 만들 것인가?

### ■ 조건문의 흐름도(Flow Chart)

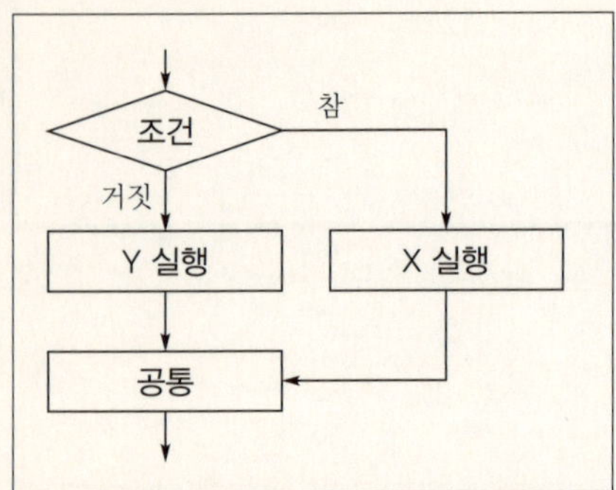


다음의 흐름도를 보면 조건에 따라 참이 되면 X를 실행하고, 거짓이 되면 Y를 실행하게 한다. 그리고 X 혹은 Y를 실행하고 모두 공통적인 부분을 실행한다.

> **조건문이란**
> 특정 조건이 참이 되면 X를 실행하고, 특정 조건이 거짓이면 Y를 실행하게 하는 것이다.

이러한 조건문을 C언어에서 구현한 것이 바로 if문이다.

## 가. 조건을 정의하는 if문

C언어에서 조건문을 구현하려면 if문을 사용해야 한다. 그럼, if문의 사용방법을 알아보자.

### ■ if문 사용방법

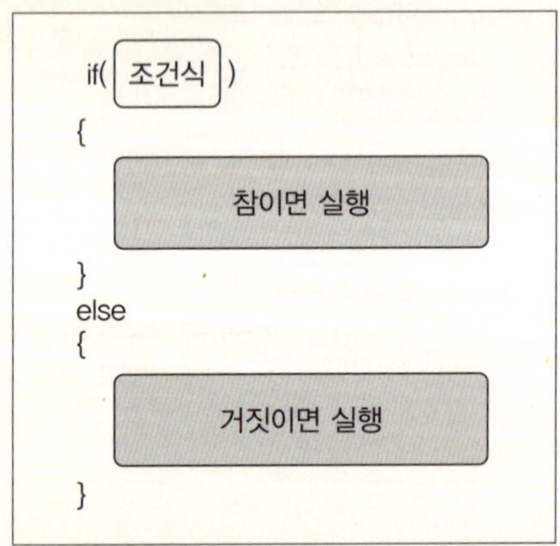


위의 내용을 보면 조건식이 참이면 "{ }"의 부분을 실행하는 것이고, 거짓이면 else "{ }"을 실행하는 것이다. 그럼 조건식은 어떻게 넣을까? 여러가지 예제를 확인하면서 조건식의 사용법을 확인해보자.

### ■ if문에 조건식 사용방법

| 조건 | C언어에서 조건식 사용 예제 |
| --- | --- |
| x가 0과 같으면 실행해라. | if(x==0){ 참일 때 실행 } |
| x가 0보다 크면 실행해라. | if(x>0){ 참일 때 실행 } |

| x가 0보다 크거나 같으면 실행해라. | if(x>=0){ 참일 때 실행 } |
| x가 0보다 작으면 실행해라. | if(x<0){ 참일 때 실행 } |
| x가 0보다 작거나 같으면 실행해라. | if(x<=0){ 참일 때 실행 } |
| x가 0과 같지 않으면 실행해라. | if(x!=0){ 참일 때 실행 } |

만약 "그렇지 않으며, 무엇을 해라." 이런 조건을 넣고 싶으면 else 구를 사용하면 된다.

### ■ else문 사용방법

| 조건 | C언어에서 조건식 사용 예제 |
| --- | --- |
| x가 0과 같으면 실행해라. | if(x==0){ 참일 때 실행 }<br>else { 거짓이면 실행 } |
| x가 0보다 크면 실행해라. | if(x>0){ 참일 때 실행 }<br>else { 거짓이면 실행 } |
| x가 0보다 크거나 같으면 실행해라. | if(x>=0){ 참일 때 실행 }<br>else { 거짓이면 실행 } |
| x가 0보다 작으면 실행해라. | if(x<0){ 참일 때 실행 }<br>else { 거짓이면 실행 } |
| x가 0보다 작거나 같으면 실행해라. | if(x<=0){ 참일 때 실행 }<br>else { 거짓이면 실행 } |
| x가 0과 같지 않으면 실행해라. | if(x!=0){ 참일 때 실행 }<br>else { 거짓이면 실행 } |

그럼 완전한 if문을 만들어보자.

> x가 0보다 크면 "X가 0보다 크다."를 출력하고 그렇지 않으면 "X가 0과 같거나 작다."를 출력해라.

다음의 if문 예제는 조건문 실행구간("{ }")을 사용하지 않았다. 그 이유는 참이든 거짓이든 한 줄만 실행하면 되기 때문이다.

### ■ if문으로 변환

```
if(x>0)
  printf("X가 0보다 크다");
else
  printf("X가 0과 같기나 작디");
```

만약 x가 0보다 크면 printf( )를 출력하고 y변수에 x값을 넣을려면 조건문 실행구간을 사용해야 한다.

**■ if문 조건문 실행구간**

```
if(x>0)
{        // 참일 때 조건문 실행구간
  printf("X가 0보다 크다");
  y=x;
}
else
  printf("X가 0과 같거나 작다");
```

이제 지금까지 배운 것을 사용해서 간단한 프로그램을 하나 만들어보자.

**■ 값 바꾸기 프로그램 요구사항**

1. 사용자에게 x변수 값을 입력받는다.
2. 사용자에게 y변수 값을 입력받는다.
3. x와 y의 값을 바꾸어라. 즉, x=1이고 y=2라면 x=2, y=1이 되게 해라.
4. 만약, x가 0이면 프로그램을 종료해라.
5. 만약, y가 0이면 프로그램을 종료해라.

**■ while문을 사용한 성적표 입력**

```
1:  #include <stdio.h>
2:  int main(void)        // 되돌리는 값이 정수형이라서 int를 선언함
3:  {
4:    int x=0, y=0, z=0;
5:    printf("X값을 입력하세요.");
6:    scanf("%d", &x);
7:    if(x==0) return 0;
8:
9:    printf("Y값을 입력하세요.");
10:   scanf("%d", &y);
11:   if(y==0) return 0;
12:
13    z=x;
14:   x=y;
15:   y=x;
16:
```

```
17:   printf("X는 %d이고 Y는 %d이다.\n", x, y);
18:   return 0;
19: }
```

**해설**

7, 11행 : if문을 사용해서 x값 혹은 y값이 0이면 return 0;을 실행해서 main( )함수를 종료시킨다.

■ if문과 return문을 같이 사용해서 main( )함수 종료

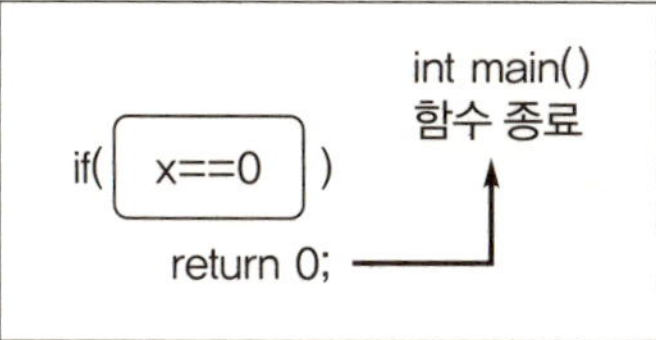


13~15행 : x와 y의 변수 값을 서로 바꾸는 것이다. 값을 바꾸기 위해서 먼저 x값을 z에 임시로 저장하고 y값을 x에 저장한다. 그 다음 임시로 저장한 z값을 y에 저장하여 값을 바꾸는 것이다.

■ x와 y의 값을 바꾸기

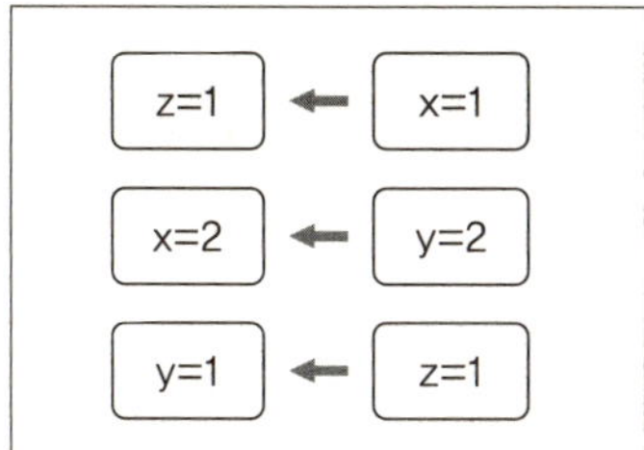


**실행결과(1)**

```
X값을 입력하세요. 1
Y값을 입력하세요. 2
X는 2이고 Y는 1이다.
```

**실행결과(2)**

```
X값을 입력하세요. 0
(프로그램이 종료된다.)
```

위의 프로그램을 보면 비효율적인 것이 있는데, 그것은 if문이 2개인데 한 개만 있어도 해결할 수 있다는 것이다. 즉, x가 0이거나 y가 0이면 종료하게 하면 된다. 이러한 조건을 사용할려면 논리 연산자를 사용해야 한다.

**Q1** if문을 사용해서 짝수 홀수여부를 출력하시오. 입력값은 scanf( )함수를 사용해도 되고, 변수로 특정 값을 초기화 해도 된다.

● 프로그램

```
1: void main(void)
2: {
3:     int number=2;
4:
5:     if(number%2 == 0)
6:        printf("나는 짝수입니다.\n");
7:     else
8:        printf("나는 홀수입니다.\n");
9: }
```

**해설**

• 5행 : 짝수 홀수를 확인하는 방법은 2로 나누어서 나머지가 0이면 짝수 0, 아니면 홀수이다. C언어에서 나머지를 알기 위해서는 "%"를 사용하면 된다.

## 나. if문에 논리연산자 사용하기

논리 연산자라는 것은 논리곱(AND), 논리합(OR), 부정(NOT)을 if문으로 사용할 수 있다. 그래서 여러 개의 if문을 사용할 때 논리 연산자를 사용해서 if문의 수를 줄일 수 있을 것이다. if문의 수를 줄여야 할 이유는 if문이 많으면 많을수록 프로그램이 복잡해지기 때문이며, 개발자는 최대한 if문을 줄여서 프로그램을 개발하는 것이 프로그램의 효율성을 향상시키게 된다.

그럼, 다음의 조건을 확인해보자.

x가 0이고 y가 1이면 실행해라.

만약, 위의 조건을 논리 연산자를 사용하지 않고 if문을 만들면 다음과 같이 된다.

■ 논리 연산자를 사용하지 않는 경우

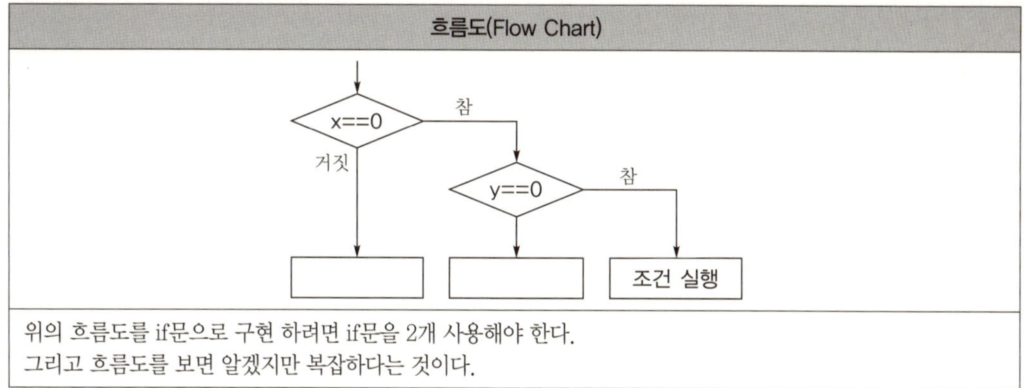



위의 흐름도를 if문으로 구현 하려면 if문을 2개 사용해야 한다.
그리고 흐름도를 보면 알겠지만 복잡하다는 것이다.

만약 여기서 논리 연산자를 사용하면 다음과 같아진다.

■ 논리 연산자를 사용(논리곱)

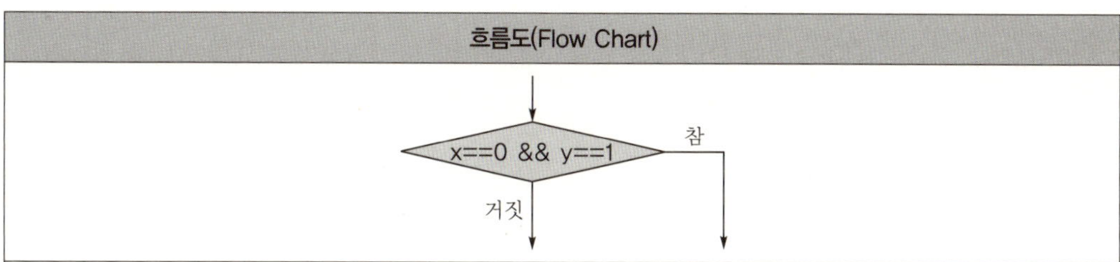



&&의 의미는 논리곱(AND)을 의미한다. 그래서 X가 0과 같고 y가 1과 같으면 참이 된다. 여러 개의 if문을
사용하는 것보다 프로그램이 아주 간단해졌다.

그럼, 실제 프로그램에서는 어떻게 사용되는지 확인하면 다음과 같다.

■ 논리곱 사용

```
if(x==0 && y==1)
  printf("참입니다.\n");
else
  printf("거짓입니다.\n");
```

이제 논리합(OR)을 확인해보자. OR 조건은 둘 중 하나만 참이면 참이 된다.

x가 0이거나 y가 1이면 실행해라.

### ■ 논리합 사용

```
if(x==0 || y=1)
    printf("참입니다.\n");
else
    printf("거짓입니다.\n");
```

위의 프로그램 x나 y 둘 중 하나만 참이 되면 printf("참입니다.Wn");를 실행하게 된다.

그럼 부정(NOT)에 대해서 알아보자. 부정은 앞에 "!"를 붙여서 넣어주면 된다. 만약 x가 0일 때 !x 부정을 하면 0은 1이 되므로 "참입니다."를 출력하게 된다.

### ■ 논리합 사용

```
x=0;
if(!x)
    printf("참입니다.\n");
else
    printf("거짓입니다.\n");
```

## 다. 다중 if문

### ■ 다중 if문의 구조

```
if( 조건식 1 )
{
    조건식1 만족하면 실행된다.
}
else if( 조건식 2 )
{
    조건식2 만족하면 실행된다.
}
else if( 조건식 3 )
{
    조건식3 만족하면 실행된다.
}
else
{
    모두 만족하지 않으면 실행된다.
}
```

다중 if문이라는 것은 if내에 또 다른 if문이 여러 개 존재하는 형태를 의미한다. 그래서 if~else 내에 다시 if문이 나와서 여러가지 조건에 대해서 비교하고 조건문을 실행하는 것이다.

위의 다중 if문을 보면 조건식 1을 만족하면 조건식 1부분을 실행하고, 조건식 2부분을 만족하면 조건식 2를 실행한다. 만약 모두 만족하지 않으면 마지막 else문을 실행하는 것이다.

## ■ if문에 조건식 사용방법

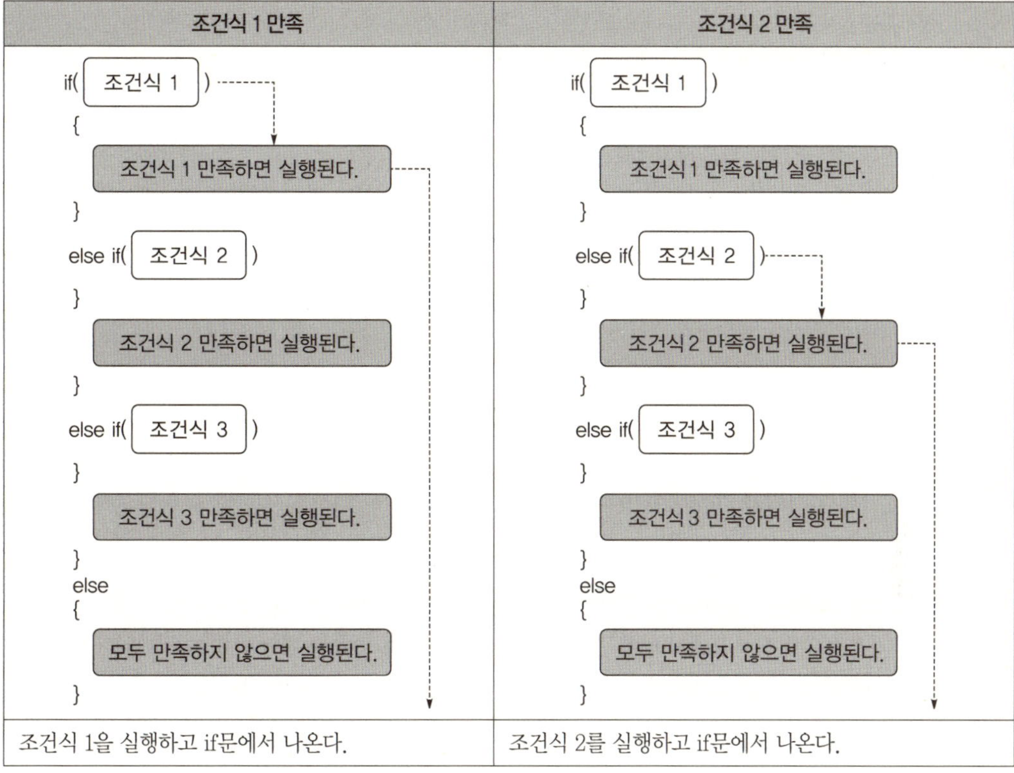


그럼 다중 if문을 사용해서 프로그램을 만들어보자.

## ■ 다중 if문

```
1: #include <stdio.h>
2: void main(void)
3: {
4:   int switch;
5:   int x=0;
6:
7:   scanf("%d", &switch);
8:   if(switch==1)
9:     x=x+1;
10: else if(switch==2)
11:     x=x+2;
12: else if(switch==3)
13:     x=x+3;
14: else
15:     x=100;
16:
17:   printf("x값은 %d 이다.\n", x);
18: }
```

---

**해설** ....................................................................................................................●

- 8~15행 : 다중 if문을 사용하여 switch가 1이면 x에 1을 더하고, switch가 2이면 x에 2를 더한다. 그리고 switch가 3이면 x에 3을 더하고 1, 2, 3이 아니면 x에 100을 넣는다.
- 17행 : x의 값을 출력한다.

**실행결과** ..............................................................................................................●

```
3
x값은 3이다.
```

# 02 Point  break와 continue

본 장에서는 break와 continue에 대해서 알아보자. 이미 반복문에서 break문은 설명이 되었다. **break문은 기본적으로 반복문에서 반복구간("{ }") 하나를 빠져 나가는 기능**을 하는 것이다. 만약 반복문을 여러 개 사용한다면 break문을 여러 번 사용해서 모든 반복구간을 빠져 나갈 수도 있다.

**continue문은 break문과 다르게 반복문에서 조건식(예 while(i〈10))으로 이동하게 하는 것**이다. 어떤 구문을 반복할 때 x가 0과 같으면 조건식으로 이동시키고자 할 때 사용한다.

■ break와 continue

| 구조 | 의미 | 사용 예제 |
|---|---|---|
| break; | – 반복구간을 하나 빠져나간다.<br>– 반복문에서 i는 0부터 4까지 5번 반복하는데, i가 2와 같으면 break문을 만나서 반복을 중단한다. | for(i=;i〈5;i++)<br>{<br>  if(i==2) break;<br>} |
| continue | – 반복문에서 조건식으로 이동한다.<br>– i가 2와 같으면 다시 for문의 조건식으로 이동한다. | for(i=;i〈5;i++)<br>{<br>  if(i==2) continue;<br>} |

## 가. break문

반복문의 for문, while문, do~while문의 반복을 중단시키는 것이 break문이고, break문을 단순하게 반복문의 반복구간만 빠져 나가는 것이 아니라 "{ ~ }" 구간을 빠져나가는 것이다.

■ break문 사용

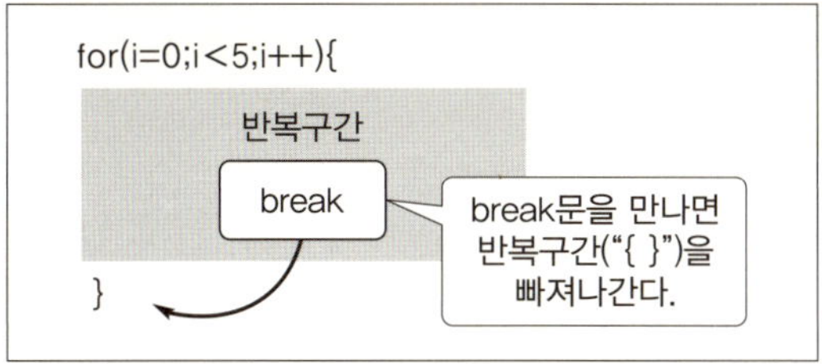


그럼, 반복문에서 break문을 사용할 때 어떻게 움직이는지 확인해보자.

■ break문 사용

```
 1: #include <stdio.h>
 2: void main(void)
 3: {
 4:    int i=0;
 5:
 6:    for(i=0; i<5; i++)
 7:    {
 8:        if(i==2) break;
 9:        printf("i 값을 출력[%d]\n", i);
10:    }
11:    printf("반복문이 종료되었습니다.\n");
12: }
```

**해설**

• 8행 : 반복을 수행할 때 i가 2와 같으면 break문으로 반복구간을 빠져 나간다. i는 0, 1, 2, 3, 4로 증가하는데, 3하고 4는 실행되지 않는다.

**실행결과**

```
i 값을 출력[0]
i 값을 출력[1]
i 값을 출력[2]
반복문이 종료되었습니다.
```

## 나. continue문

그럼, 동일한 프로그램에 대해서 continue를 사용하면 어떻게 될까?

■ continue문 사용

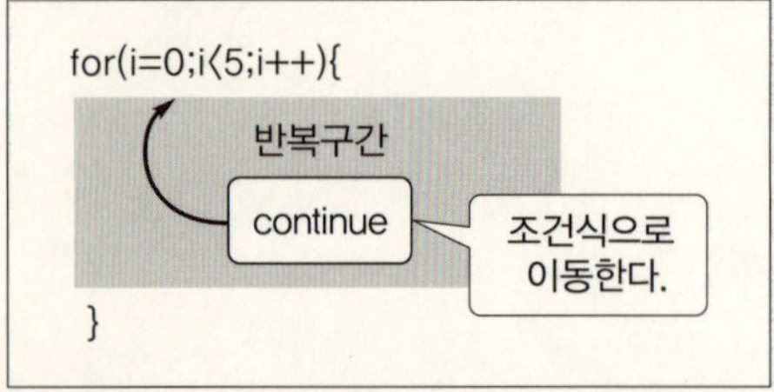



■ continue문 사용

```
1:  #include <stdio.h>
2:  void main(void)
3:  {
4:     int i=0;
5:
6:     for(i=0; i<5; i++)
7:     {
8:          if(i==2) continue;
9:          printf("i 값을 출력[%d]\n", i);
10:    }
11:    printf("반복문이 종료되었습니다.\n");
12:  }
```

**해설** ...................................................•

- 8행 : 반복을 수행할 때 i가 2와 같으면 if문에 의해서 continue문을 실행하게 되고, 그러면 다시 반복문의 조건식으로 이동한다. 결과적으로 조건식에서는 조건을 비교하고 i를 증가시키므로 2가 출력되지 않고 나머지 0, 1, 3, 4가 출력된 후 반복문은 종료하게 된다.

**실행결과** ...................................................•

```
i 값을 출력[0]
i 값을 출력[1]
i 값을 출력[3]
i 값을 출력[4]
반복문이 종료되었습니다.
```

# 03 Point switch문

여러 개의 if문을 사용하는 경우, switch문으로 간단하게 만들 수 있다. switch문은 데이터 값에 대해서 case문으로 여러 개의 조건을 비교하여 조건이 참이면 실행하게 된다.

■ switch문 구조

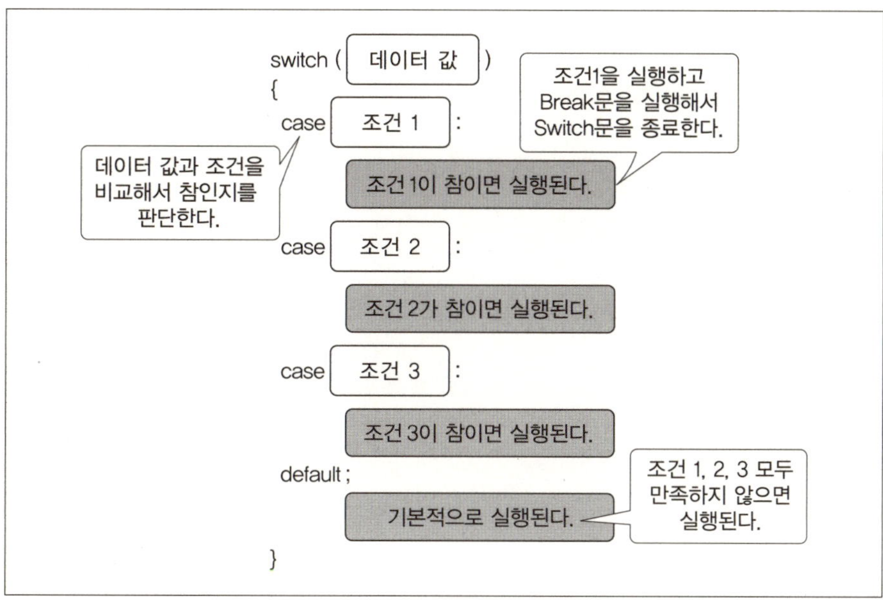


그럼 실제 switch문을 사용해서 어떻게 동작하는지를 알아보자.

■ switch문 사용(고객등급에 따른 이자율 계산)

```
 1: #include <stdio.h>
 2: void main(void)
 3: {
 4:    int rank=0;
 5:    float rate;
 6:
 7:    rate=1.0;    // 기본 이자율
 8:    printf("고객등급을 입력하세요. ");
 9:    scanf("%d", &rank);
10:
11:    switch(rank){
12:       case 1:
```

```
13:            printf("1등급 고객을 선택했습니다. \n");
14:            rate=rate + 0.5;
15:            break;
16:      case 2:
17:            printf("2등급 고객을 선택했습니다. \n");
18:            rate=rate + 0.3;
19:            break;
20:      case 3:
21:            printf("3등급 고객을 선택했습니다. \n");
22:            rate=rate + 0.2;
23:            break;
24:      default:
25:            rank=4;
26:            printf("보통등급 고객입니다. \n");
27:   }
28:   printf("고객님의 고객등급은 %d 등급이고 이자율은 %f입니다.", rank, rate);
29: }
```

**해설**

본 프로그램은 고객등급에 따른 이자율을 계산하는 프로그램이다. 즉, 고객등급은 1에서 4등급만 있고 최소 이자율은 1.0%이면 1~3등급 고객은 이자율을 좀 더 높여주는 것이다.

- 7행 : 모든 고객에게 1%의 이자율을 기본으로 설정하는 것이다.

- 12~15행 : 만약 scanf( )함수에서 1을 입력하면 실행되는 부분으로 printf( )함수로 1등급이라는 메시지를 출력하고 이자율(rate) 변수에 0.5를 더한다. 그리고 break문을 실행하면 switch문을 종료된다. 만약 break문이 없으며, 16행으로 계속 실행되는데, 조건에 맞는 것이 없어서 case 2와 case 3은 실행되지 않지만 default문을 만나면 무조건 실행된다. 그러므로 break문이 반드시 있어야 한다.

- 24~26행 : scanf( )함수로 입력한 값이 1~3이 아니면 무조건 실행되는 부분으로 rank에 4를 넣어서 모든 고객을 4등급으로 설정한다.

**실행결과**

```
고객등급을 입력하세요. 3
3등급 고객을 선택했습니다.
고객님의 고객등급은 3 등급이고 이자율은 3.2입니다.
```

switch( )문의 장점은 무엇일까? if문과 비교 해보면 알겠지만 여러 개의 if문을 switch( )문 하나로 표현하여 프로그램을 좀 더 간결하게 표현할 수 있다. 프로그램을 개발하다 보면 많은 사람들이 함께 프로그램을 개발한다. 그런데 프로그램 내에 if문이 너무 많으면 복잡해지고 이해하기도 어렵다. 이렇게 많은 if문을 switch( )문으로 표현하면 직관적으로 이해하기가 쉬워서 수정하기도 편리하다. 그래서 개발자들은 switch( )문을 사용해서 개발하는 경우가 많다. 왜냐하면 본인이 개발한 프로그램도 시간이 지나면 잊혀버리게 되고, if문으로 복잡하게 표현되어 있으면 본인도 이해하기 어렵게 되기 때문이다.

> **TIP** scanf( )함수와 switch( )문을 함께 다음과 같이 사용이 가능하다.
>
> ```c
> switch(scanf("%d", &rank)){
>     case 1:
>     case 2:
>     default:
> }
> ```
>
> 즉, switch문의 데이터 값 부분에서 바로 scanf( )함수를 호출하여 값을 받을 수 있다.

# 04 Point 조건 연산자

조건문의 if문을 대신해서 조건 연산자를 사용할 수 있다. 조건 연산자의 기본구조는 if문과 크게 다르지 않다. 하지만 간단하게 조건문을 사용할 수 있는 장점을 가지고 있다.

### ■ 조건 연산자(1)

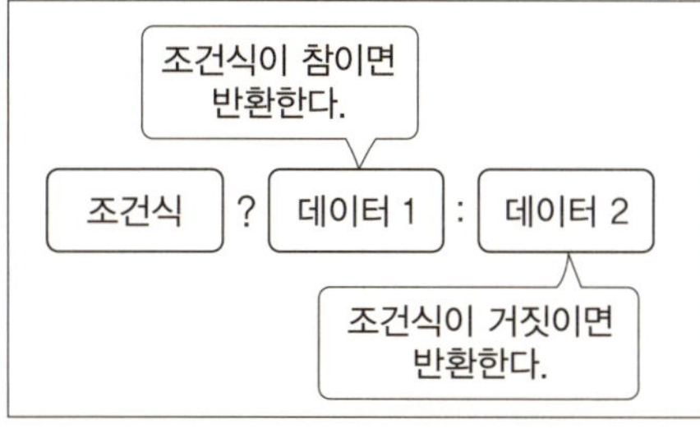


위에서 조건식이 참이 되면 데이터1을 반환하고 거짓이면 데이터2를 반환한다. 반환되는 데이터는 특정 변수에 그 값을 저장할 수 있다.

### ■ 조건 연산자(2)

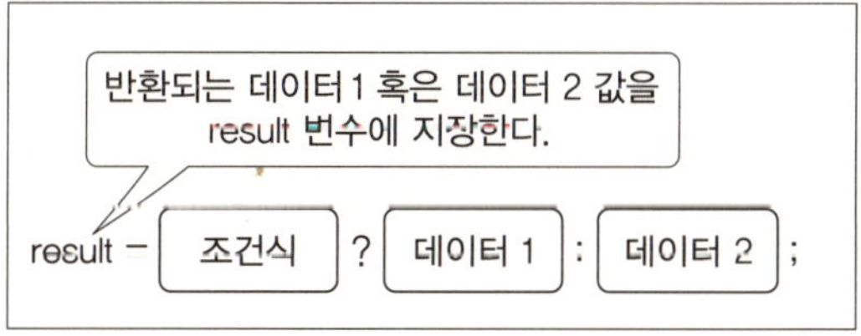


그럼, 조건 연산자를 사용해서 두 개의 수를 비교하는 프로그램을 만들어보자.

### ■ 조건 연산자

```
 1: #include <stdio.h>
 2: #define TRUE 1
 3: #define FALSE 0
 4:
 5: void main(void)
 6: {
 7:    int x=10, y=20;
 8:    int z=0;
 9:
10:    z=x<y ? TRUE : FALSE;
11:    if(z==TRUE)
12:        printf("TRUE 입니다.\n");
13:    else
14:       printf("FALSE 입니다.\n");
15: }
```

**해설**

- 2~3행 : #define TRUE 1은 TRUE라는 이름으로 상수 1의 값을 설정하는 것이다. 이렇게 설정하면 TRUE 영문은 1값으로 지정된다.
- 10행 : x와 y를 비교하는데, y값은 20이고, x값은 10이므로 TRUE가 z에 입력된다.
- 11~12행 : z에 TRUE가 할당 되었으므로 if문은 참이 되고 12행의 printf( )함수를 호출한다.

**실행결과**

```
TRUE 입니다.
```

다음의 예는 조건 연산자로 절대값(Absolute value)을 구해보자. 절대값이 음수이면 양수로 변경하면 되고, 양수는 그대로 두면 된다. 물론 C언어 함수로 절대값을 계산하는 abs( )함수가 있지만 이것을 사용하지 않고 조건 연산자로 절대값을 구해보자.

### ■ 절대값 계산

```
 1: #include <stdio.h>
 2:
 3: void main(void)
 4: {
```

```
5:    int x=0;
6:    int y=0;              // 절대값을 저장할 변수
7:
8:    printf("정수를 입력: ");
9:    scanf("%d", &x);
10:   y=x>0 ? x : x*-1;
11:   printf("절대값은%이다. \n", y);
12: }
```

**해설**

• 10행 : 절대값은 음수를 양수로 변경하면 된다. 그러므로 입력한 x값이 0보다 작으면 음수이고, 음수이면 −1을 곱하게 되면 양수로 변경된다.

**실행결과**

```
정수를 입력 : −1
절대값은 1 이다.
```

**TIP** scanf( )함수와 switch( )문을 함께 사용할 수 있다. 다음과 같이 사용이 가능하다.

C언어에서 절대값을 구하는 함수는 abs( )함수이다. abs( )함수를 사용하려면 math.h 파일을 포함시켜야 한다. marth.h 파일은 수학과 관련한 C언어 함수를 정의하고 있다.

```
#include <stdio.h>
#include <math.h>

void main(void)
{
  int x=5, int y=-5;
  printf("X값의 절대값은 %d이다./n", abs(x));
  printf("Y값의 절대값은 %d이다./n", abs(y));
}
```

# 05 / Point 문자열 비교

지금까지 우리는 조건문을 사용해서 특정 조건이 되면 무엇을 실행하게 하였다. 하지만, 지금까지의 예제는 모두 숫자조건이었으며, 실제 프로그램을 개발하다 보면 숫자를 비교하는 것보다 문자열을 비교하는 것이 훨씬 더 많이 사용된다. 아마 과학기술용 프로그램을 제외하고는 거의 문자열 혹은 한 개의 문자의 비교라고 생각해도 좋을 정도이다.

그럼 먼저 한 개의 문자비교부터 알아보자. 문자비교는 그렇게 어렵지 않고 ' '을 사용해서 비교를 하면 된다.

■ if문을 사용한 문자비교(1)

```
scanf("%c", &ch);

if(ch=='a')
    printf("소문자 a를 입력했습니다.\n");
if(ch=='b')
    printf("소문자 b를 입력했습니다.\n");
```

위의 예를 보면 지금까지 배운 것과 다를 것이 없다. 만약 소문자 a와 같거나 대문자 A와 같으면을 조건으로 할려면 논리합(OR)을 사용하면 된다.

■ if문을 사용한 문자비교(2)

```
scanf("%c", &ch);

if(ch=='a' || ch=='A')
    printf("소문자 a 혹은 대문자 A를 입력했습니다.\n");
if(ch=='b' || ch=='B')
    printf("소문자 b 혹은 대문자 A를 입력했습니다.\n");
```

## 가. strlen( )함수

문자열 비교를 알기 위해서는 C언어가 어떻게 문자열의 길이를 인식하는지 알아야 한다. 물론 이 부분을 좀 더 명확히 이해하기 위해서는 배열(Array) 부분에 대한 이해가 필요하지만 본 장에서는 배열부분은 생략하고 문자열에만 초점을 두어서 설명하겠다.

**■ 컴퓨터가 인식하는 문자열의 길이**

| 문자열(1) | 문자열(2) |
| --- | --- |
| "대한민국" | "LimBest" |
| "대한민국"이라는 한글은 4자이다. 하지만 **컴퓨터는 1바이트로 한글의 한 글자를 인식할 수가 없어서 2바이트를 사용한다.** 그래서 컴퓨터가 인식하는 문자열의 길이는 4*2=8바이트가 된다. | **영문자의 경우 1바이트로 문자를 표현**할 수 있어서 "LimBest"라는 단어는 7바이트로 인식하게 된다. |

C언어는 컴퓨터가 인식하는 문자열의 길이에 1을 더해서 인식해야 한다. 즉, "대한민국"은 9바이트가 인식되고, "LimBest"는 8바이트가 인식된다. 그 이유는 **C언에서 문자열의 끝을 인식하기 위해서 문자열 제일 뒤에 "\0"이 추가된다.** 그래서 "LimBest\0"이 되는 것이다.

**■ C언어에서 문자열**

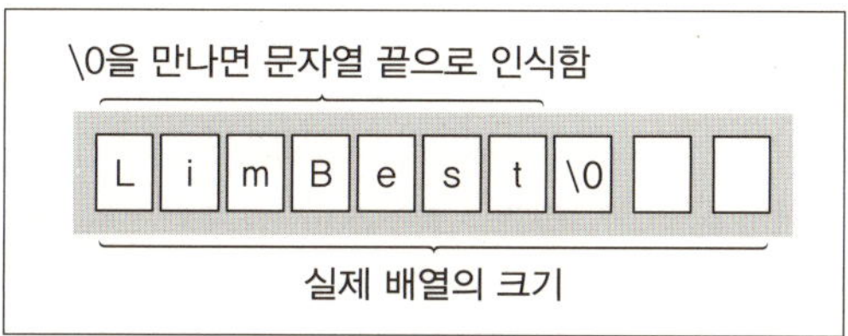


결론적으로 "LimBest" 단어는 \0을 포함해서 최소 8바이트가 있어야 변수에 보관할 수 있다.

이제 C언어에서 문자열의 길이를 계산하기 위해서 사용되는 함수인 strlen( )함수에 대해서 알아보자. strlen( )함수는 string.h 파일에 포함되어 있는 함수라서 strlen( )함수를 사용할 때 #include ⟨string.h⟩를 포함시켜야 한다.

그리고 **strlen( )함수는 문자열의 길이를 계산하는데, 문자열의 길이를 계산할 때 \0이 나올때까지 계산하는 것**이다. 만약 문자열에 \0이 두 번 나온다면 첫 번째 \0이 나올때까지만 문자열의 길이로 인식한다. 하지만 의도적으로 만들지 않는 이상은 \0이 두 번 나올리는 없다.

strlen( )함수가 문자열의 길이를 계산할 때 \0은 제외하고 계산된다. 즉 "LimBest"라는 문자열은 7을 되돌려 준다는 것이다.

**■ strlen( )함수**

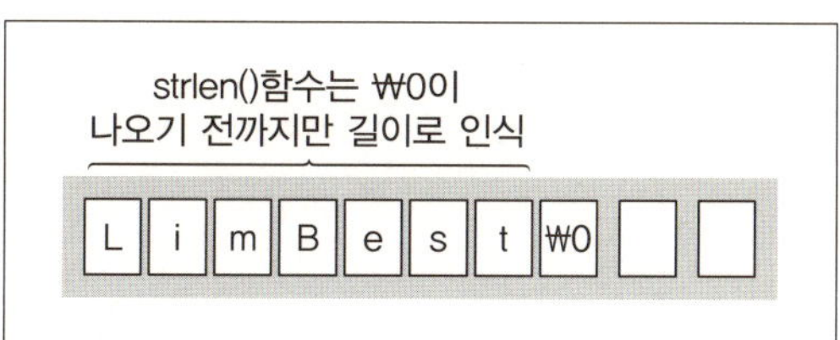


그럼 이제 strlen( )함수를 사용해서 문자열의 길이를 알아보자.

■ strlen( )문 사용

```c
1: #include <stdio.h>
2: #include <string.h>      // 문자열 관련 함수를 정의하고 있다.
3:
4: void main(void)
5: {
6:   char name[400];        // 배열부분은 뒷장에 학습한다.
7:   int size=0;
8:
9:   scanf("%d", name);
10:  size=strlen(name);
11:  printf("name의 문자열 길이는 [%d]이다. \n", size);
12: }
```

**해설**

- 2행 : 문자열 관련 함수를 사용할 때 string.h 파일을 포함해야 한다. 문자열 관련 함수란 strlen( ), strcpy( ), strncpy( ), strcmp( ) 등이다.
- 10행 : 문자열의 길이를 알기 위해서 strlen( )함수를 사용했다.

**실행결과**

```
Limbest
name의 문자열 길이는 [7]이다.
```

## 나. strcmp( )함수

이제 **문자열을 비교하기 위해서는 strcmp( )함수를 사용**해야 한다. strcmp( )함수도 문자열 관련 함수이기 때문에 string.h 파일을 포함해야 한다. 그리고 문자열의 길이만큼 비교할 수도 있는데, 그 때 strncmp( )함수를 사용해야 한다. 그럼 조건문을 사용해서 문자열을 비교해보자.

■ if문으로 문자열 비교

```c
1: #include <stdio.h>
2: #include <string.h>      // 문자열 관련 함수를 정의하고 있다.
3:
4: void main(void)
```

```
5: {
6:    char name1[10]="LimBest";
7:    char name2[10]="LimBest";
8:
9:    if(!strcmp(name1, name2))
10:       printf("문자열이 같습니다.\n");
11:   else
12:       printf("문자열이 다릅니다.\n");
13: }
```

**해설**

• 9행 : strcmp( )함수는 두 개의 문자열이 동일하면 0을 반환한다. 그래서 1로 만들어야 참(True)이 되기 때문에 부정(!)이 붙은 것이다.

**실행결과**

```
문자열이 같습니다.
```

strcmp( )함수는 두 개의 문자열이 같으면 0이 나오고 앞의 문자열이 더 크면 양수가 나온다. 마지막으로 앞의 문자열이 작으면 음수를 반환한다.

■ strcmp( )함수결과(1)

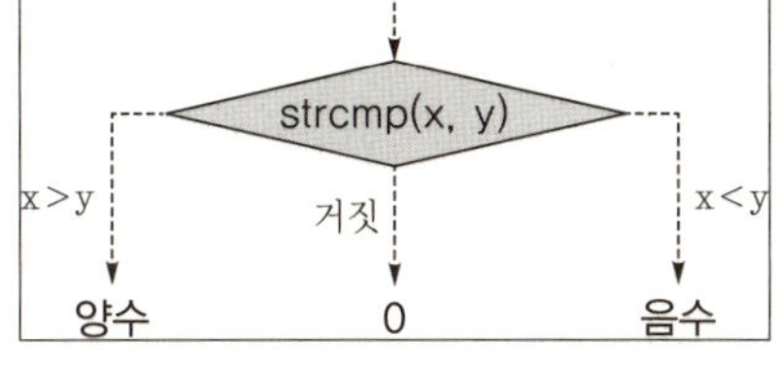


■ strcmp( )함수결과(2)

| strcmp(x, y) | 반환 값 |
|---|---|
| x>y | 양수를 반환 |
| x<y | 음수를 반환 |
| x==y | 0값 반환 |

다음과 같이 사용할 수 있다.

■ strcmp( )함수의 결과

```
1: #include <stdio.h>
2: #include <string.h>  // 문자열 함수를 사용하기 위해서 포함시킴
3:
4: void main()
```

```
5: {
6:   char name1[]="Limbest";
7:   char name2[]="Limmaster";
8:   int result=0;
9:
10:  result=strcmp(name1, name2);  // 두 개의 문자열을 비교
11:
12:  if(result>0)
13:     printf("name1이 name2보다 크다.\n");
14:  else if(result<0)
15:     printf("name2가 name1보다 크다.\n");
16:  else
17:     printf("name1과 name2는 같습니다.\n");
18: }
```

**해설**

- 10~17행 : strcmp( )함수를 사용해서 두 개의 문자열을 비교한다.

■ 실행결과

```
name2가 name1보다 크다.
```

문자열을 비교할 때 특정 길이만큼만 비교할 수 있다. 기본적인 사용법은 strcmp( )함수와 동일하지만, 비교하고 싶은 길이를 지정할 수 있다.

■ strncmp( )함수 사용

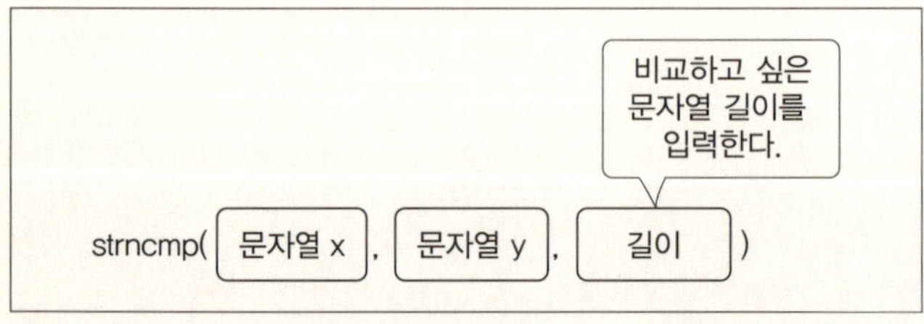

■ strcmp( )함수의 결과

```
1: #include <stdio.h>
2: #include <string.h>     // 문자열 함수를 사용하기 위해서 포함시킴
3:
4: void main( )
5: {
6:    char name1[]="Limbest";
7:    char name2[]="Limmaster";
8:    int result=0;
9:
10:   result=strncmp(name1, name2, 3);    // 두 개의 문자열을 비교
11:
12:   if(result>0)
13:       printf("name1이 name2보다 크다.\n");
14:   else if(result<0)
15:       printf("name2가 name1보다 크다.\n");
16:   else
17:       printf("name1과 name2는 같습니다.\n");
18: }
```

**해설**

• 10행 : strncmp( )함수를 사용해서 왼쪽부터 3개의 문자만 비교한다. 그 결과 name1과 name2는 같기 때문에 0이 result에 입력된다.

**실행결과**

name1과 name2는 같습니다.

**TIP** 문자열은 어떤 값을 기준으로 비교할까?

문자열 비교는 ASCⅡ코드로 바꾸어서 단어 하나하나를 비교한다. 즉, 대문자 A는 65, B는 66, C는 67 등으로 비교하여 ASCⅡ코드로 비교해서 같은지 작은지 큰지를 판단하는 것이다.

## Point 06 | 조건문 연습문제

**Q1** 정수를 입력받아서 입력값이 20보다 크면 "20보다 큽니다." 를 출력하시오.

● 프로그램

```
1: #include <stdio.h>
2: void main(void)
3: {
4:    int x;
5:    printf("정수를 입력하세요.  ");
6:    scanf("%d", &x);
7:    if(x>2)
8:       printf("20보다 큽니다.\n");
9: }
```

**Q2** 정수 두 개를 입력받아서 큰 수와 작은 수를 순서대로 출력하시오

● 프로그램

```
1: #include <stdio.h>
2: void main(void)
3: {
4:    int x, y;
5:    printf("두개의 정수를 입력하세요.  ");
6:    scanf("%d %d", &x, &y);
7:    if(x>y){
8:       printf("x가 더 큽니다. %d", x);
9:       printf("y가 더 작습니다. %d", y);
10:    } else {
11:       printf("y가 더 큽니다. %d", y);
12:       printf("x가 더 작습니다. %d", x);
13:    }
14: }
```

 **Q3** 정수 두 개를 입력받아서 첫 번째 입력값이 더 크면 값을 바꾸시오.

● 프로그램

```c
1: #include <stdio.h>
2: void main(void)
3: {
4:     int x, y, temp;
5:     printf("두개의 정수를 입력하세요. ");
6:     scanf("%d %d", &x, &y);
7:     if(x>y){
8:             temp=x;        // 두 변수의 값을 바꾼다.
9:             x=y;
10:            y=temp;
11:    }
12:  printf("x=%d , y=%d \n", x, y);
13: }
```

**Q4** 두 수를 입력받고 두 수가 모두 3 이상이면 "이겼다.", 한 수만 3 이상이면 "비겼다." 두 수 모두가 3 미만이면 "졌다."를 출력하시오.

● 프로그램

```c
1: #include <stdio.h>
2: void main(void)
3: {
4:     int x, y;
5:     printf("두개의 정수를 입력하세요. ");
6:     scanf("%d %d", &x, &y);
7:     if(x>=3 && y>=3) printf("이겼다. \n");
8:     else if(x>=3 || y>=3) printf("비겼다. \n");
9:     else printf("졌다. \n");
10: }
```

**Q5** 사칙연산을 하는 프로그램을 작성하시오.

| 출력형식 | |
|---|---|
| 1. 더하기 | 메뉴를 선택하시오. 1 |
| 2. 빼기 | 두 개의 정수를 입력하세요. 2 3 |
| 3. 곱하기 | 결과는 5입니다. |
| 4. 나누기 | |

● 프로그램

```c
1: #include <stdio.h>
2: void main(void)
3: {
4:     int x, y, menu, result;
5:     printf("1. 더하기 \n");
6:     printf("2. 빼기 \n");
7:     printf("3. 곱하기 \n");
8:     printf("4. 나누기 \n");
9:     printf("메뉴를 선택하시오. ");
10:     scanf("%d", &menu);
11:
12:     printf("두 개의 정수를 입력하세요. ");
13:     scanf("%d %d", &x, &y);
14:     switch(menu)
15:     {
16:         case 1:
17:             result=x+y;
18:             break;
19:         case 2:
20:             result=x-y;
21:             break;
22:         case 3:
23:             result=x*y;
24:             break;
25:         case 4:
26:             result=x/y;
27:             break;
28:         default:
29:             printf("메뉴를 잘못 선택했습니다.\n");
30:             return;
31:     }
32:     printf("결과는 %d 입니다. \n", result);
33: }
```

**Q6** 입력받은 세 개의 수에서 최대값을 찾아 출력하시오.

● 프로그램

```
1: #include <stdio.h>
2: void main(void)
3: {
4:     int x, y, z, max;
5:     printf("세 개의 정수를 입력하세요.  ");
6:     scanf("%d %d %d", &x, &y, &z);
7:     max=0;
8:     if(x>=y && x=>z) max=x;
9:     if(x<=y && y=>z) max=y;
10:    if(z>=x && y=<z) max=z;
11:
12:    printf("최대값은 %d 이다. \n" max);
13: }
```

**Q7** 1부터 누적 합계를 계산하시오. 단, 누적 합계가 1000을 넘으면 최종 합계를 출력하고 프로그램을 종료하시오.

> - 1+2+3+4+5+ … +45=1035
>
> **출력형식**
> 최종합계 1035

● 프로그램

```
1: #include <stdio.h>
2: void main(void)
3: {
4:     int sum=0, i=0;
5:     for(i=1; ; i++)
6:     {
7:       sum=sum + i;
8:       if(sum > 1000) break;
9:     }
10:    printf("최종합계 %d \n" sum);
11: }
```

## Q8 다음 흐름도(Flow Chart)를 보고 프로그램을 완성하시오.

- 흐름도는 자연수 N을 입력받는다.
- 약수인지 확인하고 약수이면 그 값을 출력한다.
- 약수 확인은 1부터 N까지의 값 중에서 약수를 찾는 것이다.

### 흐름도(Flow Chart)

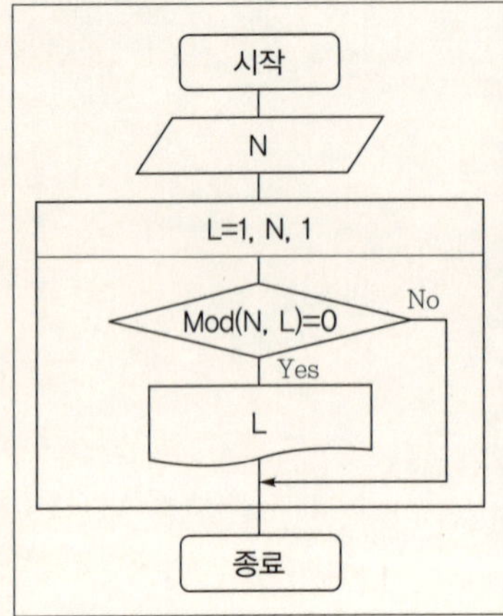


약수는 나머지가 0인 값이다. 그러므로 %연산을 사용해서 나머지를 구하고 0과 같으면 printf( ) 함수로 출력한다.

● 프로그램

```
1: #include <stdio.h>
2: void main(void)
3: {
4:     int n;
5:     scanf("%d", &n);
6:
7:     for(i=1; i<n;i++)
8:     {
9:         if(n%i)==0) printf("약수 %d \n", i);
10:    }
11: }
```

# 함수(Function)

## 01 / Point  함수의 구조

### 가. 함수(Function)가 왜 필요하지?

프로그래밍 언어를 공부하게 되면 함수라는 말을 자주 듣게 된다. 사실 함수를 이해하지 못하면 프로그램 언어를 배우기 어렵다. 하지만, 함수라는 것이 왜 필요한지를 이해하게 되면 어렵지 않게 사용할 수 있다.

#### ■ 사용자 함수를 사용하지 않는 프로그램

```
1: #include <stdio.h>
2:
3: void main(void)
4: {
5:    int x=10, int y=20;
6:    int z=0;
7:
8:    z=x+y;
9:    printf("합계는 %d 이다.\n", z);
10: }
```

위의 프로그램은 함수를 사용하지 않고 합계를 계산하는 프로그램이다. 물론 위의 프로그램에서는 C언어에서 제공하는 main( )함수와 printf( )함수를 사용하긴 했지만 그것은 무시하고 생각해보자.

그럼, 위의 프로그램에서 사용자 정의 함수(User define Function)를 사용해서 프로그램을 만들어 보자.

■ sum( )이라는 사용자 정의 함수 사용

```
1: #include <stdio.h>
2:
3: void main(void)
4: {
5:    int x=10, int y=20;
6:    int z=0;
7:
8:    z=sum(x, y);
9:    printf("합계는 %d 이다.\n", z);
10: }
11:
12: int sum(int numa, int numb)
13:{
14:   int total=0;
15:   total=numa+numb;
16:   return total;
17:}
```

위의 프로그램은 처음에 만든 프로그램과는 차이가 있다. 동일하게 합계를 계산하는 것이지만 sum( ) 함수를 만들어 합계를 계산하는 부분을 따로 만든 것이다. 물론 두 가지 예제는 간단한 프로그램이기 때문에 함수가 왜 필요하고 왜 만들어야 하는지 이해할 수 없을 수 있다.

그럼, sum( )함수에 여러가지 기능을 조금 넣어보자.

■ 변경된 sum( )함수

```
int sum(int numa, int numb)
{
  int total=0;

  if(numa <=0) return -1;
  if(numb <=0) return -2;
  total=num1+num2;
  return total;
}
```

위의 프로그램은 numa가 numb의 값이 0보다 큰지 확인하는 부분이 추가되었다. 즉, 모든 프로그램을 main( )함수에 넣으면 main( )함수는 복잡하게 될 것이다. 하지만 각각의 기능별로 나누고 main( )

함수는 사용자가 만든 함수를 호출만 한다면 간단한 구조를 가지게 될 것이다.

그리고 프로그램을 변경할 때도 특정 함수만 변경하면 되기 때문에 변경이 쉬운 장점이 있다. 즉, sum( )함수에 새로운 C코드를 더 추가하고 싶으면 오직 sum( )함수만 변경하면 될 것이다.

**사용자 정의 함수(Function)는 언제 사용하나?**

- 소스코드를 독립적인 단위로 나누어 관리하고자 할 때
- 특정 기능을 처리하는 소스코드를 넣을 때

C언어에서 함수는 기본적으로 제공하는 함수와 개발자가 필요에 의해서 직접 만들어 사용하는 함수로 분류할 수 있다.

### ■ C언어에서 제공하는 함수와 사용자 정의 함수

| C언어에서 제공하는 함수 | 사용자 정의 함수 |
| --- | --- |
| C언어에서 프로그램을 개발할 수 있도록 미리 만들어둔 함수이다. | 개발자가 직접 만든 함수이다. |
| main( ), printf( ), strcpy( ), sizeof( ) 등 | 예를 들어 sum( ), login( ), logout( ) 등 개발자가 함수이름을 정의하고 만든다. |

**TIP 프로그램을 만들 때 함수는 몇 개를 만들어야 하나요?**

함수를 몇 개 만들어야 한다는 기준은 없지만 함수의 수가 많으면 무엇이 좋고, 함수의 수가 작으면 무엇이 나쁜지를 알아야 한다. 함수의 수가 많으면 다음과 같은 장점과 단점이 있다.

- 함수의 수가 많으면 프로그램을 변경할 때 특정 함수만 변경되므로 변경이 쉽다.
- 또, 함수가 많으면 함수 호출(Function Call)이 많아지므로 더 복잡해진다.
- 함수 호출 관계가 복잡해지면 개발자가 작성한 프로그램을 이해하기 어렵다.

## 나. 함수(Function) 구조

지금까지 함수의 개념에 대해서 배운 것을 정리 해보면 다음과 같다.

**함수(Function)란,**
프로그램의 내부에서 호출되어서 독립적인 기능을 처리하는 프로그램의 작은 단위이다.

함수는 어떤 입력값에 의해서 작업을 수행하고 결과를 반환하는 구조로 이루어져 있다. 물론 함수를 사용할 때 꼭 입력값과 출력값이 있어야 하는 것은 아니다.

### ■ 함수(Function)

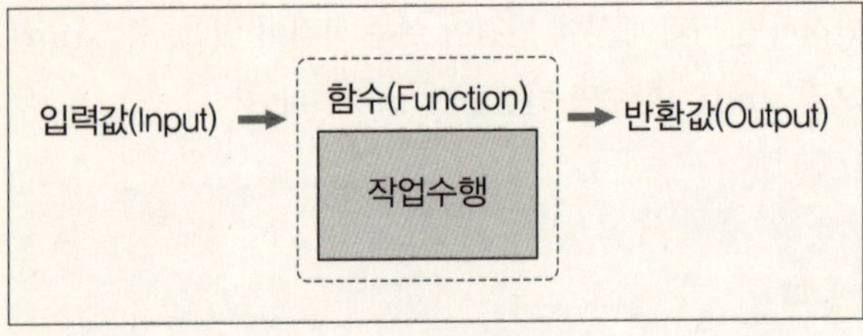


함수의 호출은 함수이름을 소스코드가 추가함으로써 간단하게 호출할 수 있다. 그래서 sum(x, y)을 부르면 sum(x, y)함수를 호출하게 되고, sum( )함수가 어떤 결과 값을 되돌려 주는 z=sum(x, y)이라면 호출한다.

### ■ 함수 호출

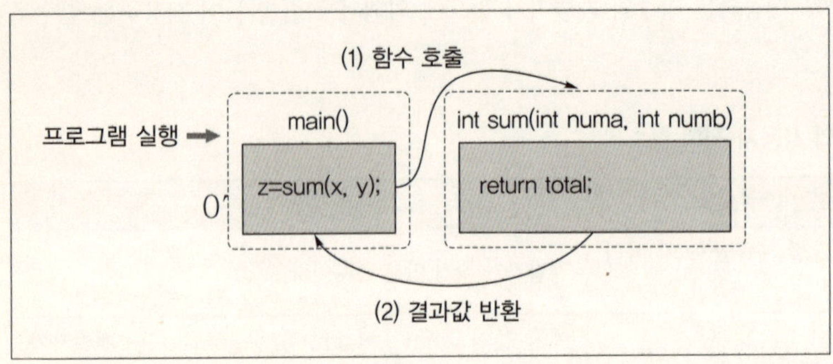


그럼, sum( )함수의 구조를 알아보자.

sum은 함수이름이고 int numa, int numb는 sum( )함수를 호출할 때 전달되는 값이다. 그리고 int sum( ) 이라는 것은 sum( )함수의 결과로 정수형 데이터를 출력(반환)한다는 것이다.

### ■ 함수 구조

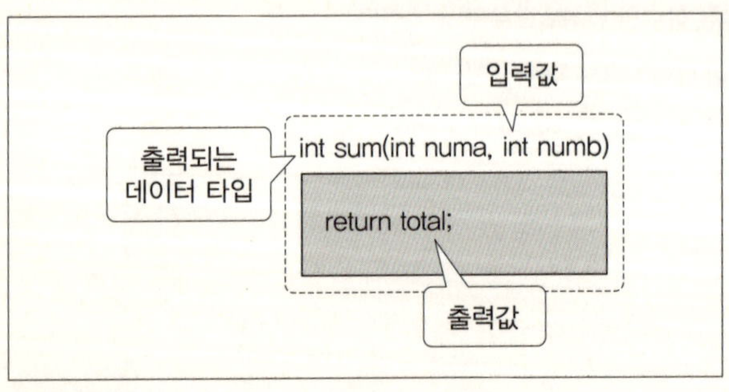


sum( )함수 내부에서 return total이라는 것은 total이라는 정수형 값을 출력(반환)한다는 것이다.

---

**TIP** 함수 복귀주소(Return Address)는 무엇인가?

main( )함수에서 sum( )함수를 호출하면, sum( )함수는 작업을 완료하고 main( )함수로 되돌아온다. sum( )함수가 **main( )함수로 되돌아 오기 위해서는 main( )함수의 복귀주소(Return Address)를 저장**하고 sum( )함수가 작업을 완료하면 복귀주소를 읽어서 main( )함수로 되돌아 온다.

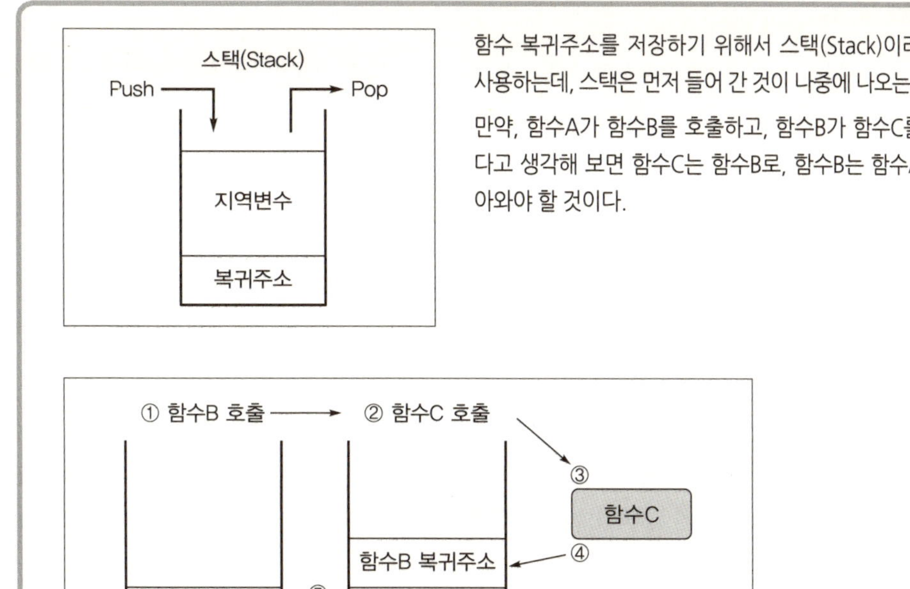



함수 복귀주소를 저장하기 위해서 스택(Stack)이라는 것을 사용하는데, 스택은 먼저 들어 간 것이 나중에 나오는 것이다.

만약, 함수A가 함수B를 호출하고, 함수B가 함수C를 호출한다고 생각해 보면 함수C는 함수B로, 함수B는 함수A로 되돌아와야 할 것이다.

## 다. 다양한 함수의 호출방법

### 1) 단순함수 호출

함수 호출 시에 함수에게 전달되는 입력값과 출력값이 없이 함수만 호출되는 경우이다.

■ 단순 함수 호출

```
1: #include <stdio.h>
2:
3: void main( )
4: {
5:    sum( );
6: }
7:
8: void sum(void)
9: {
10:  printf("sum( )함수를 호출했습니다. \n");
11: }
```

**해설**

- 5행 : main( )함수에서 sum( )함수를 호출한다. 호출할 때 아무런 입력값을 전달하지 않는다.
- 8행 : sum( )함수는 아무런 입력값과 출력값이 없으므로 void로 선언한다.

**실행결과**

sum( )함수를 호출했습니다.


## 2) 입력값 전달호출

함수를 호출할 때 입력값을 전달하는 방식으로 Call by value와 Call by Reference가 있다. **Call by value는 함수 호출 시에 변수의 값(Value)을 전달**하는 것이고, **Call by Reference는 변수의 주소(Address)를 전달**하는 것이다.

Call by value에 의한 입력값 전달은 **값을 복사해서 다른 변수에 전달하는 것**을 의미한다.

main( )함수에서 선언한 int x=10, y=20의 값을 sum( )함수 호출 시에 int numa, int numb 변수에 전달한다. 이러한 방식을 Call by value에 의한 값 함수 호출이라 한다.

### ■ 입력값 전달(Call by value)

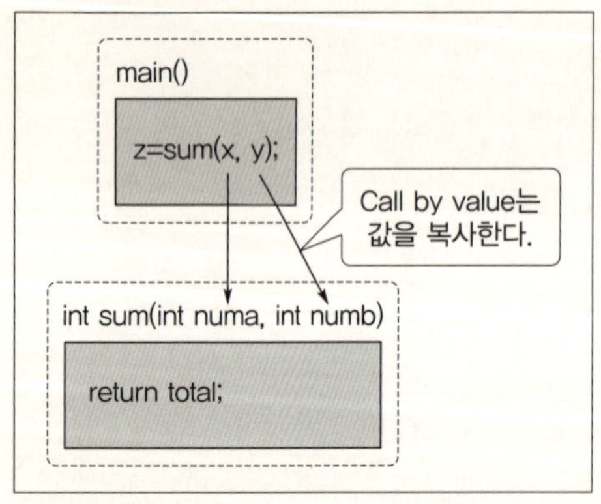


아래의 예를 보면 main( )함수에서 선언한 x값과 y값을 sum( )함수에서 선언한 numa와 numb에 전달한다. x값은 numa변수에 값이 할당되는데, 두 변수는 주기억장치에서 각각의 공간이 할당되기 때문에 sum( )함수 호출 이후에 x값이 변경되어도 numa변수는 영향을 받지 않는다.

### ■ Call by value에 의한 값 전달구조

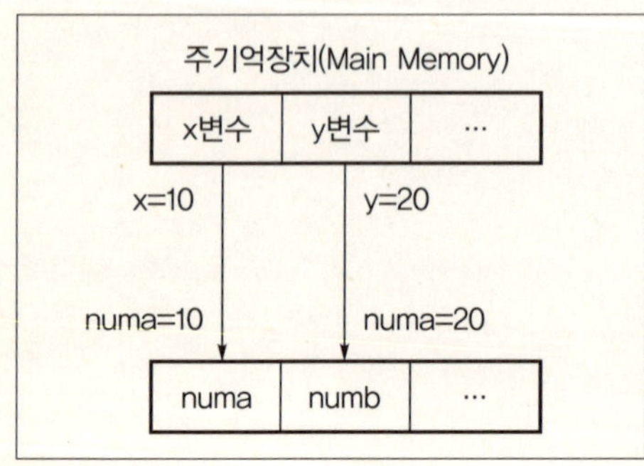


즉, Call by value에 의한 전달은 각각의 변수에 값이 복사되는 것이다.

그럼, Call by Reference를 알아보자. Call by Reference는 함수를 값을 전달할 때 주소(Address)를 보내는 것이다. Call by value에서는 값을 전달할 때 int x에 대응하는 int numa가 있

어야 했고 x값이 numa에 복사되었다. 하지만 Call by Reference는 주소가 전달되는데 그 차이는 다음과 같다.

■ **Call by Reference에 의한 호출**

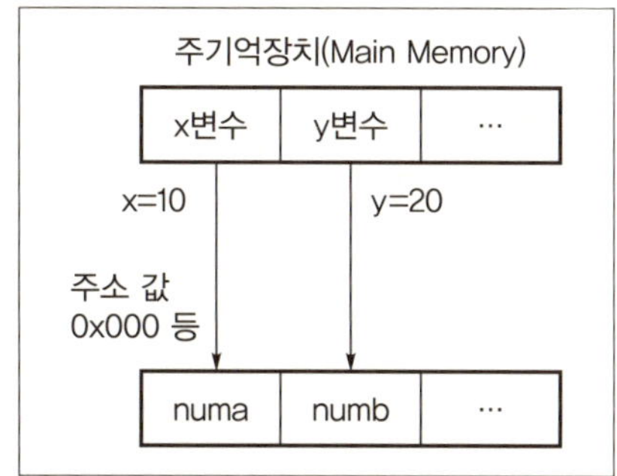


위의 내용을 보면 Call by value와 거의 차이가 없어 보이지만 엄청나게 큰 차이가 있다. x변수를 전달할 때 주소값을 전달하고 있다. 이 내용을 이해하기 위해서는 실제 하나의 프로그램을 만들어봐야 한다. 주의할 사항은 주소값을 전달하거나 받기 위해서는 특별한 방법을 사용해야 한다. 예를 들어 주소값을 전달하려면 변수명 앞에 &를 붙여야 하고, 주소값을 받기 위해서는 포인터(Pointer) 변수를 사용해야 한다. 포인터는 뒤에서 자세히 설명할 것이므로 여기서는 따로 설명하지 않겠다. 단, 포인터는 주소를 저장할 수 있는 변수라고만 기억 해두기 바란다.

■ **단순 함수 호출**

```
1: #include <stdio.h>
2:
3: void main( )
4: {
5:    int x=10, y=20;
6:    sum(&x, &y);
7:    printf("x값은 얼마일까요? %d \n", *x);
8: }
9:
10: void sum(int *numa, int *numb)
11: {
12:    *numa=*numa + *numb;
13: }
```

**해설**

• 6행 : 변수명에 &를 붙이는 것은 x와 y의 값인 10과 20을 보내는 것이 아니라 x와 y의 주소를 보내라는 의미이다.

• 10행 : 주소를 받기위해서는 포인터(Pointer) 변수를 선언해야 하는데, 포인터 변수는 변수명 앞에 *를 붙여서 선언한다.

• 12행 : *numa, *numb라는 것의 이미는 numa가 가르키는 주소의 값을 의미한다. 즉, *numa는 주소가 가르키는 값이므로 x변수의 값인 10이 된다. *numb는 numb 변수가 가르키는 값을 의미하므로 20이 된다. 결과적으로 *numa + *numb라는 것은 10과 20을 더해서 *numa에 30이라는 값을 넣으라는 것이다. 만약 포인터 변수를 *없이 numa 형태로 사용하면 주소를 의미하게 된다.

• 7행 : x 변수의 값을 출력하면 30이 출력된다.

x값은 얼마일까요? 30

위의 프로그램에서 포인터에 대한 내용은 잠시 잊어도 좋다. 하지만, Call by Reference에 대해서는 알고 있어야 한다. 변수의 주소를 넘겨주고 주소를 받은 변수가 값을 변경하면 원래 x의 값이 바뀌는 것이다. 즉, x변수와 numa변수는 같은 주기억장치 공간을 바라보고 있다. 또 y변수와 numb변수도 같은 주기억장치 공간을 바라보고 있다.

■ Call by Reference의 의미

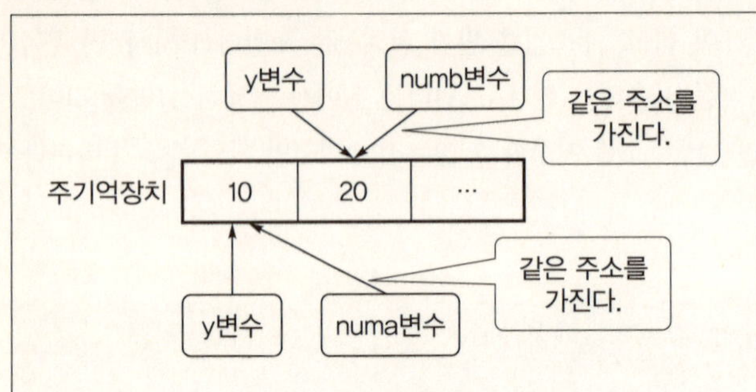


함수에서 결과값을 전달하려면 return이라는 것을 사용해서 값을 넘겨야 했다. 하지만 Call by Reference를 사용하면 값을 넘기지 않아도 main( ) 함수 내에서 선언한 변수 값을 바꿀 수가 있게 된다.

■ Call by value와 Call by Reference 차이점

| Call by value | Call by Reference |
| --- | --- |
| int sum(int numa, int numb)<br>{<br>int total=0;<br>total=num1+num2;<br>return total;<br>} | void sum(int *numa, int *numb)<br>{<br>*numa=*numa + *numb;<br>} |
| main( )함수에 결과값을 전달하기 위해서 return total을 사용한다. | main( )함수에 값을 전달하지 않아도 numa가 x와 같은 주소를 가르키고 있으면 main( )함수의 x값에 합계가 저장된다. |



변수의 주소는 &를 사용한다.

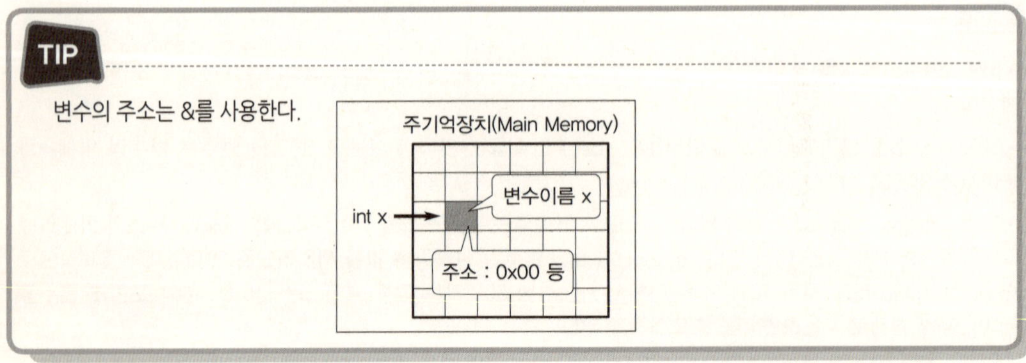

> int x로 정형 데이터를 선언하면 x=10, x=20과 같은 형태로 변수의 데이터를 저장할 수 있다. x라는 것은 사람이 이해하기 쉬운 영문자 변수명이지만 실제 컴퓨터는 주기억장치에 주소(Address)로 저장된다. 주소는 16진수 형태로 저장되고, 프로그램에서 주소를 읽고 싶으면 &를 붙이면 된다.



---

**TIP** · 잠깐 알아보는 포인터(Pointer) 변수

C언어의 특징 중에 하나가 바로 포인터 변수를 지원하는 것이다. **포인터 변수는 변수의 주소를 저장할 수 있는 변수**이다. 포인터 변수를 선언할 때 "*"를 사용해서 선언한다. 예를 들어 정수형 포인터 변수는 int *x;로 선언하는 것이다.

| 포인터 변수에 주소 넣기 | 포인터 변수 값 읽기 |
| --- | --- |
| int *x;<br>int y=10;<br>x= &y; | int *x;<br>int y=0;<br>x= &y;<br>*x=*x+10; |
| 포인터 변수 x에 정수형 변수 y의 주소를 넣는다. | 포인터에 데이터 값을 넣기 위해서는 *변수명으로 사용하면 된다. |

포인터 변수의 자세한 내용은 뒷장에서 학습하자.

## 3) 함수의 출력값

함수를 호출하고 그 결과값을 받기 위해서는 함수에서 return이라는 문구를 사용해야 한다. return total;값을 사용함으로써 결과값을 되돌려 줄 수 있다. 그리고 return의 사용은 지금까지 계속 보았으므로 이제는 다른 방법으로 함수의 출력값을 받아보자.

### ■ 함수의 호출과 출력값

```
void main(void)
{
    int x=20, y=10;
    printf("함수 호출결과는 %d 이다. \n", sum(x, y));
}


int sum(int numa, int numb)
{
    return numa+numb;
}
```

위의 예제는 printf( )함수 내에서 sum(x, y)함수를 호출하고 그 결과 값을 printf( )함수로 전달하는 것이다.

■ 함수 호출 순서

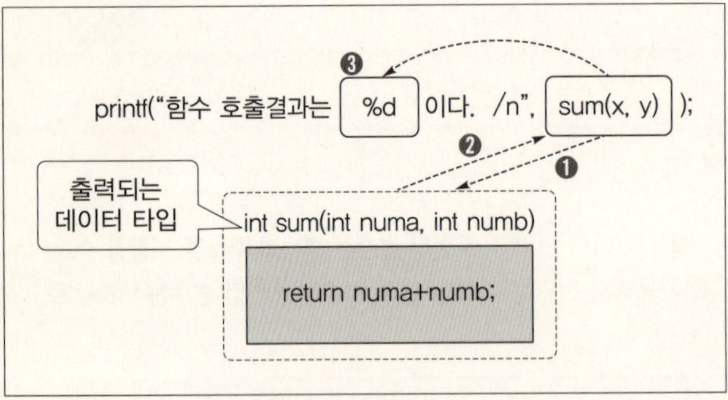


## 라. 함수 프로토타입(Function Prototype)

함수 프로토타입은 함수의 원형, 함수 기본형이라고도 불리운다. **함수 프로토타입이라는 것은 C언어에서 사용하는 함수정보를 알려주는 역할을 수행**하는 것으로 C언어 프로그램에서 main( )함수 위로 선언한다.

■ 함수의 호출과 출력값

```
1: #include <stdio.h>
2:
3: int sum(int numa, int numb);
4: int sub(int numa, int numb);
5: void main(void)
6: {
7:   int x=20, y=10;
8:   printf("sum 함수 호출결과는 %d 이다. \n", sum(x, y));
8:   printf("sub 함수 호출결과는 %d 이다. \n", sub(x, y));
9:}
10:
11: int sum(int numa, int numb)
12: {
13:   return numa+numb;
14: }
15: int sub(int numa, int numb)
16: {
17:   return numa-numb;
18: }
```

**해설**

• 3~4행 : 함수 프로토타입을 선언한다.

**실행결과**

```
sum 함수 호출결과는 30 이다.
sub 함수 호출결과는 10 이다.
```

함수 프로토타입의 선언은 C 컴파일러에게 프로그램 내에서 사용되는 함수에 대한 정보를 알려주는 것이다. 함수 프로토타입 선언은 프로그램 상단에 선언을 하지만 별도의 헤더파일(Header File)을 만들어서 외부에 선언하여 사용할 수도 있다.

■ 헤더파일(Header File) 사용

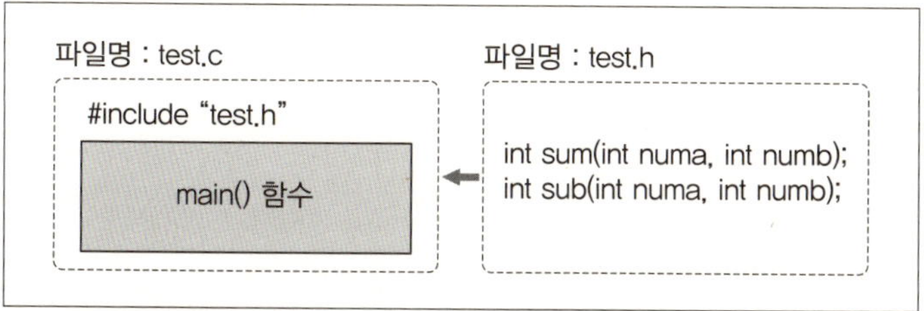


■ test.c 파일(1)

```c
1: #include <stdio.h>
2: #include "test.h"
3: void main(void)
4: {
5:   int x=20, y=10;
6:   printf("sum 함수 호출결과는 %d 이다. \n", sum(x, y));
7:   printf("sub 함수 호출결과는 %d 이다. \n", sub(x, y));
8:}
10:
11: int sum(int numa, int numb)
12: {
13:   return numa+numb;
14: }
15: int sub(int numa, int numb)
16: {
17:   return numa-numb;
18: }
```

• 2행 : #include는 외부에 정의된 파일을 포함시키는 기능이다. 그리고 파일명에 "″"을 사용한 것은 현재 디렉터리(Current Directory)에 test.h 파일이 있다는 것이다. 현재 디렉터리라는 것은 프로그램 C 파일이 있는 위치를 의미한다. 그러므로 test.h 파일은 test.c 파일과 같은 디렉터리에 있어야 한다.

■ test.h 헤더파일(2)

```
1: int sum(int numa, int numb);
2: int sub(int numa, int numb);
```

이미 눈치로 안 사람도 있을 듯 하지만 #include 〈stdio.h〉라는 것도 C언어에서 사용하는 헤더 파일이고 함수 프로토타입을 가지고 있다. 즉, printf( ), scanf( )함수와 같은 입력과 출력에 관련한 프로토타입이 있다.

---

**TIP**  #include문의 비밀

C언어에는 **전처리(Proprocess)**라는 것이 있다. 전처리라는 것은 C 컴파일러가 컴파일을 하기전에 먼저 처리해야하는 것으로 지금까지 사용한 #include문이 바로 전처리되어야 하는 것이다. 즉, 컴파일하기 전에 어떤 파일을 포함시켜서 컴파일을 하게 하는 문이 바로 #include문인데, #include문 앞에 #의 의미는 매크로(Macro)를 의미하는 것이다. **매크로는 어떤 명령을 미리 만들어서 수행하게 하는 것으로 모두 앞에 "#"을 붙인다.**

전처리는 위처럼 #이 포함된 매크로를 만나면 컴파일 전에 미리 그 기능을 수행한다. 전처리가 끝나면 컴파일을 수행하는 것이다.

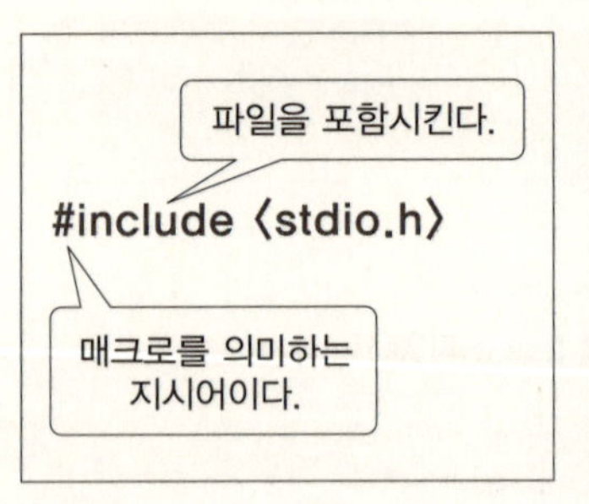


---

**TIP**  #include 〈stdio.h〉와 #include "stdio.h"는 무엇이 다를까?

헤더파일(Header File)을 포함시키는 매크로인 #include문을 사용할 때 **〈stdio.h〉처럼 〈 〉에 포함시켜서 사용하면 헤더파일을 C 컴파일러가 설치될 때 헤더파일 디렉터리(Directory)**에서 해당 파일을 찾는 것이고, **" "로 사용하면 현재 컴파일되는 소스코드가 있는 디렉터리**에서 찾는 것이다.

# 02 Point 지역변수와 전역변수

본 장에서는 지역변수와 전역변수에 대해서 알아보자. 지역변수와 전역변수는 함수 내부에서 변수를 선언한 것인지, 함수 외부에서 선언한 것인지로 구분할 수 있고, 변수선언에 따라 지역변수와 전역변수로 분류하는 것은 변수를 접근할 수 있는지와 언제까지 변수가 주기억장치(Main Memory)에 존재하는지에 따라 달라진다.

> **지역변수와 전역변수의 구분,**
>
> - 주기억장치(Main Memory) 내에 언제까지 변수가 존재하는가?
> - 함수 내부에서만 접근이 가능한가?
> - 함수 내부 및 외부 어디에서나 접근이 가능한가?

지역변수라는 것은 함수 내부에서는 접근이 가능한 변수이고, 전역변수라는 것은 함수 내부 및 외부 어디에서나 접근이 가능하다.

### ■ 지역변수와 전역변수의 차이점

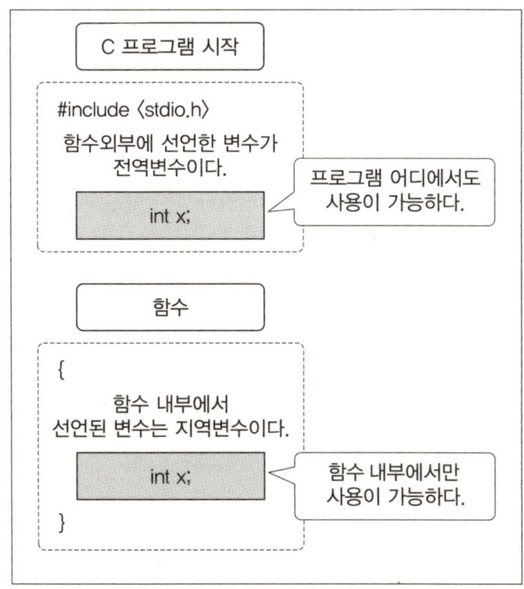



전역변수는 함수 밖에 변수를 선언하는 것이고 프로그램이 시작되는 순간 바로 주기억장치를 할당하고 프로그램이 종료될 때 해제된다. 지역변수는 해당 함수가 실행되는 순간 주기억장치에 할당되고, 함수가 종료되는 순간에 주기억장치에서 해제된다. 또한 전역변수는 프로그램 어디에서도 사용할 수 있지만 전역변수는 함수 내부에서만 사용이 가능하다.

## 가. 지역변수(Local Variable)

> **지역변수(Local Variable)란,**
>
> - 함수 내부에서 변수를 선언한다.
> - 힘수 내부에서만 사용이 가능한 변수이다.
> - 함수가 시작될 때 주기억장치가 할당되고, 함수가 종료될 때 해제된다.

그럼, 지역변수의 예제를 몇 개 확인해보자.

## ■ 지역변수 사용(1)

```
 1: #include <stdio.h>
 2:
 3: void main(void)
 4: {
 5:    int x=10;
 6:
 7:    printf("합계는 %d이다. \n", sum(x));
 8: }
 9:
10: int sum(int count)
11: {
12:    int total=0;
13:    total=total+count;
14:    return total;
15: }
```

### 해설

본 프로그램 사용한 변수인 x, total, count는 모두 지역변수이다. 하지만 이해를 위해서 total 변수에 대해서만 생각해보자.

- 14행 : sum( )함수가 호출될 때 정수형 total 변수가 선언된다. total 변수는 지역변수로 선언되었기 때문에 sum( )함수 내부에서만 사용가능하다. 즉, main( )함수 내부에서는 total이라는 변수를 사용할 수가 없다.
- 15행 : sum( )함수가 종료되면 total 변수는 주기억장치에서 해제되어서 더 이상 사용이 불가능하다.

### 실행결과

```
합계는 100이다.
```

지역변수를 사용하는 또 다른 예제를 알아보자. 이번 예제는 C 프로그램 내에 동일한 변수이름을 사용해서 확인해보자.

## ■ 지역변수 사용(2)

```
 1: #include <stdio.h>
 2:
```

```
 3: void main(void)
 4: {
 5:    sumOne( );
 6:    sumTwo( );
 7: }
 8:
 9: void sumOne(void)
10: {
11:    int numa=10;
12:    int numb=20;
13:    numa++;
14:    numb--;
15:    printf("sumOne의 numa는 %d이고 numb는 %d 이다.\n", numa, numb);
16: }
17:
18: void sumTwo(void)
19: {
20:    int numa=100;
21:    int numb=200;
22:    numa++;
23:    numb--;
24:    printf("sumTwo의 numa는 %d이고 numb는 %d 이다.\n", numa, numb);
25: }
```

**해설**

본 프로그램은 sumOne( )함수와 sumTwo( )함수 2개의 함수가 있다. 함수 내부에는 정수형 변수인 numa, numb 변수가 선언되어 사용되고 있다. sumOne( )과 sumTwo( )함수 내에서 사용되는 numa와 numb는 변수이름은 동일하지만 실제 완전히 다른 변수이다. 즉, 각각의 함수 내부에서만 사용되는 변수이고 이름만 같을 뿐이다.

즉, sumOne( )함수의 numa, numb와 sumTwo( )함수의 numa, numb는 변수이름은 동일하지만 변수 주소(Address)는 완전히 다르다.

## ■ 지역변수의 사용

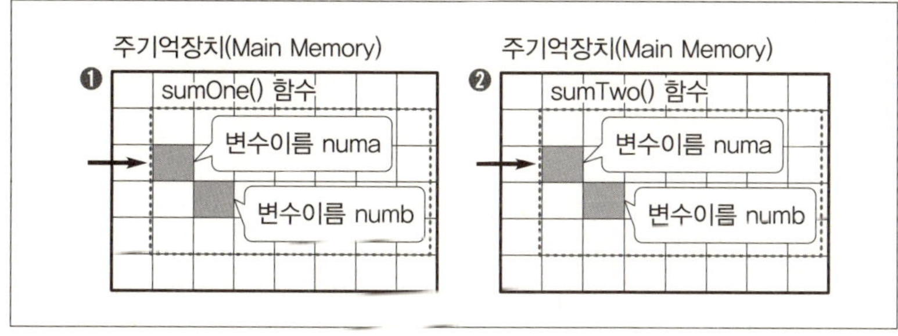

그리고 sumOne( )함수와 sumTwo( )함수에서 선언한 numa와 numb 변수는 함수가 완료되면 주기억장치에서 해제된다.

### 해설

- 11~15행 : sumOne( )함수 내부에서만 사용가능한 numa와 numb의 정수형 변수를 선언하고, numa는 1을 증가시켜면 numb는 1을 감소시킨 후 printf( )함수를 화면에 출력한다.
- 20~24행 : sumTwo( )함수 내부에서만 사용가능한 numa와 numb의 정수형 변수를 선언하고, numa는 1을 증가시켜면 numb는 1을 감소시킨 후 printf( )함수를 화면에 출력한다.

### 실행결과

```
sumOne의 numa는 11이고 numb는 19 이다.
sumTwo의 numa는 101이고 numb는 199 이다.
```

그럼, 좀 더 다른 지역변수 형태를 확인해보자. 즉, 지역변수의 사용 범위를 좁여서 사용한다는 것이다.

### ■ 좁은 공간의 지역변수

```c
void main(void)
{
  (1) int x=10;
  int i;
  for(i=0;i<10;i++)
  {
    (2) int x=20;
  }
}
```

위의 예를 보면 main( )함수 내부에 2개의 지역변수 x가 선언되어 있다. 두 변수의 차이점은 사용범위와 주기억장치이다. 우선 사용범위를 보면 첫 번째 int x=10은 main( )함수 전체에서 사용 가능한 변수이고, main( )함수가 시작되면 주기억장치에 할당되고, main( )함수가 종료되면 해제된다. 그리고 두 번째 int x=20은 for( ) 문 내부에서 선언되었다. 즉, for문의 { } 블록이 시작되면 선언되고, for문의 { } 블록이 끝나면 해제되는 것이다.

### ■ 좁은 공간에서의 지역변수 사용

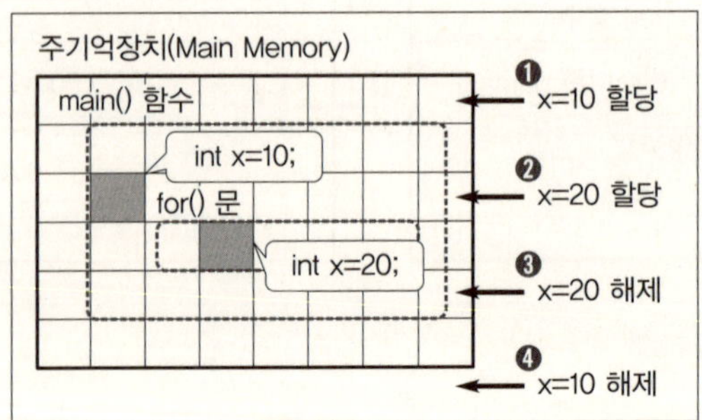

> ### TIP  자동변수(Auto Variable)란 무엇인가?
>
> 자동변수라는 것은 하나의 블록 내에서만 유효한 변수로 해당 블록이 실행될 때 주기억장치에 할당되고, 블록이 종료되면 주기억장치에서 해제되는 변수이다. 즉, 함수는 블록으로 이루어졌기 때문에 지역변수를 의미하는 것이다.
>
> 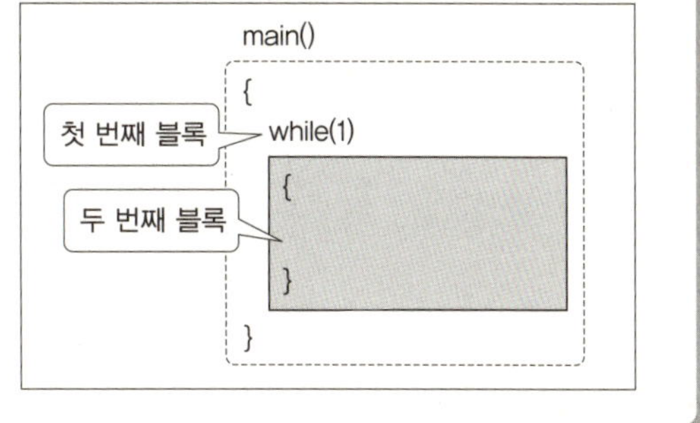
> 

## 나. 전역변수(External Variable)

전역변수는 함수(Function) 밖에서 변수를 선언하여 프로그램 전체에서 사용할 수 있는 변수이다.

**전역변수(External Variable)란,**

- 함수 밖에서 변수를 선언한다.
- 프로그램이 시작할 때 주기억장치에 할당되고, 프로그램이 종료될 때 해제된다.
- 전역변수는 프로그램이 시작될 때 주기억장치에 할당되고, 종료될 때 해제되기 때문에 너무 많이 전역변수를 사용하면 주기억장치를 낭비할 수 있다.
- 어떤 함수도 전역변수를 사용할 수 있다.

그럼, 전역변수의 선언과 사용에 대한 예제를 확인해보자.

### ■ 지역변수 사용(1)

```
1: #include <stdio.h>
2: void sum(int count);   // 함수 프로토타입 선언
3: int total=0;   // 전역변수이다.
4:
5: void main(void)
6: {
7:    int ;;
8:    for(i=0;i<10;i++)
9:    {
10:      sum(i);
11:      printf("합계는 %d 이다. \n", total);
12:   }
```

```
13: }
14:
15: void sum(int count)
16: {
17:    total=total+count;
18: }
```

**해설**

본 프로그램을 보면 sum( )함수에 출력값이 없다. 즉, return total문을 사용하지 않았다. 출력값이 없기 때문에 void형으로 선언된 것이다. 출력값이 필요없게 된 것은 3행에 total변수가 전역변수로 선언되어 있다. 그래서 main( )함수와 sum( )함수 모두 totoal변수에 접근할 수 있으므로 굳이 sum( )함수는 return이 필요없게 된 것이다.

- 3행 : 프로그램이 시작되면 전역변수가 선언되고, 주기억장치에 할당된다. 선언된 total 변수는 0으로 초기화 된다.
- 10행 : i값은 0부터 9까지 반복하면서 sum( )함수를 호출한다. 즉, sum(0), sum(1), sum(2), sum(3)…sum(9)까지 호출하게 된다.
- 17행 : total 변수에 count값을 누적하여 0부터 9까지의 합계를 계산한다.

**실행결과**

```
합계는 0이다.
합계는 10이다.
합계는 30이다.
합계는 60이다.
합계는 100이다.
합계는 150이다.
합계는 210이다.
합계는 280이다.
합계는 360이다.
합계는 450이다.
```

그럼, 전역변수와 지역변수에 동일한 변수명을 사용하면 어떻게 될까?

### ■ 동일한 변수명으로 전역변수와 지역변수 사용

```
int x=10;              // 전역변수 선언
void main(void)
{
    int x=20;          // 지역변수 선언

    x=x+10;
    printf("X의값은 %d 이다. \n", x);
}
```

위의 예제를 보면 전역변수와 지역변수의 변수이름을 동일하게 선언했다. 즉, x변수로 선언한 것이다. 그리고 main( )함수에서 x값에 10을 더하였다. 그러면 이때 x값은 전역변수 x인지 지역변수 x인지를 알아볼 필요가 있다.

즉, **전역변수와 지역변수의 변수이름을 같이 사용할 때 항상 지역변수가 우선**한다. 즉, x값은 30이 출력된다.

---

**TIP**

#define 매크로를 사용해서 변수를 선언하자.

만약, 프로그램 내부에서 변경되지 않는 값이 있다면 #define문을 사용해서 사용할 수 있다. 또한 간단한 연산을 처리하게 만들 수도 있다.

**#define ONE 1**

위처럼 선언하면 프로그램 내부에서 ONE은 항상 1의 값을 가지게 된다.

**#define TWO ONE+1**

위처럼 선언하면 TWO는 1+1인 2의 값을 가진다.

```c
#include <stdio.h>

#define ONE 1
#define TWO ONE+1

void main(void
{
    printf("Define %d , %d \n", ONE, TWO);
    }
```

## 다. 정적변수(Static Variable)

지역변수는 함수 내부에서 선언하고 함수가 종료하면 주기억장치에서 해제되는 변수이다. 하지만, 지역변수 앞에 static 문구를 추가하면 정적변수를 사용할 수 있는데, 정적변수는 함수가 종료되어도 주기억장치에서 해제되지 않고 프로그램이 종료될 때 해제되는 변수이다.

물론 지역변수에서 정적변수를 사용하면 함수 내부에서만 사용가능하며, 변수를 초기화 하시 않으면 항상 0으로 자동 초기화를 수행한다.

**정적변수(Static Variable)란,**

- static 문구를 사용해서 정적변수를 정의한다.

- 정적변수가 주기억장치에 할당되면 프로그램을 종료할 때 주기억장치에서 해제된다.

- 변수를 초기화하지 않아도 자동으로 0으로 초기화 되며, 초기화는 한 번만 된다.

다음 프로그램의 예제를 보고 static변수의 차이점을 알아보자.

## ■ 지역변수 사용(1)

```
1: #include <stdio.h>
2: void sum(void);  // 함수 프로토타입 선언
3:
4: void main(void)
5: {
6:    sum( );
7:    sum( );
8:    sum( );
9: }
10:
11: void sum(void)
12: {
13:   static int count=0;
14:   count=count+1;
15:   printf("정적변수 출력 %d /n", count);
16: }
```

**해설**

• 5~8행 : sum( )함수를 3번 호출했다.

• 13행 : 정적변수로 count를 0으로 초기화 했다. 중요한 것은 sum( )함수가 몇번 호출되어도 초기화는 한 번만 수행한다는 것이다.

• 14~15행 : count을 1씩 증가시키고 printf( )함수로 출력한다.

**실행결과**

```
정적변수 출력 1
정적변수 출력 2
정적변수 출력 3
```

static int count=0을 선언하고 sum( )함수를 3번 호출하였지만 선언구는 한 번만 실행된다. 만약 본 프로그램에서 static문구를 삭제하면 지역변수가 되는데, 그 다음과 같이 출력된다.

**실행결과**

```
정적변수 출력 1
정적변수 출력 1
정적변수 출력 1
```

즉, 함수를 호출할 때마다 매번 초기화를 수행하므로 count은 0이 되고, count=count+1을 하므로 3번 모두 1이 된다.

> **TIP**　**지역변수, 전역변수, 정적변수는 어디에 저장할까?**
>
> 프로그램이 실행되면 프로그램 내부에 사용되는 변수를 저장하는 주기억장치 공간이 있다. 즉, 스택(Stack), 힙(Heap), 데이터(Data) 영역이다.
>
> 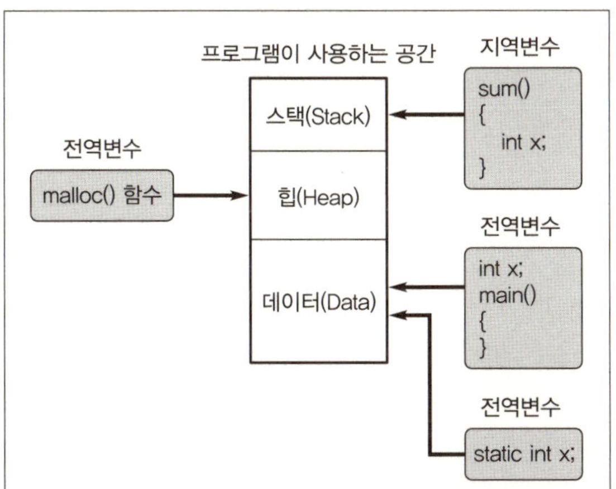
> 
>
> 위의 내용을 보면 정적변수와 전역변수는 모두 데이터 영역에 저장되는 것을 확인할 수 있다. 즉, 정적변수는 전역변수처럼 한번 선언되면 프로그램이 종료될 때까지 주기억장치에서 유지되어 있게 되고, 위치가 데이터 영역이라서 전역변수처럼 한 번만 초기화 되는 것이다.

## 라. 레지스터 변수(Register Variable)

레지스터 변수라는 것은 CPU 내부에 저장하는 변수를 의미한다. 좀 더 정확하게 말하면 CPU 내에 있는 소용량, 고속의 기억장치인 레지스터(Register)라는 곳에 데이터를 저장하여 빠르게 연산을 처리할 수 있다.

> **레지스터 변수(Register Variable)란,**
> - CPU 내부에 있는 고속의 기억장치인 레지스터(Register)에 데이터를 저장하여 빠르게 연산을 처리할 수 있다.

레지스터 변수를 이해하기 위해서는 운영체제(Operating System)의 기억장치 계층구조를 어느정도 이해해야 한다.

### ■ 기억장치 계층구조

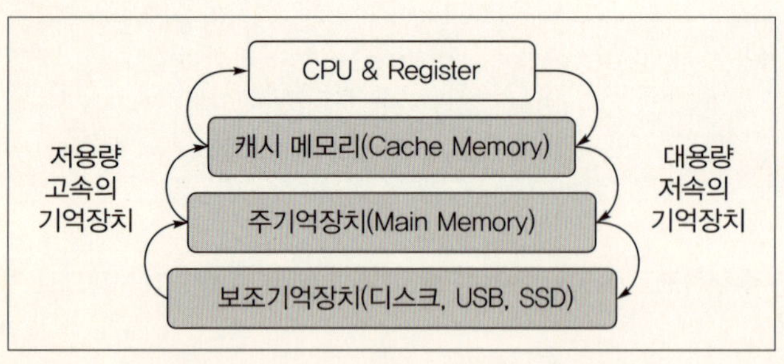


지금까지 사용한 변수들인 지역변수, 전역변수, 정적변수는 모두 주기억장치에 저장되는 것이다. 물론 주기억장치 내에서도 지역변수는 스택(Stack)이라는 공간에 저장되고, 전역변수와 정적변수는 데이터(Data) 공간에 저장된다. 하지만 레지스터 변수는 CPU 내부에 있는 레지스터에 변수를 저장한다. 즉, 운영체제에서 기억장치 계층구조란 기억장치를 속도, 비용, 용량으로 분류하여 고속, 고비용, 저용량의 기억장치를 상위에 두고 하위로 갈수록 저속, 저속용, 대용량의 기억장치로 계층화 한 것이다. CPU가 산술연산 및 논리연산을 수행할 때 느린 기억장치에서 데이터를 읽어오면 대기(Wait)시간이 증가하게 되어 연산을 수행할 때 속도가 느리게 된다. 이러한 문제를 해결하기 위해서 CPU와 속도 차이가 가장 적은 순으로 기억장치를 구성한 것이다.

그러므로 레지스터 변수는 CPU 내부에 있는 레지스터에 데이터를 저장하므로 CPU가 산술연산 및 논리연산을 수행할 때 캐시 메모리나 주기억장치를 참조하지 않고 빠르게 데이터를 읽을 수 있기 때문에 연산속도가 향상된다.

즉, 레지스터 변수라는 것은 빠르게 데이터를 읽거나 변경할 필요가 있을 때 사용하는 변수이다.

### ■ 레지스터 변수 사용

```
void main(void)
{
    register int x=20;
    x=x+10;
    printf("X의 값은 %d 이다. \n", x);
}
```

레지스터 변수의 사용법은 아주 간단하다. 변수 선언 앞에 register라는 문구만 하나 추가하면 CPU 내부에 변수를 저장하는 것이다.

> **TIP** **모든 변수를 레지스터 변수로 사용하면 속도가 빨라지지 않나요?**
>
> 물론, 모든 변수를 레지스터 변수로 사용한다면 이론적으로는 속도가 빨라진다. 하지만 레지스터는 CPU 내부에 있는 소용량의 기억장치이다. 특정 프로그램 하나가 너무 많이 사용하게 되면 다른 프로그램은 레지스터를 사용할 때 공간이 부족한 문제가 발생한다. 그러므로 프로그램의 속도는 일부 빨라질 수는 있지만 컴퓨터 시스템 속도는 레지스터 공간 부족으로 속도는 저하된다. 그러므로 꼭 필요한 경우에만 사용해야 한다

# 03 /Point 재귀함수 호출

## 가. 재귀함수(Recurive Function)

본 장에는 재귀함수(Recursive Function)에 대해서 알아보자. 재귀함수는 기존 함수와 별 차이점은 없지만 자기 자신을 호출하는 함수이다.

> **재귀함수(Recurive Function)란,**
> - 자기 자신을 호출하는 함수이다.

다음의 예를 확인해보자.

■ 재귀함수

| 재귀함수 개념도 | C언어 소스코드 |
|---|---|
| 자기 자신을 호출(Call) 한다. → void fun(void) { fun(); } | ```void fun(void) { fun( ); }``` |

위의 예를 보면 fun( )함수가 있고 fun( )함수 내부에서 또 fun( )을 호출하고 있다. 이렇게 자기 자신을 호출하는 함수를 재귀함수라고 한다.

만약, 위의 예와 같은 프로그램이 진짜로 있다면 어떤 일이 발생할까? 즉, fun( )은 fun( )을 끝도 없이 호출하고 있다. 본 프로그램을 실제로 만들면 다음과 같은 일이 발생한다.

**■ 귀납조건(종료조건) 없는 재귀함수 호출결과**

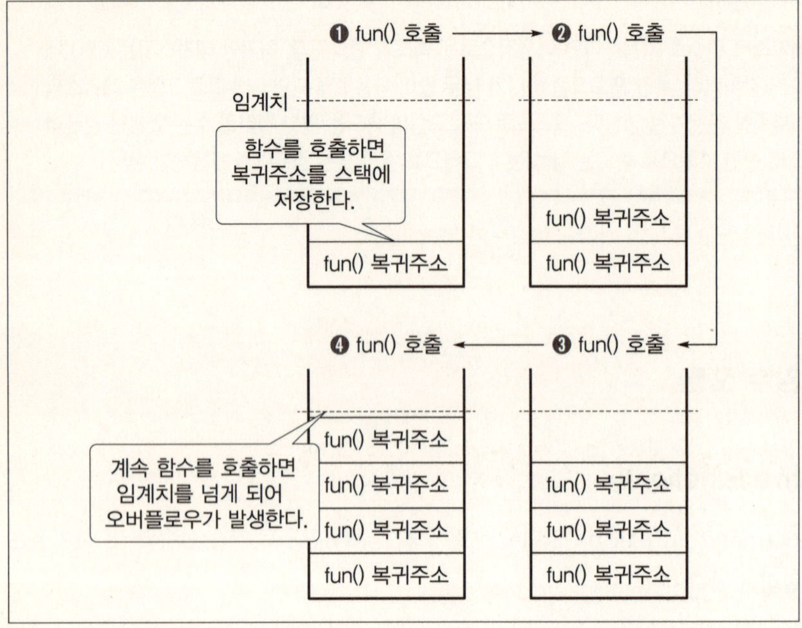


함수를 호출하면 함수의 모든 작업을 완료하고 되돌아오는 주소(복귀주소)를 스택(Stack)에 저장하게 된다. 하지만, 귀납조건(종료조건)을 작성하지 않고 무작정 함수만 호출하면 함수 복귀주소가 계속 스택에 쌓이게 된다. 이렇게 되면 복귀주소를 저장할 수 있는 최대공간인 임계치를 넘게 된다. 프로그램이 이렇게 임계치를 초과하면 버퍼 오버플로우(Buffer Overflow)가 발생해서 비정상적으로 종료하게 된다.

결론적으로 재귀함수를 사용할 때 반드시 귀납조건을 정의해야 한다. 그래야 되돌아 갈 수 있다.

## 나. 귀납조건을 정의한 재귀함수 사용

그럼, 귀납조건을 추가해서 재귀함수를 호출하는 프로그램을 완성해보자.

**■ 귀납조건 사용**

```c
1: #include <stdio.h>
2: void recursive(int number);
3:
4: void main(void)
5: {
6:     int count=4;
7:     recursive(count);
```

```
8: }
9:
10: void recursive(int number)
11: {
12:   if(number <= 0) return;    // 종료조건이다.
13:   printf("Number 값 %d 이다. \n", number);
14:   recursive(number-1);
15: }
```

**해설**

recursive( )함수는 number-1로 1씩 감소시키면서 자신을 호출한다. 만약 number가 0과 같거나 작으면 return을 실행해서 재귀함수를 종료하게 된다.

■ 재귀함수 호출순서

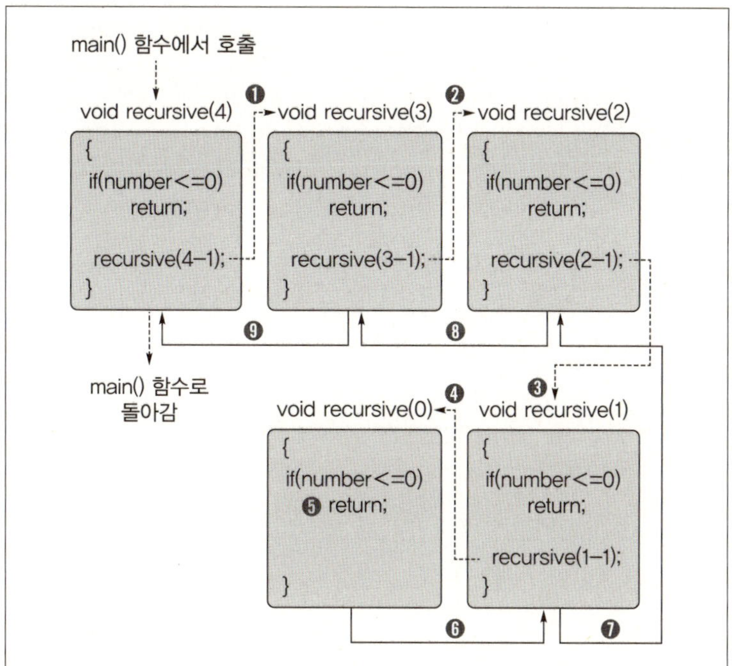


**해설**

• 12행 : 귀납조건으로 number값이 0과 같거나 작으면 재귀함수를 종료된다.

• 14행 : 재귀함수를 호출하며 number의 값을 1씩 감소시키면서 호출한다.

```
Number 값 4 이다.
Number 값 3 이다.
Number 값 2 이다.
Number 값 1 이다.
```

## 다. 재귀함수의 사용

이제 재귀함수를 사용해서 1부터 5까지의 합계를 계산하는 프로그램을 만들어보자.

■ 귀납조건 사용

```c
1: #include <stdio.h>
2: int func(int num, int total);
3:
4: void main(void)
5: {
6:    int total=0;
7:    total=func(1,0);
8:    printf("1부터 5까지의 합은 %d\n", total);
9: }
10:
11: int func(int num, int total)
12: {
13:    total +=num; // 1에서 5까지 합계를 계산
14:    if(num==5)   // 재귀함수 종료조건, 5번 호출되면 합계를 되돌림
15:       return total;
16:    func(num+1,total);   // 자기 자신을 호출, num이 1씩 증가되면서 호출
17: }
```



• 7행 : 1~5의 합계를 계산하기 위해 func( )함수를 호출한다.

• 14 : num이 5와 같으면 재귀함수를 종료된다.

• 16 : func( ) 재귀함수를 호출한다. num값을 1씩 증가시키면서 호출한다. 즉, 1~5의 합계를 계산하기 위한 것이다.

**실행결과**

1부터 5까지의 합은 15이다.

다음의 프로그램이 무엇을 하는 재귀함수인지 분석해보자.

■ 재귀함수 사용

```
f(3, 4)로 호출함

int f(int x, int n)
{
if(n==1) {
    return 1;
}
else {
    return x * f(x, n - 1);
}
}
```

본 프로그램은 x=3, n=4를 넣고 f함수를 호출하여 n==1 이면 종료되는 것이다. 만약 n이 1과 같지 않으면 x * f(x, n − 1)을 호출한다. 즉, 자기 자신을 호출하는 재귀함수이다.

(1) f(3, 4)=3*f(3, 3)와 같다.

(2) f(3, 3)=3*f(3, 2)

(3) f(3, 2)=3*f(3, 1) 이다.

위의 호출 순서를(3)부터 계산 해보면 3, 9, 27로 계산된다. 즉, 본 프로그램은 33을 수행하는 프로그램인 것이다.

## Point 04 | 함수 연습문제

**Q1** 사용자 정의 함수를 만들어서 라인을 그리시오.

> **출력형식**
>
> ------------------------------------------
>
> 선을 그렸습니다.
>
> ------------------------------------------

● 프로그램

```
1: #include <stdio.h>
2: void line(void);
3:
4: void main(void)
5: {
6:   line( );
7:   printf("선을 그렸습니다./n");
8:   line( );
9: }
10:
11: void line(void)
12: {
13:   int i;
14:   for(i=0; i<30; i++)
15:     printf("-");
16:   printf("/n");
17: }
```

**Q2** 정수를 입력받아서 다음과 같이 출력하시오.

| - 출력기능으로 사용자 정의 함수로 만드시오. | |
|---|---|
| **입력형식** | ** |
| 5 | *** |
| **출력형식** | **** |
| * | ***** |

● 프로그램

```c
1: #include <stdio.h>
2: void printstar(int n);
3: void main(void)
4: {
5:     int n=0;
6:     scanf("%d", &n);
7:     printstar(n);
8: }
9:
10: void printstar(int n)
11: {
5:     int i, j;
6:     for(i=1;i<=n;i++)
7:     {
8:         for(j=1;j<=i;j++)
9:         {
10:             printf("*");
11:         }
12:         printf("\n");
13:     }
14: }
```

**Q3** 두 수를 입력받아서 화면에 출력하고 두 수를 바꾸는 함수를 호출하시오.

| 입력형식 | 출력형식 |
| --- | --- |
| 10 20 | 10 20 |
|  | 20 10 |

● 프로그램

```c
1: #include <stdio.h>
2: void swap(int x, int y);
3: void main(void)
4: {
5:     int x=0, y=0;
6:     scanf("%d %d", &x, &y);
7:     printf("입력한 x는 %d이고 y는 %d이나.", x, y);
8:     swap(x, y);
```

```
9: }
10:
11: void swap(int x, int y)
12: {
13:     int temp;
14:     temp=x;
15:     x=y;
16:     y=temp;
17:     printf("swap 함수 결과 x는 %d, y는 %d \n", x, y);
18: }
```

**Q4** ASC II 코드를 출력하는 프로그램을 만드시오.

| - 0이 입력되면 프로그램은 종료된다. | |
| --- | --- |
| **입력형식** | **출력형식** |
| A | A=65 |
| a | a=97 |
| B | B=66 |
| 0 | |

● 프로그램

```
1: #include <stdio.h>
2: void asctable(void);
3: void main(void)
4: {
5:     asctable( );
6: }
7:
8: void asctable(void)
9: {
10:     char ch;
11:
12:     while(1){
13:         scanf("%c", &ch);
14:         if(ch=='0') break;
15:         printf("%c=%d \n", ch, ch);
16:     }
17: }
```

**Q5** f(4)를 호출하면 결과로 무엇이 출력되는가?

```c
int f(int n)
{
if(n <= 0) {
    return 1;
}
else {
    return f(n - 1) + f(n - 3) * 3;
}
}
```

**정답**

22

**해설**

• 본 프로그램도 자기 자신을 호출하는 재귀함수 구조이고 n이 0보다 작으면 재귀함수는 종료된다.

■ 재귀함수 호출

| f(n) | F(n−1)+f(n−3)*3 | 계산 |
| --- | --- | --- |
| f(0) |  | 1 |
| f(1) | 1+1*3 | 4 |
| f(2) | 4+1*3 | 7 |
| f(3) | 7+1*3 | 10 |
| f(4) | 10+4*3 | 22 |

**Q6** 재귀함수를 사용해서 "안녕하세요." 문자를 5번 출력하시오.

| 출력형식 | 안녕하세요. |
| --- | --- |
| 안녕하세요. | 안녕하세요. |
| 안녕하세요. | 안녕하세요. |

● 프로그램

```c
1: #include <stdio.h>
2: void fun(int num);
3: void main(void)
4: {
5:    fun(5);
6: }
7:
```

```
8: void fun(int num)
9: {
10:    printf("안녕하세요. \n");
11:
12:    if(num==1) return;
13:    else fun(x-1);
14: }
```

**Q7** 정수를 입력받고 팩토리얼(Factorial)을 계산하시오.

> - 예를 들어 팩토리얼은 3!=3*2*1 이다.
> - 5!=5*4*3*2*1 이다.

● 프로그램

```
1: #include <stdio.h>
2: int factorial(int n);
3: void main(void)
4: {
5:    int num, result;
6:    printf("팩토리얼을 구할 정수를 입력하세요. ");
7:    scanf("%d", &num);
8:    if(num<=0)
9:    {
10:        printf("0보다 큰 정수를 입력하세요. \n");
11:        return;
12:    }
13:    result=factorial(5);
14:    printf("%d!에 대한 팩토리얼은 %d 이다. \n", num, result);
15: }
16:
17: int factorial(int x)
18: {
19:    if(x==1) return 1;
20:    else x*factorial(x-1);
21: }
```

# 배열과 포인터

C 언어는 대표적인 자료구조인 배열(array)을 제공하여, 동일한 자료형(data type)의 데이터를 하나의 단위로 관리할 수 있다. 또한, 주소(address)를 이용하여 메모리에 직접 접근하고 데이터를 읽거나 수정할 수 있는 포인터(pointer)를 제공하며, 저수준(low level)의 제어가 가능하다.

Cprogramming

# 배열(Array)의 이해와 1차원 배열

## 01 Point 배열의 의미

예제 수준의 간단한 프로그램의 경우, 정수형(int), 문자형(char) 등 C언어에서 제공하는 기본 데이터 타입(data type)을 이용하여 구현할 수 있다. 하지만, 일반적인 프로그램의 경우 여러 개의 변수(variable)를 하나의 자료구조로 묶어서 사용하거나, 여러 개의 데이터 타입(type)을 하나의 복합 자료구조로 정의하여 개발하게 된다.

이와 같이 개발자는 프로그램 요구사항을 분석하여 적절한 자료구조를 정의하고, 이를 이용하여 프로그램의 기능(logic)을 구현한다.

이제, 대표적인 자료구조인 배열(Array)에 대하여 살펴보자.

> **배열(Array)이란?**
>
> 같은 **자료형(data type)의 데이터들을 모아서, 연속적인 메모리 공간에 저장하고 참조하는 자료구조**이다.
> - 배열에 저장된 데이터는 동일한 타입과 크기이며, 연속된 주소공간에 위치한다.
> - 배열에 저장된 데이터를 배열의 요소(element) 혹은 항목이라고 하며, 배열의 이름과 첨자(인덱스, index)를 이용하여 읽거나 쓴다.

총 100명으로 구성된 1학년 학생의 수학점수를 처리하는 기능을 구현한다고 가정해 보자. 만일, 학생들의 점수를 별도의 정수형(int) 변수로 각각 관리하게 된다면, 총 100개의 변수를 선언하고 이용하게 되어 프로그램 코드가 복잡해 지고 데이터 처리 효율도 떨어지게 된다. 수학 점수는 동일한 타입과 크기의 데이터이므로, 이를 배열로 구성하면 동일한 목적의 변수들을 한개의 배열이름과 인덱스로 접근하게 되어, 프로그램의 구조가 간결해지고 데이터 처리 효율도 향상된다.

> **TIP**  지역성(Locality)과 배열(Array)의 관계
>
> 지역성이란, **프로그램이 실행되는 가운데 한 번 참조한 영역 혹은 이웃 영역을 다시 참조할 가능성이 높다라는 특징**을 의미하며, '시간적 지역성'과 '공간적 지역성'으로 구분된다.
>
> (1) 시간적 지역성 : 특정 데이터를 한 번 접근한 경우, 가까운 시간 내에 다시 참조할 가능성이 높다라는 특징
>
> (2) 공간적 지역성 : 특정 데이터를 이용한 경우, 가까운 주소 영역의 데이터를 참조할 가능성이 높다라는 특징
>
> 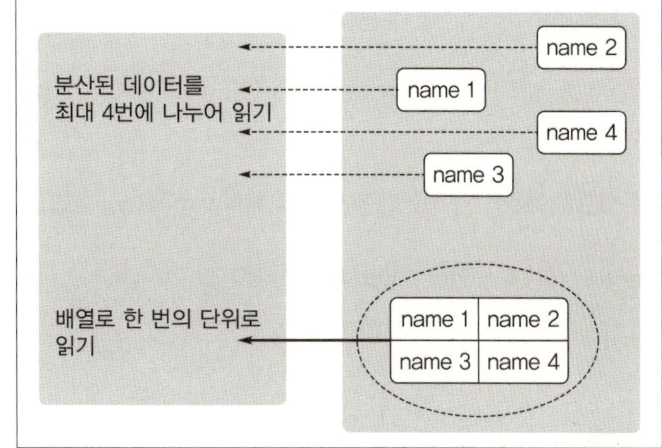
> 
>
> 동일한 목적, 같은 형태의 데이터를 배열로 구성하여 이용하면, 필요한 데이터를 연속된 주소공간에 할당하게 되므로, 지역성의 특징에 따라 프로그램 성능 향상을 기대할 수 있다.
>
> 즉, 데이터를 메인메모리(main memory)에 저장하고 이용할 때, 혹은 성능향상을 위해 CPU가 이용하는 캐시(cache)로 데이터를 가져올 경우, 참조 가능성이 높은 데이터를 함께 적재하여 불필요한 데이터 이동을 줄일 수 있다.

# 02 Point  1차원 배열

1차원 배열은 연속된 항목을 1개의 인덱스로 참조하는 가장 기본적인 형태의 배열로, 배열의 특징과 활용을 이해하는데, 중요하다.

### 가. 1차원 배열의 선언

1차원 배열은 배열을 구성하는 '자료형'과 '배열이름', 그리고 배열 '항목의 개수'를 이용하여 선언한다.

**1차원 배열의 선언 예**

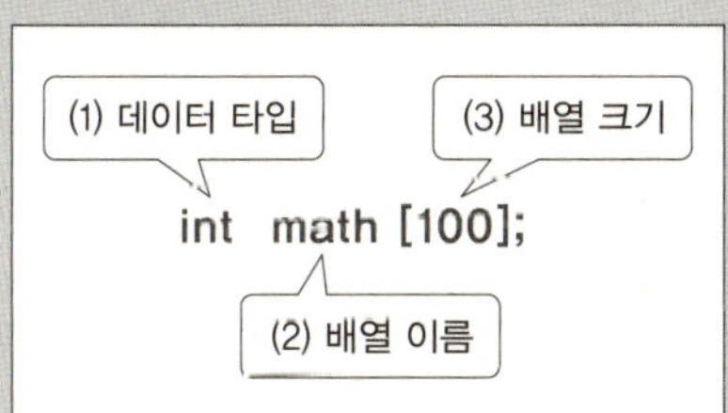


왼쪽 배열 선언을 살펴보면,

(1) int : 저장하는 데이터 타입으로, 정수형 데이터를 이용하겠다는 의미이다.

(2) math : 배열명으로, 저장된 항목은 배열명을 이용하여 참조한다.

(3) [100] : 배열의 크기, 즉 항목의 개수가 100개라는 의미이다.

이와 같은 방식으로 정수(int)형 변수 100개로 구성된 배열을 math라는 이름으로 선언하고 사용하게 된다.

마찬가지로, 문자(char)형 변수 4개로 구성된 배열을, name이라는 이름으로 이용하고 싶은 경우,

```
char name[4];
```

와 같이 선언하면 된다.

이렇게 선언한 배열이 메모리 상에 어떻게 위치하게 되는지 살펴보자.

■ char name[4];로 선언한 배열의 메모리 배치

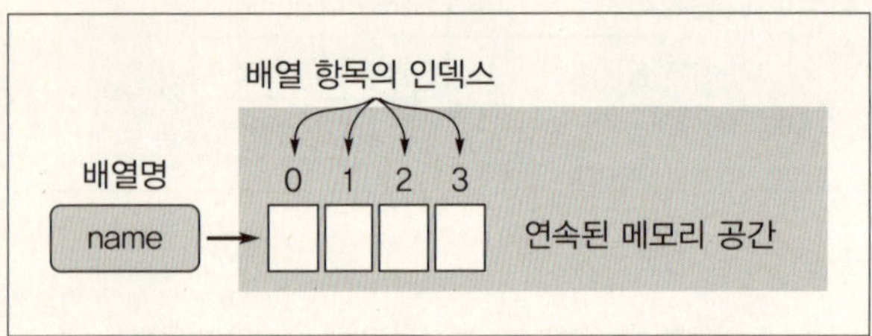


이제, name 배열의 항목은 name[0], name[1]과 같이 배열이름과 인덱스로 접근하여 이용할 수 있다.

---

**TIP** **배열을 선언하는 또 다른 방식**

새로운 C 표준을 지원하는 몇몇 컴파일러는 **변수에 저장된 값을 이용하여 배열의 크기를 결정**할 수 있다.

```
int main(void)
{
    ...
    int nArrayLen=10;
    int arrayMath[nArrayLen];
    // 10으로 결정된 변수 nArrayLen을 이용하여, 배열 arrayMath의 크기 결정
    ...
}
```

- 배열의 크기를 프로그램 내에서 동적으로 결정할 수 있다는 장점도 있으나, 이러한 문법을 지원하지 않는 컴파일도 다수 존재하므로, 이러한 배열 선언은 권장하지 않으며, 배열의 크기는 상수로 지정하여 이용하도록 한다.

## 나. 1차원 배열의 초기화

배열을 선언한 후 다양한 방법으로 초기화 할 수 있으며, 선언과 초기화를 함께 수행할 수 있다.

```
int math[10];
```

으로 선언한 배열의 항목을 0으로 초기화하는 방법을 각각 살펴보자.

### ■ 배열의 항목을 각각 초기화 하는 방법

```
int main(void)
{
        ...
        int math[10];
        for(int i=0; i<10; i++)
        {
                math[i]=0;
        }
        ...
}
```

위 예제는 첨자(index)를 이용하여, 배열의 각 항목에 접근하고 값 '0'을 대입하여 초기화하는 코드로, 가장 먼저 생각할 수 있는 방법이다. 첨자를 이용한 배열 항목 접근 방법은 '1차원 배열의 항목 접근'에서 다시 설명한다.

### ■ 배열 전체의 메모리 영역을 특정 값 '0'으로 초기화 하는 방법

```
#include <string.h>

int main(void)
{
    ...
    int math[10];
    memset(math, 0x00, sizeof(math));
    ...
}
```

배열을 구성하는 배열항목은 연속된 메모리 영역에 저장되므로, 배열의 첫 항목부터 마지막 항목까지의 메모리 영역을 특정 값으로 설정하는 방법이다. 배열과 주소와의 관계는 이후 챕터에서 다시 설명한다.

**■ 배열의 선언과 함께 특정 값으로 초기화 하는 방법**

```
int main(void)
{
        ...
        int math[10]={0, 0, 0, 0, 0, 0, 0, 0, 0, 0};
        ...
}
```

배열의 선언과 함께 배열 항목 수만큼의 초기값을 지정하는 방식으로, 선언과 함께 특정 값으로 초기화 하는 가장 효과적인 방법이다.

**■ 초기값 0을 생략하는 방식으로 초기화**

```
int main(void)
{
        ...
        int math[10]={0, };
        ...
}
```

**배열의 선언과 함께 초기화 할 경우, 위와 같은 방식을 이용하여 특정 위치 이후의 항목을 0으로 초기화** 할 수 있다.

만일, 배열의 0, 1, 2 번째 항목을 각각 0, 1, 2로 초기화 하고, 이후의 값은 0으로 설정하고 싶을 경우

```
int math[10]={0, 1, 2, };
```



와 같이 이용할 수 있다.

> **TIP**  배열의 크기를 생략한 후, 초기화 하기
>
> 배열의 크기를 생략한 후 항목을 초기화하면, 컴파일러가 배열의 크기를 자동으로 계산하여 설정한다.
>
> ```c
> int main(void)
> {
>         ...
>         int math[]={0, 1, 2, 3, 4};
>         // 초기값으로 0~4까지 5개가 지정 되었으므로, math 배열의 크기는 5로
>         // 자동 설정된다.
>         ...
> }
> ```
>
> - 프로그램을 작성하다 보면, 기능의 동작뿐 아니라 가독성, 이해성도 중요하게 된다. 위와 같은 코드는 배열의 크기를 직관적으로 파악하기 어려우므로, 문자열 배열 정의 등 필요한 경우에 한정하여 사용하길 권장한다.

## 다. 1차원 배열의 항목 접근

1차원 배열의 항목에 접근하기 위하여, 아래 내용을 주의해서 이용한다.

> **1차원 배열의 항목 접근**
> - **배열의 항목 위치를 지정하는 첨자(index)는 0에서 시작**한다.
> - 배열의 항목은 순차적으로 접근한다.
> - 배열의 첨자는 배열의 크기보다 작아야 한다.

### ■ 첨자를 이용한 배열 항목 접근

```c
int math[4]={1, 2, 3, 4};
```
와 같이 총 4개의 항목을 갖는 1차원 배열을 선언한 경우,

- 첫 번째 항목은 math[0] 으로 참조한다.
- 이후 각 항목은 math[1], math[2], math[3]과 같이 순차적으로 접근한다.
- 만일, math[4]와 같이 접근하면, 인덱스 0을 기준으로 5 번째 항목을 참조하는 것으로, 배열의 크기를 초과하여 오류가 발생한다.
- 이렇게 배열의 크기를 초과하는 인덱스를 이용하여도 컴파일 시 오류가 발생하지 않을 뿐 아니라 프로그램 실행 환경에 따라 문제의 양상도 달라진다. 따라서 발견하기 어려운 문제가 될 수 있으니, 각별히 주의해야 한다.

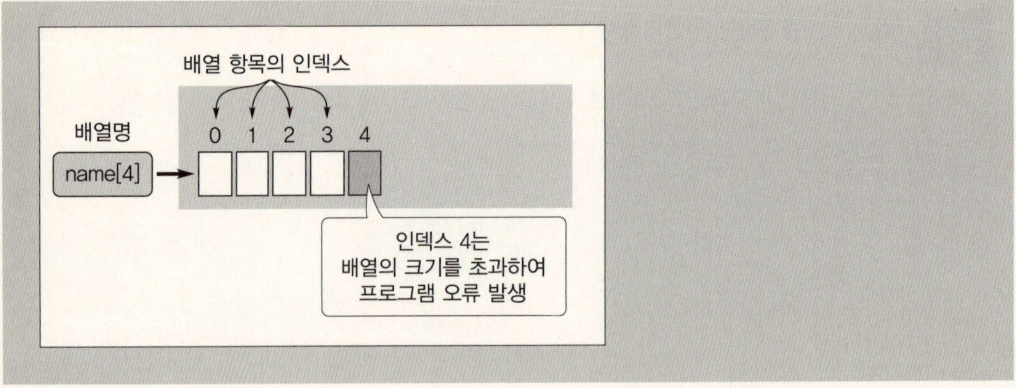



## 03 Point  1차원 배열의 활용

### 가. 1차원 배열과 문자열

1차원 배열을 이용하여, 문자열을 저장하고 문자열에 포함된 개별 문자를 수정할 수 있다. 문자열의 주요 특징과 1차원 배열과의 관계를 살펴보자.

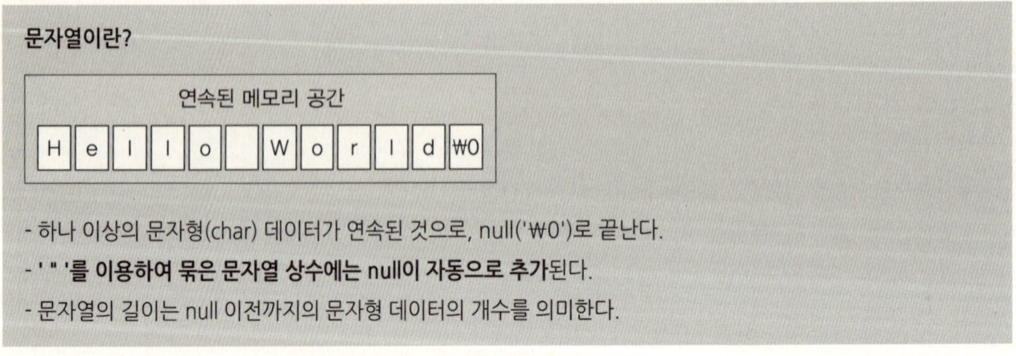



- 하나 이상의 문자형(char) 데이터가 연속된 것으로, null('₩0')로 끝난다.
- **' " '를 이용하여 묶은 문자열 상수에는 null이 자동으로 추가**된다.
- 문자열의 길이는 null 이전까지의 문자형 데이터의 개수를 의미한다.

C언어에서 문자열이란 하나 이상의 문자(char)들이 연속된 것으로, 동일한 자료형인 문자(char) 변수를 연속적인 메모리에 할당한 자료구조인 1차원 배열로 표시할 수 있다. 문자열을 정의하거나 사용할 경우, 대상 문자열을 담을 수 있는 충분한 크기의 배열을 선언하여야 한다.

### ■ 문자열과 1차원 배열의 관계

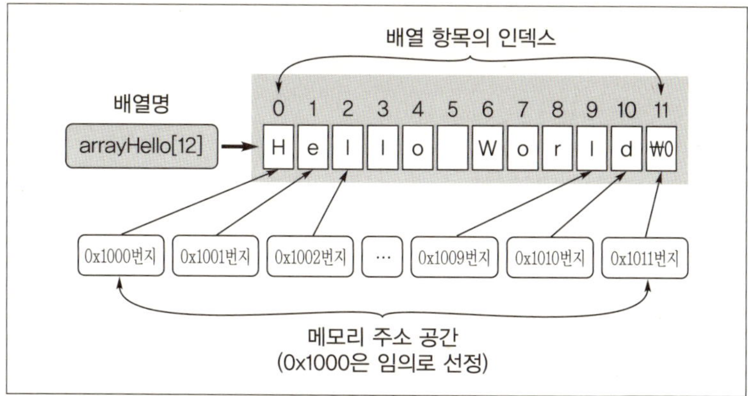


1차원 배열을 문자들로 초기화 하고, 배열의 index를 이용하여 항목(문자)를 변경할 수 있으며, printf( ) 와 같은 함수로 출력할 수 있다.

### ■ 1차원 배열을 이용한 문자열 이용

```
 1: #include <stdio.h>
 2:
 3: int main(void)
 4: {
 5:   // 1차원 배열을 문자들로 초기화 한다.
 6:   char arrayHello[10]={ 'H', 'e', 'l', 'l', 'o', '\0', };
 7:
 8:   // 배열의 정보와 저장한 문자열을 출력한다.
 9:   printf("Size [%d], String [%s]\n", sizeof(arrayHello), arrayHello);
10:
11:   // 배열의 1, 2, 3, 4 번째 항목을 수정하여, 대문자로 만든다.
12:   arrayHello[1]='E';
13:   arrayHello[2]='L';
14:   arrayHello[3]='L';
15:   arrayHello[4]='O';
16:
17:   // 배열의 정보와 수정한 문자열을 출력한다.
18:   printf("Size [%d], String [%s]\n", sizeof(arrayHello), arrayHello);
19:
20:   return 0;
21: }
```

---

**해설**

- 6행 : arrayHello배열을 선언하면서, Hello 문자열의 각 문자들을 이용하여 초기화 한다.
- 12~15행 : 소문자가 저장된 배열항목의 인덱스 1, 2, 3, 4를 이용하여, 대문자 'ELLO'로 변경한다.

**실행결과**

```
Size [10], String [Hello]
Size [10], String [HELLO]
```

> **TIP** 'Visual Studio 2015의 안전한 함수 사용' 점검으로 컴파일 오류가 발생할 경우, '부록 (Appendix) 03'을 참고하여 해결한다.
>
> Visual Studio 2015를 이용하여, 코딩(coding) 연습을 하거나 예제를 컴파일 하는 경우, SDL(Security Development Lifecycle)관련 옵션으로 인하여, scanf( ) 등 C의 기본 함수에서 컴파일 오류가 발생할 수 있다.
>
> 이 경우 '부록(Appendix) 03 Visual Studio 2015의 SDL과 안전한 함수이용'을 참고하여 해결할 수 있다. 자세한 내용은 부록에서 설명한다.

> **TIP** 배열명을 이용하여 문자열을 출력할 수 있다.
>
> 위 예제를 보면, printf( )함수에서 배열명(arrayHello)을 이용하여 문자열을 출력한다. 이처럼, **문자열을 저장하고 있는 배열의 배열명을 문자열 포인터로 이용할 수 있다.** 포인터란 특정 메모리 주소를 가리키는 데 사용하는 것으로, 보다 자세한 내용은 다음 챕터에서 설명한다.

> **TIP** 널(null) 값
>
> 문자열에서 널(null)은 문자열의 마지막(종료)를 의미하는 것으로, 공백(blank 혹은 space)과 구분된다. 일반적으로 배열을 이용하여 문자열을 다룰 경우, 문자열의 마지막 위치에 null을 추가하는 것은 프로그래머의 책임으로 주의해야 한다.
>
> - null 문자는 '₩0' 으로 표시하며, 실제 값은 0x00(0)이 된다.
> - null 없이 문자들 만으로 구성된 배열은 '문자배열'이라고 한다.
>
> **[소스코드] null 문자 테스트**
>
> ```c
> 1: #include <stdio.h>
> 2:
> 3: int main(void)
> 4: {
> ```

```
 5:        char cBlank=' ';
 6:        char cNull='\0';
 7:
 8:        // 1차원 배열에 문자열을 추가하려 하였으나, null로 끝나지 않았다.
 9:        char badString[5]={ 'H', 'e', 'l', 'l', 'o' };
10:
11:        // 공백문자의 아스키 값은 32이다.
12:        printf("Blank [%d : %c], Null [%d : %c]\n", cBlank, cBlank, cNull, cNull);
13:
14:        // 실행 시 오류가 발생할 수 있다.
15:        printf("Bad String: %s\n", badString);
16:
17:  return 0;
18: }
```

**해설**

- 9행 : Hello 문자열을 각 문자로 초기화 할 때, null(\0)이 마지막에 추가되어야 하는데, 이를 누락하였다.
- 15행 : 배열명을 이용하여 문자열을 출력하려 하였으나, null로 종료되지 않은 잘못된 문자열이므로, 문제가 발생한다.

**실행결과**



## 나. main( )함수의 문자열 인자로 1차원 배열 이용

표준 입출력(standard input & output)을 이용하는 C 프로그램은 프로그램 실행 인자로 문자열을 이용할 수 있다. 이때 프로그램 **실행인자는 C언어의 시작 함수인 main ( )함수의 인자(parameter)로 전달**된다.

### ■ main( )함수의 인자 이용하기

```
 1: #include <stdio.h>
 2:
 3: int main(int argc, char *argv[])
 4: {
 5:   switch(argc)
 6:   {
 7:   case 1:
 8:         printf("argc: %d, program[%s]\n", argc, argv[0]);
 9:         break;
10:   case 2:
11:         printf("argc: %d, string: %s\n", argc, argv[1]);
12:         break;
13:   case 3:
14:         printf("argc: %d, string: %s %s\n", argc, argv[1], argv[2]);
15:         break;
16:   default:
17:         printf("Usage: program <string1> <string2>\n");
18:   }
19:   return 0;
19: }
```

**해설**

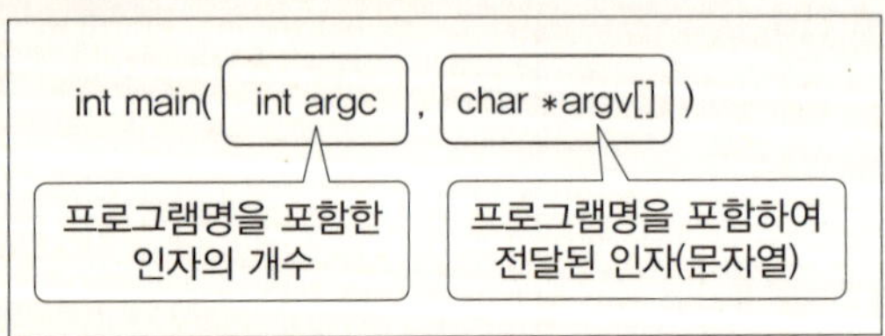



- main( )함수의 파라메터로 전달되는 argc에는 프로그램명을 포함한 전체 인자의 개수가 담겨온다. 따라서, argc는 항상 1보다 크거나 같다.

- main( )함수의 파라메터로 전달되는 argv에는 프로그램명을 포함하여 전달된 인자(문자열)이 담겨온다. **각 문자열은 argv배열의 인덱스를 이용하여 참조할 수 있으며, 사용할 수 있는 배열의 인덱스는 argc값보다 작다.**

main( )함수의 파라메터로 'int argc, char* argv[]'를 이용하는 것은 선택사항이다. 즉, 아래와 같은 모든 형식이 가능하며, 프로그램 목적에 따라 선택할 수 있다.

- void main( ), void main(void) : 명령행 인자도 없고, 리턴값도 없다.

- int main( ), int main(void) : 명령행 인자는 없으나, 정수형을 리턴한다.

- int main(int argc, char *argv[]) : 명령행 인자를 이용하며, 정수형을 리턴한다.

참고로, 'char *argv[]'는 문자열 포인터를 항목으로 하는 배열을 의미하며, 세부 내용은 이후 챕터에서 설명한다.

실행결과

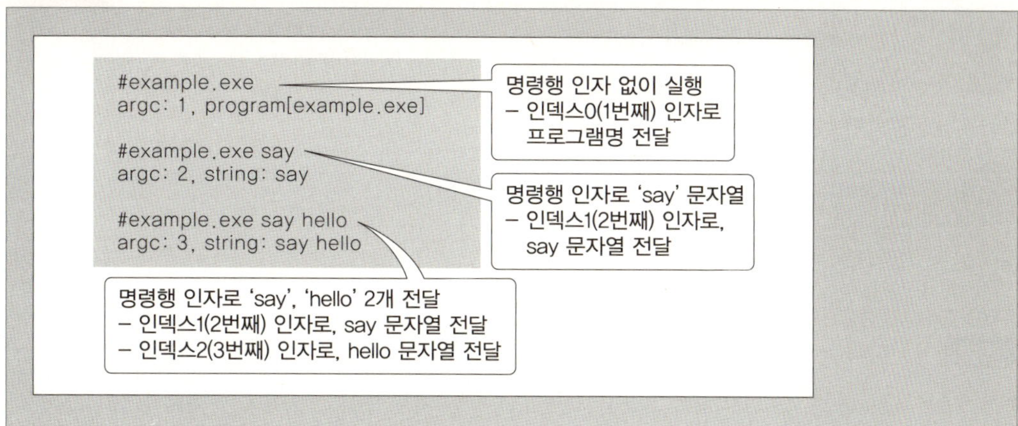


---

**TIP** 공백을 포함한 문자열을 명령행 인자로 전달하기

앞의 예제를 보면, 프로그램의 파라메터는 공백(space)으로 구분되어 전달된다. 따라서, '공백을 포함한 문자열을 인자로 전달하는 방법'이 필요하며, 이때 ' " '를 이용하여 문자열을 묶어서 전달하면 된다.



## 다. 1차원 배열을 이용한 문자열 입출력

scanf( )와 printf( )를 이용한 문자열 입출력 예제를 살펴보자

■ 1차원 배열을 이용한 문자열 입출력

```
1: #include <stdio.h>
2:
3: void main(void)
4: {
5:   // null을 포함하여 최대길이 100의 문자열 입력을 준비한다.
6:   char strBuffer[100]={ 0, };
```

```
 7:
 8:    // 화면 입력에서 문자열을 입력 받는다.
 9:    printf("Input string: ");
10:    scanf("%s", strBuffer);
11:
12:    printf("Your string: %s", strBuffer);
13: }
```

**해설**

- 9~10행 : printf( )를 이용하여, 'Input string: ' 메시지를 보이고, 사용자 문자열 1개를 입력받아 strBuffer배열에 저장한다.

**실행결과**

```
Input string: Hello!
Your string: Hello!
```
- scanf( )로 문자열(상수)가 입력되었기에, 배열에도 null이 추가되어 정상적으로 출력되었다.

위 예제는 scanf( )함수를 이용하여 1개의 문자열을 입력받고 있으며, 이때 인자로 배열명을 이용하고 있다.

그런데, scanf( )를 이용하여 정수형 변수를 입력받는 이전 예제를 기억해 보면,

```
int number;
scanf("%d", &number);
printf("사용자가 입력한 값은 %d 이다.\n", number);
```

위와 같이 &를 변수 앞에 사용하였었는데, 문자열의 경우 & 없이 배열명만을 이용하고 있다. 이는 주소값(address) 지정과 관련있는 것으로, scanf( )함수는 입력받은 값을 저장하기 위하여 변수의 메모리 주소를 이용하게 되는데, 배열명이 주소값을 대신하고 있다.

배열과 주소(pointer)의 관계, & 연산자 등에 대한 이해가 중요하므로, 다음 챕터에서 보다 자세히 살펴보기로 한다.

## Point 04 1차원 배열 연습문제

**Q1** 정수형 값 3개를 입력받아 배열에 저장하고, 합계와 평균을 출력하시오.(단, 평균은 소수점 1자리까지만 표시함)

### 정답

[소스코드]

```
 1: #include <stdio.h>
 2:
 3: void main(void)
 4: {
 5:   int arrayVar[3]={ 0, };
 6:
 7:   // 공백으로 구분된 3개의 정수를 입력받아, 배열에 저장
 8:   printf("Input 3 numbers: ");
 9:   scanf("%d %d %d", &arrayVar[0], &arrayVar[1], &arrayVar[2]);
10:
11:   int sum=0;
12:   float ave=0;
13:
14:   // 배열 항목의 합계 계산
15:   for(int i=0; i < 3; i++)
16:   {
17:         sum += arrayVar[i];
18:   }
19:
20:   // 참고: (float)로 타입 변경을 하지 않아도 동작에 문제는 없으나,
21:   //       불필요한 경고(warning)을 제거하기 위해 명시적으로 타입을 변경함
22:   ave=(float)(sum / 3);
23:
24:   printf("Result: sum [%d], ave[%.1f]\n", sum, ave);
25: }
```

[실행결과]

```
Input 3 numbers: 10 25 33
Result: sum [68], ave[22.0]
```

### 해설

- 5행 : 3개의 정수를 입력받기 위한 int형 배열을 선언한다.
- 8~9행 : 3개의 정수를 공백으로 구분하여 입력 받는다.
- 15~22행 : 배열의 첨자(인덱스)를 이용하여 전체 배열항목의 합과 평균을 계산한다.

**Q2** 1~10까지의 정수를 항목으로 갖는 1차원 배열을 선언하고, 선언한 배열의 크기(size)와 항목의 개수를 구하시오.(배열 항목의 개수는 '배열의 크기 / 항목1개의 크기'로 계산할 수 있다는 특징을 이용한다.)

**정답**

**[소스코드]**

```
1: #include <stdio.h>
2:
3: void main(void)
4: {
5:   int arrayVar[10]={ 1, 2, 3, 4, 5, 6, 7, 8, 9, 10 };
6:
7:   printf("size of array: [%d]\n", sizeof(arrayVar));
8:   printf("count of elements: [%d]\n", sizeof(arrayVar) / sizeof(int));
9: }
```

**[실행결과]**

```
size of array: [40]
count of elements: [10]
```

**해설**

• 5행 : 10개의 정수형 항목을 갖는 1차원 배열을, 상수값들로 초기화 한다.

• 7~8행 : 배열의 항목 개수는(배열의 크기 / 항목 자료형의 크기)로 구할 수 있다. 따라서, 결과로 10이 출력되는 것을 확인할 수 있다.

**Q3** 문자열 1차원 배열을 선언과 함께 "HelloC"로 초기화 하시오. 선언한 배열의 크기(size)와 문자열의 길이를 출력하시오.(단, '문자열은 null로 끝난다.'라는 특징을 이용하여 문자열의 길이를 직접 계산한다.)

**정답**

**[소스코드]**

```
1: #include <stdio.h>
2:
3: void main(void)
4: {
5:   char arrayString[]={'H','e', 'l', 'l', 'o', 'C', '\0'};
6:
7:   printf("size of arrayString: [%d]\n", sizeof(arrayString));
```

```
 8:    printf("count of elements: [%d]\n", sizeof(arrayString) / sizeof(char) - 1);
 9:
10:    int nSize=0;
11:    for(int i=0; i < sizeof(arrayString) / sizeof(char); i++)
12:    {
13:            if('\0' != arrayString[i])
14:                    nSize++;
15:            else
16:                    break;
17:    }
18:    printf("count of elements: [%d]\n", nSize);
19: }
```

**[실행결과]**

```
size of arrayString: [9]
count of elements: [8]
count of elements: [8]
```

**해설**

- 5행 : 문자열 배열 arrayString을 문자값(character)들을 이용하여 초기화 한다. 이와 같이 문자열로 배열을 초기화할 경우, 배열항목의 개수(배열크기)를 생략하는 것이 편리하다.

- 7~8행 : 문자열로 초기화 했으므로, arrayString에는 null('₩0')을 포함한 문자들이 각각 저장되어 있다. 따라서, (배열의 크기 / 항목 자료형의 크기) − 1 은 문자열의 길이가 된다.(참고 : 문자열의 길이는 null을 제외한 문자의 개수이다.)

- 10~18행 : 배열의 각 항목을 첨자(인덱스)로 접근하며, null이 아닌 문자의 개수를 계산한다. 단, null을 만나면 문자열이 종료된 것이므로 for 루프를 탈출한다.

 **Q4** 프로그램의 인자로 문자열 1개를 입력받아 이를 1차원 배열에 저장하고 출력하시오.(단, 입력받는 문자열의 길이는 최대 10자를 초과하지 않는다고 가정하며, strcpy( )와 같은 문자열 관련 함수를 이용하지 않는다.)

**정답**

**[소스코드]**

```
1: #include <stdio.h>
2:
3: #define MAX_STRING_LEN 10
4:
5: int main(int argc, char *argv[])
```

```
 6: {
 7:   if(argc < 2)
 8:   {
 9:           printf("문자열을 인자로 사용해 주세요.\n");
10:           return -1;
11:   }
12:
13:   // 최대 10자의 문자열을 저장하기 위한 배열 선언
14:   char arrayString[MAX_STRING_LEN+1]={ 0, };
15:
16:   for(int i=0; i < MAX_STRING_LEN + 1; i++)
17:   {
18:           // 만일 argv[1][i]가 null 이면 문자열이 끝났음을 의미한다.
19:           if('0' != argv[1][i])
20:           {
21:                   arrayString[i]=argv[1][i];   // 한 문자씩 대입
22:           }
23:           else
24:           {
25:                   arrayString[i]='\0';  // 문자열을 끝내기 위해 null 저장
26:                   break;
27:           }
28:   }
29:
30:   printf("arrayString: %s\n", arrayString);
31:
32:   return 0;
33: }
```

**[실행결과]**

```
program.exe "Hello!"
arrayString: Hello!
```

**해설**

- 3행 : '#define MAX_STRING_LEN 10' 은 소스코드의 MAX_STRING_LEN을 10으로 대체하여 컴파일한다는 의미이다. 보다 자세한 내용은 Part 07 에서 살펴보기로 하며, 여기서는 의미정도만 파악하기로 한다.

- 7-11행 : argc가 1보다 작거나 같으면 명령행 파라메터가 없는 것으로 오류를 출력하고 프로그램을 종료된다.(참고, 보통 오류가 발생하면 main( )함수는 음수값을 반환하여 오류가 발생했음을 알리도록 구성하고, 반환값과 의미를 문서로 작성하여 다른 개발자와 공유하게 된다.)

- 14행 : 최대 10자의 문자열을 저장할 것이므로, null을 고려하여 10+1 크기의 문자 배열을 선언한다. 참고로, C의 문자열을 복사하는 함수를 위와 같은 내용을 기반으로 하여 직접 작성할 수 있다.

**Q5** 사용자로부터 공백을 포함하는 문자열을 1개 입력받아, 문자열의 길을 계산 하여 출력하시오.(단, 입력받는 문자열의 길이는 최대 100자를 초과하지 않는다고 가정함)

**정답**

**[소스코드]**

```c
 1: #include <stdio.h>
 2:
 3: #define MAX_STRING_LEN 100
 4:
 5: void main(void)
 6: {
 7:   char arrayString[MAX_STRING_LEN + 1]={ 0, };
 8:
 9:   // '\n'을 만날 때까지 최대 100자의 문자열을 입력받음.
10:   printf("Input string: ");
11:   scanf("%100[^\n]s", arrayString);
12:
13:   int nSize=0;
14:   for(int i=0; i < MAX_STRING_LEN + 1; i++)
15:   {
16:           if('\0' != arrayString[i])
17:                   nSize++;
18:           else
19:                   break;
20:   }
21:
22:   printf("Length: [%d]\n", nSize);
23: }
```

**[실행결과]**

```
Input string: Hello my world!
Length: [15]
```

**해설**

- 7행 : 최대 100자의 문자열을 저장할 것이므로, null을 고려하여 100+1 크기의 문자 배열을 선언한다. (MAX_STRING_LEN의 값을 100으로 define 하였다.)

- 10~11행 : 최대 100자의 문자열을 입력받는다. 일반적으로 scanf( )함수는 공백을 입력받지 않는다. 이를 개선하기 위해 별도의 형식인자로 "%100[^₩n]s"를 이용하여, 최대 100자의 문자를 입력받되, '₩n'을 만나면 그만두도록 지정한다. 따라서, 공백문자도 문자열에 포함하여 입력받을 수 있다.

- 14~20행 : '₩0' 문자열을 만날 때까지 배열의 점사(인덱스)를 증가시키며 문자수를 계산한다.

**Q6** 사용자로부터 문자열을 입력받아, 역순으로 저장하고 출력하시오.(단, 입력받는 문자열의 길이는 최대 10자를 초과하지 않는다고 가정함)

**정답**

**[소스코드]**

```c
 1: #include <stdio.h>
 2:
 3: #define MAX_STRING_LEN 10
 4:
 5: void main(void)
 6: {
 7:    char arrayString[MAX_STRING_LEN + 1]={ 0, };
 8:    char arrayStringCopy[MAX_STRING_LEN + 1]={ 0, };
 9:
10:    // 사용자로부터 문자열을 입력받는다.
11:    printf("Input string: ");
12:    scanf("%s", arrayString);
13:
14:    // 입력받은 문자열의 길이를 구한다.
15:    int nSize=0;
16:    for(int i=0; i < MAX_STRING_LEN + 1; i++)
17:    {
18:          if('\0' != arrayString[i])
19:                nSize++;
20:          else
21:                break;
22:    }
23:
24:    // 새로운 배열을 입력받은 문자배열의 마지막 항목부터 채운다.
25:    int index=nSize - 1;
26:    for(int i=0; i < nSize; i++)
27:    {
28:          arrayStringCopy[i]=arrayString[index];
29:          index--;
30:    }
31:    arrayStringCopy[nSize]='\0';            // 안전하게 null 문자 추가
32:
33:    printf("Inverse string: %s\n", arrayStringCopy);
34: }
```

**[실행결과]**

```
Input string: HiWorld
Inverse string: dlroWiH
```

- 7~8행 : 입력문자의 길이를 고려하여 2개의 배열을 선언한다.(null을 포함하여 11개 문자저장)
- 15~22행 : 입력받은 문자열을 첨자(인덱스)로 접근하여, null 이전까지의 문자 개수를 구한다.(즉, 문자열의 길이를 구한다.)
- 25~30행 : 입력받은 문자열의 마지막 항목부터 처음 항목 순서로, 문자를 새로운 배열에 저장한다.
- 31행 : 새로운 배열은 이미 전체를 0(null)으로 초기화 하였으나, 확실히 null로 종료되는 문자열로 만들기 위하여 마지막 문자 뒤에 null('₩0') 문자를 추가한다.

**Q7** 사용자로부터 문자열 2개를 입력받아 1차원 배열에 각각 저장하고, 이를 1개의 1차원 배열에 연결하여 저장한 후 출력하시오.(단, 입력받는 문자열의 길이는 각각 최대 10자를 초과하지 않는다고 가정함)

**정답**

**[소스코드]**

```
 1: #include <stdio.h>
 2:
 3: #define MAX_STRING_LEN 10
 4:
 5: void main(void)
 6: {
 7:   char arrayString_1[MAX_STRING_LEN + 1]={ 0, };
 8:   char arrayString_2[MAX_STRING_LEN + 1]={ 0, };
 9:
10:   char arrayString_result[MAX_STRING_LEN * 2 + 1]={ 0, };
11:
12:   // 2개의 문자열을 입력받아 각각 저장한다.
13:   printf("Input two string: ");
14:   scanf("%s %s", arrayString_1, arrayString_2);
15:
16:   // 첫 번째 배열을 result 배열에 항목별로 저장한다.
17:   int index=0;
18:   for(int i=0; i < MAX_STRING_LEN; i++)
19:   {
20:           if('\0' != arrayString_1[i])
21:           {
22:                   // 항목을 대입하고, arrayString_result의 인덱스를 증가한다.
23:                   arrayString_result[index]=arrayString_1[i];
24:                   index++;
25:           }
26:           else
```

```
27:         {
28:                 break;
29:         }
30:    }
31:
32:    // 두 번째 배열을 result 배열에 항목별로 계속 저장한다.
33:    for(int i=0; i < MAX_STRING_LEN; i++)
34:    {
35:         if('\0' != arrayString_2[i])
36:         {
37:                 // 항목을 대입하고, arrayString_result의 인덱스를 증가한다.
38:                 arrayString_result[index]=arrayString_2[i];
39:                 index++;
40:         }
41:         else
42:         {
43:                 break;
44:         }
45:    }
46:
47:    //최종 결과를 출력한다.
48:    printf("%s + %s -> %s\n", arrayString_1, arrayString_2, arrayString_result);
49: }
```

**[실행결과]**

```
Input two string: Hello World!
Hello + World! -> HelloWorld!
```

**해설**

- 7~8행 : 최대 10자의 문자열을 입력받기 위해, null을 고려하여 10+1 크기의 배열을 선언한다.
- 10행 : 2개의 문자열을 연결하여 저장하기 위해, null을 고려하여 10*2+1 크기의 배열을 선언한다.
- 17~30행 : 첫 번째 배열을 복사해 넣는다.
- 33~45행 : 두 번째 배열을 연이어 복사해 넣는다.

# 포인터(Pointer)의 이해

## 01 / Point 포인터의 개념

### 가. 포인터란 무엇인가?

프로그램이 실행되기 위하여, 명령코드와 명령코드가 처리하는 데이터들이 메모리(memory)에 적재되고, 각각의 위치를 식별할 수 있는 값으로 참조할 수 있어야 한다. 이때 **메모리 위치를 참조하기 위해 사용하는 값을 주소(address)**라 한다.

■ 메모리와 주소의 관계

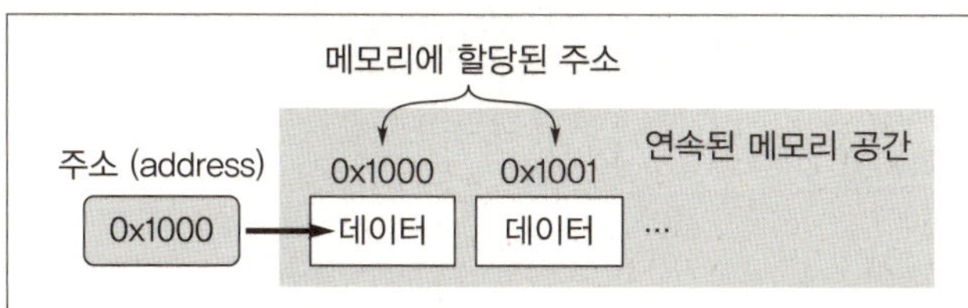


– 메모리 주소를 따라가면, 해당 주소에 저장된 데이터를 이용할 수 있다.

C언어의 장점으로 저수준 제어(low level control)가 가능하다는 특징이 있는데, 대표적으로 메모리 주소에 접근하여 해당 주소를 갖는 메모리영역에 값을 저장하거나, 저장된 값을 참조할 수 있다. 이때 사용하는 것이 포인터(pointer)이며, 프로그래머는 특정 메모리 주소를 포인터 변수에 저장하고, 포인터 변수를 이용하여 관련 메모리에서 값을 읽거나 쓸 수 있다.

**포인터(pointer)란?**

메모리 주소값을 저장하고, **메모리에 저장된 데이터를 참조하기 위해 사용하는 변수(일반 의미의 포인터) 혹은 메모리 주소를 가리키는 상수(포인터 상수)를 의미**한다.

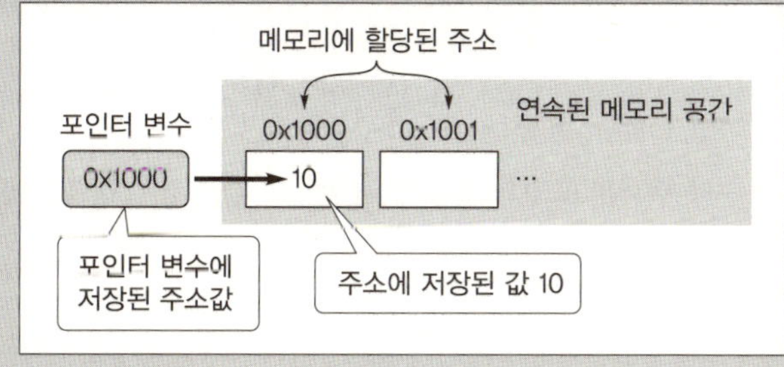


포인터 변수에 저장된 메모리 주소값인 0x1000을 이용하여, 해당 메모리 주소에 저장된 데이터 10을 이용할 수 있다. 이때 저장하거나 참조할 데이터 타입에 따라 포인터 변수이 타입이 결정된다.

## 나. 포인터 변수의 선언과 참조

포인터 변수는 선언한 타입에 따라 참조할 수 있는 데이터의 종류와 접근하는 메모리 공간의 크기가 다르다.

먼저, 일반적인 포인터 변수의 선언 방법과 메모리 참조 연산자를 살펴보자.

**포인터변수의 선언**

포인터는 데이터 형식과 간접연산자인 '*'을 이용하여 선언한다.

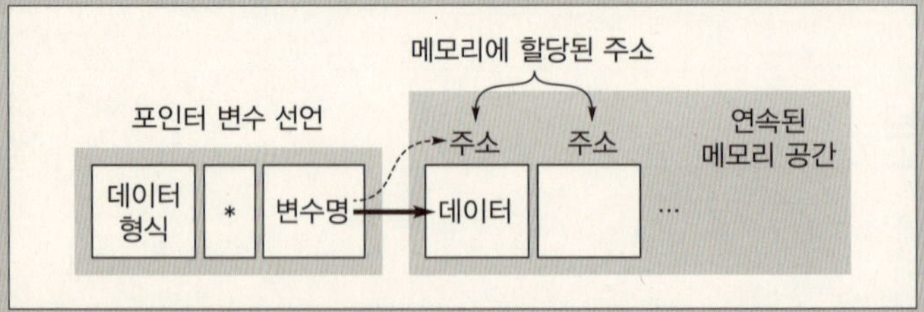


포인터 변수 선언 과정을 좀더 세부적으로 나누어 보면,

(1) 변수 이름 결정 :                                              pVar;

(2) 변수에 저장할 데이터 형식 지정 :                     type  pVar;

   (여기까지는 일반 변수 선언과 동일하다.)

(3) 변수명 앞에 주소를 의미하는 간접 연산자 '*' 추가 :  type * pVar; 가 된다.

이를 이용하여 정수형(int) 포인터 변수를 선언하면,

```
int * pVar;
```

로 이용할 수 있다.

 **int* pVar, int * pVar, int *pVar는 모두 같은 의미**

포인터 변수를 선언할 때, 간접 연산자 '*'의 위치는 어떻게 해도 상관없다. 즉, 아래 3개의 의미는 완전히 동일하다.

```
int* pVar;     // '*'를 데이터 형식 (자료형)에 붙여 표시
int * pVar;    // '*'를 공백으로 구분하여 표시
int *pVar;     // '*'를 변수명 앞에 붙여 표시
```

이와 반대로, 특정 타입의 **데이터가 저장된 변수의 주소를 포인터 변수에 저장하고 싶을 경우 참조 연산자인 '&'를 이용**한다.

> **참조연산자 '&'를 이용한 주소 참조**
>
> 데이터가 저장된 변수 이름에 참조 연산자 '&'을 이용하면, 변수의 주소 즉, 데이터가 저장된 메모리의 주소를 참조하고 포인터 변수에 저장할 수 있다.
>
> 이때 사용하는 포인터의 타입은 변수에 저장된 데이터 타입 즉, 변수의 자료형이 된다.

만일,

```
int nValue=10;
int * pVar=&nValue;
```

와 같이 구현하였다면, 정수형 변수인 nValue의 실제 메모리 주소값을 정수형 포인터인 pVar에 저장하게 된다.

이를 그림으로 살펴보면, 아래와 같다.

■ **변수의 주소와 포인터 변수의 관계**

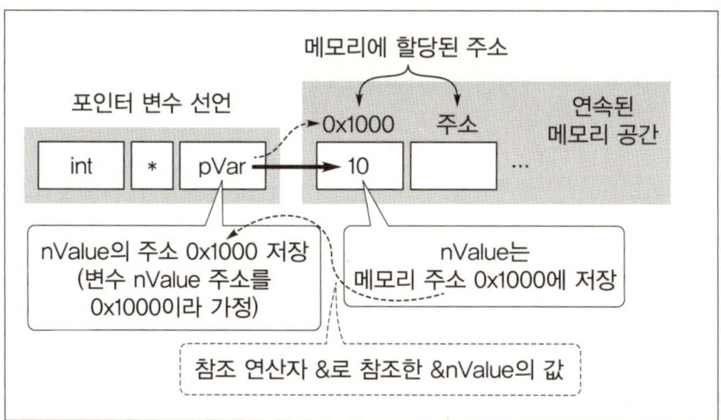


## 다. 포인터 선언과 const 지시자

const는 지정한 대상의 값이 변경되는 것을 허락하지 않는다는 의미의 지시자이다. 일반적인 변수 선언을 예로 들어 살펴보면,

```
const int nVal=1;
nValue=10;
```

이와 같이 **const 변수의 내용을 변경하면 오류가 발생**한다.

이러한 const 지시자를 포인터에 적용할 경우, 포인터 변수가 지정하는 메모리 주소와 메모리 주소에 저장하는 값을 모두 대상으로 할 수 있다.

■ 포인터 변수에 const 지시자 적용

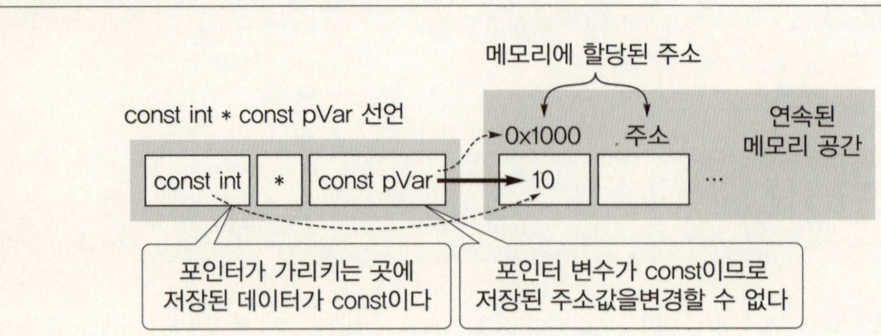


[소스코드] const pointer 테스트

```
 1: #include <stdio.h>        // NULL을 이용하기 위하여 추가한 헤더파일
 2:
 3: int main(void)
 4: {
 5:   // 정수형 변수 선언
 6:   int nValue=10;
 7:
 8:   // 변수 주소 출력
 9:   printf("nValue [%x] -> [%d]\n", &nValue, nValue);
10:
11:   // const 변수 테스트
12:   int *pVal_0=&nValue;
13:   const int *pVal_1=&nValue;
14:   int * const pVal_2=&nValue;
15:   const int * const pVal_3=&nValue;
16:
17:   // 포인트 변수 내용 출력
18:   printf("--------------------------------\n");
19:   printf("pVale_0: [%x] -) [%d]\n", pVal_0, *pVal_0);
20:   printf("pVale_1: [%x] -) [%d]\n", pVal_1, *pVal_1);
21:   printf("pVale_2: [%x] -) [%d]\n", pVal_2, *pVal_2);
22:   printf("pVale_3: [%x] -) [%d]\n", pVal_3, *pVal_3);
23:
24:   // 일반 포인터 변수의 경우, 대상 주소의 값과
```

```
25:    // 포인터에 저장한 주소 값 모두 변경 가능하다.
26:    *pVal_0=100;
27:    pVal_0=NULL;
28:
29:    // 포인트 변수를 다시 출력하면, 변경된 내용이 반영되어 있다.
30:    printf("---------------------------------\n");
31:    // 포인터 변수 pVal_0 의 값이 NULL 이므로, *pVal을 이용하여 메모리를 참조할 수 없
       다. 따라서, 오류방지를 위해 주석처리 한다.
32:    //printf("pVale_0: [%x] -) [%d]\n", pVal_0, *pVal_0);
33:    printf("pVale_1: [%x] -) [%d]\n", pVal_1, *pVal_1);
34:    printf("pVale_2: [%x] -) [%d]\n", pVal_2, *pVal_2);
35:    printf("pVale_3: [%x] -) [%d]\n", pVal_3, *pVal_3);
36:
37:    // const int *pVal_1 이므로, *pVal_1을 변경할 수 없어, 주석처리 한다.
38:    //*pVal_1=200;
39:    // 하지만, pVal_1의 값은 변경 가능하다.
40:    pVal_1=NULL;
41:
42:    // int * const pVal_2 이므로, *pVal_2의 값은 변경할 수 있다.
43:    *pVal_2=200;
44:    // 하지만, pVal_2의 값은 변경할 수 없어, 주석처리 한다.
45:    // pVal_2=NULL;
46:
47:    // const int * const pVal_3은 모두 변경할 수 없어, 모두 주석처리 한다.
48:    // *pVal_3=300;
49:    // pVal_3=NULL;
50:
51:    // 참고로, 위와 같이 주석처리 하지 않을 때 컴파일 시 오류가 발생하게 된다.
52:    return 0;
53: }
```

**해설**

- 1행 : 포인터 변수에 NULL을 대입하기 위하여, NULL이 정의되어 있는 헤더를 추가한다. NULL이란 아무것도 가리키지 않는다는 의미로 사용되며, 자세한 내용은 이후에 다시 설명하기로 한다.

- 19~22행 : 정수 10이 저장된 nValue의 주소를 포인터 변수 초기화에 이용하였으므로, 동일한 결과가 출력된다.

- 33~35행 : 26행의 *pVal_0=100;에 의하여 nValue의 값이 100으로 변경되어 출력된다.

- 37~51행 : const 지시자의 위치에 따라 제약 사항이 결정되며, 세부 내용은 코드 내의 주석을 참고한다.

```
실행결과

nValue [aff9ac] -> [10]
-----------------------------------
pVale_0: [aff9ac] -) [10]
pVale_1: [aff9ac] -) [10]
pVale_2: [aff9ac] -) [10]
pVale_3: [aff9ac] -) [10]
-----------------------------------
pVale_1: [aff9ac] -) [100]
pVale_2: [aff9ac] -) [100]
pVale_3: [aff9ac] -) [100]

- 참고 : 출력되는 주소값은 프로그램을 실행할 때 마다 달라질 수 있다.
```

위 소스에서 보듯이 'const int * pVal'와 같은 형식의 선언은 해당 포인터가 가리키는 주소값이 변경될 수 있으나, 해당 주소가 가리키는 주소에 저장된 값은 변경될 수 없고, 'int * const pVal'와 같은 형식의 선언은 포인터 선언 시 초기화한 메모리 주소값이 변경될 수 없다. 마지막으로, 'const int * const pVal'은 모두 변경할 수 없다.

이와 같이 **포인터 변수와 const 지시자를 함께 이용할 경우, const 지시자의 위치에 따라 의미가 다르게 되니 주의**가 필요하다.

> **TIP  const 지시자를 사용하면 좋은 점**
>
> 프로그래머들이 개발을 하는 과정에서, 구현 의도와 방식을 명확히 하는 것이 중요하다.
>
> const 지시자의 경우, 코드 내에서 '관련 변수는 변경되지 않는다'라는 명확한 의도의 표현일 뿐만 아니라 혹시 프로그래머가 변수의 값을 실수로 변경했을 경우, 컴파일 과정에서 오류로 보고되므로 잠재적인 문제를 방지하는 데에도 도움이 된다.

# 02 Point  포인터 변수의 타입

## 가. 포인터 변수의 타입

C언어는 다양한 형식의 데이터 타입을 이용할 수 있으며, 메모리에 저장하기 위하여 필요한 공간도 각각 다르다.

■ 많이 사용되는 데이터 타입의 특징(32비트 운영체제 기준)

| 구분 | 데이터 타입 | 바이트 수(sizeof연산에 의한 결과) |
|---|---|---|
| 정수형 | char | 1 |
| | short | 2 |
| | int | 4 |
| | long | 4 |
| 실수형 | float | 4 |
| | double | 8 |

– 데이터 타입의 특징과 변수 선언에 대한 세부 내용은 'Part1의 변수와 연산자'를 참고한다.

프로그램이 사용하는 **메모리 공간은 1바이트(byte)단위의 연속된 주소가 부여되어 있고, 1개 주소 공간에는 1바이트 크기의 데이터가 저장**된다. 따라서, int형, long형 등의 데이터를 저장하는 경우 여러 개의 바이트를 하나의 데이터 공간으로 이용해야 한다.

포인터 변수의 타입이란, 이와 같이 다양한 자료형을 저장하기 위하여 메모리 공간을 해석하는 방식을 정의한다. 즉, 포인터 변수에 저장된 주소에 어떤 값이 저장될 수 있는지 결정하는 것이다.

> **포인터 형(pointer type)이란?**
> 포인터가 가리키는 주소에 저장되는 데이터 타입을 정의한다.

기본적으로 주소값의 지정 혹은 복사(대입)는 동일한 타입의 포인터(주소)에서 이루어져야 한다. 만일, 프로그래머의 실수 혹은 특정 이유에 따라 여러 타입의 포인터를 함께 사용하는 경우 어떤 일이 발생할 수 있을까?

아래의 예제를 통해 살펴보자.

■ int형 변수를 2개의 int형 포인터로 참조한 경우

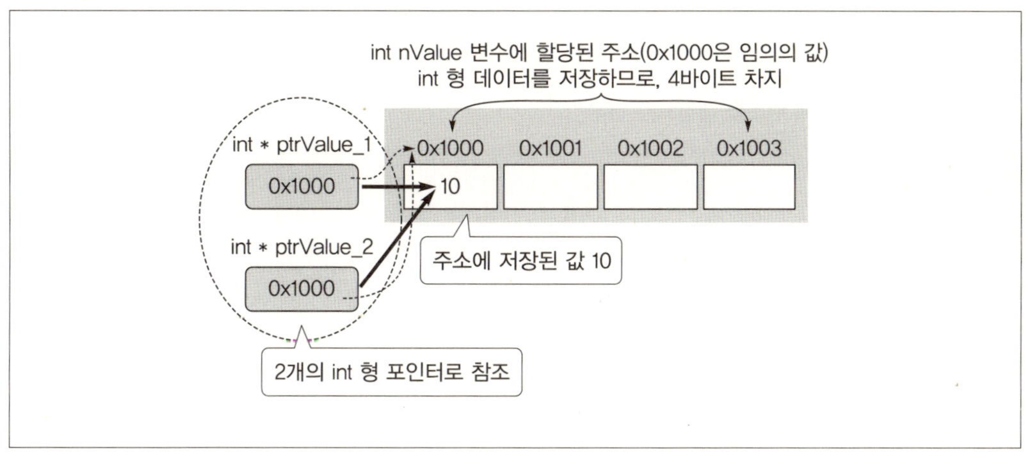

**[소스코드]** int형 변수 2개를 int형 포인터로 참조

```c
 1: #include <stdio.h>
 2:
 3: void main(void)
 4: {
 5:   int nValue=10;
 6:   int * ptrValue_1=&nValue;
 7:   int * ptrValue_2=&nValue;
 8:
 9:   printf("Value [%d], ptrValue_1[%x]->[%d], ptrValue_2[%x]->[%d]\n",
10:           nValue, ptrValue_1, *ptrValue_1, ptrValue_2, *ptrValue_2);
11:
12:   *ptrValue_2=100;
13:   printf("Value [%d], ptrValue_1[%x]->[%d], ptrValue_2[%x]->[%d]\n",
14:           nValue, ptrValue_1, *ptrValue_1, ptrValue_2, *ptrValue_2);
15: }
```

**해설**

• 9행 : 5~7행에서 정수형 변수를 선언하고, 정수형 포인터 2개를 선언하여 정수형 변수의 주소를 저장하였으므로, printf( )에 의한 출력값도 nValue의 주소와 값에 따라 동일하다.

• 12~13행 : 포인터 변수로 nValue의 주소를 참조하여 데이터 값을 100으로 변경하였고, 이 결과 printf( )에 의한 nValue의 출력값도 100으로 변경된다.

**실행결과**

```
Value [10], ptrValue_1[f5f768]->[10], ptrValue_2[f5f768]->[10]
Value [100], ptrValue_1[f5f768]->[100], ptrValue_2[f5f768]->[100]

- 참고 : 출력되는 주소값은 프로그램의 실행 시 마다 달라질 수 있다.
```

■ 다른 타입의 포인터에 주소를 대입하는 경우

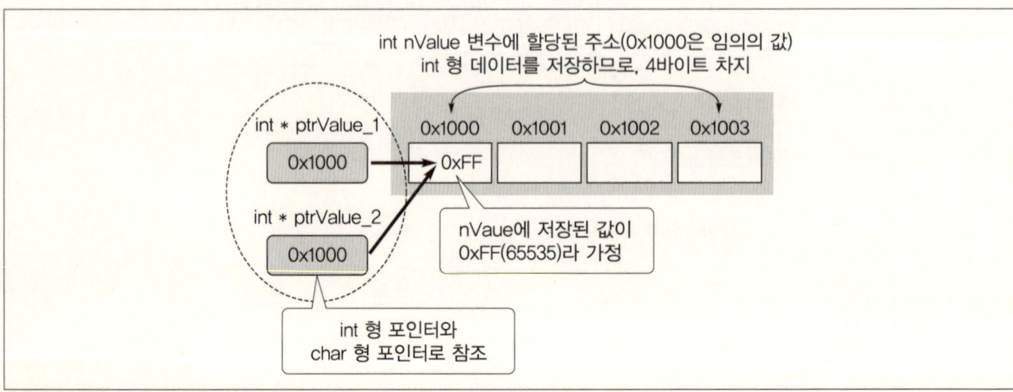

**[소스코드] int형 변수를 int형 포인터와 char형 포인터로 각각 참조**

```c
 1: #include <stdio.h>
 2:
 3: void main(void)
 4: {
 5:   int nValue=0xFFFF;
 6:   int * ptrValue_1=&nValue;
 7:
 8:   // int형 변수의 주소를 char 형 포인터에 저장하기 위하여 char * 로 타입 캐스팅한다.
 9:   char * ptrValue_2=(char*)&nValue;
10:
11:   // 같은 주소라도 다른 타입의 포인터를 이용하였으므로, 주소에 대한 해석이 달라진다.
12:   printf("Value [%d], ptrValue_1[%x]->[%d], ptrValue_2[%x]->[%d]\n",
13:           nValue, ptrValue_1, *ptrValue_1, ptrValue_2, *ptrValue_2);
14:
15:   // char 형 포인터로 int형 변수의 주소가 가리키는 데이터를 조작한 셈이 되어, 값이 변경되었다.
16:   *ptrValue_2=100;
17:   printf("Value [%d], ptrValue_1[%x]->[%d], ptrValue_2[%x]->[%d]\n",
18:           nValue, ptrValue_1, *ptrValue_1, ptrValue_2, *ptrValue_2);
19: }
```

**해설**

- 9행 : int형 변수인 nValue의 주소를 char 형 포인터로 타입 변환하여 저장한다.
- 12~13행 : 동일한 nValue의 주소라도 포인터 타입에 따라 해석이 달라지게 되어, 다른 값이 출력된다.
- 16행 : nValue의 주소를 char 형이라 가정하여 값을 변경한다.
- 17~18행 : nValue가 저장된 주소 영역이 바뀌게 되어, nValue의 값이 변경된다.

**실행결과**

```
Value [65535], ptrValue_1[5afb84]->[65535], ptrValue_2[5afb84]->[-1]
Value [65380], ptrValue_1[5afb84]->[65380], ptrValue_2[5afb84]->[100]

- 참고 : 출력되는 주소값은 프로그램 실행 시 마다 달라질 수 있다.
```

이처럼 같은 주소 공간이라도 참조하는 포인터의 타입에 따라 다르게 해석 되므로, 목적에 맞는 포인터를 이용하는 것이 중요하다.

## 나. void 포인터와 NULL 포인터

특수한 목적으로 사용하는 void 포인터와 NULL 포인터에 대하여 알아보자.

> **void 포인터란?**
>
> char, int, long형 등 특정 타입으로 규정하지 않고, 어떤 형식의 주소 값이라도 저장할 수 있는 포인터 타입이다.
> - void 포인터는 주소값을 유연하게 관리하기 위하여 사용하며, 타입 정보가 없으므로 메모리에 저장된 값을 바로 참조할 수 없다.
> - 즉, 적절한 포인터 타입으로 타입 변경(type casting)후 해당 메모리를 참조해야 한다.

void 포인터는 주소값을 임시로 저장하거나, 함수의 파라메터 혹은 리턴값으로 주소를 전달할 때 주로 사용하며, 주소에 저장된 값을 참조할 때에는 반드시 적절한 데이터형으로 변환(type casting)하여 이용한다.

■ void 포인터 사용 예제

```
 1: #include <stdio.h>
 2:
 3: void main(void)
 4: {
 5:    // 정수형 변수의 주소를 void형 포인터에 저장한다.
 6:    int nValue=10;
 7:    void * ptrValue=&nValue;
 8:
 9:    // 아래 코드는 간접 참조가 잘못되었다 라는 오류가 발생하므로 주석 처리한다.
10:    //printf("Pointer[%x] -> [%d]\n", ptrValue, *ptrValue);
11:
12:    // 아래 코드는 void형 포인터를 int형 포인터로 타입캐스팅하여 정상 동작한다.
13:    printf("Pointer[%x] -> [%d]\n", ptrValue, *(int*)ptrValue);
14: }
```

**해설**

• 13행 : void형 포인터를 이용하여 데이터에 접근할 경우, 반드시 타입을 변경해야 한다.

**실행결과**

```
Pointer[6ff740] -> [10]
```

– 참고 : 출력되는 주소값은 프로그램 실행 시 마다 달라질 수 있다.

**NULL 포인터란?**

아무것도 가리키지 않는다는 의미로, 이용하는 상수(NULL값) 이다.

- NULL 은 상수 0으로 정의(define)되어 있다.

  #define NULL((void *)0)

- 주로 포인터 변수의 초기값으로 이용하며, 아무것도 가리키지 않으므로 데이터를 참조할 수 없고, 참조할 경우 오류가 발생한다.

■ NULL 포인터 사용 예제

```
 1: #include <stdio.h>
 2:
 3: void main(void)
 4: {
 5:   // int형 포인터를 NULL로 선언하고, 출력해 본다.
 6:   int * ptrValue=NULL;
 7:
 8:   // 컴파일은 잘 되나, 프로그램 실행 시 문제가 발생한다.
 9:   printf("Pointer[%x] -> [%d]\n", ptrValue, *ptrValue);
10: }
```

**해설** ································································································

• 9행 : NULL값이 저장된 포인터를 참조하려고 하므로, 오류가 발생한다.

**실행결과** ································································································

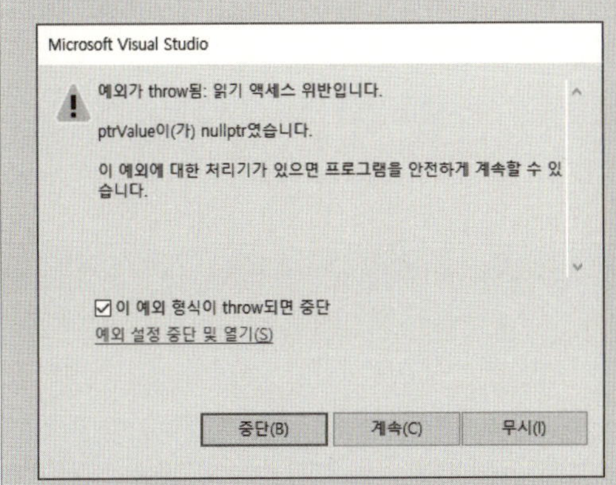


따라서, 프로그램 오류 방지를 위하여 NULL 포인터를 참조하지 않도록 주의하는 것이 필요하다.

## TIP  널(NULL) 값과 가비지(garbage) 값의 차이점

포인터를 NULL로 명시적으로 초기화한 경우, 포인터의 값은 NULL이 되고, 참조할 수 없는 주소가 된다.

반면, 포인터를 선언만 하고 초기화하지 않은 경우, 포인터에는 임의의 값이 저장되고, 참조할 수 있는 경우가 발생한다. 이때 의도하지 않은 임의의 값을 읽게 되는데, 이것을 가비지라고 한다.

이러한 경우, 컴파일러 혹은 프로그램 메모리 상태에 따라 오류가 발생할 수도 있다.

따라서, 프로그램 개발 시 의도하지 않는 결과 혹은 문제를 방지하기 위하여 변수는 선언과 함께 초기화 하는 것을 권장한다.

**[소스코드]** garbage 포인터의 위험

```
 1: #include <stdio.h>
 2:
 3: void main(void)
 4: {
 5:         // int형 포인터를 선언하고 초기화하지 않는다.
 6:         // 어떤 값이 저장되는지 알 수 없다.
 7:         int * ptrValue;
 8:
 9:         // 컴파일은 잘 되나, 프로그램 실행 시 문제가 발생한다..
10:         printf("Pointer[%x] -> [%d]\n", ptrValue, *ptrValue);
11: }
```

#### 해설

- 7행 : 초기화 하지 않았으므로, 임의의 값이 남아있게 된다. 이때, 초기값은 운영체제 및 컴파일러에 따라 달라진다.
- 10행 : Visual C로 개발한 프로그램의 경우, 참조 오류가 발생한다.

#### 실행결과

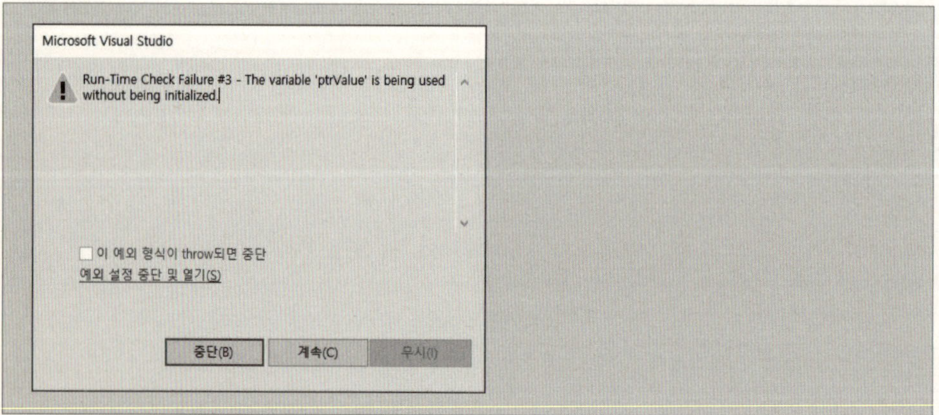

## 다. 포인터 연산(+, −)

포인터 변수도 +, − 등 **증감 연산자**를 이용하여 연산할 수 있는데, 주요한 점은 '**포인터 변수 타입을 기준으로 값이 변경**된다.'는 것이다.

■ 포인터 변수의 증감.

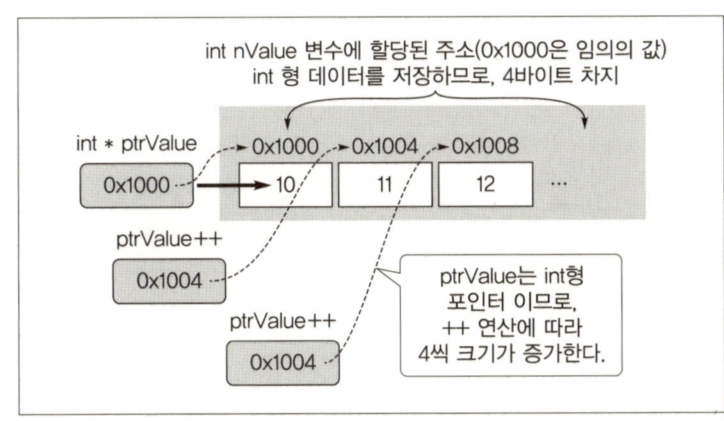


**[소스코드]** 포인터 변수의 ++ 증가 연산 적용

```
 1: #include <stdio.h>
 2:
 3: void main(void)
 4: {
 5:   // 연속된 주소를 할당하기 위하여, int형 배열을 이용한다.
 6:   int nValueArray[4]={ 10, 11, 12, };
 7:
 8:   // 배열의 시작 주소를 int형 포인터에 저장한다.
 9:   int * ptrValue=nValueArray;
10:
11:   // 포인터를 증가하면서, 주소값과 데이터를 출력한다.
12:   for(int i=0; i < 4; i++)
13:   {
14:        printf("Index[%d]: ptrValue[%x] -> [%d]\n", i, ptrValue, *ptrValue);
15:        ptrValue++;
16:   }
17: }
```

**해설**

• 12~15행 : ptrValue, 즉, int형 포인터는 ++ 연산자로 값을 승가할 경우, int형의 길이 즉, sizeof(int)의 값만큼 증가한다. 따라서, 32비트 운영체제를 기준으로 4만큼씩 증가하고, 해당 주소에 저장된 데이터를 출력한다.

```
Index[0]: ptrValue[1afda4] -> [10]
Index[1]: ptrValue[1afda8] -> [11]
Index[2]: ptrValue[1afdac] -> [12]
Index[3]: ptrValue[1afdb0] -> [0]
- 참고 : 출력되는 주소값은 프로그램 실행 시 마다 달라질 수 있다.
```

위 예제는 연속된 주소 공간 할당을 위하여 배열을 이용하였으며, 포인터 변수를 이용하여 마치 배열의 인덱스를 변경하는 것과 같은 효과를 보여준다. 실제 배열은 포인터와 함께 연계하여 유용하게 사용할 수 있는데, 자세한 내용은 이후 챕터에서 살펴보기로 한다.

앞에서 void 포인터는 타입 정보가 없다고 설명하였다. 따라서, void 포인터는 +, - 같은 증감 연산자를 이용할 수 없다.

# 03 Point 매개변수로서의 포인터, 리턴값으로서의 포인터

포인터를 함수의 매개변수로 이용하는 사례와 리턴값으로 사용할 때의 주의점을 살펴보자.

■ scanf( )함수의 인자로 포인터 이용

```
 1: #include <stdio.h>
 2:
 3: void main(void)
 4: {
 5:   int nValue=0;
 6:
 7:   printf("Input a int data: ");
 8:
 9:   // scanf로 정수형 데이터를 입력받을 것이므로,
10:   // 정수형 변수의 주소, 즉, 정수형 포인터를 인자로 전달한다.
11:   scanf("%d", &nValue);
12:   printf("Result: %d\n", nValue);
13:
14:   // 만일, 문자형 변수의 주소를 전달하면
```

```
15:    // 메모리(스택메모리)가 초과되어 오류가 발생할 수 있다.
16:    char nBadValue=0;
17:
18:    printf("Input a int data: ");
19:
20:    scanf("%d", &nBadValue);
21:    printf("Result: %d\n", nBadValue);
22: }
```

**해설**

- 11~12행 : scanf( )로 정수형 데이터를 입력받으며, 정수형 변수의 주소를 전달하여 잘 동작한다.
- 20~21 : scanf( )로 정수형 데이터를 입력받으나, 문자형 변수의 주소를 전달하여, 오류가 발생한다.(단, 65535와 같이 큰 값을 입력한 경우 오류발생)

**실행결과**

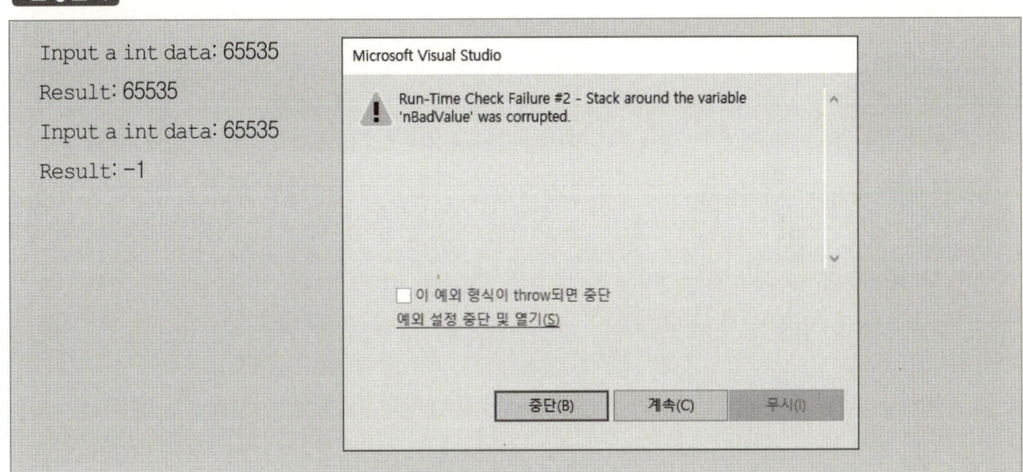


입력 데이터가 저장될 변수의 주소를 인자로 이용하는 **scanf( )함수에 int형 주소인 &nValue를 전달하므로, 해당 변수(주소)에 데이터가 저장**되었다. 이때 주의할 점은 저장될 데이터 타입과 포인터 변수 타입이 일치해야 한다는 것이다.

다음으로 두 변수의 값을 서로 바꾸는 함수를 예제로 살펴보자. 이는 'Part 01 − Chapter 07 함수'에서도 설명한 Call−by−Value와 Call−by−Reference와도 관계가 있다.

■ Call-by-Value에 의하여 변수의 값 교환이 실패한 예제

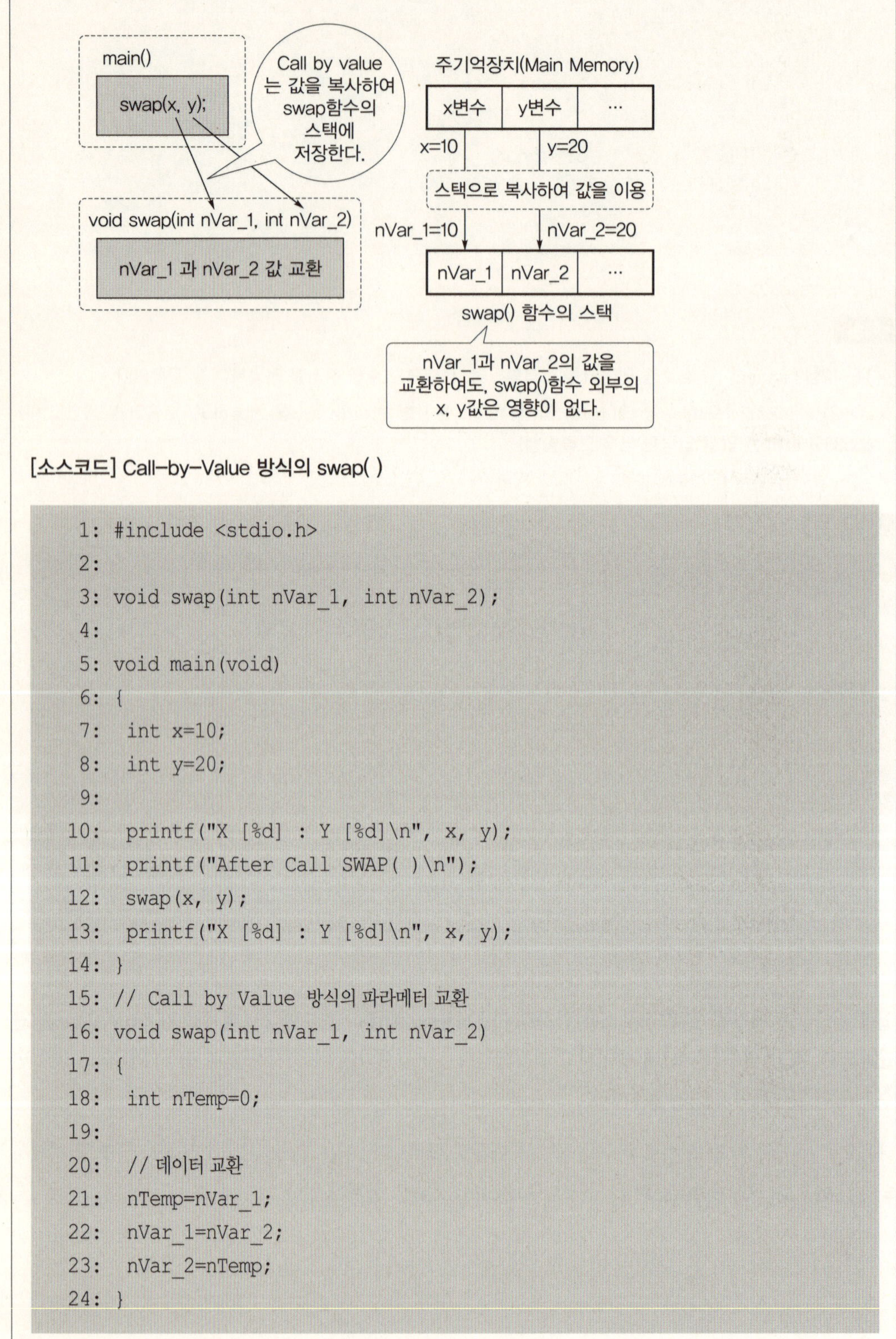



[소스코드] Call-by-Value 방식의 swap( )

```c
 1: #include <stdio.h>
 2:
 3: void swap(int nVar_1, int nVar_2);
 4:
 5: void main(void)
 6: {
 7:   int x=10;
 8:   int y=20;
 9:
10:   printf("X [%d] : Y [%d]\n", x, y);
11:   printf("After Call SWAP( )\n");
12:   swap(x, y);
13:   printf("X [%d] : Y [%d]\n", x, y);
14: }
15: // Call by Value 방식의 파라메터 교환
16: void swap(int nVar_1, int nVar_2)
17: {
18:   int nTemp=0;
19:
20:   // 데이터 교환
21:   nTemp=nVar_1;
22:   nVar_1=nVar_2;
23:   nVar_2=nTemp;
24: }
```

- 16~24행 : 인자로 전달된 값을 서로 교환하는 swap( )함수를 이용하였으나, call-by-value 방식으로 동작하여 실제 교환을 원하는 인자 x, y의 값은 교환되지 않는다.



```
X [10] : Y [20]
After Call SWAP( )
X [10] : Y [20]
```

C의 함수는 **Call-by-Value 호출방식**을 기본으로 하므로, 위와 같이 일반적인 **변수의 전달과 교환으로는 인자(파라메터, parameter) 변수의 값을 변경할 수 없다.**

이제, 의도와 같이 구현하기 위하여 포인터(주소값)을 파라메터로 전달하는 Call-by-Reference방식을 구현해 보자.

■ Call-by-Reference방식에 의한 변수의 값 교환

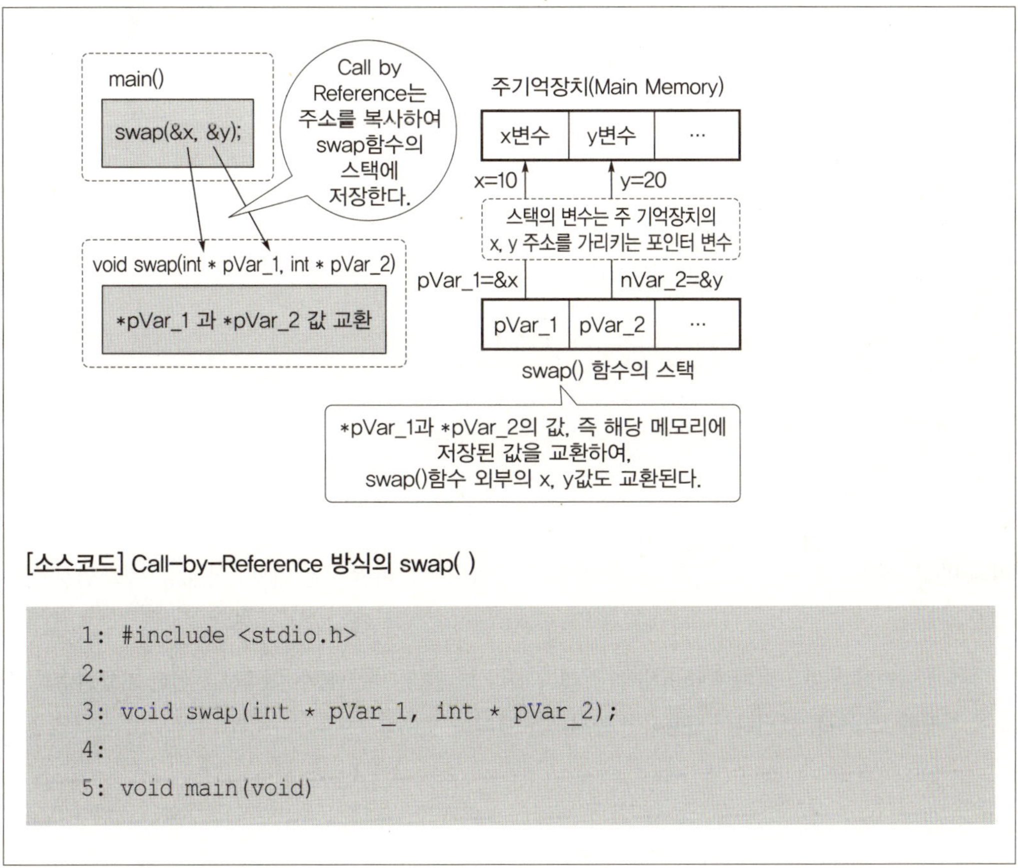


[소스코드] Call-by-Reference 방식의 swap( )

```
1: #include <stdio.h>
2:
3: void swap(int * pVar_1, int * pVar_2);
4:
5: void main(void)
```

```
 6: {
 7:   int x=10;
 8:   int y=20;
 9:
10:   printf("X [%d] : Y [%d]\n", x, y);
11:   printf("After Call SWAP( )\n");
12:   swap(&x, &y);
13:   printf("X [%d] : Y [%d]\n", x, y);
14: }
15:
16: // Call by Reference 방식의 파라메터 교환
17: void swap(int * pVar_1, int * pVar_2)
18: {
19:   int nTemp=0;
20:
21:   // 데이터 교환
22:   nTemp=*pVar_1;
23:   *pVar_1=*pVar_2;
24:   *pVar_2=nTemp;
25: }
```

**해설**

- 17~25행 : 함수의 인자로 주소를 전달하고, 포인터를 이용하여 데이터를 교환하는 swap( )함수를 이용하였으며, call-by-reference방식에 따라 실제 교환을 원하는 x, y의 값이 정상적으로 교환된다.

**실행결과**

```
X [10] : Y [20]
After Call SWAP( )
X [20] : Y [10]
```

실제 변수가 아닌, 변수의 주소를 포인터로 이용할 수 있도록 하여 원하는 데이터의 값을 서로 변경할 수 있게 되었다.

함수에서 포인터를 이용할 때에 주의해야 할 것이 하나 더 있다. 바로 **함수 내에서 선언한 지역변수의 주소를 저장한 포인터를 리턴하여 사용하면 안된다는 것**이다.

## ■ 지역변수의 포인터를 리턴할 경우의 문제

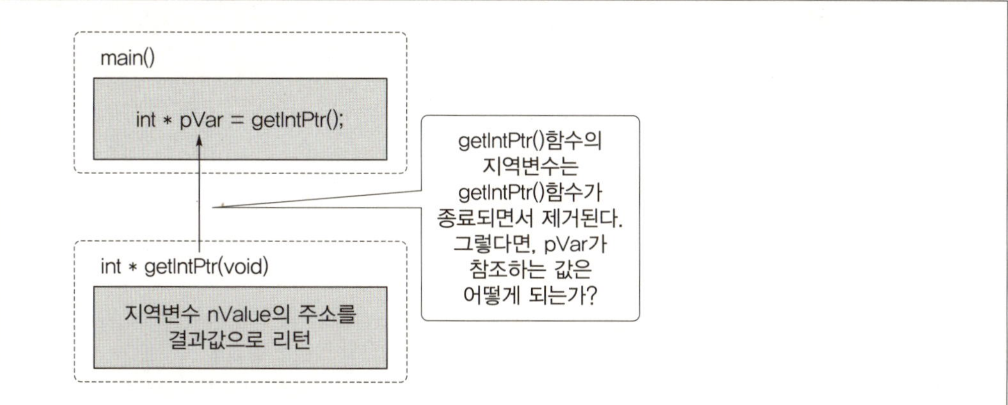


### [소스코드] 지역변수의 주소를 리턴하여 이용하는 예제

```c
 1: #include <stdio.h>
 2:
 3: int * getIntPtr(void);
 4: int getIntValue(void);
 5:
 6: void main(void)
 7: {
 8:   int * pVar=getIntPtr( );
 9:   int nValue=getIntValue( );
10:
11:   // 출력 결과로 10이 표시되길 기대했으나, 잘못된 주소를 참조하여 엉뚱한 값이 출력된다.
12:   printf("nValue [%d]\n", nValue);
13:   printf("Pointer [%x] -> [%d]\n", pVar, *pVar);
14: }
15:
16: // 지역변수로 선언한 정수형 변수의 주소값을 리턴하는 함수
17: int * getIntPtr(void)
18: {
19:   int nVar=10;
20:
21:   return &nVar;
22: }
23:
24: // 지역변수로 선언한 정수형 변수의 값을 리턴한다.
25: int getIntValue(void)
```

```
26: {
27:   int nValue=100;
28:
29:   return nValue;
30: }
```

**해설**

- 16~22행 : 지역변수의 주소를 함수의 결과로 리턴한다. 이때 함수의 종료와 함께 지역변수도 메모리에서 사라지게 되므로, 결과적으로 잘못된 주소 영역을 가리키는 포인터의 리턴한 결과를 가져온다.
- 13행 : getIntptr( )의 잘못된 주소값 리턴에 따라, 원하는 것과 다른 임의의 정수값이 출력된다.

**실행결과**

```
nValue [100]
Pointer [96f950] -> [9894468]
```

- 참고 : 출력되는 프로그램을 실행할 때마다 달라질 수 있다.

이와 같이 지역변수는 함수의 스택(stack) 공간에 위치하여 함수가 실행되는 동안만 존재하게 되므로, 지역변수의 포인터는 함수가 종료되는 순간 실제 존재하는 않는 메모리 영역(정확히 말하면, 의미없는 메모리 영역)을 가리키게 되어 프로그램 문제를 발생시킨다. 따라서, 함수의 결과로 리턴되는 포인터의 값이 의미있는 주소를 가리킬 수 있도록 잘 관리하여야 한다.

이러한 문제를 해결하는 방법으로 정적(static)변수 혹은 글로벌(global)변수를 이용할 수 있고, 함수 내에서 메모리를 할당(allocation)하여 그 주소를 리턴할 수도 있다.

**정적 변수와 글로벌 변수는 프로그램 실행 동안 계속 메모리에 유지되고, 메모리 할당은 힙(heap)을 이용하므로 함수 종료 후에도 계속 메모리에 유지**된다.

메모리 동적 할당의 자세한 내용은 이후 'Part04 메모리 관리와 동적할당'에서 설명하기로 한다.

> **TIP** **32비트, 64비트 포인터와 자료형**
>
> 사용하는 운영체제의 종류에 따라 데이터 타입의 길이가 달라지고, 포인터의 크기도 달라진다.
>
> 이때 **포인터의 크기가 달라지는 이유는 32비트의 경우 2^32의 주소 영역을 이용할 수 있고, 64비트의 경우 이론적으로 2^64의 주소 영역을 이용할 수 있으므로 지정해야 할 주소공간의 전체 크기가 다르기 때문이다.**
>
> 따라서, **32비트 환경에서 개발한 프로그램을 64비트 환경으로 전환(포팅)할 경우 특히 포인터 연산에 주의가 필요하다.**

Visual Studio 2015에서 64비트로 빌드하고 싶을 경우, 프로젝트 속성의 플랫폼 항목을 x64로 변경하면 된다.

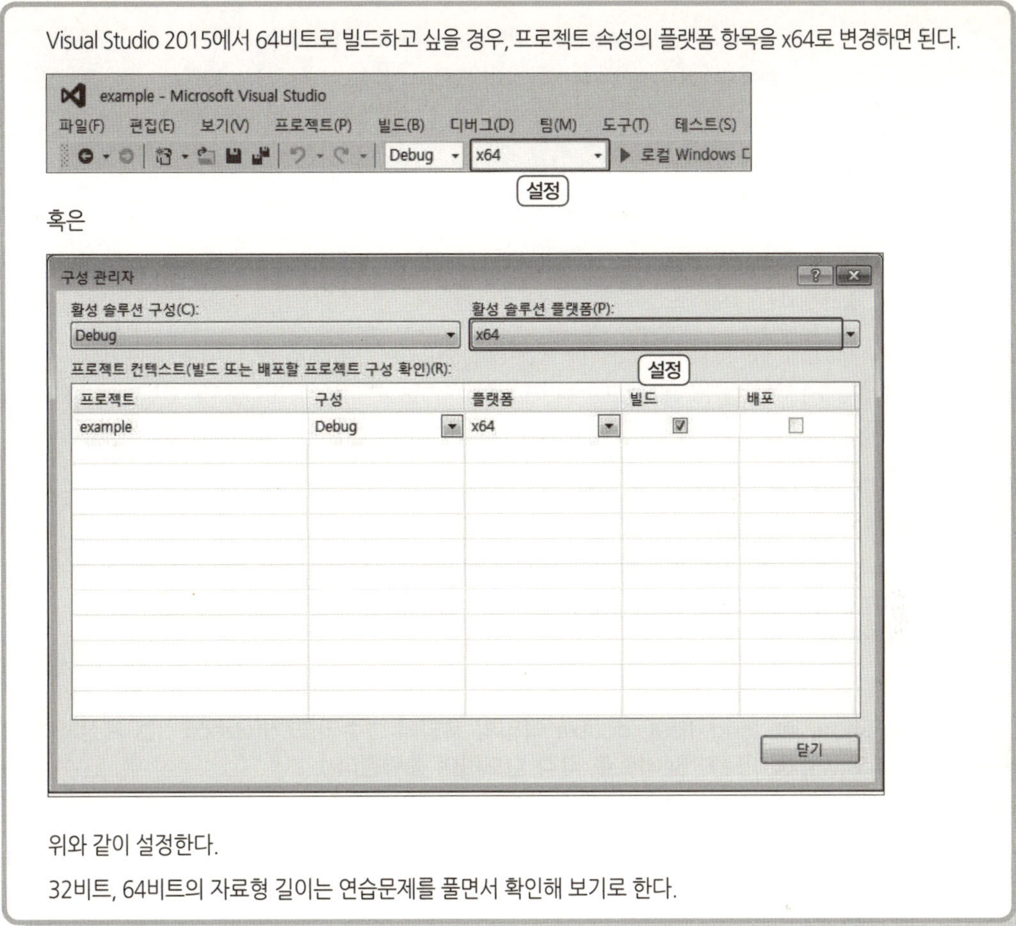



혹은

위와 같이 설정한다.

32비트, 64비트의 자료형 길이는 연습문제를 풀면서 확인해 보기로 한다.

## Point 04  포인터 연습문제

**Q1** char, short, int, long, float, double 데이터 형의 크기(sizeof( ))를 계산하여 출력하시오.(단, 32비트와 64비트로 각각 빌드하여 출력한다.)

**정답**

**[소스코드]**

```
1: #include <stdio.h>
2:
3: void main(void)
4: {
5:   printf("----- sizeof(type) -----\n");
6:   printf("char[%d], short[%d], int[%d], long[%d], float[%d], double[%d]\n",
```

```
7:              sizeof(char), sizeof(short), sizeof(int),
8:              sizeof(long), sizeof(float), sizeof(double));
9: }
```

**[32비트 실행결과]**

```
----- sizeof(type) -----
char[1], short[2], int[4], long[4], float[4], double[8]
```

**[64비트 실행결과]**

```
----- sizeof(type) -----
char[1], short[2], int[4], long[4], float[4], double[8]
```

**해설**

• 6~8행 : sizeof 연산자를 이용하여 각 데이터형을 위해 할당되는 메모리의 크기를 출력한다. 참고로, 본 예제를 실행한 환경은 Windows7 64bit버전이며, 출력된 크기 값은 컴파일러와 시스템에 따라 달라질 수 있다.

**Q2** char, short, int, long, float, double 타입의 포인터 변수의 크기(sizeof( ))를 계산하여 출력하시오.(단, 32비트와 64비트로 각각 빌드하여 출력한다.)

**정답**

**[소스코드]**

```
1: #include <stdio.h>
2:
3: void main(void)
4: {
5:   printf("----- sizeof(type*) -----\n");
6:   printf("char*[%d], short*[%d], int*[%d], long*[%d], float*[%d], double*[%d]\n",
7:              sizeof(char*), sizeof(short*), sizeof(int*),
8:              sizeof(long*), sizeof(float*), sizeof(double*));
9: }
```

**[32비트 실행결과]**

```
----- sizeof(type*) -----
char*[4], short*[4], int*[4], long*[4], float*[4], double*[4]
```

**[64비트 실행결과]**

```
----- sizeof(type*) -----
char*[8], short*[8], int*[8], long*[8], float*[8], double*[8]
```

• 6~8행 : `sizeof` 연산자를 이용하여 각 데이터의 포인터 형을 위해 할당되는 메모리의 크기를 출력한다. 참고로, 포인터형의 크기는 32비트 혹은 64비트 운영체제에 따라 다르며, 같은 운영체제일 경우 동일하다.

**Q3** 2개의 정수형 변수와 2개의 문자형 변수를 선언하고, 선언한 총 4개 변수의 주소값을 출력하시오.

**정답**

[소스코드]

```
 1: #include <stdio.h>
 2:
 3: void main(void)
 4: {
 5:   int nValue_1=0;
 6:   int nValue_2=0;
 7:
 8:   char charVar_1=0;
 9:   char charVar_2=0;
10:
11:   printf("%x, %x, %x, %x\n", &nValue_1, &nValue_2, &charVar_1, &charVar_2);
12: }
```

[실행결과]

```
33f9c0, 33f9b4, 33f9ab, 33f99f
```

– 프로그램 실행결과(즉, 메모리 값)는 실행 시 마다 달라질 수 있다.



• 11행 : 선언한 변수들의 주소값을 각각 출력한다.

**Q4** 정수형 변수 2개를 선언한 후, 해당 변수가 저장된 메모리 주소를 포인터 변수에 저장하시오. 포인터 변수를 이용하여 정수 2개를 입력받고, 메모리 주소를 입력받아 저장한 값을 출력하시오.

**정답**

**[소스코드]**

```c
 1: #include <stdio.h>
 2:
 3: void main(void)
 4: {
 5:   int nValue_1=0;
 6:   int nValue_2=0;
 7:
 8:   int * pValue_1=&nValue_1;
 9:   int * pValue_2=&nValue_2;
10:
11:   // 2개의 정수를 정수형 포인터를 이용하여 입력받아 저장한다.
12:   printf("Input two digits: ");
13:   scanf("%d %d", pValue_1, pValue_2);
14:
15:   // 포인터 변수를 이용하여 출력한다.
16:   printf("[%x] -> [%d], [%x] -> [%d]\n",
17:           pValue_1, *pValue_1, pValue_2, *pValue_2);
18:
19:   // 일반 변수를 이용하여 출력한다.
20:   printf("nValue_1[%d], nValue_2[%d]\n", nValue_1, nValue_2);
21: }
```

**[실행결과]**

```
Input two digits: 10 15
[27fec4] -> [10], [27feb8] -> [15]
nValue_1[10], nValue_2[15]
```

- 각 변수의 주소값은 프로그램 실행 시 마다 달라질 수 있다.

**해설**

- 8~9행 : 정수형 포인터 2개를 선언하고, 정수형 변수의 주소를 저장한다.
- 12~13행 : 정수형 포인터를 scanf( )함수의 인자로 전달하고, 정수 2개를 입력받아 저장한다.
- 16~20행 : 포인터를 이용하여 출력한 값과 변수를 이용하여 출력한 값이 동일하다.

**Q5** main( )함수에서 정의한 3개의 int형 변수의 값을 모두 10으로 변경하는 setValue10( )함수를 작성하시오.(참고 : Call-by-Reference 방식을 이용한다.)

**정답**

[소스코드]
```c
 1: #include <stdio.h>
 2:
 3: void setValue10(int*, int*, int*);
 4:
 5:
 6: void main(void)
 7: {
 8:   int nValue_1=10;
 9:   int nValue_2=20;
10:   int nValue_3=30;
11:
12:   printf("%d, %d, %d\n", nValue_1, nValue_2, nValue_3);
13:
14:   setValue10(&nValue_1, &nValue_2, &nValue_3);
15:
16:   printf("%d, %d, %d\n", nValue_1, nValue_2, nValue_3);
17: }
18:
19: void setValue10(int* x, int* y, int* z)
20: {
21:   *x=*y=*z=10;
22: }
```

[실행결과]
```
10, 20, 30
10, 10, 10
```

**해설**

- 3행 : setValue10( )함수를 선언한다. 이와 같이 함수를 선언만 할 경우, 인자 타입만 지정하고 인자의 이름은 생략해도 된다.
- 19~22행 : Call-by-Reference 방식으로(즉, 포인터 주소로) 전달받은 변수에 값 10을 설정한다.

**Q6** "Hello" 문자열을 저장한 1차원 배열을 선언하고, 포인터 변수를 이용하여, 모든 문자를 'A' 로 변경하시오.(참고 : 배열명을 포인터 변수에 할당하여 작성한다.)

정답

**[소스코드]**

```
 1: #include <stdio.h>
 2:
 3: void main(void)
 4: {
 5:   // 문자열을 저장한 배열을 선언하고, 배열이름을 문자열 포인터에 저장한다.
 6:   char arrayString[]={ 'H', 'e', 'l', 'l', 'o', '\0' };
 7:   char *ptrValue=arrayString;
 8:
 9:   // 포인터를 이용하여 배열의 각 항목(데이터)에 접근하고, 대문자 A로 치환한다.
10:   for(int i=0; i < sizeof(arrayString) / sizeof(char); i++)
11:   {
12:         if('\0' != *ptrValue)
13:         {
14:               *ptrValue='A';
15:               ptrValue++;
16:         }
17:         else
18:         {
19:               break;
20:         }
21:   }
22:
23:   printf("Result -> %s\n", arrayString);
24: }
```

**[실행결과]**

```
Result -> AAAAA
```

해설

• 14~15행 : 포인터를 이용하여 데이터에 접근한 뒤 값을 'A'로 설정한다. 이후 포인터값이 1 증가하여, 다음 번 주소(즉, 배열의 다음 항목의 주소)를 가리키게 한다.

# 배열과 포인터의 관계 이해

## 01 Point 배열의 이름, 포인터의 관계

앞 장을 통해 1차원 배열과 포인터를 각각 살펴보았는데, 이러한 1차원 배열과 포인터를 함께 연계하여 이용할 수 있다. 이제, 배열의 이름과 문자열, 포인터의 관계를 시작으로 1차원 배열과 포인터를 연계하여 이용하는 방법을 살펴보도록 하자.

### 가. 배열의 이름, 문자열, 포인터의 관계

다시 한 번 배열을 선언하는 방법을 살펴보자.

■ 정수형(int) 데이터 4개를 저장하는 math 배열 선언

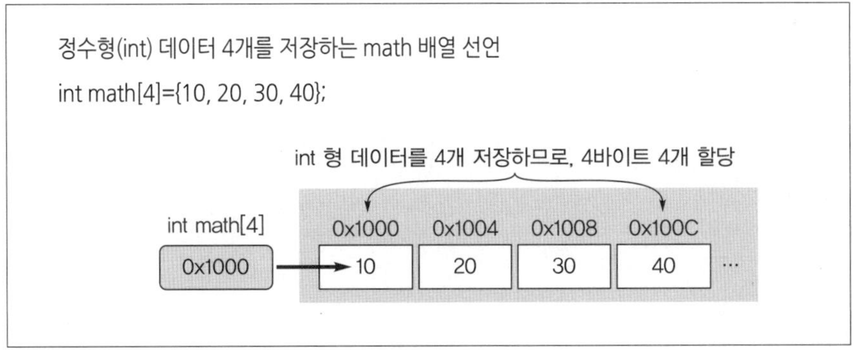


math 배열의 각 항목은 math[0], math[1], math[2], math[3]과 같이 인덱스를 이용하여 참조할 수 있는데, 여기서 배열명인 math는 구체적으로 어떤 의미일까? 이를 확인해 보기 위해서 배열의 구성요소를 각각 출력해 보자.

■ math 배열의 구성요소 확인

```c
 1: #include <stdio.h>
 2:
 3: void main(void)
 4: {
 5:    int math[4]={ 10, 20, 30, 40 };
 6:
 7:    printf("math name [%x], math_size[%d]\n", math, sizeof(math));
 8:
 9:    for(int i=0; i < 4; i++)
10:    {
11:            printf("math[%d]: [%x] -> [%d]\n", i, &math[i], math[i]);
12:    }
13: }
```

**해설**

- 7행 : 배열명인 math의 값을 확인해 본다. 추가로 배열의 크기를 sizeof( )연산자로 확인해 보면, 16(바이트)가 출력된다. 정수형(int) 배열이므로, sizeof(math)/sizeof(int) 즉, 16/4의 결과로 총 4개의 항목이 저장되어 있음을 유추할 수 있다.
- 9~12행 : 배열에 저장된 각 항목의 주소와 값을 출력한다. 이때, 배열명 math의 값(주소값)과 math[0](첫 번째 항목)의 주소가 동일함을 확인할 수 있다.

**실행결과**

```
math name [59fea4], math_size[16]
math[0]: [59fea4] -> [10]
math[1]: [59fea8] -> [20]
math[2]: [59feac] -> [30]
math[3]: [59feb0] -> [40]
- 참고 : 출력되는 주소값은 프로그램 실행 시 마다 달라질 수 있다.
```

출력 결과를 보면, 배열명은 배열의 첫 번째 항목이 저장된 공간의 주소와 동일한 것을 확인할 수 있다. 또한 각각의 배열항목은 정수형의 데이터 크기(4)만큼 떨어져서 주소가 배치되는 것도 확인할 수 있다.

그렇다면 배열명을 배열이 시작되는 주소, 즉 포인터 변수라고 가정하면 어떻게 될까? 결론을 먼저 말하면, **배열명을 일반 포인터 변수로 사용할 수 있으나, 배열명을 다른 주소값으로 변경할 수 없다.** 즉, 배열명은 상수 포인터이다.

■ 배열명을 포인터로 가정하여 이용

```c
 1: #include <stdio.h>
 2:
 3: void main(void)
 4: {
 5:   int math[4]={ 10, 20, 30, 40 };
 6:   int english[4]={ 100, 200, 300, 400 };
 7:
 8:
 9:   // math 배열이름을 포인터처럼 사용하여 배열항목을 출력한다.
10:   // 이때 배열의 첨자(인덱스) 증가 효과를 위하여 math(포인터) 변수에 '+ 연산자'를 이용한다.
11:   for(int i=0; i < 4; i++)
12:   {
13:         printf("math[%d]: [%x] -> [%d]\n", i, math+i,*(math + i));
14:   }
15:
16:   // math를 포인터 변수로 가정하여, english 배열명(포인터)을 저장하면 컴파일 오류가 발생한다.
17:   // 따라서, 오류 방지를 위하여 아래 소스는 주석 처리한다.
18:
19:   //math=english;
20: }
```

### 해설

- 13행 : 배열명인 math를 포인터 변수로 하여, 배열의 각 항목이 저장된 주소와 값을 출력한다.
- 19 행 : 배열명(즉, 배열의 시작 주소를 담고 있는 포인터)는 다른 값으로 변경할 수 없다.

### 실행결과

```
math[0]: [6ffe90] -> [10]
math[1]: [6ffe94] -> [20]
math[2]: [6ffe98] -> [30]
math[3]: [6ffe9c] -> [40]
- 참고 : 출력되는 주소값은 프로그램 실행 시 마다 달라질 수 있다.
```

따라서, 배열명을 아래와 같이 정의할 수 있다.

> **배열명 이란?**
>
> 배열의 시작 주소를 가리키며, 변경할 수 없는 **상수 포인터(const pointer)**이다.
>
> - 배열의 시작 주소는 배열의 첫 번째 항목이 저장된 주소이다.

이와 같이 배열명이 상수 포인터라면 포인터 변수에 저장하여 이용할 수 있지 않을까? 아래 예제를 통해 살펴보자.

■ 배열명을 포인터에 저장하여 이용하기

```
 1: #include <stdio.h>
 2:
 3: void main(void)
 4: {
 5:   int math[4]={ 10, 20, 30, 40 };
 6:
 7:   // 배열명을 저장한 포인터 변수를 이용하여, 배열의 항목 정보를 출력한다.
 8:   // 이때, 배열명과 배열의 첫 번째 항목의 주소를 각각 이용한다.
 9:
10:   int * pVar_1=math;
11:   int * pVar_2=&math[0];
12:
13:   for(int i=0; i < 4; i++)
14:   {
15:           printf("math[%d]: [%x] -> [%d]\n", i, pVar_1 + i, *(pVar_1 + i));
16:   }
17:
18:   printf("----------------\n");
19:
20:   for(int i=0; i < 4; i++)
21:   {
22:           printf("math[%d]: [%x] -> [%d]\n", i, pVar_2 + i, *(pVar_2 + i));
23:   }
24: }
```

**해설**

- 10~11행 : 배열명인 math와 첫 번째 항목의 주소 &math[0]를 각각 포인터 변수에 저장한다. 배열명의 정의에 따라 동일한 주소값이 사용된다.
- 13~23 행 : 포인터 변수를 이용하여 배열의 정보를 각각 출력한다. 동일한 결과가 출력되는 것을 확인할 수 있다.

**실행결과**

```
math[0]: [6ffb64] -> [10]
math[1]: [6ffb68] -> [20]
math[2]: [6ffb6c] -> [30]
math[3]: [6ffb70] -> [40]
----------------
math[0]: [6ffb64] -> [10]
math[1]: [6ffb68] -> [20]
math[2]: [6ffb6c] -> [30]
math[3]: [6ffb70] -> [40]
- 참고 : 출력되는 주소값은 프로그램 실행 시 마다 달라질 수 있다.
```

프로그램 동작 결과가 보여주듯, **배열명은 상수 포인터이며 포인터 변수에 저장하여 일반 포인터와 동일한 방식으로 이용**할 수 있다.

이때 사용하는 포인터를 '배열 포인터(array pointer)'라 한다.

---

**TIP** **배열을 함수 인자로 전달할 경우, 배열 포인터와 배열의 크기를 이용**

함수의 매개변수로 배열(배열형)을 이용할 수 없으므로, 배열 자체를 함수의 인자로 전달할 수 없다. 따라서, 배열올 함수의 인자로 전달하려면 배열 포인터와 배열의 크기를 이용한다.

이때, 배열의 크기를 함께 전달하는 이유는 왜 일까?

```
void sum(int * nArray, size_t nSize)
{
...
    // 배열의 크기를 전달된 nArray를 이용하여 계산할 경우, 즉 sizeof(nArray)는 배열의 크기가 아니라 포
    인터 변수의 크기가 리턴 된다.
    // 따라서, 배열의 크기를 직접 계산할 수 없게 된다.
...
}
```

이와 같이, 인자로 전달된 배열 포인터 만으로는 배열의 크기를 알 수 없어 배열 항목을 안전하게 참조할 수 없다. 따라서, **함수의 인자로 배열을 이용하는 경우 배열의 크기(size)를 별도의 인자로 함께 전달**해야 한다.

배열을 함수의 인자로 사용하는 예제는 연습문제를 풀면서 확인해 보기로 한다.

## 나. 상수 문자열을 다루는 배열과 포인터의 차이

```
printf("Say %s\n", "Hello World");
```

위 예제는 "Hello World"라는 문자열을 출력하는 가장 간단한 예제인데, 어떤 방식으로 동작하게 되는 것일까?

"Hello World"는 문자열인데, printf 함수의 인자로 어떻게 전달되는 것일까?

아래 도표를 이용해 확인해 보자.

■ "Hello World" 문자열의 이용 방식

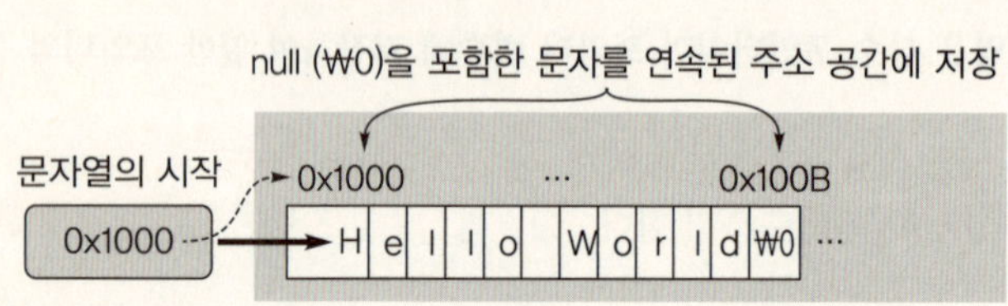


[소스코드] 문자열 출력과 문자열 중 일부 수정

```
 1: #include <stdio.h>
 2:
 3: void main(void)
 4: {
 5:   // Hello World 문자열의 주소를 확인해 본다
 6:   char * pString="Hello World";
 7:
 8:   // printf의 인자로 문자열의 주소(포인터)를 전달한다.
 9:   printf("Address[%x] -> %s\n", pString, pString);
10:
11:   // 아래는 문자열의 일부를 수정하려는 것인데,  잘못된 접근 오류가 발생한다.
12:   *(pString + 2)='L';
13: }
```

**해설**

- 9행 : "Hello World" 문자열의 주소를 이용하여, 문자열을 출력한다.
- 12행 : 문자열 중 3 번째, 즉 'l'을 'L'로 변경하려는 시도로 오류가 발생한다.

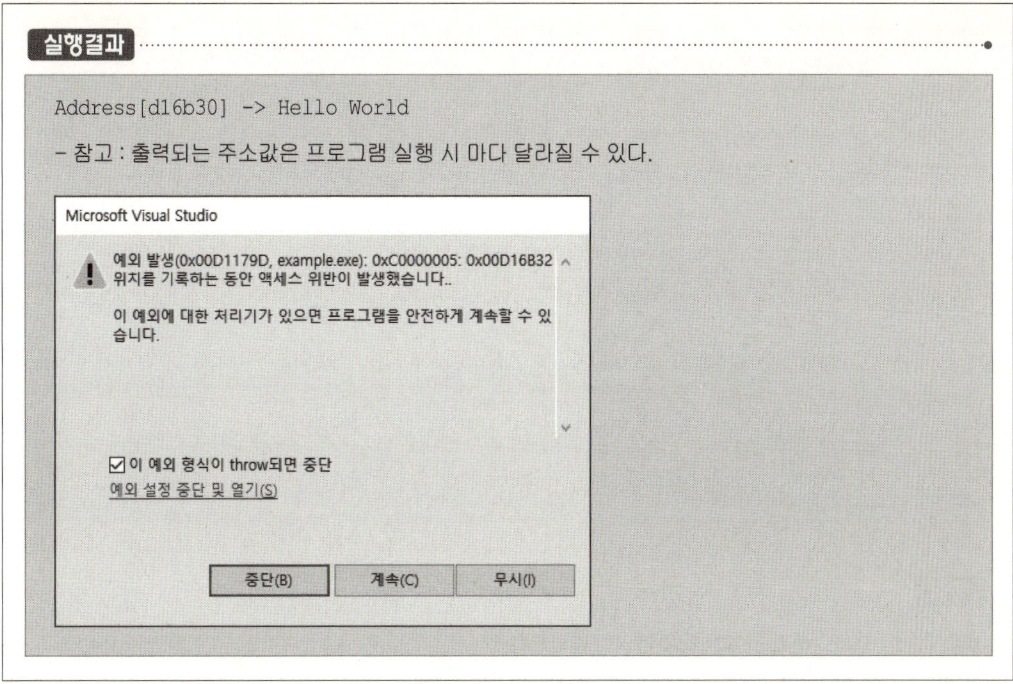

```
Address[d16b30] -> Hello World
```

- 참고 : 출력되는 주소값은 프로그램 실행 시 마다 달라질 수 있다.

위 예제에서 살펴본 바와 같이, "Hello World"는 메모리에 저장되어 주소값으로 참조할 수 있으나, 그 내용은 변경될 수 없다. 이러한 문자열을 상수 문자열이라고 한다.

**상수 문자열이란?**

메모리에 저장되어 **시작 주소로 참조하는 문자열**을 의미한다.

- 주소는 "문자열" 형식으로 참조할 수 있고, 문자열의 내용은 변경할 수 없다.

만일, 배열을 이용하여 문자열을 사용한다면 어떤 차이가 발생할까?

■ char strValule[ ]형식을 이용한 문자열 관리

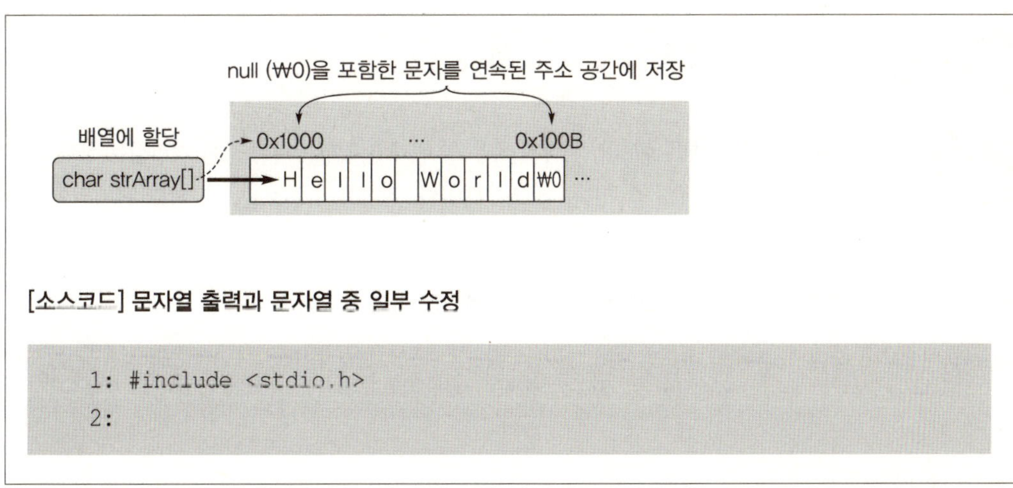


[소스코드] 문자열 출력과 문자열 중 일부 수정

```
1: #include <stdio.h>
2:
```

```
 3: void main(void)
 4: {
 5:    // Hello World 문자열의 주소를 확인해 본다.
 6:    char strArray[]="Hello World";
 7:
 8:    // printf의 인자로 문자열(배열명)의 주소를 전달한다.
 9:    printf("Address[%x] -> %s\n", strArray, strArray);
10:
11:    // 아래는 문자열의 일부가 정상적으로 수정된다.
12:    strArray[2]='L';
13:    printf("Address[%x] -> %s\n", strArray, strArray);
14: }
```

**해설**

9행 : "Hello World" 문자열을 배열명으로 출력한다.

12행 : 문자열 중 3 번째, 즉 'l'을 'L'로 변경한다.

**실행결과**

```
Address[4ffe9c] -> Hello World
Address[4ffe9c] -> HeLlo World
```

- 참고 : 출력되는 주소값은 프로그램 실행 시 마다 달라질 수 있다.

이와 같이 배열을 이용할 경우, 변경이 가능한 '변수 형태의 문자열'이 된다.

# 02 Point 배열의 인덱스와 포인터 연산

앞장에서 살펴본 바와 같이 배열명은 배열의 시작점 혹은 첫 번째 배열항목의 주소를 가리키는 상수 포인터로, 포인터 변수에 저장하여 이용할 수 있다. 추가로 배열의 각 항목의 주소는 배열명으로부터 '인덱스 x 타입의 크기'만큼 떨어져 있는 주소 값이 된다.

따라서, **배열과 배열의 각 항목은 포인터와 포인터 연산을 이용하여 접근하여 이용**할 수 있다.

예제를 이용하여 이러한 내용을 확인해 보자.

■ **1차원 배열의 인덱스와 포인터 연산의 관계**

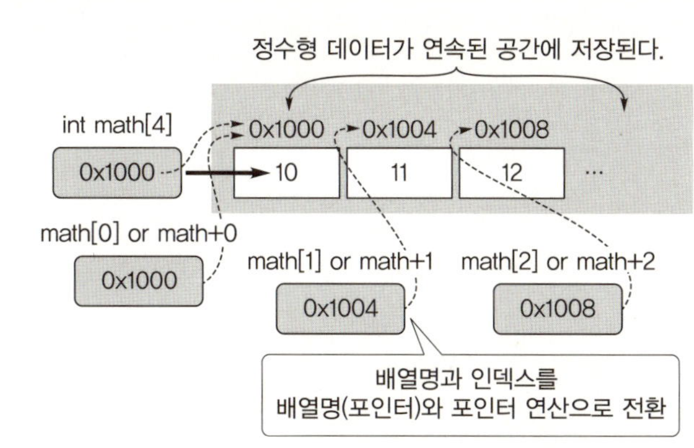


**[소스코드] 배열명과 인덱스 및 포인터의 관계**

```c
 1: #include <stdio.h>
 2:
 3: void main(void)
 4: {
 5:   int math[4]={ 10, 11, 12, 13 };
 6:
 7:   // 배열명과 인덱스를 이용하여 항목 출력
 8:   for(int i=0; i < 4; i++)
 9:   {
10:         printf("math[%d] -> %d\n", i, math[i]);
11:   }
12:
13:   printf("--------------------\n");
14:
15:   // 배열명(포인터)와 포인터 연산을 이용하여 항목 출력
16:   for(int i=0; i < 4; i++)
17:   {
18:         printf("math[%d] -> %d\n", i, *(math + i));
19:   }
20: }
```

**해설**

- 7~11행 : 배열명과 인덱스를 이용하여 내용 출력
- 15~19행 : 배열명을 포인터로 하여, 포인터 연산을 통해 내용 출력
  두개의 출력은 동일하다.

---

**실행결과**

```
math[0] -> 10
math[1] -> 11
math[2] -> 12
math[3] -> 13
-------------------
math[0] -> 10
math[1] -> 11
math[2] -> 12
math[3] -> 13
- 참고 : 출력되는 주소값은 프로그램 실행 시 마다 달라질 수 있다.
```

위 예제에서 확인한 바와 같이 인덱스를 이용한 배열항목 접근은 포인터 연산을 이용한 값 접근 방식으로 대치될 수 있다.

---

다음 2개의 표현은 동일하다.

math[index] == *(math + index)

마찬가지로, 다음 두개의 주소도 동일하다.

&math[index] == math + index

---

**TIP** int math[10]; 선언한 배열의 sizeof(math)와 sizeof(&math[0])의 관계

배열명은 배열의 시작 주소를 가리키는 상수 포인터이며, 첫 번째 항목이 저장된 주소값과 동일함을 확인하였다.

하지만, **같은 주소값을 갖는 math와 &math[0]의 크기(sizeof( )연산)는 다르다.** 예제를 통해 살펴보자.

[소스코드] sizeof(math)와 sizeof(&math[0])의 비교

```
1: #include <stdio.h>
2:
3: void main(void)
4: {
5:     int math[4]={ 10, 11, 12, 13 };
6:
7:     printf("size of array[] -> %d\n", sizeof(math));
8:     printf("size of array[0] -> %d\n", sizeof(&math[0]));
9: }
```

- 7행 : 배열의 크기는 배열 전체의 크기이므로, 여기서는 16이 된다. 즉, '배열 타입의 크기 x 항목개수'로 sizeof(int) x 4가 된다.
- 8행 : 배열과 첫 번째 항목의 주소가, int형을 가리키는 항목이므로 4가 출력된다. 이와 같이, 동일한 주소일지라도 어떠한 의미로, 해석하느냐에 따라 sizeof( ) 연산의 결과가 다르게 된다.

**실행결과**

```
size of array[] -> 16
size of array[0] -> 4
```

# 03 Point 1차원 포인터 배열

여러 개의 포인터를 1차원 배열로 관리할 수 있다.

### 1차원 포인터 배열이란?

포인터(주소)값을 항목으로 갖는 배열을 의미한다.
- 동일한 포인터 타입을 항목으로 가져야 하며, 일반 배열과 동일한 방식으로 이용한다.

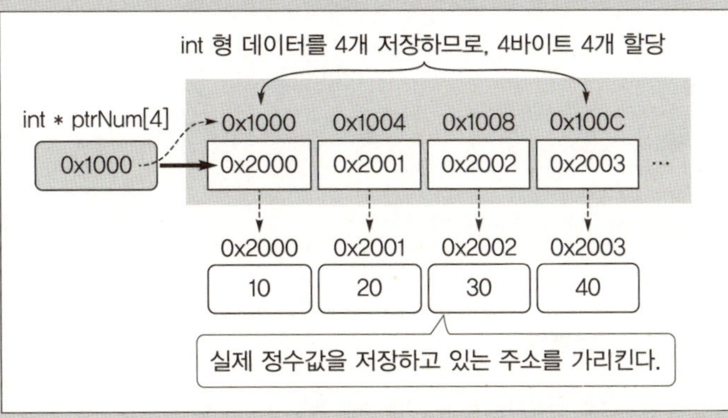


■ **1차원 포인터 배열의 선언과 이용**

```
1: #include <stdio.h>
2:
3: void main(void)
4: {
```

```
 5:    int nNum_1=10;
 6:    int nNum_2=12;
 7:    int nNum_3=30;
 8:    int nNum_4=40;
 9:
10:    // int형 포인터 배열을 선언한다.
11:    int * ptrArray[4]={ &nNum_1, &nNum_2, &nNum_3, &nNum_4 };
12:
13:    // 포인터 배열의 값을 출력하여 확인한다.
14:    for(int i=0; i < 4; i++)
15:    {
16:            printf("ptrArray[%d]: [%x] -> [%d]\n", i, ptrArray[i], *ptrArray[i]);
17:    }
18: }
```

**해설**

- 11행 : 정수형 포인터를 항목으로 하는 배열을 선언하고, 적절한 주소값으로 초기화한다.
- 13~17행 : 포인터 배열도 일반 배열처럼 첨자(인덱스)로 접근하여 이용한다.

  만일, 포인터를 이용하여 주소에 저장된 값을 변경하면, 대상 정수형 변수의 값도 변경될 것이다.

**실행결과**

```
ptrArray[0]: [eff76c] -> [10]
ptrArray[1]: [eff760] -> [12]
ptrArray[2]: [eff754] -> [30]
ptrArray[3]: [eff748] -> [40]
```

- 참고 : 출력되는 주소값은 프로그램 실행 시 마다 달라질 수 있다.

**TIP** 가변 길이의 항목을 관리하는 1차원 포인터 배열

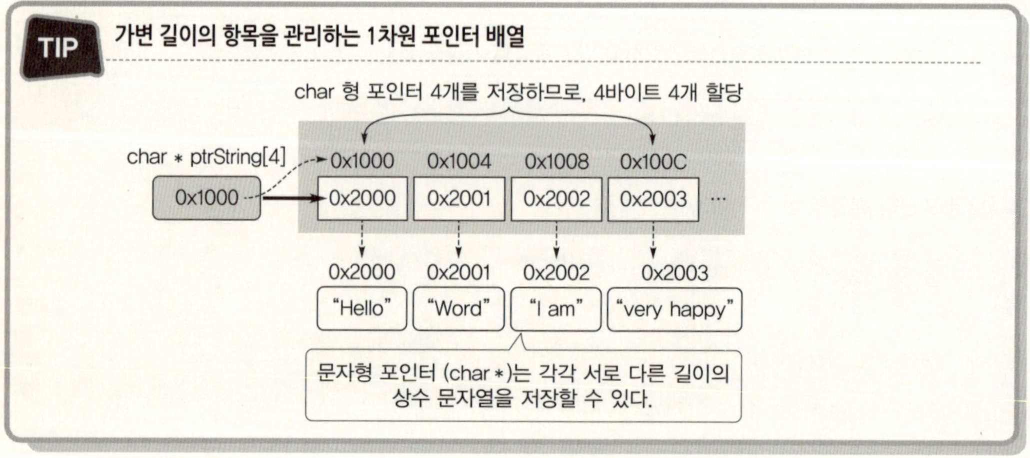

위 1차원 포인터 배열은 각 항목으로 상수 문자열을 저장하고 있다. 비록, 배열의 각 항목은 char*형으로 동일한 타입이지만 타겟팅하고 있는 데이터는 각각 다른 길이의 문자열이 되는 것이다.

이와 같이 **포인터 배열을 이용하면, 각각 다른 크기(길이)의 데이터에 대한 주소를 항목으로 관리하여 '가변길이 배열의 효과'를 가질 수 있다.**

보다 자세한 내용은 '다차원 배열'과 '동적 할당' 주제에서 살펴보기로 한다.

## Point 04  배열과 포인터 연습문제

**Q1** 10, 20, 30, 40을 항목으로 하는 정수형 배열을 math[4]로 선언하고, 이를 인자로 하여 배열의 합계를 계산하여 출력하는 함수를 작성하시오.

**정답**

**[소스코드]**

```c
1: #include <stdio.h>
2:
3: void showsum(int * pArray, size_t size);
4:
5: void main(void)
6: {
7:   int math[4]={ 10, 20, 30, 40 };
8:
9:   // 1차원 배열의 포인터와 배열의 항목 개수를 전달한다.
10:   showsum(math, sizeof(math) / sizeof(int));
11: }
12:
13: void showsum(int * pArray, size_t size)
14: {
15:   int total=0;
16:   for(int i=0; i < size; i++)
17:   {
18:         total += pArray[i];
19:   }
20:
21:   printf("sum=%d\n", total);
22: }
```

**[실행결과]**

```
sum=100
```

**해설**

- 10행 : 배열의 항목 개수는 (배열의 크기/배열타입의 크기)로 계산할 수 있으므로, sizeof(math) / sizeof(int)로 전달한다.
- 18행 : 인자로 전달받은 배열포인터와 첨자(인덱스)를 이용하여 배열의 각 항목을 접근할 수 있다.

**Q2** "Blue", "Yellow", "Red", "Green"의 4가지 상수 문자열을 항목으로 하는 포인터 배열을 선언하고 출력하시오.

**정답**

**[소스코드]**

```c
1: #include <stdio.h>
2:
3: void main(void)
4: {
5:    // 문자형 포인터 배열을 선언하고, 상수 문자열(주소)로 초기화 한다.
6:    char * arrayString[]={ "Blue", "Yellow", "Red", "Green" };
7:
8:    for(int i=0; i < sizeof(arrayString) / sizeof(char*); i++)
9:    {
10:           printf("%s\n", arrayString[i]);
11:    }
12: }
```

**[실행결과]**

```
Blue
Yellow
Red
Green
```

**해설**

- 6행 : 상수문자열은 문자열이 저장된 메모리의 시작 주소를 가리키는 상수 포인터다.
  이를 이용하여 문자형(char) 포인터 배열을 초기화 한다.

**Q3** 10, 20, 30, 40, 50, 60, 70, 80, 90, 100의 정수형 데이터를 항목으로 하는 math[10]을 선언하고, 2 번째, 4 번째, 6 번째, 8 번째 항목을 출력하시오.(단, 항목의 순서는 0 번째부터 시작한다고 가정하며, 포인터 변수 1개와 연산자를 이용하여 작성한다.)

**정답**

**[소스코드]**

```c
1: #include <stdio.h>
2:
3: void main(void)
4: {
5:   int math[10]={ 0, };
6:
7:   // math 배열의 인덱스를 이용하여 각 항목의 값을 주어진 값으로 설정한다.
8:   for(int i=0; i < 10; i++)
9:   {
10:          math[i]=(i + 1) * 10;
11:   }
12:
13:   // 정수형 포인터에 math 배열명을 저장하여, 참조할 수 있게 한다.
14:   int* pVar=math;
15:
16:   // 2 번째, 4 번째, 6 번째 8 번째 항목을 출력한다.
17:   printf("%d, %d, %d, %d\n",
18:          *(pVar + 2), *(pVar + 4), *(pVar + 6), *(pVar + 8));
19: }
```

**[실행결과]**

```
30, 50, 70, 90
```

**해설**

- 17행 : 포인터 변수에 + 연산을 하면, 데이터 타입에 따라 주소값이 증가된다. 따라서, 배열의 해당 위치에 대한 항목을 참조할 수 있다.

**Q4** 수학점수를 저장하는 정수형 변수 4개를 각각 선언하고, 10, 20, 30, 40으로 초기화 하시오. 선언한 변수의 주소를 항목으로 하는 정수형 포인터 배열을 선언하고, 변수의 주소로 초기화 하시오. 선언한 포인터 배열을 이용하여, 정수형 변수의 값을 10씩 각각 증가시키고, 화면에 출력하시오.

**정답**

**[소스코드]**

```
 1: #include <stdio.h>
 2:
 3: void main(void)
 4: {
 5:    // 정수형 포인터 배열을 선언하고, 미리 선언한 정수형 배열의 항목 주소를
 6:    // 초기값으로 지정한다.
 7:    int math[4]={ 10, 20, 30, 40 };
 8:    int *pMarhArry[4]={ math, math + 1, math + 2, math + 3 };
 9:
10:    for(int i=0; i < 4; i++)
11:    {
12:            *pMarhArry[i] += 10;
13:    }
14:
15:    printf("%d, %d, %d, %d\n", math[0], math[1], math[2], math[3]);
16: }
```

**[실행결과]**

```
20, 30, 40, 50
```

**해설**

- 12행 : int형 포인터 배열이므로, 이를 간접 연산자를 이용하여 원본 값을 변경할 수 있다.
- 15행 : 10씩 증가한 값이 출력된다.

**Q5** "ABCDEF"의 문자열로 1차원 배열을 초기화하여 선언하고 출력하시오. 문자열이 "FEDCBA"로 역순이 되도록 배열항목을 변경하고 출력하시오.(단, 포인터 변수를 이용하여 각 항목 데이터를 처리한다.)

**정답**

**[소스코드]**

```
 1: #include <stdio.h>
 2:
 3: // 2개의 변수값을 Call-by-Reference형식으로 교환하는 함수
 4: void swap(char* x, char* y)
 5: {
```

```
 6:   char temp=*x;
 7:   *x=*y;
 8:   *y=temp;
 9: }
10:
11: void main(void)
12: {
13:   char arrayString[]="ABCDEF";
14:
15:   printf("%s\n", arrayString);
16:
17:   // 1차원 문자열 배열을 문자 포인터형 주소에 저장하여 이용한다.
18:   char *pVar=arrayString;
19:
20:   swap(pVar, pVar + 5); // 0, 5 번째 교환
21:   swap(pVar + 1, pVar + 4);   // 1, 4 번째 교환
22:   swap(pVar + 2, pVar + 3);   // 2, 3 번째 교환
23:
24:   printf("%s\n", arrayString);
25: }
```

**[실행결과]**

```
ABCDEF
FEDCBA
```

**해설**

• 20~22행 : 배열 항목을 가리키는 포인터를 각각 이용하여, 해당 위치에 저장된 값을 서로 교환한다.

# 배열과 포인터의 확장

C 언어의 2차원, 3차원 배열은 1차원 배열의 확장으로 이해할 수 있으며, 포인터를 이용하여 각 항목에 접근할 수 있다. 또한, C 언어의 다중 포인터(더블 포인터)도 포인터의 기본 개념을 확장하여 이해할 수 있다. C 언어가 제공하는 함수 포인터는 실행코드인 함수가 저장된 메모리 주소에 접근하여 원하는 함수를 실행할 수 있다.

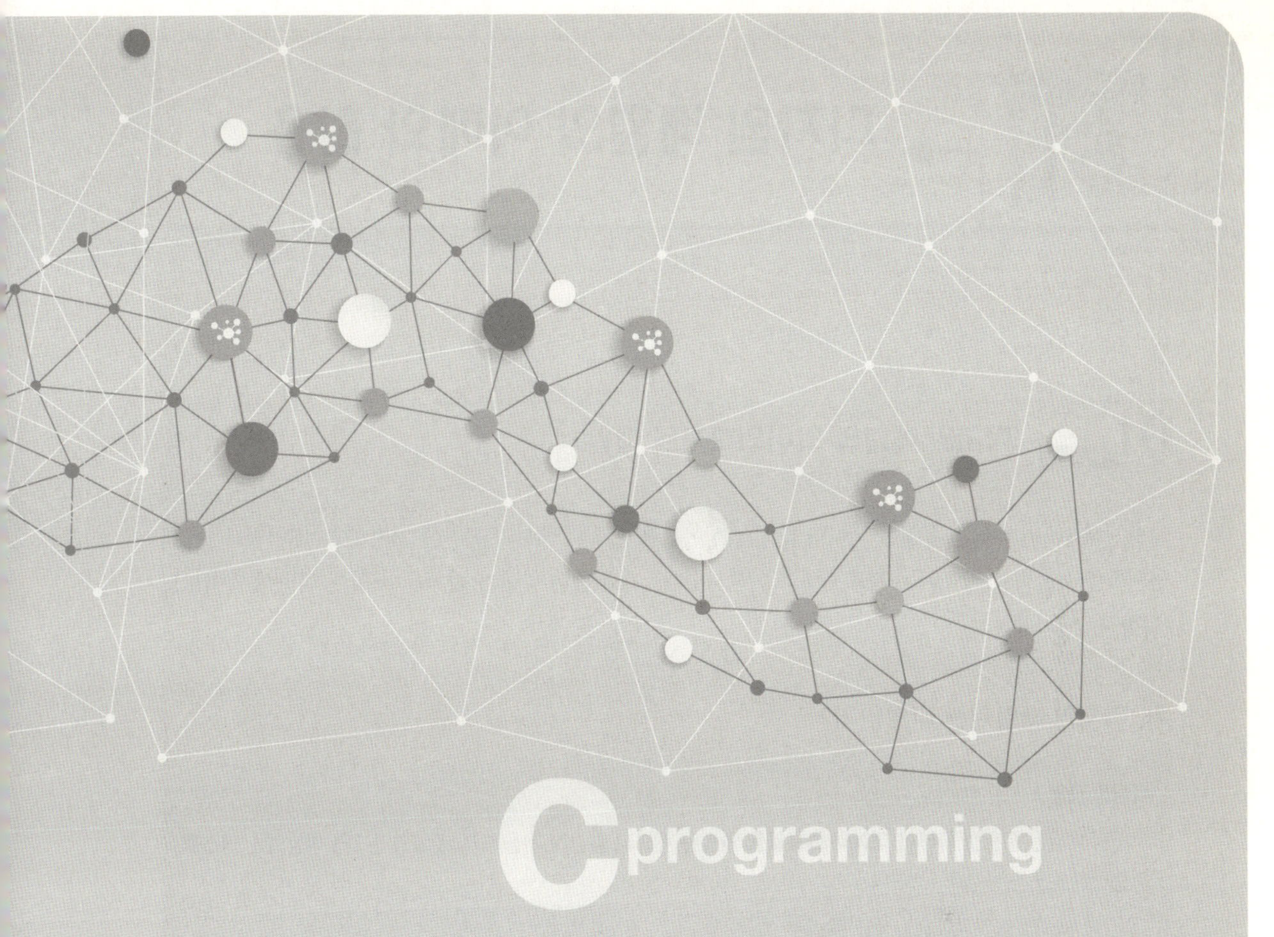

Cprogramming

# 다차원 배열의 이해와 활용

## 01 Point 다차원 배열의 의미와 2차원 배열

앞장에서 1차원 배열은 동일한 데이터 타입의 항목들을 연속된 메모리 공간에 저장하고, 배열명과 1개의 인덱스를 이용하여 참조하는 자료구조로 이해하였다. 이제 좀더 나아가 다차원 배열에 대하여 알아보도록 하자.

### 가. 다차원 배열이란 무엇인가?

**다차원 배열**

다차원 배열은 **동일한 타입의 데이터 항목들을 연속된 메모리 공간에 저장**하고, 배열명과 **2개 이상의 인덱스를 이용**하여 참조하는 자료구조이다.
- array[1][2]와 같이 2개의 인덱스(첨자)를 이용하는 경우, 2차원 배열이라 한다.
- array[1][2][3]과 같이 3개의 인덱스를 이용하는 경우, 3차원 배열이라 한다.

1차원 배열과 비교하여 살펴보면, 다차원 배열의 특징을 좀더 잘 확인할 수 있다.

■ 1차원 배열과 다차원 배열의 비교

| 구분 | 1차원 배열 | 다차원 배열 |
|---|---|---|
| 공통점 | – **동일한 타입의 항목들로 구성**된다.<br>– 연속된 메모리 공간에 저장되며, 배열명과 인덱스로 참조한다. | |
| 차이점 | – 1개의 인덱스로 항목 참조 | – **다수개의 인덱스**로 항목 참조 |
| 사례 | – 1개의 문자열을 배열에 저장하여 이용 | – 2차원 행렬을 2차원 배열에 저장<br>– 보통 2차원, 3차원 배열까지 이용 |

### 나. 2차원 배열의 선언

다차원 배열의 가장 기본적인 형태가 2차원 배열이며, 3차원 배열은 2차원 배열의 확장으로 이해할 수 있다. 따라서, 2차원 배열에 대한 이해는 다차원 배열을 이해하고 활용하는데 중요하다.

이제, 가로(row) x 세로(column)로 구성된 2차원 행렬을 참고하여 2차원 배열의 선언 방법을 알아 보자.

## ■ 3행 x 4열의 행렬

위 3x4 행렬은 총 3개의 행이 있고, 각 행은 총 4개의 열로 구성되어 있다. 또한 각 위치는 (행, 열)의 형식, 즉 (1행, 1열), (1행, 2열), …… 과 같이 참조한다.

이러한 2차원 행렬을 2차원 배열에 매핑(mapping)하여 살펴보자.

## ■ 4개의 항목을 가진 1차원 배열을 3개 모아 놓은 모습

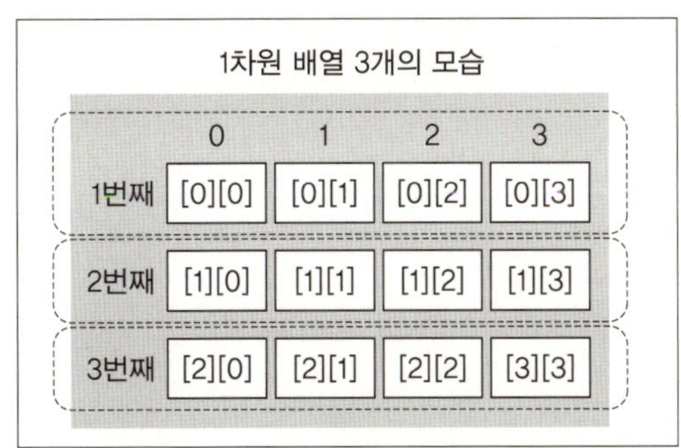


이와 같이, 2차원 배열은 2차원 행렬과 유사한 개념으로 이해할 수도 있고, 1차원 배열을 여러 개 묶어 놓은 것으로 접근할 수도 있다.

2차원 배열은 배열을 구성하는 '자료형'과 '배열이름', 그리고 배열의 '항목 개수'를 '행과 열의 개수'로 선언한다. 이를 1차원 배열의 묶음으로 바라보면, 1차원 배열의 개수와 각 배열의 크기로 정의한다고 할 수 있다.

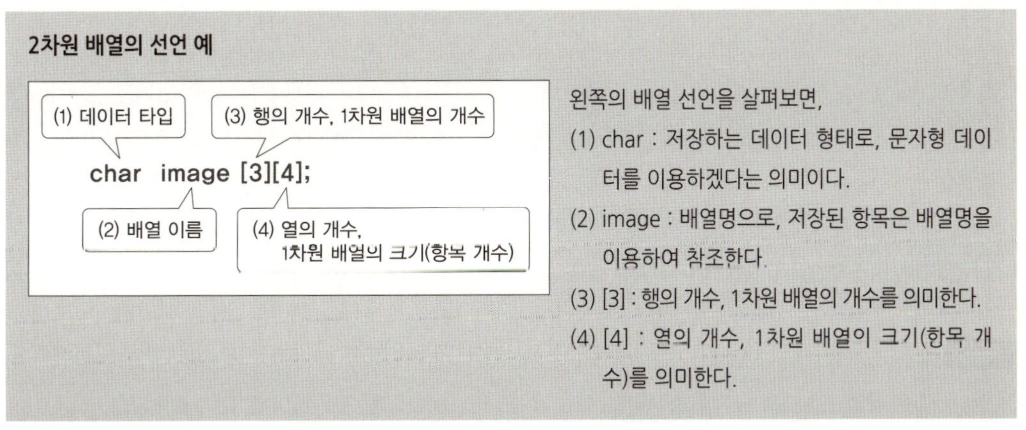


왼쪽의 배열 선언을 살펴보면,
(1) char : 저장하는 데이터 형태로, 문자형 데이터를 이용하겠다는 의미이다.
(2) image : 배열명으로, 저장된 항목은 배열명을 이용하여 참조한다.
(3) [3] : 행의 개수, 1차원 배열의 개수를 의미한다.
(4) [4] : 열의 개수, 1차원 배열이 크기(항목 개수)를 의미한다.

이와 같은 방식으로 문자(char)형 변수 12개(3x4개)로 구성된 2차원 배열을 image라는 이름으로 선언하고 사용하게 되며, image[0][0], image[0][1], ……과 같이 배열이름과 2개의 인덱스를 이용하여 각 항목에 접근하여 이용할 수 있다.

이렇게 선언한 배열이 메모리 상에 어떻게 위치하게 되는지 살펴보자.

■ char image[3][4];로 선언한 2차원 배열의 메모리 배치

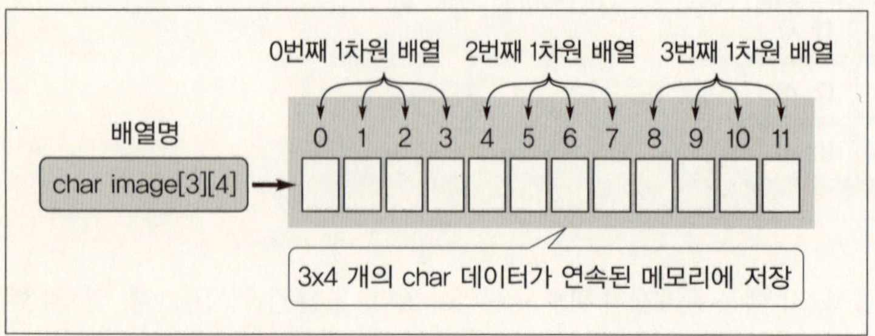


**- 2차원 배열의 메모리 배치는 1차원 배열이 순차적으로 저장된 형식으로 구성**된다.

■ char image[3][4];로 선언한 2차원 배열의 크기와 주소값

```c
 1: #include <stdio.h>
 2:
 3: void main(void)
 4: {
 5:   // 2차원 배열 image를 선언하고, 초기화 한다.
 6:   // 초기화 방법은 이후에 다시 살펴보기로 하고, 지금은 이대로 이용한다.
 7:   char image[3][4]={ 0, };
 8:
 9:   printf("size of array: %d\n", sizeof(image));
10:
11:   // 배열의 첨자를 이용하여, 각 항목이 저장된 주소를 출력한다.
12:   for(int i=0; i < 3; i++)
13:   {
14:         for(int j=0; j < 4; j++)
15:         {
16:                 printf("image[%d][%d] : address[%x]\n", i, j, &image[i][j]);
17:         }
18:   }
19: }
```

**해설**

• 9행 : 2차원 배열 image의 크기를 출력한다. 행 x 열 x sizeof(타입형)으로 하여 총 12가 출력된다.

- 12~18행 : 배열의 인덱스를 이용하여, 각 항목에 접근하며, 각 항목의 주소를 출력한다. 총 12개의 주소가 연속된 공간에 배치됨을 확인할 수 있다.

**실행결과**

```
size of array: 12
image[0][0] : address[78fcd0]
image[0][1] : address[78fcd1]
image[0][2] : address[78fcd2]
image[0][3] : address[78fcd3]
image[1][0] : address[78fcd4]
image[1][1] : address[78fcd5]
image[1][2] : address[78fcd6]
image[1][3] : address[78fcd7]
image[2][0] : address[78fcd8]
image[2][1] : address[78fcd9]
image[2][2] : address[78fcda]
image[2][3] : address[78fcdb]
```

– 참고 : 출력되는 주소값은 프로그램 실행 시 마다 달라질 수 있다.

### 다. 2차원 배열의 초기화

2차원 배열을 선언한 후 다양한 방법으로 초기화 할 수 있으며, 선언과 초기화를 동시에 수행할 수도 있다.

```
char image[3][4];
```

로 선언한 배열의 전체 항목을 'O'(대문자 O)로 초기화하는 방법을 각각 살펴보자.

### ■ 배열의 항목을 각각 초기화 하는 방법

```
int main(void)
{
    ...
    char image[3][4];
    for(int i=0; i<3; i++)
            for(int j=0; j<4; j++)
            {
                    image[i][j]='O';
            }
    ...
}
```

위 예제는 첨자(index)를 이용하여, 2차원 배열의 각 항목을 접근하고 문자 'O'를 대입하여 초기화하는 코드로, 가장 먼저 생각할 수 있는 방법이다. 첨자를 이용한 2차원 배열 항목 접근 방법은 '2차원 배열의 항목 접근'에서 다시 설명한다.

■ 2차원 배열 전체의 메모리 영역을 특정 값 'O(대문자 O)'로 초기화 하는 방법

```c
#include <string.h>

int main(void)
{
    ...
    char image[3][4];
    memset(image, 'O', sizeof(image));
    ...
}
```

앞서 살펴본 바와 같이 2차원 배열을 구성하는 배열항목은 **연속된 메모리 영역에 저장되므로, 2차원 배열의 첫 항목부터 마지막 항목까지의 전체 메모리 영역을 특정값으로 설정**하는 방법이다.

■ 2차원 배열의 선언과 함께 특정값 'O(대문자 O)' 혹은 'X(대문자 X)'로 초기화 하는 방법

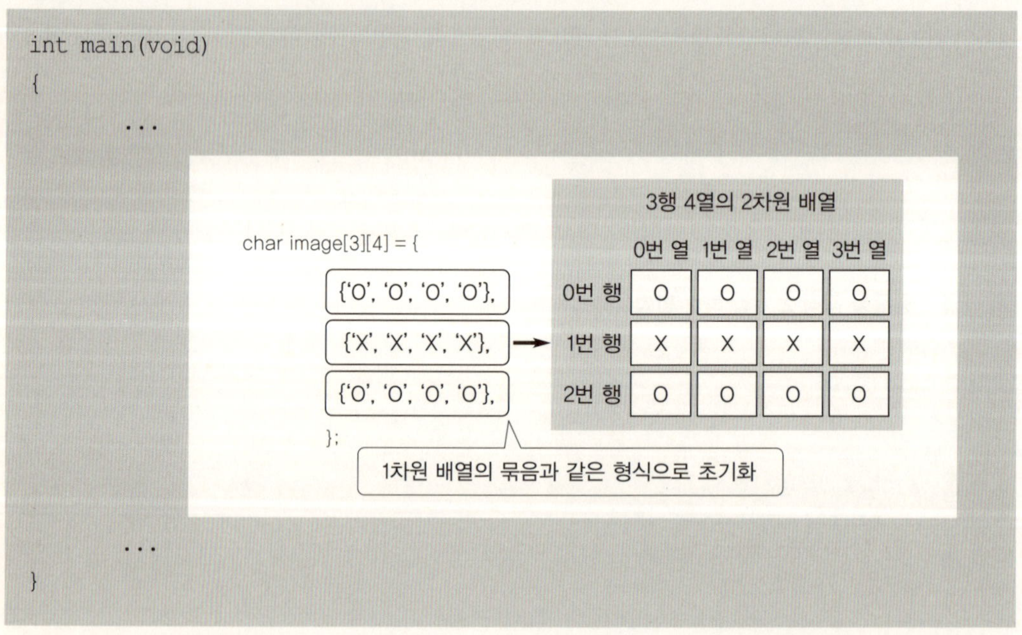


배열의 선언과 함께 배열 항목 수만큼의 초기값을 지정하는 방식으로, 3x4로 선언한 배열이므로 '4개의 데이터'를 하나의 묶음으로 하여 총 3묶음의 초기값이 지정된다. 즉, 4개 문자를 이용하여 1차원 배열을 초기화 하되, 총 3개의 1차원 배열을 포함하는 형식이 된다.

또한, 1차원 배열의 초기값 생략의 사례와 같이 특정 위치 이후의 항목을 0으로 초기화 할 수 있다.

### ■ 1차원 배열의 초기값을 생략하는 방식으로 초기화

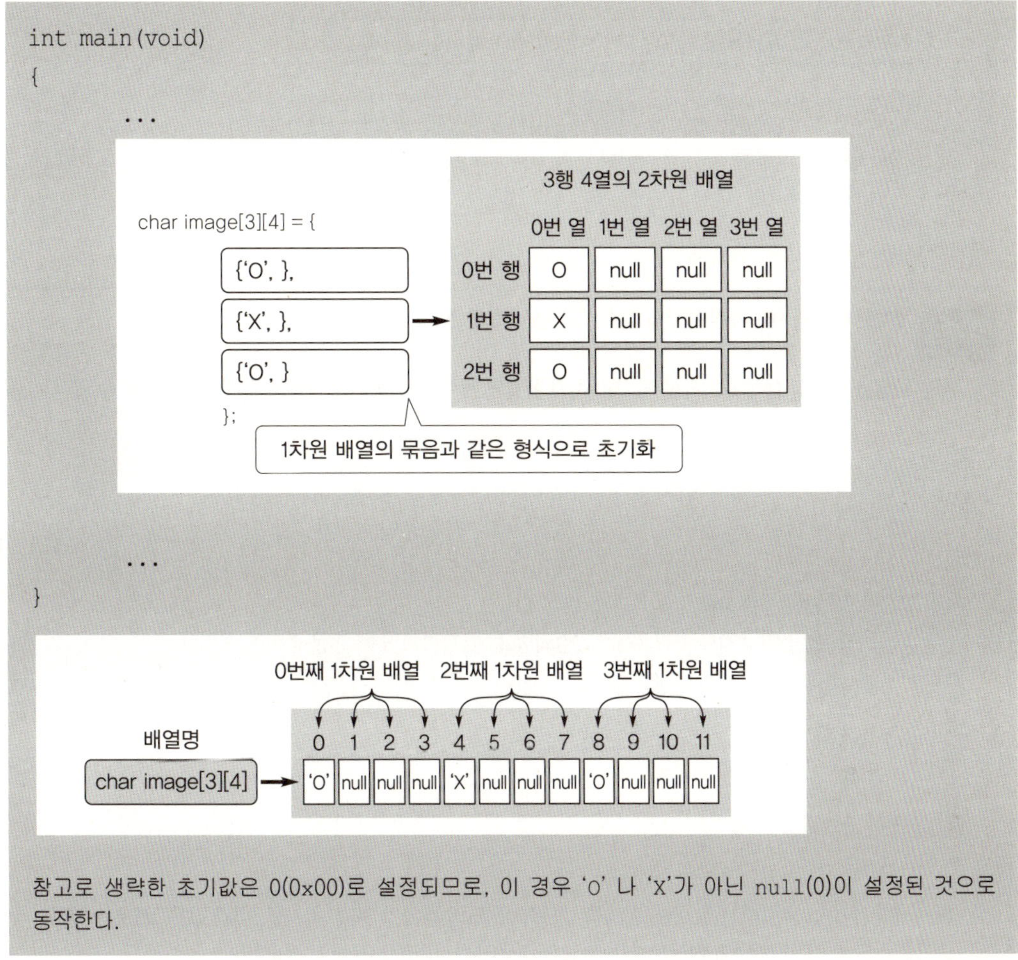


참고로 생략한 초기값은 0(0x00)로 설정되므로, 이 경우 'o' 나 'x'가 아닌 null(0)이 설정된 것으로 동작한다.

마지막으로, 행, 열의 차원 구분없이 연속된 값을 지정하여 초기화 할 수도 있다.

### ■ 연속된 값을 지정한 초기화 방식

```
int main(void)
{
    ...

    char image[3][4]={ 'O', 'O', 'O', 'X', };
    ...
}
```

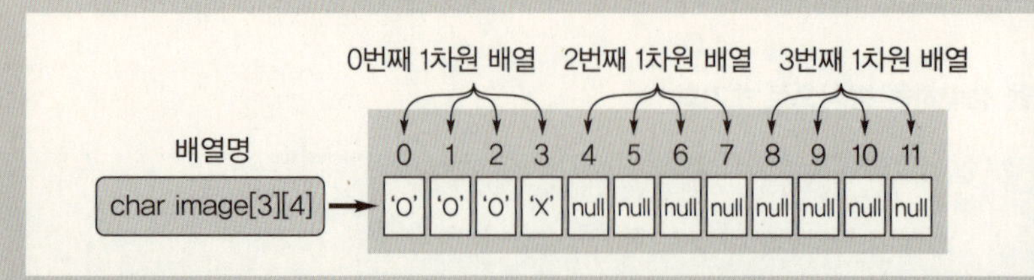



3x4의 연속된 메모리 공간에 초기화 데이터가 순차적으로 적재되고, 생략된 초기화 데이터는 0(0x00)이다. 즉, null로 초기화 된다.

---

**TIP**  2차원 배열의 행(1차원 행렬의 개수) 크기를 생략한 후, 초기화 하기

**2차원 배열을 선언과 함께 초기화할 때, 행(1차원 행렬의 개수)을 생략하고 자동으로 계산**되도록 할 수 있다.

```
int main(void)
{

        ...
        int degree[][4]={0, 1, 2, 3, 4, 5, 6, 7};
        // 초기값으로 0~7까지 8개가 지정되었고, 한 행(1차원 배열)은 4개의
        // 열(항목)으로 구성되어 있다고 명시했으므로, 총 2개의 행으로
        // 자동 설정할 수 있다.(8을 4로 나눈 값)
        ...

}
```

- 위 예제에서 degree[][4]는 degree[2][4]로 자동 계산되어 컴파일 된다. 하지만, 위와 같은 코드는 배열의 크기를 직관적으로 파악하기 어려우므로, 필요한 경우에 한정하여 사용하길 권장한다.

## 라. 2차원 배열의 항목 접근

2차원 배열의 항목을 접근하여 이용할 때, 아래 4가지를 주의해야 한다.

**2차원 배열의 항목 접근**

- 배열의 항목 위치를 지정하는 **첨자(index)는 0에서 시작**한다.
- 배열의 항목은 순차적으로 접근한다.
- 배열의 행 첨자는 배열의 행 크기보다 작아야 한다.
- 배열의 열 첨자는 배열의 열 크기보다 작아야 한다.

■ 첨자를 이용한 2차원 배열의 항목 접근

```
char image[2][4]={ {'o', 'o', 'o', 'o'}, {'x', 'x', 'x', 'x'} };
```
와 같이 총 2x4의 2차원 배열을 선언한 경우,

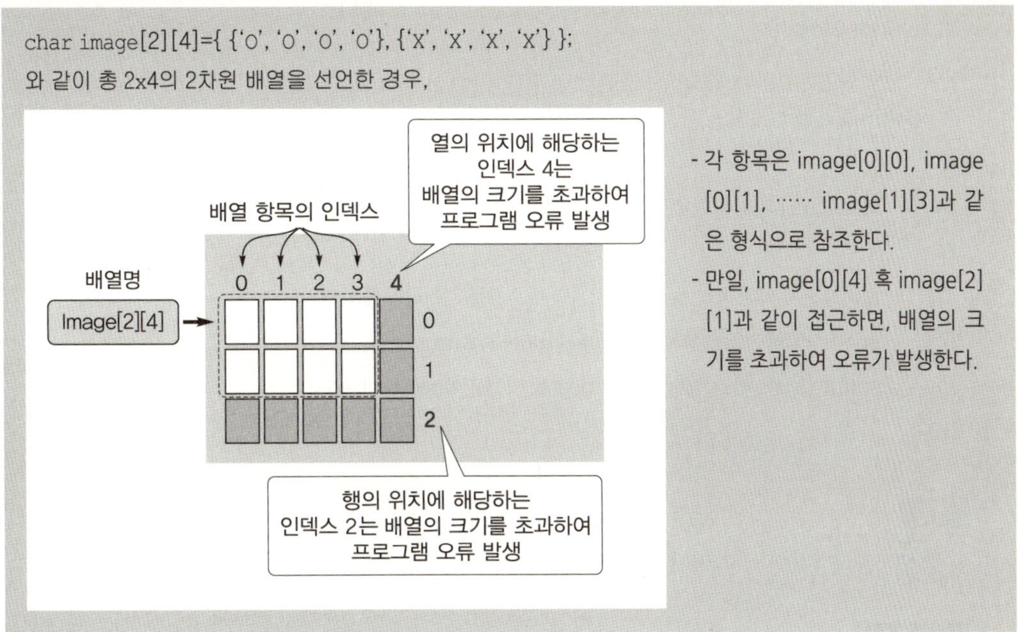


- 각 항목은 image[0][0], image[0][1], …… image[1][3]과 같은 형식으로 참조한다.
- 만일, image[0][4] 혹 image[2][1]과 같이 접근하면, 배열의 크기를 초과하여 오류가 발생한다.

> **TIP** **2차원 배열 항목의 주소 계산**
>
> ```
> int degree [4][4]={0,};
> ```
> 으로 선언된 2차원 배열에서 특정 항목의 주소는 어떻게 계산할 수 있을까?
>
> 우리는 앞장에서 **배열명은 첫 번째 항목의 주소이며, 배열의 항목은 연속된 주소 공간에 저장**됨을 확인하였다.
>
> 따라서, 2차원 배열의 경우 다음과 같은 수식을 이용할 수 있다.
>
> 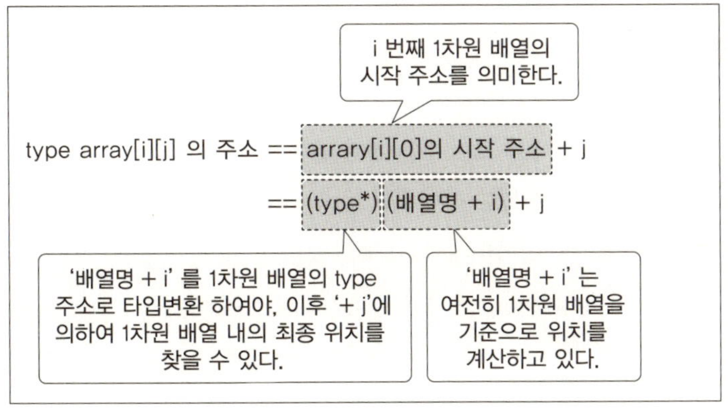
> 
>
> 이러한 수식에 띠라, degree[1][2]의 주소값을 계산해보자.

**[소스코드] degree[1][2] 주소값 계산**

```
1: #include <stdio.h>
2:
3: void main(void)
4: {
5:     int degree[4][4]={ 0, };
6:
7:     // 정해진 수식에 따라 degree[1][2]의 주소값을 계산하여 출력한다.
8:     printf("[%x] : [%x] \n", &degree[1][0]+2, &degree[1][2]);
9:     printf("[%x] : [%x] \n",(int*)(degree+1)+2, &degree[1][2]);
10: }
```

**해설**

• 9행 : 1차원 배열 내의 해당 위치를 참조하기 위하여(int*)로 타입캐스팅하였다.

**실행결과**

```
[4ff8f8] : [4ff8f8]
[4ff8f8] : [4ff8f8]
```

- 참고 : 출력되는 주소값은 프로그램 실행 시 마다 달라질 수 있다.

# 02 Point   3차원 배열

우리는 앞에서 '**2차원 배열은 1차원 배열이 여러 개 모여 있는 것과 같다.**'는 것을 확인하였다. 이와 마찬가지로 '**3차원 배열은 2차원 배열이 여러 개 모여 있는 것과 같다.**'라고 할 수 있다.

**3차원 배열의 개념과 특징**

3차원 배열은 2차원 배열이 여러 개 모여있는 형태이다.

■ **3차원 배열의 개념도**

3차원 배열의 선언과 접근은 2차원 배열이 확장된 것으로, 기본적인 구조와 방법은 2차원 배열의 경우와 동일하다. 따라서, 예제 코드를 이용하여 3차원 배열의 사용법을 2차원 배열과 비교하며 확인해 보도록 하자.

■ **3차원 배열의 활용 예제**

```c
 1: #include <stdio.h>
 2:
 3: void main(void)
 4: {
 5:    // 3차원 배열은 내부적으로 2차원 배열을 여러개 포함한 형태로 볼 수 있다.
 6:    // 따라서, 3차원 배열의 초기화는 내부에 포함된 2차원 배열들을 각각 초기화하는 것으로 구현할 수 있다.
 7:    int image[2][2][4]={
 8:            // 첫 번째 2차원 배열
 9:            {
10:                    { 'O', 'O', 'O', 'O' },
11:                    { 'X', 'X', 'X', 'X' }
12:            },
13:            // 두 번째 2차원 배열
14:            {
15:                    { 'O', 'X', 'O', 'X' },
16:                    { 'X', 'O', 'O', 'X' }
17:            }
18:    };
19:
20:    // 3차원 배열의 각 항목을 3개의 첨자(인덱스)를 이용하여 접근한다.
```

```
21:    for(int i=0; i < 2; i++)
22:    {
23:           for(int j=0; j < 2; j++)
24:           {
25:                   for(int k=0; k < 4; k++)
26:                   {
27:                           printf("%c", image[i][j][k]);
28:                   }
29:                   printf("\n");
30:           }
31:    }
32: }
```

**해설**

- 7~18행 : 3차원 배열을 2차원 배열의 모음으로 초기화 한다.
- 21~31행 : 3차원 배열을 3개의 첨자(인덱스)로 순환하며 출력한다.

**실행결과**

```
OOOO
XXXX
OXOX
XOOX
```

> **TIP  4차원 배열이란?**
>
> **4차원 배열은 3차원 배열이 여러개 모여있는 형태로,**
>
> char image[2][2][2][4];
>
> 와 같은 형식을 가지며, 기본적인 구조와 방법은 2차원, 3차원 행렬과 동일하다. 하지만, 4개의 첨자(index)를 이용한 복잡한 구조이므로, 실무 프로젝트에서는 2차원 배열 및 3차원 배열을 주로 사용하고, 4차원 이상의 배열은 많이 사용하지 않는다.

## Point 03 · 다차원 배열 연습문제

**Q1** 정수형 데이터를 저장하는 2차원 배열 degree[4][4]를 선언 한 후, 각 항목 값을 '행번호+ 열번호'의 값으로 설정하고. 전체 배열 항목의 합계와 평균값을 출력하시오.
(예 : degree[1][2]의 값은 1+2로 3이 된다.)

**정답**

**[소스코드]**

```c
 1: #include <stdio.h>
 2:
 3: void main(void)
 4: {
 5:   int degree[4][4]={ 0, };
 6:
 7:   // 2차원 배열은 2개의 첨자(인덱스)를 이용하여 항목에 접근한다.
 8:   for(int i=0; i < 4; i++)
 9:   {
10:         for(int j=0; j < 4; j++)
11:         {
12:                 degree[i][j]=i + j;
13:         }
14:   }
15:
16:   int sum=0;
17:   for(int i=0; i < 4; i++)
18:   {
19:         for(int j=0; j < 4; j++)
20:         {
21:                 sum +=degree[i][j];
22:         }
23:   }
24:
25:   printf("sum [%d] -> ave[%d]\n", sum, sum /(4*4));
26: }
```

**[실행결과]**

```
sum [48] -> ave[3]
```

**해설**

• 코드 내에서 2차원 배열의 항목을 참고하기 위해 i, j의 두 첨자(인덱스)를 이용하고 있음을 확인한다.

**Q2** 문자형(char) 자료를 저장하는 2차원 배열 image[2][4]를 선언하고, 모두 'O(대문자 O)'로 초기화 하시오. image[2][4] 배열의 각 항목의 주소값과 데이터를 표시하시오.(단, 배열명을 포인터 변수로 이용하여 주소 계산)

**정답**

**[소스코드]**

```c
 1: #include <stdio.h>
 2: #include <string.h>              // memset( )함수 이용을 위함
 3:
 4: void main(void)
 5: {
 6:    // 2x4의 이차원 문자형 배열을 선언하고, 전체 메모리를 'O'로 설정한다.
 7:    char image[2][4]={ 0, };
 8:    memset(image, 'O', sizeof(image));
 9:
10:    for(int i=0; i < 2; i++)
11:    {
12:          for(int j=0; j < 4; j++)
13:          {
14:                  // 한 줄에 1개의 1차원 배열 항목 정보 출력
15:                  printf("[%x]->[%C] ", (char*)(image+i)+j, image[i][j]);
16:          }
17:          printf("\n");
18:    }
19: }
```

**[실행결과]**

```
[3dfe4c]->[O]  [3dfe4d]->[O]  [3dfe4e]->[O]  [3dfe4f]->[O]
[3dfe50]->[O]  [3dfe51]->[O]  [3dfe52]->[O]  [3dfe53]->[O]
```

– 참고 : 출력되는 주소값은 프로그램 실행 시 마다 달라질 수 있다.

**해설**

• 8행 : memset( )함수는 전달된 메모리 주소에서 시작하여, 특정 크기만큼의 메모리 영역을 주어진 값으로 설정하는 함수이다. 따라서, image 배열 전체를 문자'O'의 값으로 초기화 하는 효과가 있다.

• 10~18행 : 2차원 배열이므로 2개의 인덱스를 이용하여, 항목 및 항목의 주소를 접근할 수 있다.

**Q3** 2차원 배열 char image[2][4]를 선언하고, image[1][0]~image[1][3]은 'O(대문자O)'로 초기화하고, image[1][0]~image[1][3]은 'X(대문자 X)'로 초기화 하여 출력하시오. 이제, 2차원 배열에 포함된 첫 번째 1차원 배열과 두 번째 1차원 배열의 항목 값을 서로 교환한 후, 2차원 배열을 다시 출력하시오.

**정답**

**[소스코드]**

```c
 1: #include <stdio.h>
 2: #include <string.h>                 // memset( )함수 이용을 위함
 3:
 4: // 2개의 변수값을 Call-by-Reference형식으로 교환하는 함수
 5: void swap(char* x, char* y)
 6: {
 7:   char temp=*x;
 8:   *x=*y;
 9:   *y=temp;
10: }
11:
12: void main(void)
13: {
14:   char image[2][4]={ 0, };
15:
16:   // 2차원 배열의 항목으로 구성된, 첫 번째 1차원 배열은 'O'의 값으로 데이터를 초기화
17:   // 두 번째 1차원 배열은 'X'의 값으로 데이터를 초기화
18:   memset(image[0], 'O', sizeof(image[0]));
19:   memset(image[1], 'X', sizeof(image[1]));
20:
21:   // 2차원 배열의 인덱스를 이용하여, 각 항목의 값을 순차적으로 출력
22:   for(int i=0; i < 2; i++)
23:   {
24:         for(int j=0; j < 4; j++)
25:         {
26:                 printf("%c ", image[i][j]);
27:         }
28:         printf("\n");
29:   }
30:
31:   // 2차원 배열의 항목으로 구성된 첫 번째 1차원 배열의 항목 값과
32:   // 두 번째 1차원 배열의 항목 값을 순서에 따라 교환한다.
33:   for(int j=0; j < 4; j++)
```

```
34:    {
35:            swap(image[0]+j, image[1]+j);
36:    }
37:
38:    printf("----------------\n");
39:
40:    // 2차원 배열의 인덱스를 이용하여, 각 항목의 값을 순차적으로 출력
41:    for(int i=0; i < 2; i++)
42:    {
43:            for(int j=0; j < 4; j++)
44:            {
45:                    printf("%c ", image[i][j]);
46:            }
47:            printf("\n");
48:    }
49: }
```

**[실행결과]**

```
o o o o
x x x x
---------
x x x x
o o o o
```

**해설**

- 5~10행 : Call-by-Reference형식으로 두개의 변수값을 교환하는 함수(앞 문제에서 만든 것을 재사용한다.)
- 18~19행 : 2차원 배열의 항목으로 포함된 각 1차원 배열은 '실제 1차원 배열과 동일하게 이용'할 수 있다. 따라서, 할당된 메모리 크기만큼의 공간을 'o' 및 'x'로 초기화 한다.
- 33~36행 : 각 배열 항목의 주소값을 인자로 하여, swap( )함수를 반복 호출한다.

**Q4** 정수형 2차원 배열 int math[2][3]의 항목 값을 각각 '행+열의 값'으로 설정한 후 출력하시오.(예: math[1][2]의 값은 1+2로 3이 된다.) 이제, math[2][3] 배열을 새로운 2차원 배열 rotatemath[3][2]로 변환하여 저장하고 출력하시오.(즉, 2차원 행렬 math[2][3]을 오른쪽, 시계방향으로 90도 회전한 형태로 변환하여 저장한다.)

**[소스코드]**

```c
 1: #include <stdio.h>
 2:
 3: void main(void)
 4: {
 5:   int math[2][3]={ 0, };
 6:   int rotatemath[3][2]={ 0, };
 7:
 8:   for(int i=0; i < 2; i++)
 9:   {
10:         for(int j=0; j < 3; j++)
11:         {
12:                 math[i][j]=i + j;
13:         }
14:   }
15:
16:   for(int i=0; i < 3; i++)      // 회전하여 저장하는 역할 수행
17:   {
18:         rotatemath[i][0]=math[1][i];
19:         rotatemath[i][1]=math[0][i];
20:   }
21:
22:   // math 배열 항목 출력
23:   printf("--- math[2x3] ---\n");
24:   for(int i=0; i < 2; i++)
25:   {
26:         for(int j=0; j < 3; j++)
27:         {
28:                 // 한 줄에 1개의 1차원 배열 항목 정보 출력
29:                 printf("%d ", math[i][j]);
30:         }
31:         printf("\n");
32:   }
33:
34:   // rotatemath 배열 항목 출력
35:   printf("--- rotatemath[3x2] ---\n");
36:   for(int i=0; i < 3; i++)
37:   {
```

```
38:            for(int j=0; j < 2; j++)
39:            {
40:                    // 한 줄에 1개의 1차원 배열 항목 정보 출력
41:                    printf("%d ", rotatemath[i][j]);
42:            }
43:            printf("\n");
44:    }
45: }
```

**[실행결과]**

```
--- math[2x3] ---
0 1 2
1 2 3
--- rotatemath[3x2] ---
1 0
2 1
3 2
```

해설

• 16~20행 : 2x3 행렬을 3x3 행렬로 90도 회전하면, 아래와 같은 좌표 값 변환이 필요하다.

  (0,0) ->(0,1),(0,1) ->(1,1),(0,2) ->(2,1)

  (1,0) ->(0,0),(1,1) ->(1,0),(1,2) ->(2,0)

  이를 참고하여, 변환 알고리즘을 구현한다.

**Q5** 정수형 3차원 배열 degree[2][2][2]를 선언하고, 각 항목을 임의의 값으로 설정하시오. 이제, degree[2][2][2]에 저장된 값 중 최고값을 찾아서 전체 항목의 내용과 함께 출력하시오.(참고 : 임의의 값은 rand( )함수를 이용한다.)

정답

**[소스코드]**

```
1: #include <stdio.h>
2: #include <stdlib.h>              // rand( )함수를 이용하기 위함
3: #include <time.h>                // time( )함수를 이용하기 위함
4:
5: void main(void)
6: {
7:    // 항상 다른 난수값을 생성하기 위하여, 시간을 기준으로 초기값(seed)을 설정
```

```
 8:    srand(time(0));
 9:
10:    // 정수형 3차원 배열을 선언한다.
11:    int degree[2][2][2]={ 0, };
12:
13:    // 3차원 배열이므로, 3개의 첨자(인덱스)를 이용하여 항목에 접근
14:    for(int i=0; i < 2; i++)
15:    {
16:          for(int j=0; j < 2; j++)
17:          {
18:                for(int k=0; k < 2; k++)
19:                {
20:                      degree[i][j][k]=rand( );
21:                }
22:          }
23:    }
24:
25:    // 최대값 점검
26:    int max=degree[0][0][0];        // 계산의 편의를 위하여, 처음 항목의 값으로 초기화
27:    for(int i=0; i < 2; i++)
28:    {
29:          for(int j=0; j < 2; j++)
30:          {
31:                for(int k=0; k < 2; k++)
32:                {
33:                      if(max < degree[i][j][k])
34:                      {
35:                            max=degree[i][j][k];
36:                      }
37:                }
38:          }
39:    }
40:
41:    // 배열과 최대값 출력
42:    for(int i=0; i < 2; i++)
43:    {
44:          for(int j=0; j < 2; j++)
45:          {
46:                for(int k=0; k < 2; k++)
47:                {
```

```
48:                         printf("%d ", degree[i][j][k]);
49:                 }
50:                 printf("\n");
51:         }
52:         printf("\n");
53:  }
54:
55:  printf("Max -> %d\n", max);
56: }
```

**[실행결과]**

```
26320 23871
14562 14550

20812 3110
10070 10557

Max -> 26320
```

– 배열 내의 값은 프로그램 실행 시 마다 달라진다.

**해설**

• 3차원 배열은 총 3개의 첨자(인덱스)로 각 항목을 접근해서 사용할 수 있다. 기타 세부 설명은 코드 내 주석을
  참고한다.

# CHAPTER 02

# 다중 포인터의 이해

## 01 Point 포인터의 포인터

**포인터는 메모리 주소값을 저장하고, 해당 메모리에 저장된 데이터를 참조하기 위해 사용**한다. 그렇다면, 포인터의 포인터(즉, 더블 포인터)는 어떤 의미일까? 포인터의 의미에서 유추해 보면, '더블 포인터는 포인터 변수의 주소를 저장하고 있는 포인터'라 해석할 수 있겠다.

---

**포인터의 포인터(더블 포인터)란?**

**더블 포인터는 '이중 포인터' 라고도 하며, 포인터 변수를 가리키는 포인터**를 의미한다.

- 포인터 변수를 가리킨다는 것은 **'포인터 변수의 주소'를 저장**한다는 것이다.

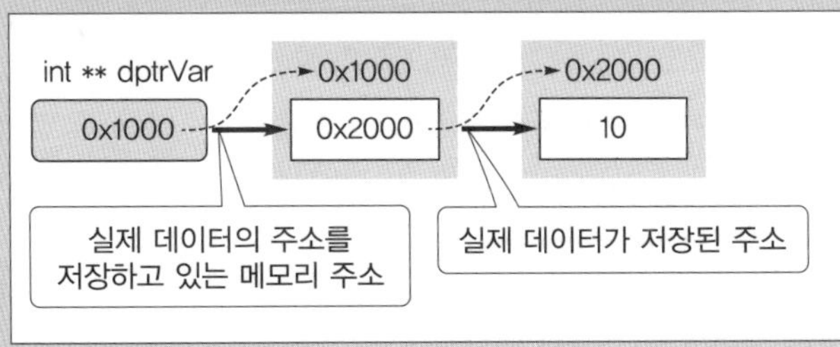


---

**더블 포인터의 선언 방법**

더블 포인터의 선언은 일반 포인터 변수의 선언에 간접연산자 '*'을 하나 더 추가하는 방식으로 이루어진다.

■ **일반 포인터의 선언 방식**

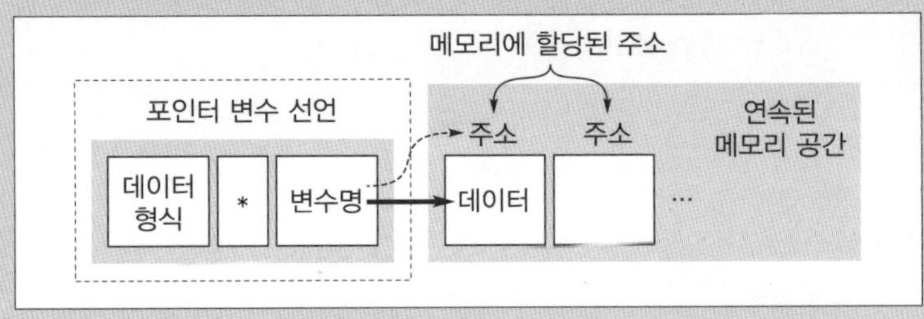

(1) 변수 이름 결정 : pVar;

(2) 변수에 저장할 데이터 형식 지정 : type  pVar;

(3) 변수명 앞에 주소를 의미하는 간접 연산자 '*' 추가 : type * pVar;    가 된다.

■ **더블 포인터의 선언 방식**

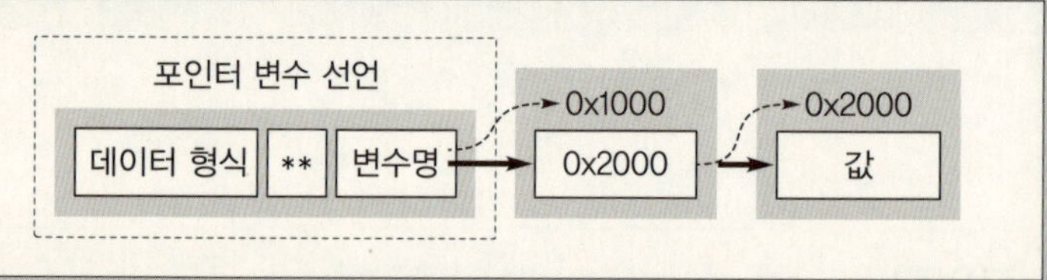


앞의 일반 포인터 선언에 더하여 진행한다.

(4) 더블 포인터 임을 명시하기 위하여, 간접 연산자 '*' 하나 더 추가 : type ** pVar;

이를 이용하여 정수형(int) 더블 포인터 변수를 선언하면,

```
int ** pVar;
```

가 된다.

더블 포인터를 이용한 메모리 접근도, 일반 포인터와 크게 다르지 않으며, '간접 연산자 *'와 '참조 연산자 &'를 동일한 개념으로 사용할 수 있다.

예제를 통해 살펴보도록 하자.

■ **int ** dptrVar 예제를 통한 메모리 접근**

```
 1: #include <stdio.h>
 2:
 3: void main(void)
 4: {
 5:   int nValue=10;
 6:
 7:   // int형 포인터에 nValue의 주소를 저장
 8:   int* pVar=&nValue;
 9:
10:   // int형 이중포인터에 int형 포인터 pVar의 주소를 저장
```

```
11:   int ** dptrVar=&pVar;
12:
13:   // 설정한 값 출력
14:   printf("nValue[%x] -> [%d], pVar[%x] -> [%d], dptrVar[%x] -> [%x] -> [%d]\n",
15:         &nValue, nValue, pVar, *pVar, dptrVar, *dptrVar, **dptrVar);
16:
17:   // dptrVar을 이용하여 nValue의 값 변경 후 출력
18:   **dptrVar=100;
19:   printf("nValue[%x -> %d\n", &nValue, nValue);
20: }
```

**해설**

- 11행 : 이중 포인터를 선언하고, nValue의 주소를 갖고 있는 정수형 포인터 pVar의 주소를 저장한다.
- 14~15행 : 포인터 및 이중포인터의 정의에 따라 각 주소값과 데이터가 정상적으로 출력됨을 확인한다.
- 16~19 행 : 더블포인터와 더블포인터용 간접연산자(**)를 이용하여 nValue의 값을 100으로 변경한다.

**실행결과**

```
nValue[d7faa4]->[10], pVar[d7faa4]->[10], dptrVar[d7fa98]->[d7faa4]->[10]
nValue[d7faa4] -> 100
```

- 참고 : 출력되는 주소값은 프로그램 실행 시 마다 달라질 수 있다.

---

**TIP  3중 포인터**

더블 포인터를 가리키는 포인터로 3중 포인터를 정의할 수 있다. 즉, **3중 포인터는 더블 포인터의 주소를 저장하고 가리키는 역할**을 한다. 마찬가지로 4중, 5중 포인터로 개념을 확장해 갈 수 있다.(많이 사용되는 개념은 아니니, 참고만 하기로 한다.)

3중 포인터의 정의와 사용법을 간단한 예제를 통해 살펴보자.

[소스코드]

```
1: #include <stdio.h>
2:
3: void main(void)
4: {
```

```
5:        int nValue=10;

6:

7:        // int형 포인터에 nValue의 주소를 저장

8:        int* pVar=&nValue;

9:

10:       // int형 이중포인터에 int형 포인터 pVar의 주소를 저장

11:       int ** dptrVar=&pVar;

12:

13:       // int형 삼중포인터에 int형 이중 포인터 dptrVar의 주소를 저장

14:       int *** ddptrVar=&dptrVar;

15:

16:       // 설정한 값 출력

17:       printf("nValue[%x]->[%d], pVar[%x]->[%d], dptrVar[%x]->[%x]->[%d]\n",

18:              &nValue, nValue, pVar, *pVar, dptrVar, *dptrVar, **dptrVar);

19:       printf("nValue[%x]->[%d], ddptrVar[%x]->[%x]->[%x]->[%d]\n",

20:              &nValue, nValue, ddptrVar, *ddptrVar, **ddptrVar, ***ddptrVar);

21:

22:       // 삼중 포인터 ddptrVar을 이용하여 nValue의 값 변경 후 출력

23:       ***ddptrVar=100;

24:       printf("nValue[%x -> %d\n", &nValue, nValue);

25:}
```

**해설** ......................................................................

- 14행 : 3중 포인터 ddptrVar에 이중 포인터 dptrVar의 주소를 저장한다.
- 19~24행 : 삼중 포인터 ddptrVar와 간접연산자(***)를 이용하여, nValue의 값을 참조하고 변경할 수 있다.

**실행결과** ......................................................................

```
nValue[9afd58]->[10], pVar[9afd58]->[10], dptrVar[9afd4c]->[9afd58]->[10]
nValue[9afd58]->[10], ddptrVar[9afd40]->[9afd4c]->[9afd58]->[10]
nValue[9afd58 -> 100
- 참고 : 출력되는 주소값은 프로그램 실행 시 마다 달라질 수 있다.
```

## 02 Point 포인터의 포인터 활용

이렇게 복잡한 개념의 더블 포인터가 왜 필요할까? 몇몇 예제를 통하여 활용 사례를 살펴보자.

### 가. 포인터 배열을 저장하는 포인터 변수에 이용

배열명은 첫 번째 배열 항목(요소)을 가리키는 포인터 상수이다. 따라서, **포인터 배열일 경우 배열명은 '포인터인 첫 번째 항목'을 가리키므로 더블 포인터와 같게 된다.** 이를 코드를 통해 살펴보자.

■ 포인터 배열을 저장하는 포인터 변수

앞에서 설명한 int * ptrNum[4]의 1차원 포인터 배열을 사례로 확인해 본다.

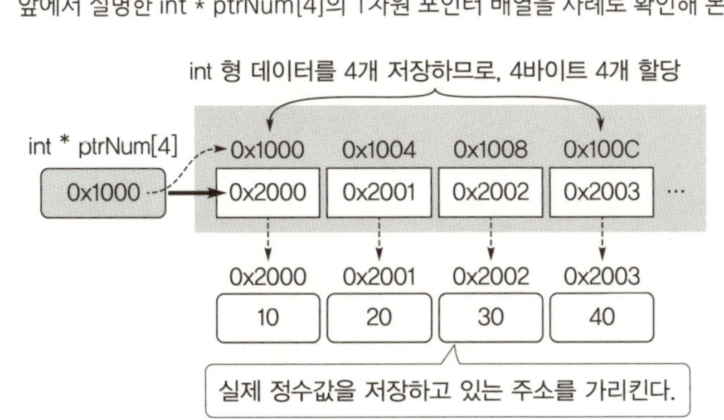


[소스코드] int형 변수 2개를 int형 포인터로 참조

```
 1: #include <stdio.h>
 2:
 3: void main(void)
 4: {
 5:   int nValue_1=10;
 6:   int nValue_2=20;
 7:   int nValue_3=30;
 8:   int nValue_4=40;
 9:
10:   // 4개의 정수형 포인터를 항목으로 갖는 1차원 포인터 배열을 선언과 함께 초기화 한다.
11:   int * ptrArray[4]={ &nValue_1 , &nValue_2, &nValue_3, &nValue_4 };
12:
13:   // int형 더블 포인터를 이용하여, ptrArray 배열명 저장
14:   int ** dptrArray=ptrArray;
15:
16:   // 배열의 인덱스와 더블 포인터를 이용하여, 항목을 출력해 본다.
```

```
17:   for(int i=0; i < 4; i++)
18:   {
19:     printf("      Array[%d] -> [%d]\n", i, *ptrArray[i]);
20:     printf("dublle Pointer[%d] -> [%d]\n", i, *dptrArray[i]);
21:     printf("dublle Pointer[%d] -> [%d]\n\n", i, **(dptrArray+i));
22:   }
23: }
```

**해설**

- 14행 : 이중 포인터 dptrArray 에 포인터 배열의 이름 ptrArray를 대입한다.
- 17~22행 : 포인터 배열의 인덱스, 이중 포인터(더블포인터)를 이용한 인덱스, 이중 포인터 연산을 이용하여, 대상이 되는 정수형 변수의 값을 출력한다.

이때, dptrArray[i]와 *(dptrArray+i)가 같은 값인 것을 확인한다.

**실행결과**

```
      Array[0] -> [10]
dublle Pointer[0] -> [10]
dublle Pointer[0] -> [10]

      Array[1] -> [20]
dublle Pointer[1] -> [20]
dublle Pointer[1] -> [20]

      Array[2] -> [30]
dublle Pointer[2] -> [30]
dublle Pointer[2] -> [30]

      Array[3] -> [40]
dublle Pointer[3] -> [40]
dublle Pointer[3] -> [40]
```
- 참고 : 출력되는 주소값은 프로그램 실행 시 마다 달라질 수 있다.

**TIP** 포인터 배열과 배열 포인터를 혼돈하지 말자

포인트 배열과 배열 포인터는 선언문이 비슷하여 혼돈스러울 때가 있으나, 이 둘은 명확히 다른 것이다.

■ **포인터 배열**

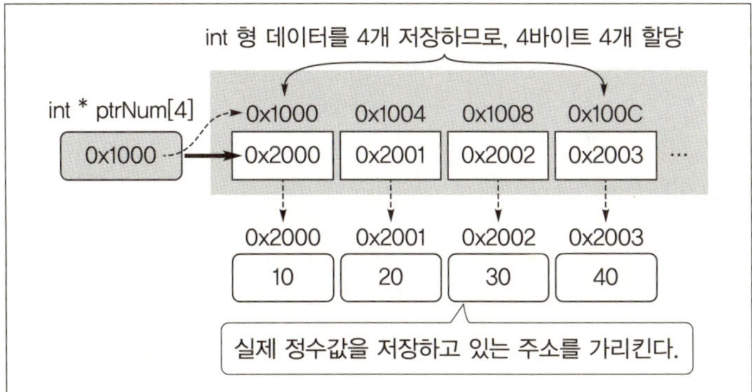


위와 같이, 포인터 배열은 포인터를 항목으로 갖는 배열을 의미한다.

int * ptrNum[4];={NULL, };

로 선언하게 되면, 총 4개의 정수형(int) 포인터를 배열로 저장하고, 초기값으로 모든 항목에 NULL을 설정한다.

■ **배열 포인터**

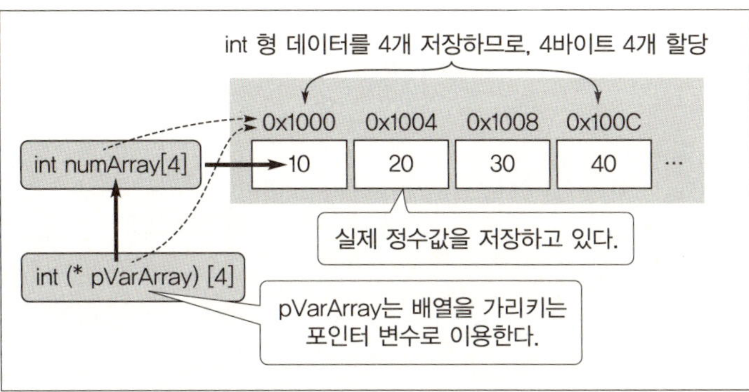


위와 같이, 배열 포인터는 배열을 가리키는 포인터를 의미한다.

int(* pVarArray) [4]=NULL;

로 선언하게 되면, 총 4개의 정수형(int) 항목을 갖는 배열을 가리키는 포인터 변수 pVarArray를 선언하고 NULL로 초기화 한 것이다.

이는 이후에 설명할 2차원 배열의 포인터에서도 사용하므로, 해당 챕터에서 다시 살펴보기로 한다.

## 나. 포인터 변수의 교환(Call-by-Reference 구현)

앞서, 두 변수를 교환하는 함수를 작성할 경우 파라메터로 변수의 주소를 전달해야 하는 것을 확인하였다. 만일 두 변수가 포인터 변수라면 당연히 포인터 변수의 주소를 파라메터(인자)로 전달해야 한다.

■ 포인터 변수의 교환을 위한 더블 포인터 이용

```
 1: #include <stdio.h>
 2:
 3: void swapPtr(void **srcPtr, void **targetPtr);
 4:
 5: void main(void)
 6: {
 7:   int nValue_1=10;
 8:   int nValue_2=20;
 9:
10:   int * ptrVar_1=&nValue_1;
11:   int * ptrVar_2=&nValue_2;
12:
13:   // 포인터의 값을 각각 출력한다.
14:   printf("ptrVar_1[%x]->[%d], ptrVar_2[%x]->[%d]\n",
15:          ptrVar_1, *ptrVar_1, ptrVar_2, *ptrVar_2);
16:
17:   // Call-by-Reference 방식의 포인터 변수 교환
18:   swapPtr((void*)&ptrVar_1,(void*)&ptrVar_2);
19:
20:   // 서로 교환된 포인터의 값을 각각 출력한다.
21:   printf("ptrVar_1[%x]->[%d], ptrVar_2[%x]->[%d]\n",
22:          ptrVar_1, *ptrVar_1, ptrVar_2, *ptrVar_2);
23: }
24:
25: void swapPtr(void **srcPtr, void **targetPtr)
26: {
27:   void * tempPtr=*srcPtr;
28:   *srcPtr=*targetPtr;
29:   *targetPtr=tempPtr;
30: }
```

**해설**

- 25~30행 : Call-by-Reference 방식으로 포인터 변수를 교환하기 위해, 더블포인터 변수를 인자로 하는 swapPtr( )함수를 정의한다. 이때, 어떠한 포인터 형이라도 인자로 받기 위하여 인자형을 void형 더블 포인터로 하였다.

- 18행 : 포인터 변수의 값을 변경하기 위해, swapPtr( )함수를 호출한다. 이때, 인자 타입을 일치하기 위해 (void *)형으로 타입캐스팅 한다.

- 21-22행 : Call-by-Reference 방식에 의해, 포인터 변수의 값이 정상적으로 교환되었음을 확인한다.

**실행결과**

```
ptrVar_1[78fee0]->[10], ptrVar_2[78fed4]->[20]
ptrVar_1[78fed4]->[20], ptrVar_2[78fee0]->[10]
- 참고 : 출력되는 주소값은 프로그램 실행 시 마다 달라질 수 있다.
```

**TIP  매우 중요한 포인터에 대한 이해**

C언어의 주요 특징으로 포인터를 이용한 메모리 접근 및 제어가 있다. 즉, **포인터를 이용하여 실제 메모리에 저장된 데이터를 조작하거나, 특정 주소에 있는 데이터를 가리키고 참조**할 수 있다.

따라서, 링크드 리스트(linked list) 등 복잡한 자료구조를 정의하고 이용하기 위해 필수적으로 사용되며, 함수의 파라메터 전달, 외부 변수의 참조 등에도 종종 사용된다.(링크드 리스트는 Part 05에서 다시 살펴보기로 한다.)

이처럼 포인터는 C언어를 이용한 프로그램 개발에 필수적으로 사용되는 중요한 개념이니 확실히 이해하길 권장한다.

■ 링크드 리스트의 개념

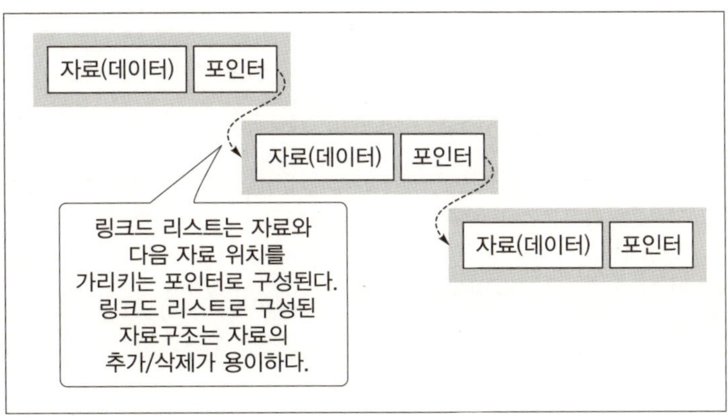

## Point 03  다중 포인터 연습문제

**Q1** 2개의 포인터 배열, int * ptrArray_A[4], int * ptrArray_B[4]를 각각 선언하고, 알맞은 변수로 초기화 후 출력하시오. 본문에서 설명한 swapPtr( )함수를 이용하여, 2개의 배열 항목을 각각 교환하고 최종 결과를 출력하시오.

**정답**

[소스코드]

```
 1: #include <stdio.h>
 2:
 3: // Call-by-Reference 방식으로 포인터변수의 값을 교환하는 함수
 4: void swapPtr(void **srcPtr, void **targetPtr)
 5: {
 6:   void * tempPtr=*srcPtr;
 7:   *srcPtr=*targetPtr;
 8:   *targetPtr=tempPtr;
 9: }
10:
11: void main(void)
12: {
13:   // 포인터 배열을 초기화 하기 위한 변수 선언.
14:   int nValue_1=1;
15:   int nValue_2=2;
16:   int nValue_3=3;
17:   int nValue_4=4;
18:
19:   int nArray[4]={ 5, 6, 7, 8 };
20:
21:   // 2개의 1차원 포인터 배열 선언 및 초기화 실행
22:   int * ptrArray_A[4]={ &nValue_1, &nValue_2, &nValue_3, &nValue_4 };
23:   int * ptrArray_B[4]={ nArray, nArray + 1, nArray + 2, nArray + 3 };
24:
25:   // 각 배열의 항목(포인터)와 값(간접지정자 이용) 확인
26:   printf("--- ptrArray_A ---\n");
27:   for(int i=0; i < 4; i++)
28:   {
29:         printf("[%x]->[%d] ", ptrArray_A[i], *ptrArray_A[i]);
30:   }
31:   printf("\n");
```

```
32:     printf("--- ptrArray_B ---\n");
33:     for(int i=0; i < 4; i++)
34:     {
35:             printf("[%x]->[%d] ", ptrArray_B[i], *ptrArray_B[i]);
36:     }
37:     printf("\n\n");
38:
39:     // 2개 배열 항목을 각각 교환
40:     for(int i=0; i < 4; i++)
41:     {
42:             swapPtr(&ptrArray_A[i], &ptrArray_B[i]);
43:     }
44:
45:     // 각 배열의 항목(포인터)와 값(간접지정자 이용) 확인
46:     printf("--- ptrArray_A ---\n");
47:     for(int i=0; i < 4; i++)
48:     {
49:             printf("[%x]->[%d] ", ptrArray_A[i], *ptrArray_A[i]);
50:     }
51:     printf("\n");
52:     printf("--- ptrArray_B ---\n");
53:     for(int i=0; i < 4; i++)
54:     {
55:             printf("[%x]->[%d] ", ptrArray_B[i], *ptrArray_B[i]);
56:     }
57:     printf("\n");
58: }
```

**[실행결과]**

```
--- ptrArray_A ---
[29f9b4]->[1] [29f9a8]->[2] [29f99c]->[3] [29f990]->[4]
--- ptrArray_B ---
[29f978]->[5] [29f97c]->[6] [29f980]->[7] [29f984]->[8]

--- ptrArray_A ---
[29f978]->[5] [29f97c]->[6] [29f980]->[7] [29f984]->[8]
--- ptrArray_B ---
[29f9b4]->[1] [29f9a8]->[2] [29f99c]->[3] [29f990]->[4]
```

출력된 주소값은 프로그램 실행 시 마다 변경될 수 있다.

**해설**

• 4~9행 : 본문에 설명한 이중포인터(더블포인터)를 이용하여 포인터 변수의 값을 교환하는 함수
• 22~23행 : 각 포인터 배열을 각각의 정수형 변수 주소 및 정수형 1차원 배열의 항목 주소로 초기화 한다.
• 42행 : swapPtr( )함수의 인자로 포인터 변수의 주소를 전달한다.

**Q2** 앞서 이용한 swapPtr( )함수는 Call-by-Reference방식으로 포인터 변수의 값을 교환한다. 포인터 변수의 값을 교환하는 함수를 Call-by-Reference로 구현해야 하는 이유를 설명하시오.

**정답**

C언어의 함수 인자 전달방식은 Call-by-Value를 기본으로 한다. Call-by-Value란 스택(stack)을 이용한 지역변수(local variable)로 인자를 복사하여 이용하는 방식이다. 따라서, 포인터 변수를 인자로 전달하여 서로 주소값을 교환하여도, 호출한 함수(caller)내에서 관리하는 원본 포인터 변수의 값은 변경되지 않는다.
보다 자세한 내용은, 본문내용 중 '포인터 변수의 교환(Call-by-Reference 구현)'을 참고한다.

**Q3** 더블 포인터를 초기화 없이 선언하여 참조하면, 어떤 문제가 발생할 수 있는지 문제점과 원인을 함께 설명하시오.

**정답**

기본적으로 변수를 선언만 하고 초기화 하지 않을 때 임의의 값(가비지 값)이 저장된다.
따라서, 포인터 변수의 경우 임의의 값이다. 즉, 의미없는 주소 혹은 접근할 수 없는 주소값이 저장되게 된다. 만일, 이러한 가운데 포인터를 간접연산자로 접근하게 되면, 무의미한 값을 참고하거나 '접근 오류'가 발생하게 된다.

# 2차원 배열과 포인터의 관계 이해

## 01 Point 2차원 배열명과 포인터

앞에서 배운 내용을 기억해보자. 1차원 배열명은 배열의 주소를 가리키는 상수 포인터 이며, 배열의 첫 번째 항목이 저장된 주소와도 같다. 그렇다면, 2차원 배열명과 포인터는 어떤 관계가 있을까?

### ■ 2차원 배열명과 메모리 주소 관계

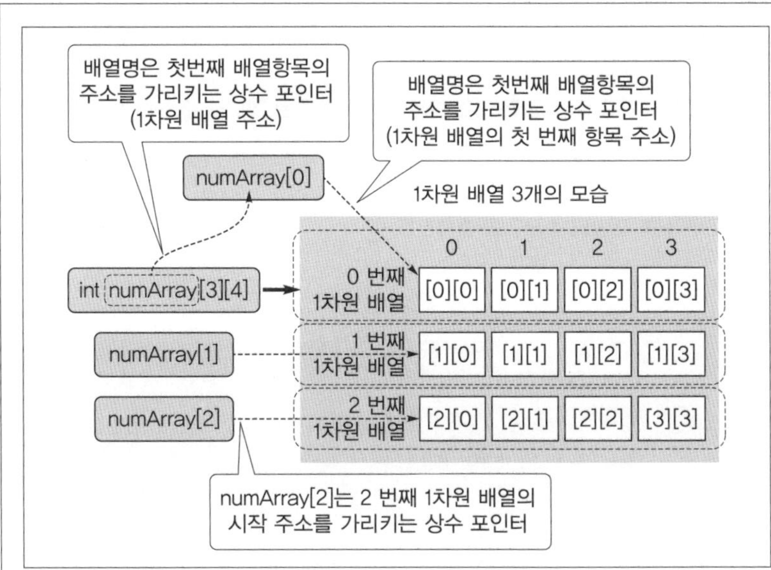


2차원 배열명도 2차원 배열의 첫 번째 항목인 '1차원 배열의 시작주소'를 가리킨다. 따라서, **2차원 배열 명 numArray의 주소값과 첫 번째 항목인 1차원배열 numArray[0]의 값은 같다.** 그리고 다시 **1차원배열 numArray[0]의 첫 번째 항목인 numArray[0][0]의 주소값과 동일**하다.

하지만, 앞장에서 살펴봤듯이 동일한 포인터(주소)라도 타입에 따라 해석하는 방식이 다르게 되니 주의해서 사용해야 한다.

**[소스코드]** 2차원 배열명과 항목의 주소 확인

```c
 1: #include <stdio.h>
 2:
 3: void main(void)
 4: {
 5:    int numArray[3][4]={ 0, };
 6:
 7:    // 배열명과 첫 번째 항목의 주소를 확인한다.
 8:    printf("%x, %x, %x\n", numArray, numArray[0], &numArray[0][0]);
 9:
10:    // 하지만, 2차원 배열명(주소)과 1차원 배열 및 개별 항목은 그 타입이 다르므로,
11:    //  sizeof 연산의 결과가 달라진다.
12:    printf("%d vs. %d vs. %d\n", sizeof(numArray), sizeof(numArray[0]),
           sizeof(&numArray[0][0]));
13: }
```

**해설**

• 8행 : 2차원 배열명과 첫 번째 1차원 배열의 시작주소, 첫 번째 항목이 저장된 메모리 주소는 동일하다.

• 12행 : 동일한 주소값이라도 어떤 타입의 포인터 변수인가에 따라 해석이 달라진다.

이 경우, sizeof(numArray)는 총 데이터 크기인 48, sizeof(numArray[0])은 1차원 행렬의 크기인 16, sizeof(&numArray[0][0])은 정수형 포인터의 크기를 출력한다.

**실행결과**

```
93f790, 93f790, 93f790
48 vs. 4 vs. 4
- 참고 : 출력되는 주소값은 프로그램 실행 시 마다 달라질 수 있다.
```

앞서 강조하였듯이, 동일한 주소값을 가리키더라도 해당 주소를 해석하는 방식에 따라 크기(sizeof( )연산)가 다르게 되는 것을 확인할 수 있다. 따라서, 특히 배열을 포인터로 접근할 경우 이러한 관계를 고려하여 주의 깊게 다루어야 한다.

위 코드 예제에서 확인한 바와 같이, **2차원 배열명도 배열이 저장된 주소를 가리키는 상수 포인터** 이다.

> **2차원 배열명 이란?**
>
> 2차원 배열의 시작주소를 가리키며, 변경할 수 없는 상수 포인터(const pointer)이다.
> 여기서, 2차원 배열은 1차원 배열을 여러 개 모아 놓은 것이고, 배열의 각 항목들은 연속된 주소 공간에 저장되므로,
> **2차원 배열의 시작주소는 첫 번째 1차원 배열의 시작 주소와 동일**하다.

1차원 배열명을 1차원 배열 항목 타입의 포인터에 저장할 수 있는 것과 같이, 2차원 배열명 또한 2차원 배열 항목 타입의 포인터에 저장할 수 있다. 여기서 2차원 배열 항목의 타입은 곧 1차원 배열이 된다.

> **2차원 배열명을 저장하기 위한 포인터 선언**
>
> 2차원 배열의 포인터 변수 선언 과정을 좀더 세부적으로 나누어 보면,
> (1) 변수 이름 결정 : pArray;
> (2) 변수에 저장할 데이터 형식 지정 : type pArray[size];(1차원 배열의 타입이 된다.)
> (3) 변수명 앞에 주소를 의미하는 간접 연산자 '＊' 추가 : type(＊ pArray)[size];가 된다.
>
> 참고로, 포인터 배열의 선언과 혼돈하지 않도록 '괄호( )'를 이용하여 선언하고 있음을 확인하자.
>
> int math[2][4]; 의 포인터 변수를 사례로 들면,
> (1) 변수 이름 결정 : pMathArray;
> (2) 변수에 저장할 데이터 형식 지정 : int pMathArray [4];(4개의 int형 항목을 갖는 1차원 배열이 타입으로 이용
> 된다.)
> (3) 변수명 앞에 주소를 의미하는 간접 연산자 '＊' 추가 : int(＊ pMathArray)[4];가 된다.
>
> 이렇게 선언한 pMathArray 포인터에 math[2][4]의 배열명(상수 포인터)을 저장할 수 있다.
> int(＊ pMathArray)[4]=NULL;   // 선언 시, NULL로 초기화
> pMathArray=math;              //  math 저장

---

**TIP  포인터 변수를 선언하는 또 다른 방법**

다차원 배열 이후에 설명할 함수 포인터 등 다양한 타입의 포인터를 선언하는 방법이 복잡하게 보일 수 있다. 좀더 직관적이고, 빠르게 포인터 변수를 선언하는 방법을 제시한다.

■ 일반 변수 선언 후, 포인터 변수 선언으로 전환하는 방법

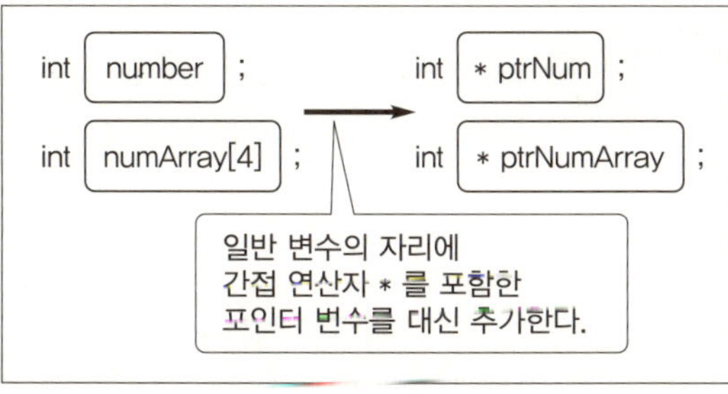


- int number로 선언한 변수에 대응되는 int ＊ ptrNum 포인터 변수 선언

- int numArray[4]로 선언한 1차원 배열에 대응되는 int ＊ ptrNumArray 포인터 변수 선언

이러한 방법으로, 2차원 배열의 포인터 변수를 선언해보자.

### ■ 2차원 배열의 포인터 변수 선언 방법

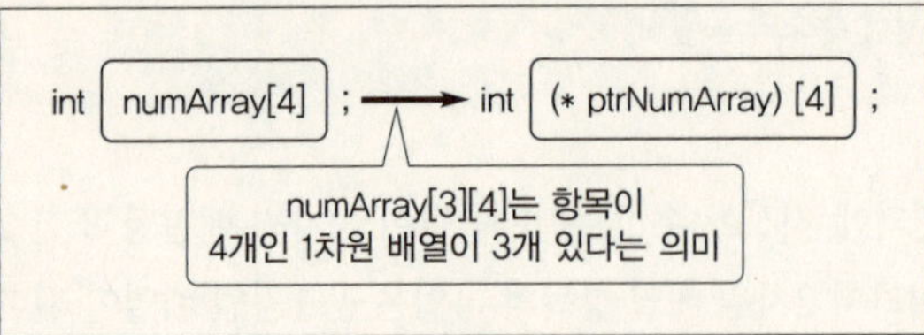


- 여기서도 배열명은 첫 번째 항목이 저장된 위치(주소)를 가리키는 상수 포인터라는 개념이 동일하게 적용된다.

# 02 Point 2차원 배열의 포인터 연산

먼저, 2차원 배열명을 이용한 포인터 연산을 살펴보자.

### ■ 2차원 배열명을 이용한 포인터 연산

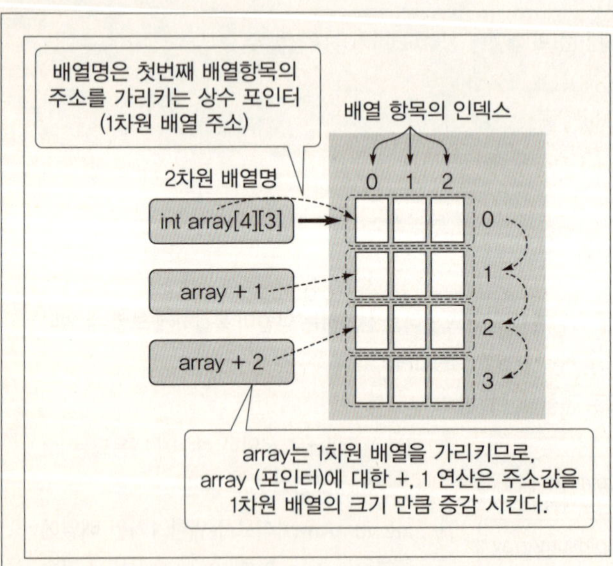


[소스코드] 2차원 배열명을 이용한 포인터 연산

```
1: #include <stdio.h>
```

```
 2:
 3: void main(void)
 4: {
 5:    // 속성이 다른 2차원 배열 2개를 선언하고, 각각 초기화 한다.
 6:    int numArray_A[2][3]={ 0, }; // 2 x 3 배열
 7:    int numArray_B[3][4]={ 0, };   // 3 x 4 배열
 8:
 9:    // 두 2차원 배열명을 이용하여 크기를 계산한다.
10:    printf("size of A [%d], size of B [%d]\n", sizeof(numArray_A), sizeof (numArray_B));
11:
12:    // 두 2차원 배열의 첫 번째 항목인 1차원 배열의 크기를 표시한다.
13:    printf("size of A[0] -> [%d]\n", sizeof(numArray_A[0]));
14:    printf("size of B[0] -> [%d]\n", sizeof(numArray_B[0]));
15:
16:    // 두 2차원 배열명(포인터)을 이용한 연산결과를 표시한다.
17:    printf("A + 1 -> [%x] vs. [%x]\n", numArray_A + 1, numArray_A[1]);
18:    printf("B + 1 -> [%x] vs. [%x]\n", numArray_B + 1, numArray_B[1]);
19: }
```

**해설**

- 6~7행 : 각각 다른 크기의 1차원 배열로 구성한 2개의 2차원 배열을 선언
- 13~14행 : 1차원 배열의 크기에 따라 각각 12, 16의 값을 출력한다.
- 17~18행 : 배열명(포인터)를 이용하여 '+' 연산을 하면, 해당 위치의 1차원 배열의 주소와 동일하다.

**실행결과**

```
size of A [24], size of B [48]
size of A[0] -> [12]
size of B[0] -> [16]
A + 1 -> [fefd5c] vs. [fefd5c]
B + 1 -> [fefd28] vs. [fefd28]

- 참고 : 출력되는 주소값은 프로그램 실행 시 마다 달라질 수 있다.
```

이와 같이, **2차원 배열은 1차원 배열을 여러 개 모아 놓은 것이라는 개념에 따라, 1차원 배열의 항목개수(길이)에 따라 포인터 증감 연산의 결과가 달라지는 것**을 확인할 수 있다.

# 03 Point  2차원 배열의 인덱스(첨자) 계산

이제 2차원 배열의 포인터 연산에서 확인한 내용을 기반으로, 포인터 변수를 이용하여 2차원 배열의 인덱스를 대신하고, 항목을 참조해보자.

■ int math[2][4] 2차원 배열의 항목 접근

| 2차원 배열의 인덱스 이용 | 2차원 배열명(포인터) 이용 |
|---|---|
| math[1][2]; | (*(math+1))[2];<br>포인터 연산을 좀더 이용하여, 다른 방식으로 표현할 수 있다.<br>*(math[1]+2);<br>*(*(math+1)+2); |

앞장에서 살펴본 배열 첨자와 포인터 연산의 관계를 다시 확인해보자.

**다음 2개의 표현은 동일하다.**
math[index]==*(math + index)

**마찬가지로, 다음 두개의 주소도 동일하다.**
&math[index]==math + index

이러한 원칙에 따라 math[1][2]를 포인터 연산을 이용하여 다양하게 표현할 수 있다.

2차원 배열의 항목을 포인터의 다양한 연산으로 접근하는 것이 비록 복잡해 보이지만 배열과 포인터의 관계를 이해하는 데 중요하니 꼭 확인하고 넘어가도록 하자.

■ int math[2][4] 2차원 배열의 항목 접근 예제

```
 1: #include <stdio.h>
 2:
 3: void main(void)
 4: {
 5:   // 2x4 크기의 2차원 배열을 선언과 함께 초기화 한다.
 6:   int math[2][4]={ 0, };
 7:
 8:   // 각 항목을 일련의 숫자로 초기화
 9:   int k=0;
10:   for(int i=0; i < 2; i++)
11:   {
```

```
12:            for(int j=0; j < 4; j++)
13:            {
14:                    math[i][j]=k++;
15:            }
16:    }
17:
18:    // math[1][2] 출력
19:    printf("math[1][2] -> %d\n", math[1][2]);
20:
21:    // 2차원 배열명(포인터)를 이용한 출력
22:    printf("(*(math+1))[2] -> %d\n",(*(math + 1))[2]);
23:    printf("  *(math[1]+2) -> %d\n", *(math[1] + 2));
24:    printf("*(*(math+1)+2) -> %d\n", *(*(math + 1) + 2));
25: }
```

**해설**

- 9~16행 : 배열의 각 항목을 순서에 따라 1씩 증가한 값으로 초기화 한다.
- 19행 : math[1][2] 즉, 인덱스로 접근한 값을 확인하여 6이 출력된다.
- 22~24행 : 포인터 연산으로 접근한 항목이 math[1][2]와 동일함을 확인한다.

**실행결과**

```
math[1][2] -> 6
 (*(math+1))[2] -> 6
*(math[1]+2) -> 6
*(*(math+1)+2) -> 6
```

# 04 Point 2차원 배열의 함수 인자 전달

2차원 배열의 마지막 주제이자 활용으로, 2차원 배열을 함수인자로 전달하는 방법을 살펴보자.

■ 2차원 배열을 함수인자로 전달하는 예제

```
1: #include <stdio.h>
2:
```

```
 3: void printArray(int (*numArray)[4], size_t size);
 4:
 5: void main(void)
 6: {
 7:    // 2x4 크기의 이차원 배열을 선언과 함께 초기화 한다.
 8:    int math[2][4]={ 0, };
 9:
10:    // 각 항목을 일련의 숫자로 초기화
11:    int k=0;
12:    for(int i=0; i < 2; i++)
13:    {
14:         for(int j=0; j < 4; j++)
15:         {
16:              math[i][j]=k++;
17:         }
18:    }
19:
20:    printArray(math, sizeof(math) / sizeof(math[0]));
21: }
22:
23: void printArray(int (*numArray)[4], size_t size)
24: {
25:    for(int i=0; i < size; i++)
26:    {
27:         for(int j=0; j < 4; j++)
28:         {
29:              printf("%d ", numArray[i][j]);
30:         }
31:         printf("\n");
32:    }
33: }
```

**해설**

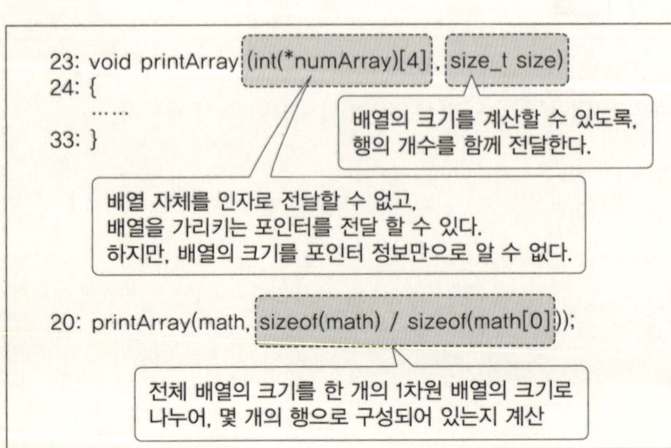


- 23~33행 : 2차원 배열의 포인터와 2차원 배열에 포함된 1차원 배열의 개수를 인자로 전달받아, 출력하는 함수

- 20행 : 2차원 배열이 몇 개의 1차원 배열로 구성되어 있는지(즉, 행의 개수) 확인하는 팁(Tip)을 이용하여, `printArray( )`함수 호출

```
0 1 2 3
4 5 6 7
```

**2차원 배열의 인자 전달 방법**도 배열의 항목 타입과 길이를 전달하는 것으로, **1차원 배열의 인자 전달 방식과 동일**한 개념으로 동작한다.

## Point 05  2차원 배열과 포인터 연습문제

**Q1** int math[3][5]로 선언한 2차원 배열의 math[2][4] 항목을 배열명(포인터)을 이용하여 다양하게 표현해 보시오.

**정답**

math[2][4] 배열 항목은 아래와 같이 표현할 수 있다.
- (*(math+2))[4];
- *(math[2]+4);
- *(*(math+2)+4)

이러한 표현이 가능한 이유는
- math[index]==*(math + index)
- &math[index]==math + index

이기 때문이다.

**Q2** 정수형 데이터를 저장하는 2차원 배열 math[2][4]를 선언하고, 각 항목 값을 임의의 값으로 채우시오. 2차원 배열인 math를 배열 포인터에 대입하고, 배열 포인터와 인덱스(첨자)를 이용하여 전체 내용을 출력하시오.(단, 임의의 값을 채우는 방법으로 rand( )함수 이용)

**정답**

```
[소스코드]
1: #include <stdio.h>
2: #include <stdlib.h>          // rand( )함수를 이용하기 위함
3: #include <time.h>            // time( )함수를 이용하기 위함
4:
5: void main(void)
```

```
 6: {
 7:     // 항상 다른 난수값을 생성하기 위하여, 시간을 기준으로 초기값(seed)을 생성한다.
 8:     srand(time(0));
 9:
10:     int math[2][4]={ 0, };
11:     int ( * pArray )[4]=NULL;        // 2차원 배열 포인터 선언
12:
13:     // rand( )함수를 이용하여, 전체 배열 항목을 각각 설정한다.
14:     for(int i=0; i < 2; i++)
15:     {
16:             for(int j=0; j < 4; j ++)
17:             {
18:                     math[i][j]=rand( );
19:             }
20:     }
21:
22:     // 2차원 배열을 동일한 타입의 2차원 배열 포인터에 저장한다.
23:     pArray=math;
24:
25:     // 배열 항목 출력
26:     for(int i=0; i < 2; i++)
27:     {
28:             for(int j=0; j < 4; j++)
29:             {
30:                     printf("%d:%d  ", math[i][j], pArray[i][j]);
31:             }
32:             printf("\n");
33:     }
34: }
```

**[실행결과]**
```
9801:9801   30565:30565   7096:7096   19327:19327
31446:31446   12790:12790   31130:31130   26197:26197
```
- 출력된 정수값은 실행 시 마다 변경된다.

**해설**

- 11행 : 2차원 배열 포인터를 선언하고 NULL로 초기화 하였다.

- 18행 : 2차원 배열은 2개의 첨자(인덱스)로 항목에 접근할 수 있으며, rand( )함수를 이용하여 임의의
  값(난수)를 저장한다.

- 26~33행 : 원본 math와 포인터 pArray를 함께 이용하여 데이터를 출력한다. 이때, 두개의 값이 동일함을
  확인할 수 있다.

**Q3** 정수형 데이터를 저장하는 2차원 배열 math[2][4]를 선언하고, 각 항목 값을 임의의 값으로 채우시오. 2차원 배열인 math를 배열 포인터에 대입하고, 배열 포인터와 포인터 연산을 이용하여 전체 내용을 출력하시오.(단, 임의의 값을 채우는 방법으로 rand( )함수 이용)

**정답**

앞 Q2의 코드와 동일하되, 30행의 코드를 아래와 같이 변경한다.
- printf("%d:%d ", math[i][j], *(*(pArray + i) + j));

**Q4** 정수형 데이터를 저장하는 2차원 배열 math[2][4]를 선언하고, 각 항목 값을 1로 채우시오. 2차원 배열 정보를 인자로 하여, 총합을 리턴하는 함수 sumArray( )를 정의하고, 이를 이용하여 math 배열에 저장된 데이터의 총합을 출력하시오.

**정답**

[소스코드]

```c
 1: #include <stdio.h>
 2: #include <string.h>
 3:
 4: // 2차원 배열 포인터와 크기 정보를 인자로 받아, 배열 내 항목값의 총합을 리턴하는 함수
 5: int sumArray( int (*pArray)[4], size_t size )
 6: {
 7:   int total=0;
 8:
 9:   // 2차원 배열이므로 2개의 첨자(인덱스)를 이용하여, 각 항목에 접근
10:   for(int i=0; i < size; i++)
11:   {
12:        for(int j=0; j < 4; j++)
13:        {
14:              total += pArray[i][j];
15:        }
16:   }
17:
18:   return total;           // 계산한 값을 리턴한다.
19: }
20:
21: void main(void)
22: {
23:   // 2차원 배열을 선언하고, 전체 항목을 1로 초기화
24:   int math[2][4]={1, 1, 1, 1, 1, 1, 1, 1};
```

```
25:
26:   printf("sum: %d\n", sumArray(math, 2));
27: }
```

**[실행결과]**

```
sum: 8
```

**해설**

- 5~19행 : 2차원 배열 포인터를 인자로 한다. 2차원 배열 포인터의 선언 및 이용 방법을 확인한다.
- 26행 : 정수형을 리턴하는 sumArray( )함수를 직접 printf( )의 인자로 이용하여 결과를 출력하였다.

**(Q5)** 2x3 크기의 2차원 배열을 인자로 받아, 임의의 값으로 전체 항목을 채우는 setArray( )함수를 정의하시오. 추가로, setArray( )함수를 이용하여 int math[2][3]의 값을 채우고 출력하시오.

**정답**

**[소스코드]**

```
1: #include <stdio.h>
2:
3: // 2차원 배열을 인자로 하여, 임의의 값으로 각 항목을 채운다.
4: void setArray(int(*pArray)[3], size_t size)
5: {
6:   for(int i=0; i < size; i++)
7:   {
8:           for(int j=0; j < 3; j++)
9:           {
10:                  // 자신의 주소 값으로 설정한다.
11:                  pArray[i][j]=&pArray[i][j];
12:          }
13:   }
14: }
15:
16: void main(void)
17: {
18:   // 2차원 배열을 선언하고, setArray( )함수를 이용하여 임의의 값으로 채운다.
19:   int math[2][3]={ 0, };
```

```
20:    setArray(math, 2);
21:
22:    // 배열의 내용을 출력한다.
23:    for(int i=0; i < 2; i++)
24:    {
25:          for(int j=0; j < 3; j++)
26:          {
27:                   printf("%d ", math[i][j]);
28:          }
29:          printf("\n");
30:    }
31: }
```

**[실행결과]**

```
2881392 2881396 2881400
2881404 2881408 2881412
```

- 각 항목의 값은 프로그램 실행 시 마다 달라질 수 있다.
- 주소값으로 항목의 값을 설정하였으므로, 순서에 따라 sizeof(int), 즉 4만큼 증가하고 있음을 확인할
  수 있다.

**해설**

• 11행 : 일반적으로 임의의 값이 필요할 경우 rand() 함수를 이용하지만 프로그래밍의 재미와 발상의 전환을
  위하여 지역변수의 주소를 이용하였다. 즉, 지역변수인 2차원 배열 math와 각 항목의 주소(address)는
  지역변수가 스택 내에 생성될 때 결정되므로, 임의의 값의 역할을 할 수 있다.

# 함수 포인터의 이해

## 01 Point 함수 포인터의 개요

함수 포인터를 용어 그대로 해석해보면, **함수(코드)가 저장되어 있는 주소를 저장하고 참조할 수 있는 변수**를 의미한다. 여기서 함수가 저장되어 있는 주소는 어떤 의미일까?

■ 실행코드가 저장된 주소와 함수명

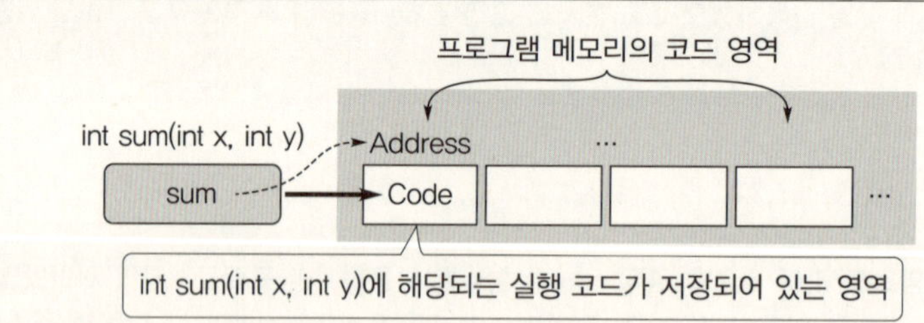


- 함수 이름은 실행코드가 있는 메모리 주소를 가리키는 상수 포인터
- sum(x, y)의 의미는 sum이 가리키는 메모리 주소에 위치한 실행코드 'x, y를 인자'로 하여 실행하라는 의미로 해석할 수 있다.

**함수 이름은 실행코드가 저장된 메모리 주소를 가리키는 상수 포인터**

이해를 돕기 위해, 일반 상수 포인터 변수의 특징을 비유하여 설명하면,

■ 일반 상수 포인터의 특징에 비유한 함수이름의 특징

| 구분 | 상수 포인터 | 함수 이름 |
|---|---|---|
| 공통점 | - **메모리 주소를 저장**하고, 해당 메모리에 **접근**할 수 있다.<br>- 저장된 메모리 주소를 다른 주소값으로 변경할 수 없다. | |
| 차이점 | - 메모리에는 데이터가 저장된다. | - 메모리에는 실행가능한 코드가 저장된다. |
| 참조<br>방법 | - *pVar과 같이 '*'을 이용하여 참조 | - 'fn( )'과 같이 함수명 뒤에 '( )'을 붙여 코드 실행 |

> **함수 포인터는 함수 이름을 저장하기 위한 포인터 변수**
>
> 다른 포인터와 마찬가지로, **함수 포인터도 대상 함수의 타입(function type)을 이용하여 선언**해야 한다.
>
> - 함수의 타입은 '반환 값의 타입', '인자(parameter)의 특징'으로 구분지을 수 있다.
>
>   (1) 반환 값의 타입 : 함수의 실행결과로 반환되는 값의 타입
>
>   (2) 인자의 특징 : 인자의 개수 및 각 인자의 형식(type)

이제 이러한 함수이름을 저장하기 위한 함수 포인터를 선언해보자.

■ **함수 포인터의 선언**

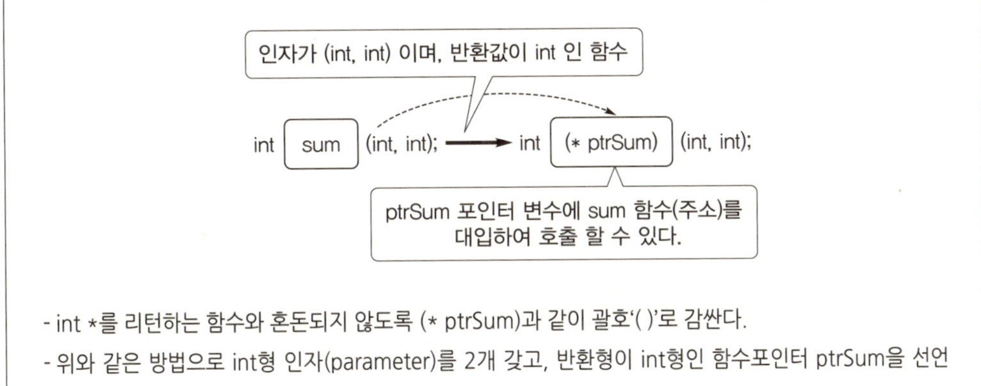


- int *를 리턴하는 함수와 혼돈되지 않도록 (* ptrSum)과 같이 괄호'( )'로 감싼다.
- 위와 같은 방법으로 int형 인자(parameter)를 2개 갖고, 반환형이 int형인 함수포인터 ptrSum을 선언
  할 수 있다.

이렇게 선언한 함수 포인터에는 동일한 타입의 함수 이름을 지정하고, 해당 함수(실행코드)를 실행 할
수 있다.

■ **함수 포인터의 활용 예제**

```
 1: #include <stdio.h>
 2:
 3: // 간단한 sum 함수 정의
 4: int sum(int x, int y)
 5: {
 6:   return x + y;
 7: }
 8:
 9: void main(void)
10: {
11:   // sum( )함수의 주소를 저장할 수 있는 함수 포인터 선언
```

```
12:   int(*ptrSum)(int, int)=NULL;
13:
14:   // sum( )함수 주소를 저장한 후 호출
15:   ptrSum=sum;
16:
17:   int nResult=ptrSum(1, 2);
18:
19:   printf("1 + 2==%d\n", nResult);
20: }
```

**해설**

- 12~15행 : int sum(int, int)와 동일한 타이의 함수 포인터 ptrSum을 선언하고, sum함수의 주소를 대입한다.
- 17~19행 : ptrSum(1, 2)로 함수를 호출하며, 결과를 출력한다.

**실행결과**

```
1 + 2 == 3
```

# 02 Point 함수 포인터의 활용

이제 독자는 C언어에서 어렵다라고 악명이 높은, 함수 포인터에 대하여 학습하였다. 이러한 함수 포인터를 어떻게 이용할 수 있는지 예제를 확인해보자.

## ■ 사칙 연산을 함수 포인터로 구현한 예제

```
1: #include <stdio.h>
2:
3: // 간단한 사칙연산 함수 정의(기본 오류 점검은 생략함)
4: int plus(int x, int y)
5: {
6:   return x + y;
7: }
8:
9: int minus(int x, int y)
10: {
```

```
11:   return x - y;
12: }
13:
14: int multi(int x, int y)
15: {
16:   return x * y;
17: }
18:
19: int mod(int x, int y)
20: {
21:   return x%y;
22: }
23:
24: void main(void)
25: {
26:   // int function(int, int)와 같이 2개의 int형 인자를 갖고,
27:   // int형을 리턴하는 함수를 저장할 수 있는 포인터 선언
28:   int(*ptrCalc)(int, int)=NULL;
29:
30:   int x, y;
31:   char c;
32:
33:   // 수식을 입력 받는다.
34:   printf("Input formula(ex: 1 + 2): ");
35:   scanf("%d %c %d", &x, &c, &y);
36:
37:   // 연산자에 따라 해당 함수를 함수포인터 ptrCalc에 대입한다.
38:   switch(c)
39:   {
40:   case '+':
41:         ptrCalc=plus;
42:         break;
43:   case '-':
44:         ptrCalc=minus;
45:         break;
46:   case '*':
47:         ptrCalc=multi;
48:         break;
49:   case '%':
50:         ptrCalc=mod;
51:         break;
```

```
52:   default:
53:           // 아무것도 하지 않는다.
54:           break;
55:   }
56:
57:   // 함수 포인터에 값이 설정된 경우, 호출한다.
58:   if(NULL != ptrCalc)
59:   {
60:           printf("=%d\n", ptrCalc(x, y));
61:   }
62: }
```

**해설**

- 4~22행 : 사칙연산에 대응되는 함수를 정의하되, 2개의 int형 인자를 받고, int형 결과를 출력하는 함수들로 정의한다.
- 28행 : 2개의 int형 인자를 받고, int형 결과를 출력하는 함수 포인터를 선언한다. 인자의 특징과 리턴 타입이 같은 사칙연산 함수들을 지정할 수 있다.
- 34~55행 : 사용자 입력값에 따라 적절한 사칙연산 함수를 함수 포인터에 저장한다.

**실행결과**

```
Input formula(ex: 1 + 2): 3 * 4
=12

Input formula(ex: 1 + 2): 4 - 3
=1
```

이처럼, **함수 포인터를 이용하면 프로그램의 기본 흐름은 유지**하면서, **특정 함수의 기능을 실행 중에 변경**할 수 있다. (여기서, 특정함수는 함수 포인터에 의해 실행되는 기능을 의미한다.)

---

**TIP  Windows DLL(Dynamic Linked Library)와 함수 포인터**

DLL은 관련 프로그램이 실행 될 때, 해당 프로그램의 메모리 영역에 함께 로딩(loading)되는 모듈(binary)로 윈도우즈 응용 프로그램에서 자주 사용되는 라이브러리 개발 방법이다.

**DLL에서 구현한 함수들은 프로그램 내의 특정 메모리에 위치**하게 되고, **DLL이 제공한 함수이름을 이용하여 참조**하여 실행하게 된다.

이러한 DLL을 이용하는 방법으로 명시적 적재기법이 있다. **명시적 적재기법이란 원하는 DLL을 개발자가 직접 로딩하고, 원하는 함수가 적재된 주소를 이용하여 직접 실행**하는 방법이다. 원하는 함수를 실행하기 위하여 해당 함수의 주소가 필요한데, 이때 함수 포인터를 이용하여 실행코드가 위치한 메모리 주소를 지정하여 이용한다.

## Point 03　함수 포인터의 연습문제

**Q1**　함수 포인터와 일반 변수형 포인터의 차이와 주요 특징을 설명하시오.

**정답**

함수 포인터는 실행코드가 저장된 메모리의 시작 주소로 상수 포인터이다. 일반 변수형 포인터는 해당 변수를 위해 할당된 메모리의 시작 주소를 가리키는 변수이다. 단, const 지시자를 이용한 상수형 포인터는 한 번 저장된 주소값을 변경할 수 없다.

함수 포인터의 특징은 함수 리턴값의 자료형, 인자의 자료형 및 개수로 구분한다. 일반 변수형 포인터의 특징은 변수 타입으로 구분한다.

일반 포인터 변수의 주소값에 저장된 데이터를 참조하기 위해서는 간접연산자 '*'를 이용한다. 함수 포인터의 주소값은 실행할 수 있는 코드영역이며, 함수명에 '( )'와 함께 정의된 파라메터를 전달함으로써 실행한다.

**Q2**　최대값을 출력하는 함수 int max(int, int)와 최소값을 출력하는 함수 int min(int, int)을 정의하고, 이를 저장할 수 있는 함수 포인터를 선언하시오. 하나의 함수 포인터를 이용하여 사용자로부터 입력받은 두 수의 최대, 최소값을 출력하시오.

**정답**

[소스코드]

```
 1: #include <stdio.h>
 2:
 3: int max(int x, int y)
 4: {
 5:   return(x < y) ? y : x;
 6: }
 7:
 8: int min(int x, int y)
 9: {
10:   return(x < y) ? x : y;
11: }
12:
13: void main(void)
14: {
15:   // 정수형 타입을 리턴하고, 2개의 정수형 인자를 이용하는 함수 포인터 선언
16:   int(*pFunction)(int, int)=NULL;
```

```
17:
18:   int number_1=0;
19:   int number_2=0;
20:
21:   printf("Input two number: ");
22:   scanf("%d %d", &number_1, &number_2);
23:
24:   pFunction=max;
25:   printf("max: %d\n", pFunction(number_1, number_2));
26:
27:   pFunction=min;

28:   printf("max: %d\n", pFunction(number_1, number_2));
29: }
```

**[실행결과]**

```
Input two number: 10 20
max: 20
max: 10
```

**해설**

- 24~25행 : 함수 포인터 pfunction에 최대값을 구하는 함수 max를 대입하고, 호출한다.
- 27~28행 : 함수 포인터 pfunction에 최소값을 구하는 함수 min을 대입하고, 호출한다.

함수 포인터와 대입하는 함수는 '리턴값, 인자 타입 및 인자 개수'가 일치해야 한다.

**Q3** 3개의 정수를 입력받아 합을 출력하는 함수 void printSum(int, int, int)와 3개의 정수를 입력받아 곱을 출력하는 함수 void printMulti(int, int, in)를 정의하고, 함수 포인터를 이용하여 각각 호출하시오.

**정답**

**[소스코드]**

```
1: #include <stdio.h>
2:
3: void printSum(int x, int y, int z)
4: {
```

```
 5:   printf("%d + %d + %d=%d\n", x, y, z, x + y + z);
 6: }
 7:
 8: void printMulti(int x, int y, int z)
 9: {
10:   printf("%d x %d x %d=%d\n", x, y, z, x * y * z);
11: }
12:
13: void main(void)
14: {
15:   // 리턴값이 없고, 3개의 정수형 인자를 받는 함수 포인터를 선언한다.
16:   void(*pFunction)(int, int, int)=NULL;
17:
18:   // 합을 출력하는 printSum( )함수 이용
19:   pFunction=printSum;
20:   pFunction(10, 20, 30);
21:
22:   // 곱을 출력하는 printMulti( )함수 이용
23:   pFunction=printMulti;
24:   pFunction(10, 20, 30);
25: }
```

**[실행결과]**
```
10 + 20 + 30=60
10 x 20 x 30=6000
```

**해설**

- 16행 : 함수 포인터를 선언하는 코드를 통하여, 함수 포인터를 선언하는 방법을 한 번 더 확인한다.
- 19~24행 : 각각 printSum( ), printMulti( )함수를 함수 포인터에 저장하고 호출한다.

# 메모리 관리와 동적 할당

C 언어는 프로그램 실행 시에 메모리를 동적으로 할당한 후 포인터에 주소를 저장하여 이용할 수 있다. C 언어를 이용하여 효율적이고, 안전하게 동작하는 프로그램을 개발하기 위하여 메모리 구성을 이해하는 것이 중요하다.

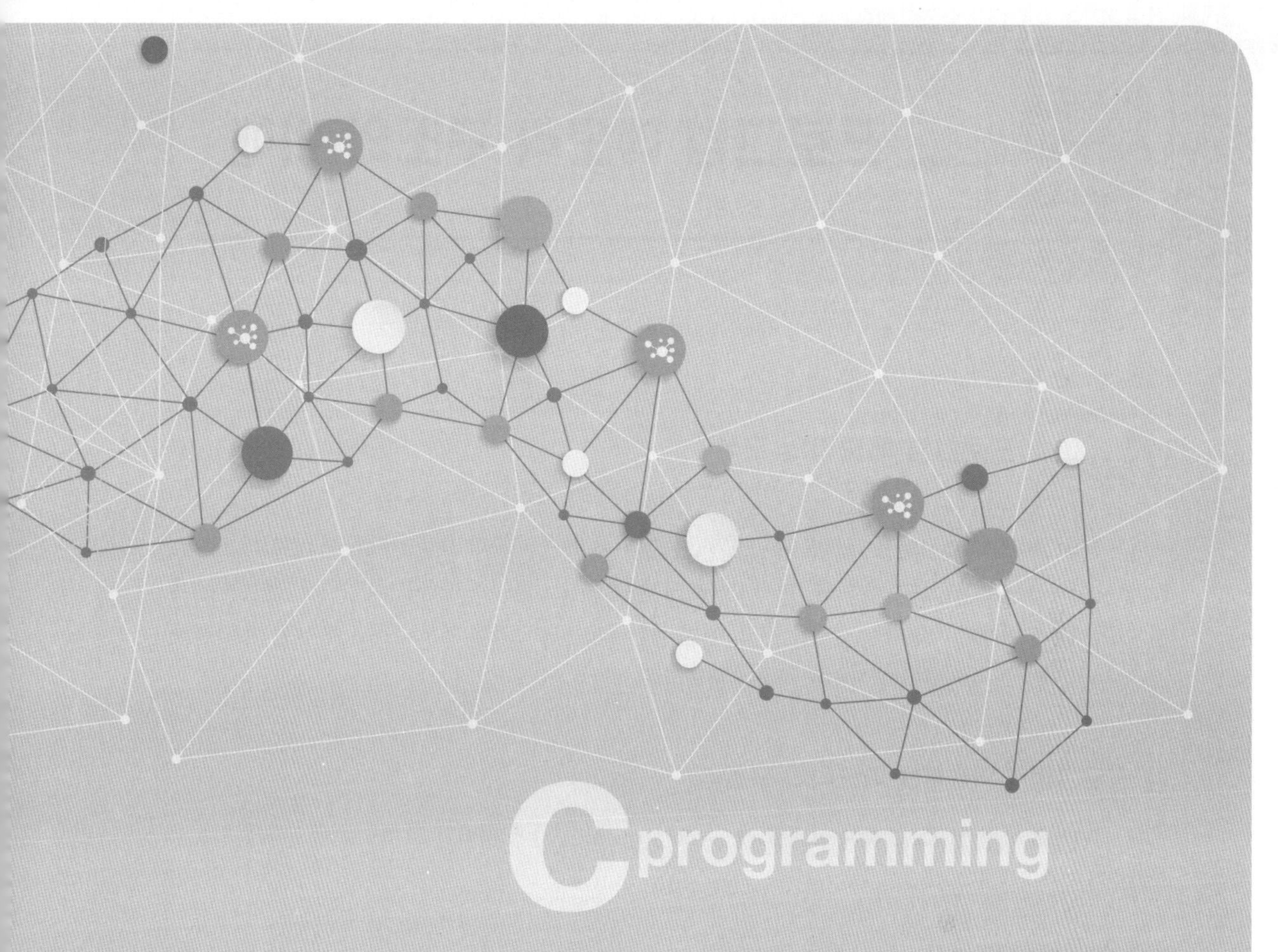

Cprogramming

# 프로그램 메모리 구조의 이해

## 01 / Point 프로그램 메모리의 구성

우리는 Part1의 함수 챕터에서 지역변수와 전역변수 그리고 함수 호출과 스택에 대하여 살펴보았다. 만일 각 용어의 개념이 명확하지 않다면, 다시 Part1의 함수 챕터로 돌아가 내용을 확인하길 제안한다. 이에 대한 개념을 이해하고 있다는 전제를 갖고, 이번 챕터에서는 프로그램 메모리 구조에 대한 추가 설명과 C언어의 메모리 동적할당과 이용에 대하여 설명한다.

### 가. 프로그램이 이용하는 메모리의 구조

먼저, C언어로 작성한 프로그램이 실행될 때, 메모리(memory)에 어떠한 모습으로 위치하게 되는지 살펴보자.

■ 프로그램의 메모리 배치

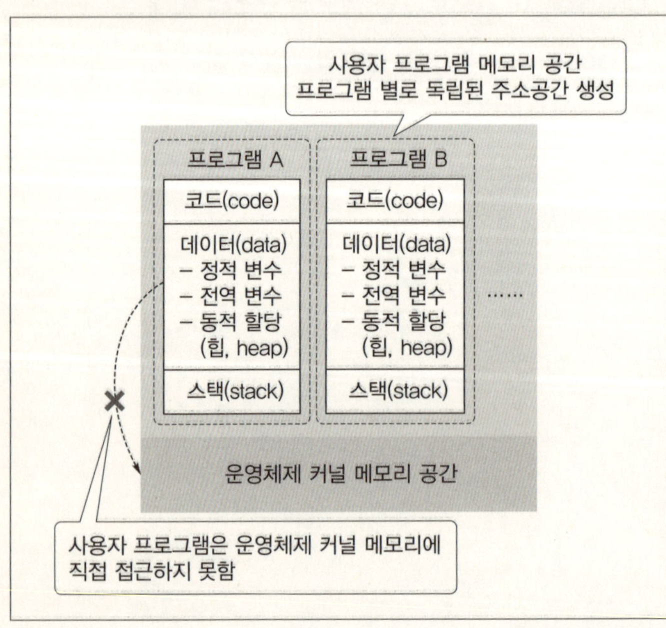

윈도우즈(Windows)와 같은 운영체제는 운영체제의 핵심 모듈(이를 커널이라 한다)이 이용하는 **커널 메모리 영역을 별도로 관리하며, 실행중인 프로그램들이 각각 이용할 수 있는 고유한 메모리 영역을 제공**한다. (이를 유저 혹은 사용자 메모리 영역이라 한다.) 프로그램이 이용하는 메모리 영역은 크게 코드 영역, 데이터 영역, 스택 영역으로 구분되며, 각 메모리 영역의 특징은 아래와 같다.

**■ 프로그램 메모리 영역별 주요 특징**

| 구분 | | 주요 특징 |
|---|---|---|
| 코드<br>(Code) | | – **프로그램의 실행코드가 적재**되는 영역.<br>– 읽기 전용(Read Only)으로 설정하여, 프로그램 실행도중 임의의 코드 변경을 방지한다.<br>– 코드 영역은 텍스트 영역이라 불리기도 한다. |
| 데이터<br>(data) | 정적 변수<br>(static) | – static 키워드로 선언한 데이터<br>– 정적 변수는 프로그램 실행 시 바로 메모리에 할당된다. |
| | 전역 변수<br>(global) | – 함수 외부에서 선언한 데이터<br>– 전역 변수는 프로그램 실행 시 바로 메모리에 할당된다. |
| | 동적 할당<br>(heap) | – 개발자의 필요에 따라 heap이라 명칭 된 메모리 영역에 할당, 이용, 해제 하는 데이터<br>– 동적 데이터는 프로그램 실행 중에 생성 혹은 소멸된다. |
| 스택<br>(stack) | | – 함수 내에서 선언한 지역변수(local variable), 함수에 전달하기 위한 인자(파라메터, parameter)와 같이 빈번하게 생성, 삭제하는 데이터를 저장한다.<br>– 스택의 크기는 실행파일(프로그램) 정보에 함께 기록되며, 이를 참조하여 운영체제가 스택영역을 할당한다. |

**■ 프로그램 실행상태에 따른 메모리 영역 구분**

| 프로그램 시작부터 종료까지 메모리에 위치 | 프로그램 실행 도중 생성, 소멸 |
|---|---|
| – main( ) 및 함수(function)의 실행코드<br>– 전역 변수<br>– 정적 변수 | – 지역 변수(local variable)<br>– 매개 변수(parameter)<br>– 동적 할당(heap 위치에 생성) |

이제 예제 프로그램이 실행되는 과정에서 메모리에 어떻게 데이터가 배치되는지 살펴보자.

## 나. 프로그램의 실행에 따른 메모리 상태 변화

C언어로 작성한 프로그램이 실행되면, 프로그램 메모리 영역별 특징에 따라 데이터가 적재된다. 이러한 과정을 간단한 예제를 이용하여 살펴보자.

■ 프로그램 코드에 따른 메모리 배치 예제 – (1) 프로그램을 메모리에 적재

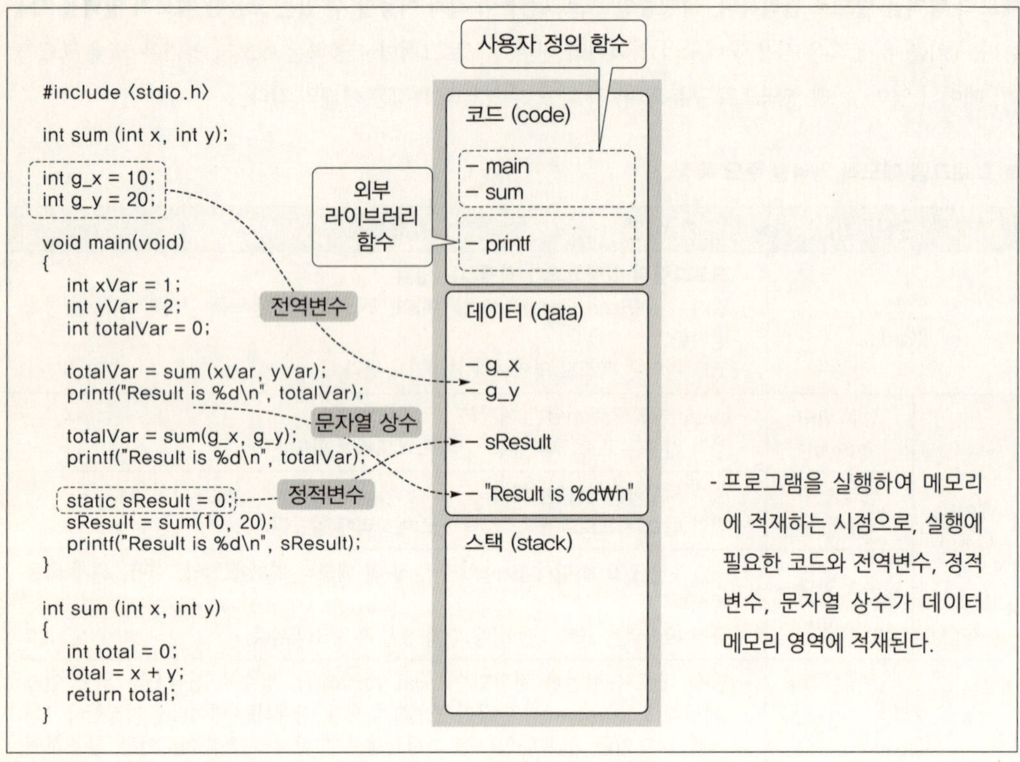


■ 프로그램 코드에 따른 메모리 배치 예제 – (2) main() 함수의 실행

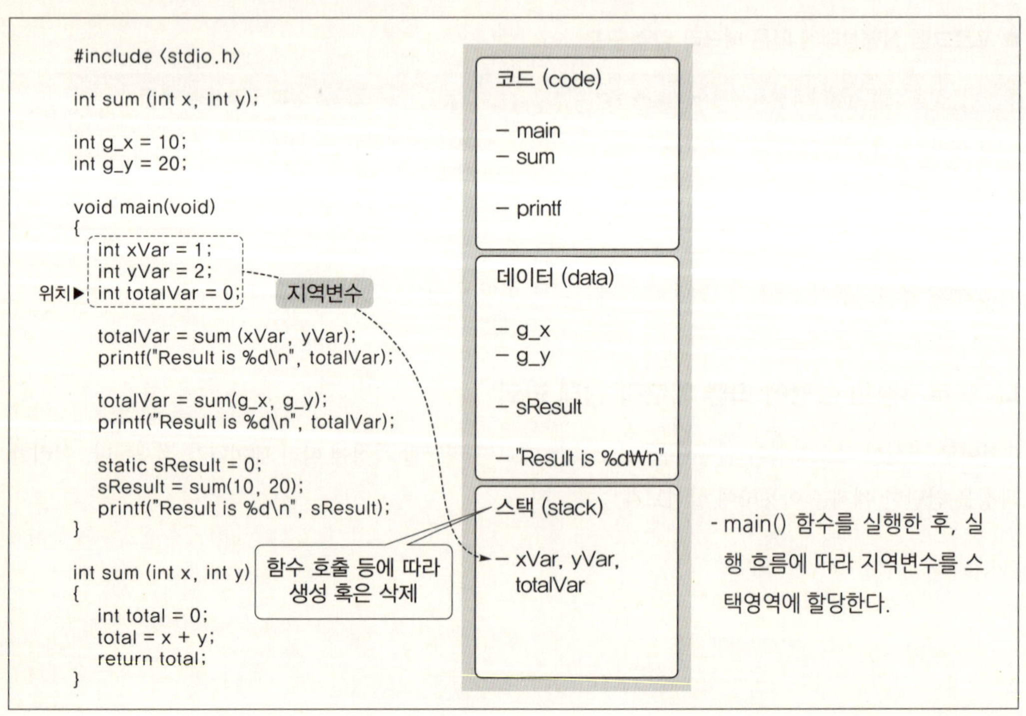

■ 프로그램 코드에 따른 메모리 배치 예제 – (3) sum() 함수의 호출

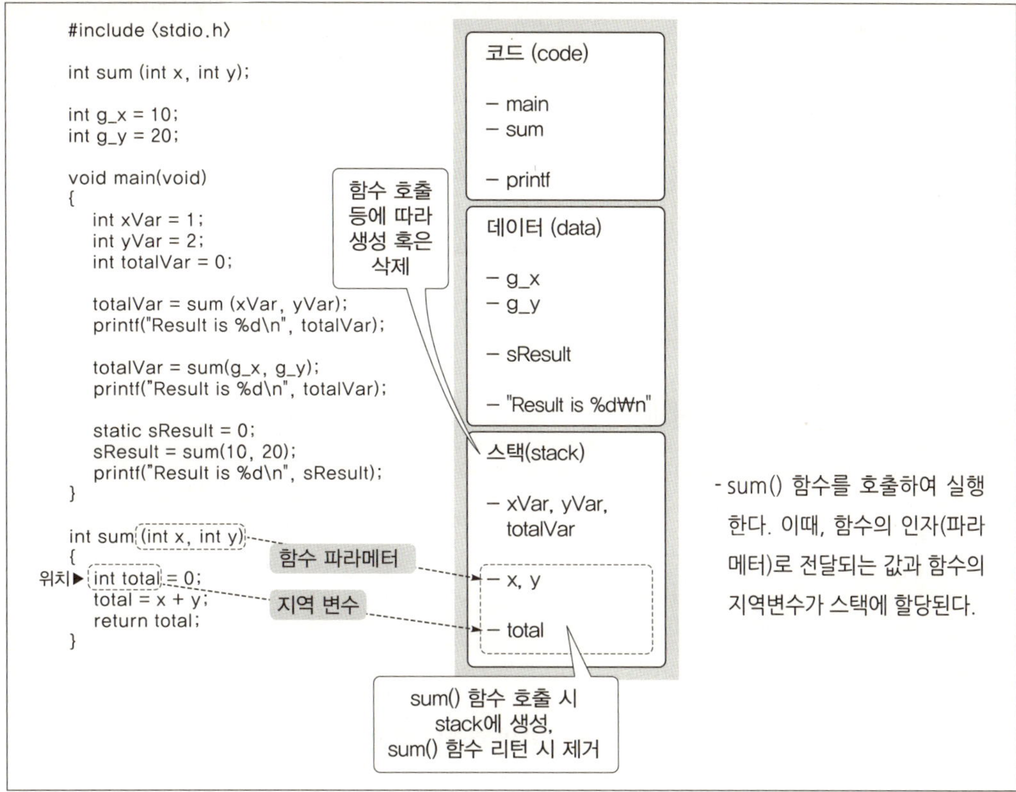


- sum() 함수를 호출하여 실행한다. 이때, 함수의 인자(파라메터)로 전달되는 값과 함수의 지역변수가 스택에 할당된다.

■ 프로그램 코드에 따른 메모리 배치 예제 – (4) sum() 함수 호출 후 복귀

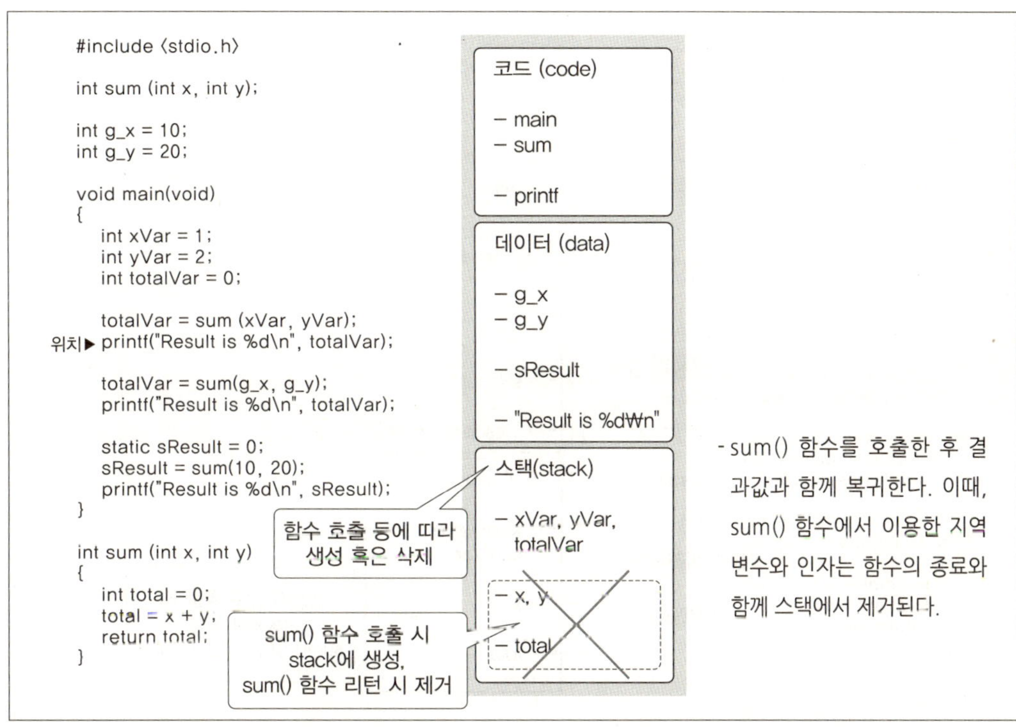


- sum() 함수를 호출한 후 결과값과 함께 복귀한다. 이때, sum() 함수에서 이용한 지역변수와 인자는 함수의 종료와 함께 스택에서 제거된다.

■ 프로그램 코드에 따른 메모리 배치 예제 – (5) 정적변수의 초기화

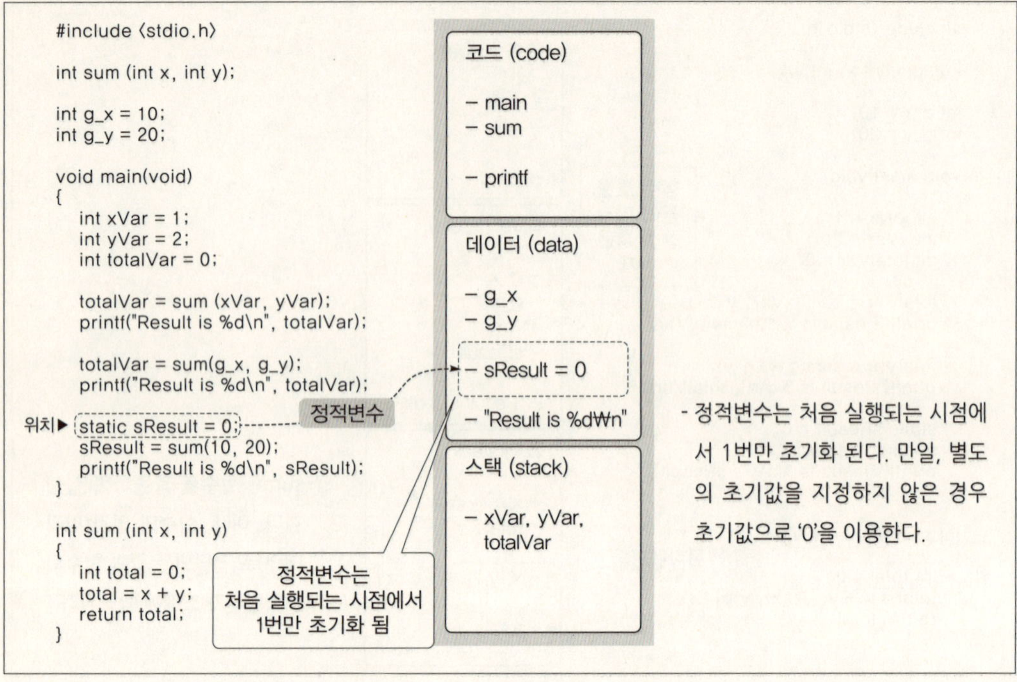



이와 같이, **프로그램이 이용하는 데이터는 실행 상태와 영역별 특징에 따라 적재되고, 제거**된다. 앞서 설명한 내용을 하나의 그림으로 정리해보자.

■ 프로그램 코드에 따른 메모리 배치 예제

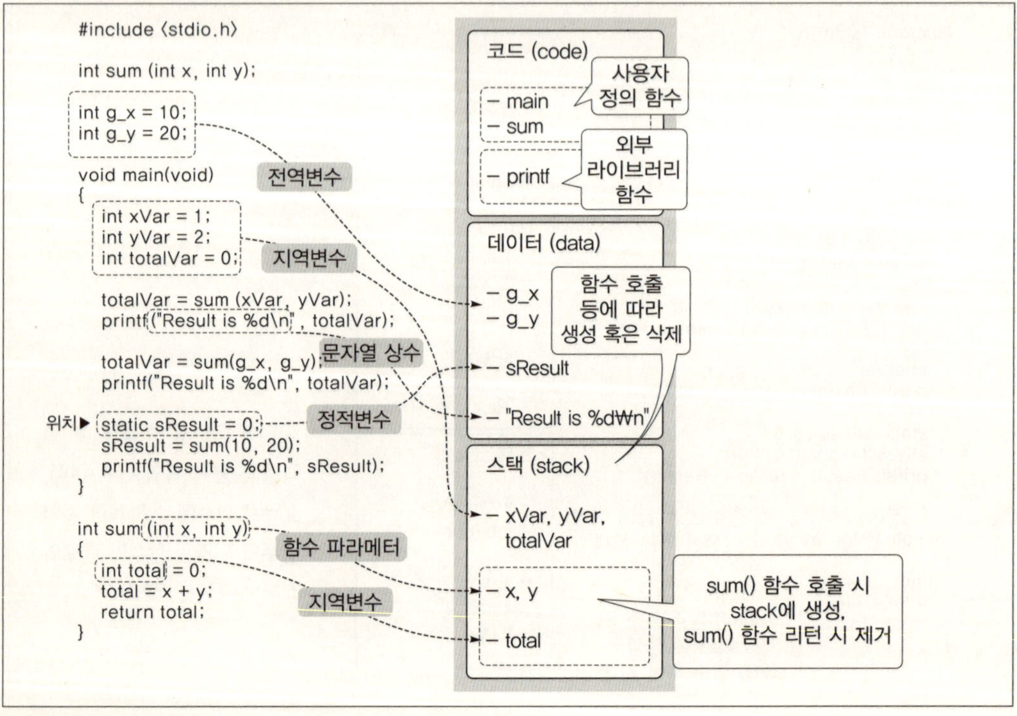

이때, **스택(stack)은 함수 인자(파라메터), 지역변수를 저장하는 영역**으로 관련 **함수 호출 시점에서 데이터가 생성(추가, Push)되고, 함수가 종료되면서 데이터는 파괴(제거, Pop)된다.** 따라서, 스택 내에 저장되는 지역변수를 이용할 경우, 그 데이터가 사용하는 시점에서 유용한지 확인해야 한다.

앞서 살펴본 코드의 변수와 함수의 주소값을 출력하여 확인 한 후, 본 챕터를 마무리해보자. 앞의 예제 코드에 주소값 출력을 위한 코드를 추가하였다.

■ 프로그램 코드에 따른 메모리 주소 확인

[소스코드] 전역변수, 지역변수, 정적변수, 함수 파라메터의 주소 확인

```
 1: #include <stdio.h>
 2:
 3: int sum(int x, int y);
 4:
 5: int g_x=10;
 6: int g_y=20;
 7:
 8: void main(void)
 9: {
10:   int xVar=1;
11:   int yVar=2;
12:   int totalVar=0;
13:
14:   totalVar=sum(xVar, yVar);
15:   printf("Result is %d\n", totalVar);
16:
17:   totalVar=sum(g_x, g_y);
18:   printf("Result is %d\n", totalVar);
19:
20:   static sResult=0;
21:   sResult=sum(10, 20);
22:   printf("Result is %d\n", sResult);
23:
24:   printf("\nStack Address: xVar[%x], yVar[%x], totalVar1[%x]\n",
25:          (unsigned int)&xVar, (unsigned int)&yVar, (unsigned int)&totalVar);
26:   printf("Data Address: g_x[%x], g_y[%x], sResult[%x]\n",
27:          (unsigned int)&g_x, (unsigned int)&g_y, (unsigned int)&sResult);
28:   printf("Code Address: printf[%x], sum[%x]\n",
29:          (unsigned int)printf, (unsigned int)sum);
```

```
30: }
31:
32: int sum(int x, int y)
33: {
34: int total = 0;
35: total = x + y;
36:
37: printf("\nsum - stack Address: x[%x], y[%x], total[%x]\n",
38: (unsigned int)&x, (unsigned int)&y, (unsigned int)&total);
39:
40: return total;
41: }
```

**해설**

- 5~6행 : 변수 g_x, g_y를 전역변수로 선언한다. 따라서, g_x, g_y는 메모리의 '데이터 영역'에 저장된다.

- 10~12행 : 변수 xVar, yVar, totalVar를 지역변수로 선언한다. 따라서, xVar, yVar, totalVar는 메모리의 '스택영역'에 저장된다.

- 14행 : sum() 함수를 호출한다. sum( )은 프로그래머가 직접 제작한 함수 실행코드이므로, 메모리의 '코드영역'에 위치한다.

- 15행 : printf( ) 함수를 호출한다. printf( )는 C언어에서 제공하는 표준 함수 실행코드 이므로, 메모리의 '코드영역'에 위치한다. printf() 함수에서 사용하는 "Result is %d\n"는 문자열 상수이므로, 메모리의 '데이터영역'에 위치한다.

- 20행 : 변수 sResult를 정적변수로 선언한다. 따라서, sResult는 메모리의 '데이터 영역'에 위치한다.

- 24~29행 : 각 변수, 함수의 주소값을 출력한다. 이때, printf( ) 함수의 인자로 사용되는 문자열 상수들은 모두 메모리의 '데이터영역'에 위치한다.

- 32~37행 : sum( )함수를 정의한다.

- 32행 : sum( ) 함수의 인자로 전달되는 x, y 변수는 sum( )함수가 사용하는 '스택'에 저장된다.

- 34행 : 변수 total은 sum( ) 함수 내에서 사용되는 지역변수이므로, sum( )함수가 사용하는 '스택'에 저장된다.

- 37행 : sum( )함수가 사용하는 인자와 지역변수의 주소값을 출력한다. 이때, printf( ) 함수의 인자로 사용되는 문자열 상수들은 모두 메모리의 '데이터영역'에 위치한다.

**실행결과**

```
sum - stack Address: x[10ff790], y[10ff794], total[10ff780]
Result is 3

sum - stack Address: x[10ff790], y[10ff794], total[10ff780]
Result is 30
```

```
sum - stack Address: x[10ff790], y[10ff794], total[10ff780]
Result is 30

Stack Address: xVar[10ff880], yYar[10ff874], totalVar1[10ff868]
Data Address: g_x[a29000], g_y[a29004], sResult[a29148]
Code Address: printf[a2131b], sum[a2110e]
```

- 각 메모리 주소의 값은 프로그램 실행 시 마다 달라질 수 있다.
- 스택영역에 위치한 데이터의 주소값 범위, 데이터영역에 위치한 데이터의 주소값 범위, 코드영역에
  위치한 데이터(코드)의 주소값 범위가 각각 다름을 확인한다. 즉, 스택영역(0x10f~),
  데이터영역(0xa20~), 코드영역(0xa21~)으로 각각 다른 메모리 영역에 위치한다.

## Point 02 | 프로그램 메모리 구조의 이해 연습문제

**Q1** 프로그램 실행 시 바로 메모리에 적재되는 데이터는 무엇인지, 종류와 특징을 설명하시오.

**정답**

프로그램 실행 시 바로 메모리에 적재되는 데이터는 코드, 정적변수, 전역변수가 있다. 코드는 프로그래머가 직접
작성한 함수 혹은 라이브러리 등과 같이 실행 할 수 있는 영역이다. 정적변수는 static 키워드로 선언한 변수이다.
전역변수는 함수 외부에서 글로벌 하게 선언한 변수이다.
코드, 정적변수, 전역변수는 프로그램 실행과 함께 메모리에 배치되며, 프로그램 종료시까지 항상 참조 가능하다.

**Q2** 스택(stack) 메모리 영역의 특징과 스택에 저장되는 데이터의 종류를 설명하시오.

**정답**

스택 메모리는 쓰레드 마다 1개씩 할당되며, 함수 내에서 선언한 지역변수와 함수의 인자로 전달되는 파라메터가
저장된다. 스택에 저장된 데이터는 함수의 종료와 함께 메모리에서 해제된다.
따라서, 메모리의 유효 범위를 잘 검토하여 안전하게 사용해야 한다.
스택의 크기는 실행파일(프로그램) 정보에 함께 기록되며, 이를 참조하여 운영체제가 스택영역을 할당한다.

# 메모리 동적할당의 이해

## 01 Point 스택 지역변수(stack local variable)이용의 한계

메모리 동적 할당에 대하여 살펴보기 전에, 우리가 이미 알고 있는 스택의 지역변수만으로 프로그램을 개발하고자 하면, 어떤 한계가 발생하는지 확인해보자.

### 가. 가변길이(variable length)의 데이터를 자유롭게 이용할 수 있을까?

아래와 같은 요구사항을 구현한다고 생각해보자.

**1학년 학생의 수학점수를 입력받아 평균값을 출력하는 프로그램**

- 1학년 학생의 수학점수는 int형으로 입력 받는다.
- 1학년 신입생의 수는 매년 달라진다.

■ 1학년 학생의 수학점수를 평균내는 프로그램

원칙적으로, 수학점수는 0~100 사이이고, 신입생의 수는 0보다 크거나 같아야 한다는 제약이 있으나, 본 예제에서는 핵심내용에 집중하기 위하여 오류에 대한 방어코드는 생략한다. 또한, 모든 점수를 90점으로 초기화한 것으로 입력을 대신한다.

[소스코드] 1학년 학생 수학점수 평균

```
1: #include <stdio.h>
2:
3: void main(void)
4: {
5:    // 1학년 학생의 점수를 입력받기 위해, 적절한 크기라 판단하는 값 100 이용
6:    int math[100]={ 0, };
7:    int nStudentsNum=0;
8:
```

```
 9:    printf("Input students number: ");
10:    scanf("%d", &nStudentsNum);
11:
12:    // 입력받은 학생 수만큼, 배열값을 90점으로 초기화 한다.
13:    for(int i=0; i < nStudentsNum; i++)
14:    {
15:            math[i]=90;
16:    }
17:
18:    printf("Done.\n");
19: }
```

**해설**

- 6행 : 1학년 학생의 수가 매년 달라지므로, 적당히 큰 100개의 점수를 저장할 수 있는 배열을 선언하였다.(이후에 다시 이야기 하겠지만 이렇게 프로그래밍하는 것은 잘못한 사례이다.)
- 9~19행 : 학생 수를 입력 받는다.
- 13~16행 : 입력받은 학생 수 만큼, 점수를 90점으로 설정한다.

**실행결과**

```
Input students number: 37
Done.
```

- 정상적으로 입력되어, 'Done' 메시지가 출력된다.

위와 같이 구현한 것이 합리적일까? 만일 1학년 학생 수가 최대 50명 이었다면 불필요한 메모리영역을 낭비한 것이고, 200명 이상이 되면 프로그램은 문제가 발생할 것이다.

**200명일 경우의 오류**

학생 수로 200을 입력하면 배열의 범위를 초과하여 오류가 발생한다.

- 오류 여부 및 메시지 표시 방법은 시스템 상태 혹은 컴파일러의 종류에 따라 달라질 수 있다. 하지만, 결과 여부를 떠나 배열의 범위를 넘어서게 되어 문제가 된다.

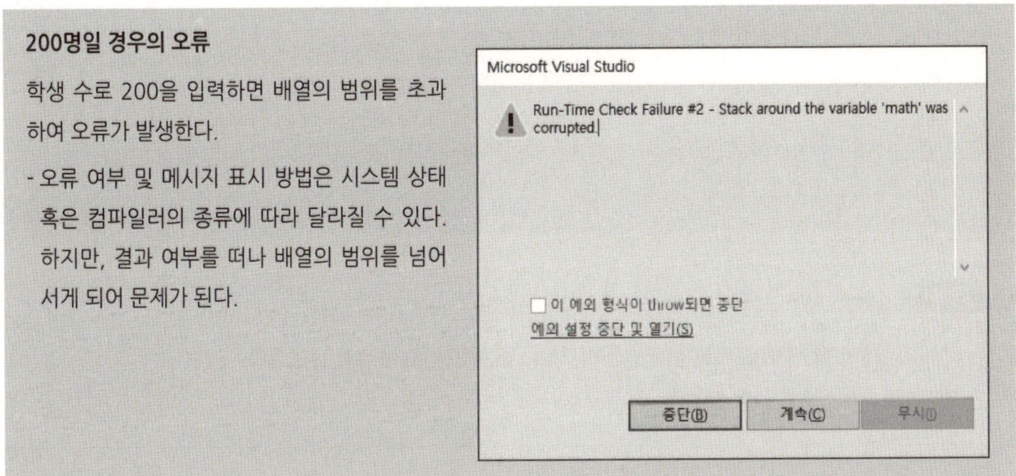

따라서, 학생 수를 입력받아 그 크기에 맞는 데이터를 동적으로 만드는 것이 필요하다. 동적 메모리 할당을 위한 함수는 이후에 확인하기로 하며, 개선한 프로그램을 살펴보자.

■ **학생 수를 입력받고 학생 수만큼의 수학점수 평균을 내는 프로그램**

힙(heap) 메모리에 학생 수만큼의 수학점수를 입력받기 위하여 malloc( )함수를 이용하여 메모리를 동적할당하였다. malloc( )함수의 세부 내용은 이후에 살펴본다.

**[소스코드] heap을 이용한 동적 메모리 할당으로 수학점수 계산**

```
 1: #include <stdio.h>
 2: #include <stdlib.h>     // malloc, free 함수 이용을 위함
 3:
 4: void main(void)
 5: {
 6:
 7:   int * math=NULL;        // 학생들의 점수를 저장하기 위한 배열을 할당하기 위함
 8:   int nStudentsNum=0;
 9:
10:   printf("Input students number: ");
11:   scanf("%d", &nStudentsNum);
12:
13:   // 힙 영역에 점수 입력을 위한 메모리를 할당한다.
14:   math=(int *)malloc( nStudentsNum * sizeof(int) );
15:
16:   // 입력받은 학생 수만큼, 배열값을 90점으로 초기화 한다.
17:   for(int i=0; i < nStudentsNum; i++)
18:   {
19:         math[i]=90;
20:   }
21:
22:   // 잘 동작하는 것을 확인했으므로, 할당한 메모리는 해제한다.
23:   free(math);
24:
25:   printf("Done.\n");
26: }
```

**해설**

• 7행 : int형 배열, 즉 메모리를 할당할 것이므로, int형 포인터 변수를 선언한다.

• 10~11행 : 학생 수를 입력 받는다.

- 14행 : 입력받은 학생 수만큼의 정수형 데이터를 저장할 수 있도록 힙에 메모리를 할당한다. 이때, 메모리 크기는 '학생 수 x 데이터 크기' 즉, 학생 수 x sizeof(int)가 된다. 할당된 힙메모리는 명시적으로 해제하지 않는 한, 프로그램 종료시점까지 계속 유지된다.
- 23행 : 힙메모리에 할당한 메모리를 해제한다.

**실행결과**

```
Input students number: 200
Done.
```
– 학생 수를 큰 값으로 입력하여도, 정상적으로 처리하였다.

## 나. 함수의 스택(stack)에 할당된 변수를 다른 곳으로 전달할 수 있을까?

우리는 이미 스택에 생성한 변수는 함수의 종료와 함께 해제되는 것을 알고 있다. 하지만, 아래 예제를 이용하여 한 번 더 명확히 확인해보자.

■ 함수에서 지역변수로 배열의 전달

```c
 1: #include <stdio.h>
 2: #include <string.h>
 3:
 4: // 배열 항목의 개수를 100개로 지정
 5: #define ARRAY_LEN 100
 6:
 7: // int형 1차원 배열을 리턴
 8: int * getArray(void);
 9:
10: void main(void)
11: {
12:   // 수학점수 저장을 위한 배열 포인터
13:   int *math=NULL;
14:
15:   // getArray( )함수의 종료와 함께 math가 가리키는 주소도 해제되었을 것임
16:   math=getArray( );
17:
18:   printf("math -> ");
19:
20:   for(int i=0; i < ARRAY_LEN; i++)
```

```
21:  {
22:          printf("%d ", math[i]);
23:  }
24: }
25:
26: // int형 1차원 배열을 리턴
27: int * getArray(void)
28: {
29:   // int형 1차원 배열을 선언하고, 모든 항목을 100으로 초기화 한다.
30:   int localMath[ARRAY_LEN]={ 0, };
31:   for(int i=0; i < 100; i++)
32:   {
33:          localMath[i]=100;
34:   }
35:
36:   return localMath;        // 스택에 할당된 지역변수 배열을 리턴
37: }
```

**해설**

- 36행 : 스택에 할당된 지역변수 `localMath[100]`을 결과로 리턴한다. 하지만, 함수의 종료와 함께 할당된 배열은 해제된다.
- 20~23행 : 이미 해제된 메모리 영역을 배열로 참조하여 출력하게 되므로, 오동작 혹은 잘못된 값이 출력된다.

**실행결과**

```
math -> -858993460 -858993460 -858993460 -858993460 -858993460 -858993460
-858993460 -858993460 -858993460 -858993460 -858993460 -858993460 -858993460
-858993460 -858993460 -858993460 -858993460 -858993460 -858993460 -858993460
-858993460 -858993460 -858993460 -858993460 -858993460 -858993460 -858993460
-858993460 -858993460 (이하 생략...)
- 출력되는 값은 프로그램 실행 시 마다 달라진다.
```

위와 같이 함수 내부, 즉 **stack에 위치하는 지역변수는 함수의 종료와 함께 메모리에서 제거**되므로, 함수 종료이후 해당 변수 혹은 메모리는 이용할 수 없다. 그렇다면, 함수가 호출될 때 메모리에 할당되고, 함수의 종료 후에도 해당 메모리가 유효한(즉, 제거되지 않는) 변수가 필요하게 된다.

이를 위하여 **C언어는 malloc( ) 과 같이 힙(heap) 메모리에 데이터를 동적으로 생성하는 함수와 이를 제거하는 free( )를 제공**한다. 이제, 이러한 함수들에 대하여 구체적으로 살펴보도록 하자.

> **TIP**  스택(stack)의 기본 크기와 조정 방법
>
> **스택(stack) 메모리는 프로그램의 스레드(thread)당 1개가 만들어지며 기본 크기는 1MB이다.** 따라서, 함수가 이용할 수 있는 지역변수의 크기 또한 제약이 있게 된다.
>
> 보통의 경우 1MB 이상의 지역변수를 이용하는 경우는 드물고, 큰 메모리가 필요할 경우 힙(heap)을 이용한 동적할당을 이용하기에 1MB의 스택크기는 문제가 되지 않는다.
>
> **하지만, 스택 용량을 초과하여 'Stack Overflow' 메시지가 발생한다면, Visual Studio의 링크(link) 옵션을 통해 스택의 크기를 증가시킬 수 있다.**
>
>   - 방법 : "/STACK:reservce [.commit]"
>
>   - 예 : "/STACK:"10485760"(10메가 스택 할당)
>
> 또, Visual Studio의 링커 옵션 화면에서도 설정할 수 있다.
>
> 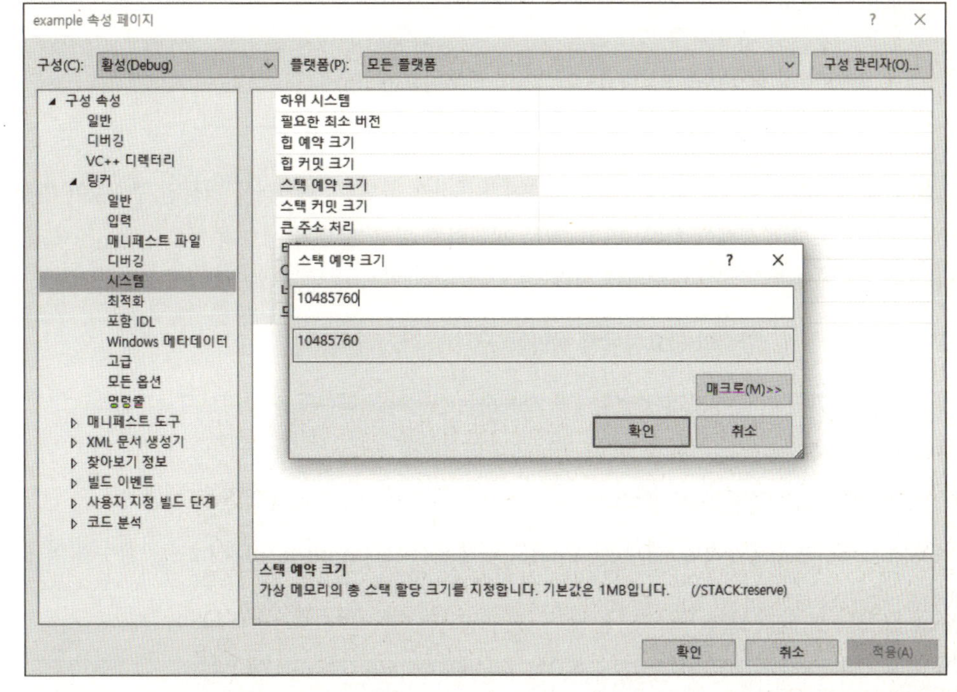

## 02 /Point  힙메모리의 할당과 해제

비록 각 함수를 자세히 살펴보지는 않았으나, 우리는 앞에서 **malloc ( )함수를 이용하여 힙(heap) 메모리 영역에 데이터를 생성할 수 있는 것**을 알았다. 그렇다면, malloc ( )함수에 의해 생성된 동적 메모리는 어떻게 참조되는 것일까? malloc ( )과 free ( )함수를 활용하기 이전에 이에 대하여 먼저 살펴보자.

## 가. 힙 영역을 가리키는 스택의 포인터

포인터는 메모리의 주소를 가리킨다 하였고, **malloc( )함수를 이용하여 동적 메모리를 할당하면, 포인터를 반환**한다. 따라서, **함수 내에 지역변수로 선언된 포인터가 힙(heap) 영역에 할당된 동적 메모리의 시작주소**를 가리키게 된다.

■ 동적 메모리의 시작 주소를 가리키는 포인터.

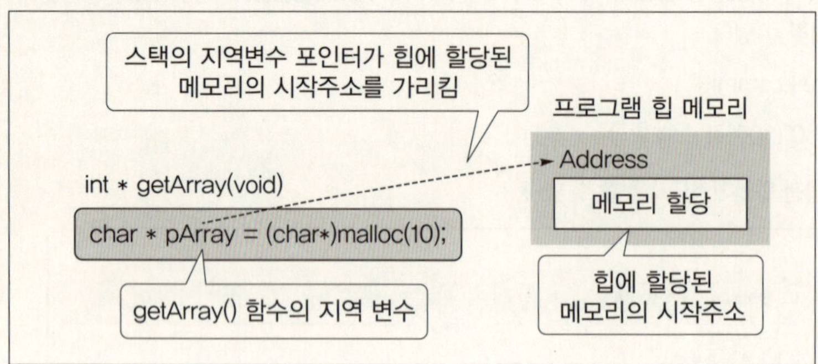


할당한 동적 메모리는 이 포인터(값)를 이용하여 접근하게 되므로, 포인터에 저장된 주소값이 변경되거나 제거되지 않도록 주의해야 한다. 만일, 잘못 관리하게 되면 '잘못된 메모리 참조(memory access violation)나 메모리 누수'가 발생하게 된다.

메모리 누수는 free( )함수의 필요성에서 설명한다.

오래 동안 기다렸다, 이제 메모리 동적할당에 사용하는 C언어의 함수들을 살펴보자.

## 나. malloc( )함수와 free( )함수

힙 영역에 메모리를 할당하거나, 할당한 메모리를 해제하기 위해 malloc( )과 free( )함수를 이용한다.

■ malloc( )함수와 free( )함수

| 구분 | malloc( ) | free( ) |
|---|---|---|
| 헤더파일 | #include ⟨stdlib.h⟩ | |
| 함수원형 | void * malloc(size_t size) | void free(void * ptr) |
| 세부내용 | [인자 설명]<br>- size: 힙 영역에 할당하고자 하는 메모리 크기<br><br>[반환 값 설명]<br>- void * : 할당한 메모리 주소<br><br>전달한 크기만큼의 힙메모리를 할당하고, 할당한 메모리의 시작주소를 반환한다. | [인자 설명]<br>- ptr: 해제하고자 하는 메모리 주소, malloc( ) 등으로 할당한 힙메모리의 주소.<br><br>[반환 값 설명]<br>- 반환 값 없음<br><br>전달한 메모리 주소에 할당된 힙(동적) 메모리를 해제한다. 해제한 메모리 영역은 의미 없는 값으로, 더 이상 참조하면 안된다. |

| 참고사항 | – 힙메모리 할당에 실패한 경우, NULL 반환<br>– 성공 시, 반환한 void * 를 원하는 타입으로 변환(type casting)하여 이용<br>– 할당된 메모리 공간은 임의의 값(가비지, garbage)으로 채워진다. | – 잘못된 주소 혹은 NULL 주소를 전달한 경우 프로그램 오류가 발생하므로 주의 필요 |
| --- | --- | --- |

특히, malloc( )함수의 반환형이 void형 포인터(void *)임에 주의하자. 이는 malloc( )함수의 기능을 원하는 크기만큼 힙메모리를 할당하는 것에 집중하게 한다.

개발자는 원하는 데이터 타입 혹은 자료구조를 고려하여 할당하고자 하는 메모리 크기를 malloc( )함수의 인자로 전달하며, 리턴된 void형 포인터를 원하는 데이터 타입 혹은 자료구조타입으로 변경하여 이용한다.

이렇게 변경된 포인터는 앞장에서 학습한 포인터의 특징을 그대로 갖고, 관련 연산등을 수행할 수 있다.

■ malloc과 free( )함수의 예제

```c
 1: #include <stdio.h>
 2: #include <string.h>      // memset( )함수 이용을 위함
 3:
 4: // 배열 항목의 개수를 100개로 지정
 5: #define ARRAY_LEN 100
 6:
 7: // int형 1차원 배열을 리턴
 8: int * getArray(void);
 9:
10: void main(void)
11: {
12:    // 수학점수 저장을 위한 배열 포인터
13:    int *math=NULL;
14:
15:    // getArray( )가 리턴하는 주소값은 힙 영역에 할당 메모리 주소 이므로,
16:    // getArray( )함수가 종료한 후에도 유효한 주소 영역이 된다.
17:    math=getArray( );
18:
19:    printf("math -> ");
20:
21:    for(int i=0; i < ARRAY_LEN; i++)
22:    {
23:         printf("%d ", math[i]);
24:    }
```

```
25:
26:    // 힙메모리를 해제한다.
27:    free(math);
28:  }
29:
30:  // int형 1차원 배열을 리턴
31:  int * getArray(void)
32:  {
33:    // int형 1차원 배열을 힙메모리에 할당, 모든 항목을 100으로 초기화 한다.
34:    int * localMath=(int *)malloc(ARRAY_LEN * sizeof(int));
35:    for(int i=0; i < 100; i++)
36:    {
37:         localMath[i]=100;
38:    }
39:
40:    return localMath;       // 힙에 할당한 메모리 번지를 리턴
41:  }
```

### 해설

- 앞서 스택을 이용한 배열주소 리턴의 문제를 힙메모리를 이용하여 해결한 사례이다.
- 34행 : 함수 내에서 malloc( )함수를 이용 힙메모리를 할당하였다.
- 40행 : 힙에 할당된 주소를 리턴하므로, 함수 종료 후에도 해당 주소 영역은 유효하다.
- 21~24행 : 유효한 메모리 공간이므로, 사전 설정한 값 100이 출력된다.
- 27행 : 더 이상 사용하지 않는 힙메모리는 free( )함수를 이용하여 해제한다.

### 실행결과

```
math -> 100 100 100 100 100 100 100 100 100 100 100 100 100 100 100 100 100 100
100 100 100 100 100 100 100 100 100 100 100 100 100 100 100 100 100 100 100 100
100 100 100 100 100 100 100 100 100 100 100 100 100 100 100 100 100 100 100 100
100 100 100 100 100 100 100 100 100 100 100 100 100 100 100 100 100 100 100 100
100 100 100 100 100 100 100 100 100 100 100 100 100 100 100 100 100 100 100 100
100 100
```

## 다. calloc( )함수와 realloc( )함수

힙 영역에 메모리를 할당하는 또 다른 방식을 제공하는 calloc( )함수와 이미 할당한 메모리의 크기를 변경하는 realloc( )함수를 살펴보자.

■ calloc( )함수와 realloc( )함수

| 구분 | calloc( ) | realloc( ) |
|---|---|---|
| 헤더파일 | #include 〈stdlib.h〉 | |
| 함수원형 | void * calloc(size_t num, size_t size) | void * realloc(void * ptr, size_t new_size) |
| 세부내용 | [인자 설명]<br>– num : 객체(대상)의 개수<br>– size : 각 객체(대상)의 크기<br><br><br>[반환 값 설명]<br>– void * : 새롭게 할당한 메모리 주소<br><br>**할당하고자 하는 자료형의 크기와, 해당 자료형의 개수를 이용하여 힙메모리 할당** | [인자 설명]<br>– ptr : malloc( ) 등으로 기존에 할당한 메모리 주소이다. 만일, NULL값일 경우 malloc( )과 동일하게 동작.<br>– new_size : 새롭게 변경할 크기<br><br>[반환 값 설명]<br>– void * : 새롭게 할당한 메모리 주소<br><br>**새로운 크기로 메모리를 재할당**하며, **기존 메모리보다 큰 메모리로 재할당 할 경우, 기존 메모리에 저장된 데이터 값은 동일**하게 유지된다. |
| 참고사항 | – 주요 특징은 malloc( )함수와 동일<br>– malloc(num*size)와 같은 기능으로 개발자의 편의에 따라 선택해서 사용할 수 있다.<br>– 할당된 메모리 공간은 0으로 초기화된다. | 재할당 되어 리턴된 포인터는 인자로 전달한 ptr(포인터)의 값과 같을 수도, 다를 수도 있다.<br><br>1) 같은 경우 : 인자로 전달한 ptr 포인터 주소 이후로 충분한 여유 공간이 있어, 새로운 메모리를 할당할 수 있을 때<br><br>2) 다른 경우 : 인자로 전달한 ptr 포인터 주소 이후로 충분한 공간이 없을 경우, 새로운 주소에 메모리를 할당하고 기존 데이터를 복사하여 반환한다. 비록, 다른 포인터 변수가 리턴 되었으나, 인자로 전달된 ptr(포인터)는 free( )함수로 해제하지 않으며, 해당 주소를 참조할 수도 없다.<br><br>이때 추가로 확장된 메모리 공간은 임의의 값(가비지, garbage)으로 채워진다. |

■ calloc과 realloc( )함수의 예제

```c
1: #include <stdio.h>
2: #include <stdlib.h>
3:
4: void main(void)
5: {
6:   // int형 4개의 항목을 저장하는 배열을 할당하고, 각 항목을 0으로 초기화
7:   int *pArray=calloc(4, sizeof(int));
8:
```

```
 9:    // 0으로 잘 초기화 되었는지 출력하여 확인한다.
10:    for(int i=0; i < 4; i++)
11:    {
12:            printf("array[%d] : %d\n", i, pArray[i]);
13:    }
14:
15:    // 기존에 할당한 메모리 공간을 10개의 정수를 저장할 수 있는 크기의 메모리 공간으로 다시 할당한다.
16:    int *pArray_realloc=(int *)realloc(pArray, 10 * sizeof(int));
17:
18:    // 두 포인터 변수값을 확인해보고, 새롭게 할당한 데이터 항목을 출력해 본다.
19:    printf("pArray_realloc [%x] - pArray [%x]\n", pArray_realloc, pArray);
20:    for(int i=0; i < 10; i++)
21:    {
22:            printf("array[%d] : %d\n", i, pArray_realloc[i]);
23:    }
24:
25:    // 더 이상 사용하지 않으므로, pArray_realloc을 해제한다.
26:    free(pArray_realloc);
27: }
```

**해설**

- 7행 : calloc( )함수를 이용하여, 0으로 초기화된 정수형 배열을 할당한다.
- 10~13행 : 출력결과 0으로 초기화된 값이 표시된다.
- 16행 : 기존에 할당한 힙메모리를 다른 크기로 재할당 한다. 새롭게 할당된 주소는 기존 주소와 같을 수도 다를 수도 있다.(본 예제를 테스트한 시점에서는 다른 값 할당)
- 20~23행 : 새롭게 할당한 배열의 항목을 출력한다. 이때, 기존 배열의 내용은 유지되며 새롭게 추가된 메모리 영역은 임의의 값(가비지)으로 채워진다.

**실행결과**

```
array[0] : 0
array[1] : 0
array[2] : 0
array[3] : 0
pArray_realloc [ca6838] - pArray [ca6838]
array[0] : 0
array[1] : 0
array[2] : 0
```

```
array[3] : 0
array[4] : -842150451
array[5] : -842150451
array[6] : -842150451
array[7] : -842150451
array[8] : -842150451
array[9] : -842150451
- 메모리 주소 및 가비지 값은 프로그램 실행 시 마다 달라질 수 있다.
```

## 라. free( )함수를 호출하지 않을 경우 발생하는 메모리 누수(memory leak)

만일, malloc( )함수로 메모리를 할당한 후, free( )함수로 해제하지 않을 때 어떻게 될까?

■ 힙메모리를 할당하고 해제 하지 않는 메모리

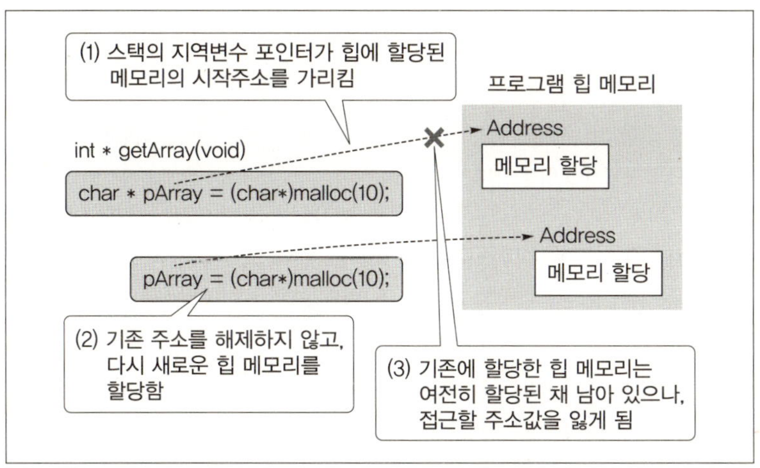


이와 같이 힙 영역에 할당한 메모리를 적절히 관리하지 않거나 free( )로 해제 하지 않을 때 프로그램의 힙 공간은 점차 줄어들어 결국 프로그램은 오동작 하게 된다. 이를 메모리 누수(memory leak)라 한다.

**힙메모리의 할당과 해제는 malloc( ), free( )함수를 이용하여 프로그래머가 직접 담당**하므로, 메모리 누수를 방지하는 것 또한 프로그래머의 책임이라 하겠다.

> **TIP** **프로그램이 종료되면, 힙에 할당된 메모리도 해제된다.**
>
> 비록, 프로그래머의 실수로 메모리 누수가 계속 누적되어도, 프로그램이 종료되면 힙에 할당된 메모리는 모두 해제되므로, 시스템 전체에는 문제가 없게 된다
>
> 그러나, 서비스 프로그램 등 사용자에게 오랜 시간 기능을 제공해야 하는 프로그램에서는 **반복된 메모리 누수는 치명적인 오류**가 될 수 있다.
>
> 따라서, 여전히 프로그램 개발 시 힙메모리를 잘 관리하는 것이 중요하다.

## Point 03 메모리 동적할당 연습문제

**Q1** 힙메모리의 라이프사이클(life cycle)을 설명하시오.(참고 : 라이프사이클은 생성부터 소멸까지의 단계를 의미한다.)

**정답**

힙메모리는 프로그래머가 malloc( )과 같은 함수를 이용하여 동적으로 생성하여 이용하며, free( )와 같은 함수로 명시적으로 해제하거나 프로그램이 종료되기 전까지 계속 유지된다. 따라서, 함수 호출구조 및 스코프(scope)와 관계없이 유효한 주소만 있으면 항상 이용할 수 있다.

하지만, 유효한 주소를 잘 관리하지 못하여 접근할 수 없는 일이 반복되면, 할당할 수 있는 힙메모리가 점점 줄어 문제가 될 수 있다. 이러한 문제를 메모리 누수(memory leak)라 한다.

**Q2** 힙메모리 할당 함수인 malloc( ), calloc( ), realloc( )함수의 특징을 비교하여 설명하시오.

**정답**

malloc( )함수는 일반적인 힙메모리 할당 함수로, 할당하고자 하는 메모리 크기를 인자로 갖는다. 이렇게 할당된 메모리 영역은 기본적으로 임의의 값으로 채워지며 이를 가비지(garbage)라 한다.

calloc( )함수는 대상 오브젝트(자료단위)의 크기와 개수를 인자로 받으며, 할당된 메모리는 0으로 초기화 된다.

realloc( )함수는 이미 할당한 힙메모리의 크기를 변경하여 재할당하는 것으로 아래 2가지 경우로 구분된다.

(1) 기존 메모리 주소와 같은 값을 반환 : 기존 메모리 공간 이후로 충분한 공간이 있어, 요구한 메모리를 더 확보할 수 있는 경우
(2) 새로운 메모리 주소 값을 반환 : 이때 기존 메모리의 내용이 복사하여 채워진다. 이때, realloc( )의 인자로 전달한 '기존 힙메모리 영역'을 명시적으로 free( )하면 안된다.

**Q3** 2개의 문자열을 입력받아 한개의 문자열로 만드는 함수를 구현하고, 이를 이용하여 "Hello", "World" 2개의 문자열을 하나로 합친 후, 출력하시오.
단, 함수의 원형은 char * mystrcat(char *, char *)이다.

**정답**

**[소스코드]**

```
1: #include <stdio.h>
2: #include <stdlib.h>            // malloc( ), memcpy( )함수 이용을 위함
3: #include <string.h>            // strlen( )함수 이용을 위함
4:
```

```c
 5:   // 2개의 문자열을 인자로 받아, 하나로 합친 문자열을 리턴한다.
 6: char * mystrcat(char* str1, char* str2)
 7: {
 8:   // strlen( )은 문자열의 길이를 리턴하는 함수이다.
 9:   int nSize=strlen(str1) + strlen(str2) + 1;
10:
11:   // 문자열을 힙메모리에 할당.
12:   char * newString=malloc(nSize * sizeof(char));
13:
14:   // 첫 번째 문자열을 복사한다.
15:   memcpy(newString, str1, strlen(str1));
16:
17:   // 두 번째 문자열을 복사한다.
18:   memcpy(newString + strlen(str1), str2, strlen(str2));
19:
20:   // 마지막에 null 추가
21:   newString[nSize - 1]='\0';
22:
23:   return newString;                // 힙에 할당하였으므로, 계속 유효한 주소 유지
24: }
25:
26: void main(void)
27: {
28:   // 문자열을 합치고, 출력한다.
29:   char * pString=mystrcat("Hello", "World");
30:   printf("%s\n", pString);
31:
32:   // 더 이용하지 않을 경우, 할당한 힙메모리를 해제한다.
33:   free(pString);
34: }
```

**[실행결과]**

```
HelloWorld
```

**해설**

- 9행 : 전달된 문자열을 합쳐야 하므로, 각 문자열의 길이의 합과 null을 고려한 값을 힙메모리의 크기로 결정한다.
- 12행 : 힙에 메모리를 할당하고, newString에 리턴된 힙의 주소를 저장한다.
- 15~21행 : 메모리 복사 함수인 memcpy( )를 이용하여, 2개 인자의 문자열을 힙에 할당한 메모리에 복사하여 합친다.

- **29행** : `mystrcat( )`함수의 결과로 전달받은 `pString`은 힙에 할당된 메모리 이므로, 안전하게 사용할 수 있다.
- **33행** : 더 이상 사용하지 않을 힙메모리를 해제한다. 비록, 프로그램 종료 시점으로 종료와 함께 해제되겠지만 위와 같이 적절히 해제하는 방식을 권장한다.

**Q4** 문자열 포인터를 저장하는 배열을 선언하고, 2개의 문자를 입력받아 추가한 후, 배열에 저장된 문자열을 출력하시오. 이때, calloc함수를 이용하여 힙메모리를 할당하고 이용한다.(단, 배열의 크기는 2이며, 입력받을 문자열의 길이는 최대 10자로 한다.)

**정답**

[소스코드]

```
 1: #include <stdio.h>
 2: #include <stdlib.h>
 3:
 4: void main(void)
 5: {
 6:   char * pArrayString[2]={ NULL, };
 7:
 8:   for(int i=0; i < 2; i++)
 9:   {
10:           // 최대 10자를 입력받는 것으로 가정하였으므로, null문자를 고려하여
11:           // 총 11개의 char형 힙영역을 할당한다.
12:           pArrayString[i]=calloc(11, sizeof(char));
13:   }
14:
15:   // 2개의 문자열을 입력받아 저장한다.
16:   printf("input two string: ");
17:   scanf("%s %s", pArrayString[0], pArrayString[1]);
18:
19:   for(int i=0; i < 2; i++)
20:   {
21:           printf("%s\n", pArrayString[i]);
22:   }
23:
24:   // 더 이상 사용하지 않으므로, 할당한 메모리를 해제한다.
25:   for(int i=0; i < 2; i++)
26:   {
27:           free(pArrayString[i]);
28:   }
29: }
```

**[실행결과]**

```
input two string: Hello World
Hello
World
```

**해설**

- 12행 : calloc( )으로 힙메모리를 할당하였으므로, 0으로 초기화 된다. 코드의 기타 사항은 주석을 참고한다.
- 25~28행 : 배열에 저장된 각각의 포인터에 힙메모리를 할당하여 주소를 저장하였으므로, 배열명과 첨자(인덱스)를 이용하여 할당했던 메모리를 각각 해제한다.

**Q5** malloc( )함수로 할당한 메모리 크기보다 작은 메모리 크기로 realloc( )하는 경우, 어떠한 주소가 리턴되는지 확인하시오. 이때, 총 10개의 int형 데이터를 갖는 배열을 calloc( )함수로 할당하여 이용하고, 메모리의 내용을 출력하여 확인하시오.

**정답**

**[소스코드]**

```c
1: #include <stdio.h>
2: #include <stdlib.h>
3:
4: void main(void)
5: {
6:    // 10개의 정수형 변수를 저장할 수 있는 힙메모리 공간 할당
7:    // 추가로 memset( )함수를 이용하여, 전체 값을 10으로 초기화한다.
8:    int * pVar=calloc(10, sizeof(int));
9:
10:    // 각 메모리 위치에 저장된 값을 출력한다.
11:    printf("Address of pVar : %x\n", pVar);
12:    for(int i=0; i < 10; i++)
13:    {
14:         printf("%d ", *(pVar + i));
15:    }
16:    printf("\n\n");
17:
18:    // 기존 메모리의 크기를 정수 5개의 크기로 줄인다.
19:    int * pVarNew=realloc(pVar, 5 * sizeof(int));
```

```
20:
21:    // 각 메모리 위치에 저장된 값을 출력한다.
22:    printf("Address of pVar : %x\n", pVarNew);
23:    for(int i=0; i < 5; i++)
24:    {
25:            printf("%d ", *(pVarNew + i));
26:    }
27: }
```

**[실행결과]**

```
Address of pVar : 45d4f8
0 0 0 0 0 0 0 0 0 0

Address of pVar : 45d4f8
0 0 0 0 0
```

– 출력된 주소값은 프로그램 실행 시 마다 변경될 수 있다.

여기서 보면, realloc( )을 통해 리턴된 주소가 기존 주소와 동일한 것을 알 수 있다. 그리고, 기존에 저장되었던 데이터도 유지되고 있다.

**해설**

• 8행 : calloc을 이용하여 총 10 x sizeof(int)만큼의 힙메모리를 할당하고, 0으로 초기화 한다.

• 19행 : realloc( )을 이용하여, 기존 메모리를 5개의 정수를 저장할 수 있는 크기로 재할당 한다.

# 자료구조의 확장

C 언어의 구조체(struct data type)는 다양한 자료형(data type) 데이터를 하나의 단위로 묶어 관리하고, 복잡한 자료구조를 표현할 수 있다. 또한, 열거형과 공용체를 이용하여 효율적인 프로그램을 개발할 수 있다.

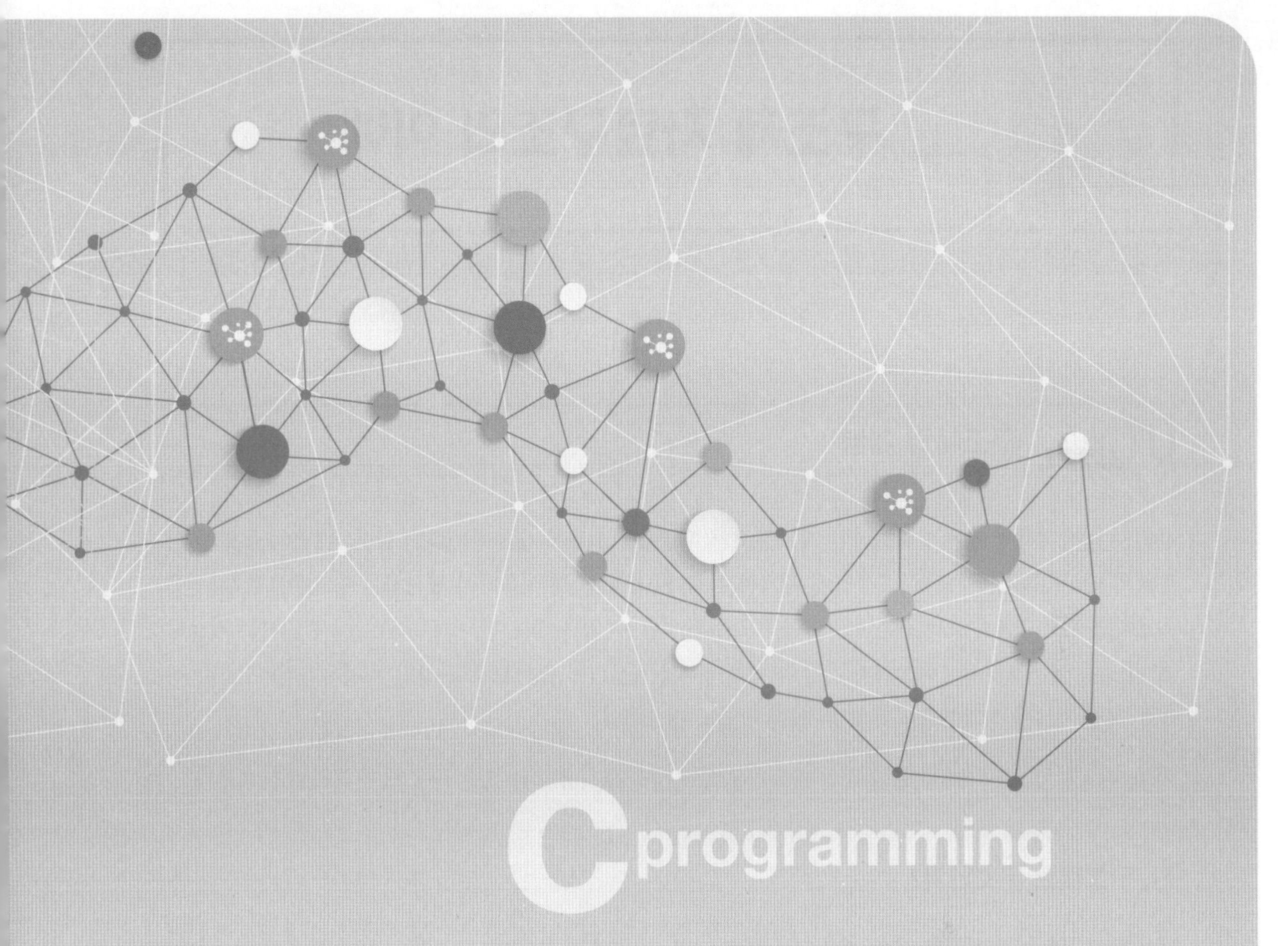


Cprogramming

# 구조체 자료구조의 이해

## 01 Point 구조체의 개념

우리는 앞장에서 C언어의 대표적인 자료구조인 배열(Array)에 대하여 살펴보았다. 배열은 동일한 자료형의 데이터들을 연속된 주소공간에 배치하고 첨자(index)를 이용하여 접근하는 자료구조로, 배열을 이용하면 프로그램 구조를 간결하고 효율적으로 작성할 수 있다. 하지만, 프로그램에서 관리하는 자료구조(data structure)는 여러가지 종류의 데이터 형식(data type)으로 구성되는 경우가 많으므로, 이러한 복합 자료를 정의하고 사용할 수 있는 방법도 필요하다.

이제, 다양한 타입의 데이터를 하나의 자료구조로 구성하여 사용할 수 있는 구조체에 대하여 살펴보자.

### 가. 구조체란 무엇인가?

**구조체(Struct data type)란?**

**같거나 다른 여러 개의 자료형(data type)을 하나의 그룹으로 모아서 새로운 자료형으로 정의하여 사용하는 자료구조**이다.

- 구조체를 구성하는 개개의 데이터는 각각 다른 자료형을 가질 수 있으며, 이것이 배열과 구별되는 특징이다.
- 구조체는 구성하는 멤버의 데이터 타입에 제한을 갖지 않는다. 즉, 어떠한 데이터 타입도 구조체의 멤버로 구성할 수 있다.(단, 변수를 레지스터에 할당하도록 하는 register 지시자를 갖는 변수는 멤버로 구성할 수 없다.)
- 구조체를 구성하는 데이터는 연속된 메모리 주소 공간에 위치한다.

■ **구조체의 개념도와 배열과의 차이점**

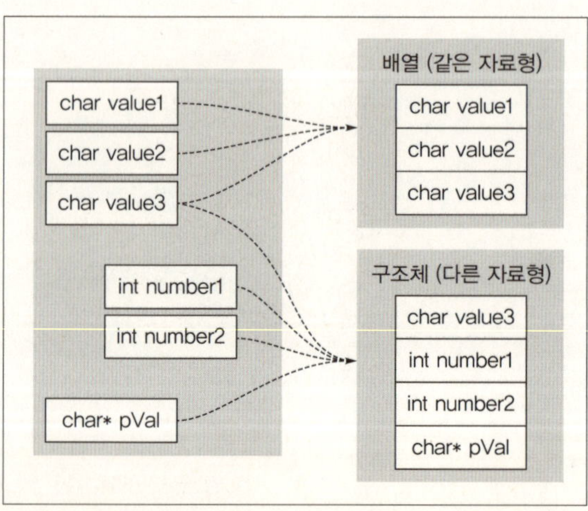

이와 같이 다양한 데이터를 하나의 자료구조로 정의하여 사용하면, 어떠한 장점이 있는지 살펴보자.

## 나. 구조체를 사용하는 이유

먼저 학번, 이름과 수학점수를 입력받고 출력하는 간단한 예제를 살펴보자.

■ 학번, 이름, 수학점수를 입력받아 출력하는 예제

```c
 1: #include <stdio.h>
 2:
 3: void main(void)
 4: {
 5:   // 학번, 이름, 수학점수를 저장할 변수 선언
 6:   char no[10]={ 0, };
 7:   char name[20]={ 0, };
 8:   int math=0;
 9:
10:   printf("Input student number: ");
11:   scanf("%s", no);
12:
13:   printf("Input student name: ");
14:   scanf("%s", name);
15:
16:   printf("input student math: ");
17:   scanf("%d", &math);
18:
19:   printf("Student info : number[%s], name[%s], math[%d]\n", no, name, math);
20: }
```

### 해설

- 6~8행 : 학번, 이름, 수학점수를 저장할 변수를 각각 선언하고 초기화 한다.
- 10~14행 : scanf( )함수로 문자열을 입력받을 경우, 입력문자의 최대 길이는 입력받을 문자배열의 크기 보다 1 작도록 한다.(1이 작은 이유는 '₩0' 문자 저장을 위함이다.)

### 실행결과

```
Input student number : 201701
Input student name : chris
input student math : 99
Student info : number[201701], name[chris], math[99]
```

학생 1명의 정보를 관리하는 것은 위와 같이 간단히 구현할 수 있겠으나, 만일 여러 명일 경우 어떻게 될까? 학생의 수가 4명만 되어도 프로그램이 관리하는 데이터가 분산되고, 구조는 복잡해지기 시작한다.

앞서 학습한 배열을 이용하여 학생 4명의 정보를 관리하는 프로그램을 간단히 구현해보자. 단, 핵심에 집중하기 위하여 학생정보는 초기값으로 지정하고, 3 번째 학생의 정보를 출력하는 것으로 한다.

■ 학생 4명의 학번, 이름, 수학점수를 관리하고 3 번째 학생의 정보를 출력

```
 1: #include <stdio.h>
 2:
 3: void main(void)
 4: {
 5:   // 4명의 학번, 이름, 수학점수를 각각 배열로 저장
 6:   char arrayNo[4][10]={ "201701", "201702", "201703" ,"201704" };
 7:   char arrayName[4][20]={ "chris", "tommay", "harry", "james" };
 8:   int arrayMath[4]={ 99, 100, 90, 80 };
 9:
10:   // 3 번째 학생 정보 출력
11:   printf("3rd student info: number[%s], name[%s], math[%d]\n",
12:           arrayNo[2], arrayName[2], arrayMath[2]);
13: }
```

**해설**

- 6~8행 : 4명의 학번, 이름, 수학점수를 관리해야 하므로, 총 3개의 배열이 필요하다.
- 11~12행 : 1명의 정보를 출력하기 위해 3개의 배열첨자를 이용하여 접근하였다.

**실행결과**

```
3rd student info : number[201703], name[harry], math[90]
```

위 예제를 살펴보면, 학생의 학번, 이름, 수학점수를 각각 다른 배열의 항목으로 관리하므로, 3 번째 학생의 정보를 출력하기 위하여 총 3개의 배열을 접근하고 해당 정보를 출력해야 한다. 이 정도까지는 복잡하지 않아 보일지 모르겠으나, '주소, 전화번호, 국어점수, 영어점수, 평균, 석차' 등 학생과 연관된 정보가 많아지고, 학생의 수도 수천 명으로 더 많아진다면 무척 복잡하고 관리하기 어려운 데이터들이 될 것이다.

이때 학생정보를 구성하는 **데이터들을 하나의 구조체로 정의하여 이용하면, 프로그램의 구조가 단순해지고, 중요한 데이터를 효율적으로 관리**할 수 있게 된다.

구조체를 이용하면 데이터 구조를 간결하고 효율적으로 관리할 수 있다.

- 서로 관련된 정보를 함께 관리하므로, 좋은 품질의 코드를 작성할 수 있다.

- 관련 있는 정보들이 인접한(가까운) 메모리 주소공간에 위치하므로 좀더 효율적으로 실행될 수 있다.

아직 구조체를 정의하고 사용하는 방법을 학습하기 전이지만 구조체를 이용하여 앞 예제를 다시 구성해 보자.

■ 구조체를 이용한 코드 작성

```c
 1: #include <stdio.h>
 2:
 3: void main(void)
 4: {
 5:   struct tag_StudentInfo
 6:   {
 7:         char no[10];
 8:         char name[20];
 9:         int math;
10:   } studentInfo[4]={
11:                      {"201701", "chris", 99},
12:                      {"201702", "tommy", 100},
13:                      {"201703", "harry", 90},
14:                      {"201704", "james", 80}
15:                     };
16:
17:   // 3 번째 학생 정보 출력
18:   printf("3rd student info: number[%s], name[%s], math[%d]\n",
19:         studentInfo[2].no, studentInfo[2].name, studentInfo[2].math);
20: }
```

**해설**

- 5~1행 : 학번, 이름, 수학점수로 구성된 학생정보를 하나의 자료로 묶어서 관리하기 위하여, 구조체를 정의하고 구조체 변수를 선언 및 초기화 하였다. 참고로, 예제와 같이 간단한 구조의 프로그램일 경우 구조체의 정의와 변수 선언을 함께 해도 문제가 없겠으나, 좀더 복잡한 프로그램의 경우 구현 의도를 명확히 하기 위하여, 구조체의 정의와 이를 이용한 변수 선언을 각각 분리해서 프로그래밍 하는 것을 권장한다.

- 18~19행 : 프로그램에서 필요한 자료들을 구조체 배열 1개로 관리하므로, 서로 관련 있는 데이터들을 좀더 효율적으로 접근할 수 있다.

**실행결과**

```
3rd student info : number[201703], name[harry], math[90]
```

어떠한가? 필요한 정보를 하나의 자료구조로 구성하고, '서로 관련된 정보'를 함께 이용하므로 더 효율적인 것으로 보이는가?

---

**TIP** 지역성(locality) 관점에서 살펴본 구조체의 장점

지역성이란, 프로그램이 실행되는 가운데 **한 번 참조한 영역 혹은 이웃 영역을 다시 참조할 가능성이 높다라는 특징**을 의미하며, **'시간적 지역성'**과 **'공간적 지역성'**으로 구분된다.(자세한 내용은 Part02 Chaper01의 Tip을 참조한다.)

구조체를 이용하지 않고 많은 수의 학생정보를 관리하게 되면, 학생 1명의 정보를 저장하는 메모리 주소가 서로 많이 떨어져 위치하게 되므로, 함께 참조할 때 메모리 블록의 이동으로 성능이 저하될 수 있다. 이를 그림으로 간단히 살펴보자.

■ **많은 수의 학생정보 관리 시, 성능 저하 사례**

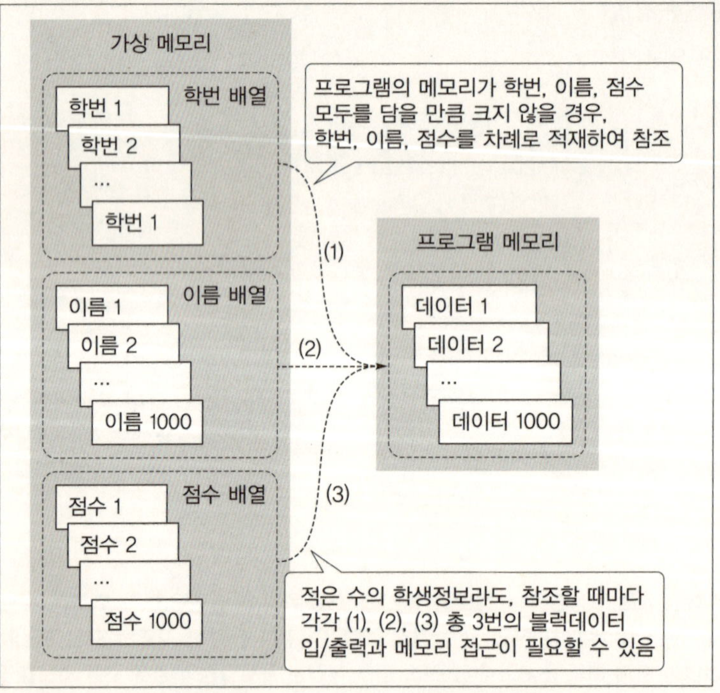


- CPU는 성능 향상을 위하여 상대적으로 적은 용량의 캐시 메모리(Cache Memory)에 데이터를 임시 저장하여 이용하게 된다. 이때, 관련있는 정보를 캐시 메모리에 함께 적재할 수 없게 되어, 성능이 저하 될 수 있다.

- 특히, 메인 메모리(Main Memory)의 여유 공간이 부족하여, 일부 정보가 하드디스크 등 보조기억장치에 스왑 메모리(Swapping Memory)로 저장되면, 필요한 정보를 접근하는데, 더 많은 시간이 필요하게 된다.

만일, 구조체를 이용하여 데이터를 관리하면 1명의 학생정보가 인접한 메모리 영역에 위치하게 되어, 효율적인 참조가 가능하다.

■ **구조체를 이용하여 관리하므로 성능이 향상한 사례**

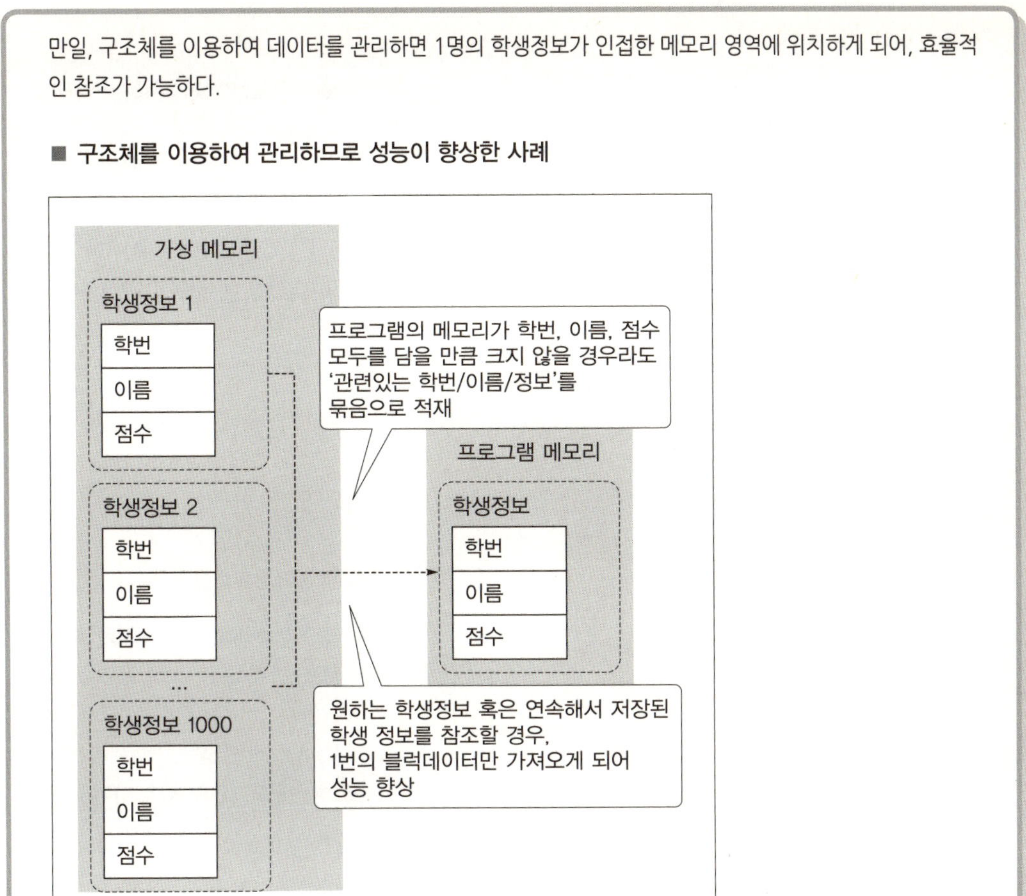


이 뿐 아니라 함수의 인자(parameter) 전달, 알고리즘의 효율적인 구현, C언어 프로그램의 모듈 품질 향상 등에 구조체를 이용하는 것이 유용하다. 자세한 내용은 이후 챕터에서 살펴보기로 한다.

# 02 Point  구조체의 선언과 접근

이제 구조체를 선언하고 구조체 멤버에 접근하는 방법을 살펴보도록 하자.

## 가. 태그(tag)를 이용한 구조체 정의와 구조체 변수의 선언

구조체는 '**구조체임을 선언하는 struct 키워드**', **구조체 이름인 태그명(tag name), 구조체 멤버 변수로 정의**할 수 있다. 이때 구조체 멤버 변수를 '{ 와 }'를 이용하여 함께 포함한다.

**구조체의 정의**

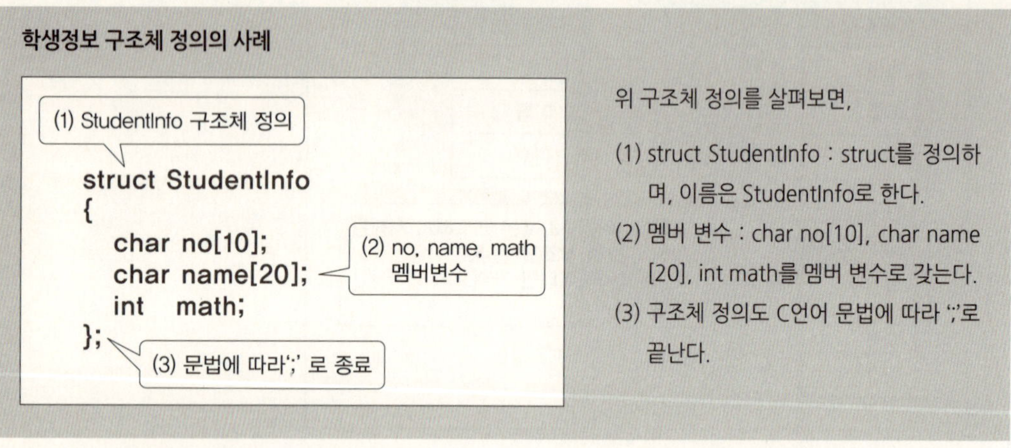



(1) struct : 구조체임을 명시하는 지시자 (keyword)

(2) tag_name : 정의한 구조체를 의미하는 구조체 이름

(3) 멤버 변수 : 구조체에 포함된 데이터. 데이터 타입과 변수명으로 구성된다.

앞에서 예제로 이용한 학생정보를 구조체로 정의해보자.

**학생정보 구조체 정의의 사례**



위 구조체 정의를 살펴보면,

(1) struct StudentInfo : struct를 정의하며, 이름은 StudentInfo로 한다.

(2) 멤버 변수 : char no[10], char name[20], int math를 멤버 변수로 갖는다.

(3) 구조체 정의도 C언어 문법에 따라 ';'로 끝난다.

이와 같은 방식으로 학번(no), 이름(name) 점수(math)를 멤버로 갖는 StudentInfo 구조체를 정의하고 사용하게 된다.

앞서, 구조체의 멤버로 어떠한 데이터도 이용할 수 있다고 하였다. 배열도 하나의 데이터 즉, 값을 저장할 수 있는 변수이므로 위와 같이 구조체의 멤버로 이용할 수 있다. 그 외에도 포인터, 구조체 등도 구조체의 멤버변수로 사용할 수 있으며, 자세한 내용은 다음 챕터에서 살펴보기로 한다.

이렇게 정의한 구조체를 이용하여 구조체 변수를 선언하고 이용할 수 있다.

**구조체 변수의 선언**

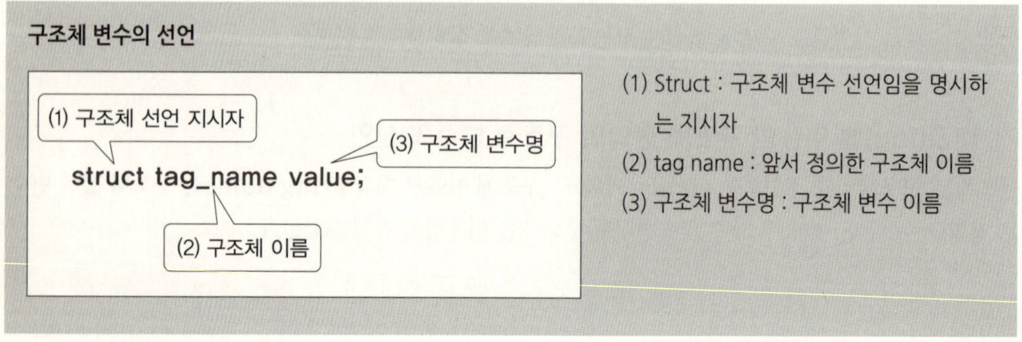



(1) Struct : 구조체 변수 선언임을 명시하는 지시자

(2) tag name : 앞서 정의한 구조체 이름

(3) 구조체 변수명 : 구조체 변수 이름

앞서 정의한 StudentInfo 구조체 변수를 정의해보자.

```
struct StudentInfo student;
```

이제 StudentInfo 구조체 변수인 student를 이용하여 학생의 정보를 하나의 단위로 관리할 수 있다.

> **TIP** **구조체의 정의와 선언을 함께 할 수 있다.**
>
> 앞서 설명한 구조체의 정의와 구조체 변수의 선언을 함께 할 수 있다. 예를 들어 살펴보면,
>
> ```
> struct StudentInfo
> {
>   char no[10];
>   char name[20];
>   int math;
> } student_A, student_B;
> ```
>
> 위와 같이 구조체 변수를 바로 선언할 수 있다.
>
> 하지만, 소스코드의 일관성을 확보하고 이해를 돕기 위하여, 간단한 경우가 아니라면 구조체의 정의와 구조체 변수 선언을 각각 분리해서 개발하길 권장한다.

## 나. typedef(사용자 정의 자료형)을 이용한 구조체 정의

C언어는 '사용자 정의 자료형'을 typedef 키워드를 이용하여 정의하고 사용할 수 있다. typedef를 이용하면 반복되는 코드를 줄일 수 있고, 좀더 추상화 수준이 높은 자료형을 정의하고 사용하는 효과를 얻게 된다.

> **typedef 선언이란?**
> 기존에 존재하거나 새롭게 정의한 자료형에 다른 이름을 부여하여, **자료형에 대한 이해성과 사용 편의성을 향상**하는 방법이다.

**typedef 선언과 이용**

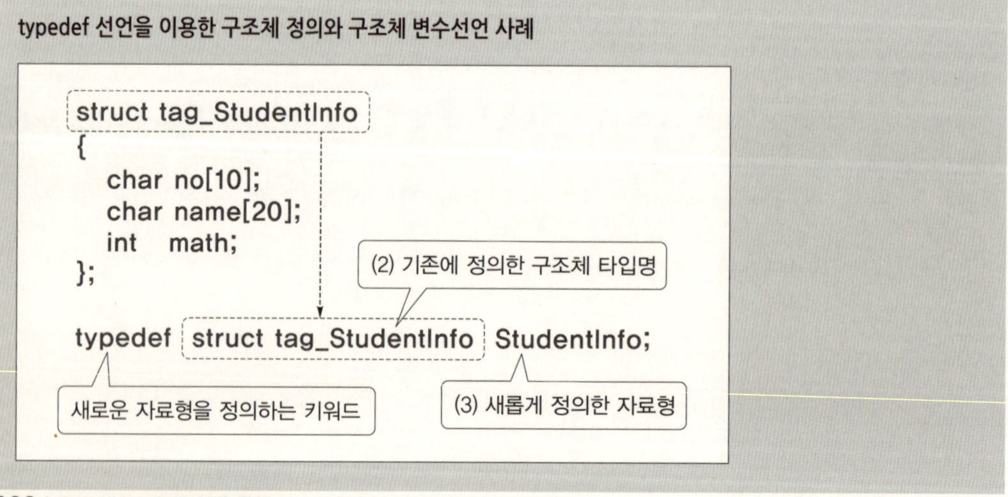


(1) typedef : 기존 자료형에 새로운 이름을 부여한다는 의미의 키워드

(2) 기존 자료형 : C 컴파일러가 알고 해석할 수 있는 자료형(data type)

(3) 새로운 자료형 : 기존 자료형에 부여되는 새로운 자료형 이름

- 기존 자료형은 int, char 등 C언어의 기본 자료형뿐 아니라 구조체 등 새롭게 정의한 자료형도 될 수 있다.
- typedef로 선언한 새로운 자료형은 기존 자료형과 함께 사용할 수 있으며, 기존 자료형을 대체하는 것은 아니다. 즉, 기존 자료형도 계속 사용된다.
- 이렇게 새롭게 부여된 이름은 기존 자료형과 동일하게 사용할 수 있다. 즉, 소스 코드 내에서 기존 자료형 대신 어느 곳에서라도 이용할 수 있다.

이해를 돕기 위해 typedef를 이용하여 몇몇 자료형을 새롭게 선언해보자.

■ **typedef 선언 예제**

```
typedef int INT;                 // 정수형 자료형인 int에 새로운 이름  INT를 부여한다.
typedef char * PTR_CHAR;         // PTR_CHAR는 문자형 포인터 (char *)를 의미한다.
typedef unsigned long ULONG;   // unsigned long 대신 ULONG을 이용할 수 있다.
```

이러한 typedef 선언을 구조체의 정의와 구조체 변수 선언에 이용해보자.

**typedef 선언을 이용한 구조체 정의와 구조체 변수선언 사례**

(1) typedef : 기존 자료형에 새로운 이름을 부여한다는 typedef 키워드
(2) struct tag_StudentInfo : 기존 자료형으로 여기서는 tag_StudentInfo를 이름으로 하는 구조체를 의미한다. 여기서 tag이름은 임의로 부여하는데, 관례상 새롭게 정의하는 자료형 이름 앞에 밑줄('_')을 붙여 표시하는 경우가 많다. 이를 따르고자 하면, 위 예제의 tag 이름은 _StudentInfo로 하여도 된다.
(3) StudentInfo : 새롭게 부여된 자료형의 이름

  - 이렇게 정의한 구조체를 tag_StudentInfo 구조체라 부를 수도 있고, StudentInfo 구조체라 부를 수도 있다. 하지만, typedef를 이용하여 새롭게 정의한 StudentInfo를 이용하여 구조체를 호칭하는 것을 권장한다.
  - 이제, 아래와 같이 StudentInfo를 이용하여 구조체 변수를 선언할 수 있다.

  StudentInfo myStudentInfo;  // StudentInfo 구조체 변수 선언

또한, 구조체 정의와 typedef 선언을 함께 할 수도 있다.

```
typedef struct tag_StudentInfo
{
  char no[10];
  char name[20];
  int math;
} StudentInfo;
```

이렇게 새롭게 부여한 StudentInfo는 기존 구조체인 'struct tag_StudentInfo' 대신 이용할 수 있다.

이와 같이 새롭게 부여한 StudentInfo를 이용하면 반복되는 'struct' 선언을 생략할 수 있으므로, 코드의 가독성이 좋아지고, StudentInfo라는 명확한 의미의 자료형을 이용하여 데이터의 추상화 수준도 높아진다. 즉, 좀더 좋은 품질의 C코드를 작성할 수 있게 된다.

**TIP**

typedef로 구조체를 정의하는 경우 '구조체 태그명'을 생략할 수 있다. 앞서 사용한 StudentInfo 구조체 정의를 예로 살펴보자.

■ tag 이름을 생략한 구조체 자료형 정의

```
typedef struct tag_StudentInfo
{
    char no[10];
    char name[20];
    int math;
} StudentInfo;
```

여기서 한가지 주의할 점이 있는데, 태그명을 이용하지 않을 경우 반드시 새롭게 부여된 자료형인 StudentInfo 로만 구조체 변수를 선언할 수 있다는 것이다. 하지만, 보통 typedef로 구조체를 정의한 경우, 새롭게 부여한 자료형만 이용하는 경우가 대부분이므로, 큰 문제가 되지 않는다.

하지만, 소스코드의 일관성을 확보하고 이해를 돕기 위하여, 간단한 경우가 아니라면 **구조체의 정의와 구조체 변수 선언을 각각 분리해서 개발하길 권장**한다.

## 다. 구조체 멤버변수의 초기화와 접근

구조체를 정의하는 방법과 구조체 변수를 선언하는 방법을 알았으니, 이제 구조체 멤버변수를 초기화하고 멤버변수에 접근하는 방법을 살펴보자.

배열의 선언 및 초기화와 유사하게, 구조체 변수도 선언과 함께 초기화 할 수 있다. 계속해서 학생정보 예제를 이용하여 살펴보자.

■ 학번, 이름, 수학점수를 멤버변수로 하는 학생정보 구조체의 선언과 초기화

```
1: #include <stdio.h>
2:
3: void main(void)
4: {
5:   typedef struct tag_StudentInfo
6:   {
7:         char no[10];
8:         char name[20];
```

```
 9:        int math;
10:   } StudentInfo;
11:
12:   StudentInfo studentInfo={ "201701", "chris", 99 };
13:
14:   // 학생 정보 출력
15:   printf("student info: number[%s], name[%s], math[%d]\n",
16:           studentInfo.no, studentInfo.name, studentInfo.math);
17: }
```

**해설**

- 12행 : `studentInfo` 구조체 변수를 선언하고, 멤버를 각각 "201701", "chris", 99로 초기화 한다. 이때, 멤버가 문자열 배열을 할 경우 "201701"과 같은 문자열 상수로 초기화할 수 있다는 것을 기억해 놓자.

**실행결과**

```
student info: number[201701], name[chris], math[99]
```

위 예제에서 살펴본 바와 같이, 구조체 변수의 초기화는 배열 항목의 초기화와 유사하나 몇가지 확인해야 할 사항이 있다.

> **구조체 멤버변수의 초기화 시 참고 사항**
>
> 구조체는 다른 타입의 자료형을 멤버로 갖을 수 있으므로, 초기화 시 주의가 필요하다
> - **각각의 초기값은 대응하는 구조체 멤버의 자료형과 일치**해야 한다.
> - 초기값의 갯수가 구조체 멤버의 갯수보다 적을 경우, 나머지 멤버들은 모두 0으로 초기화 된다.
> - 구조체 멤버 중 배열을 초기화 할 경우에는 '{ , }'을 이용하여 구분해주는 것을 권장한다. 특히, 배열의 일부만을 초기화 하고 나머지 항목을 0으로 자동 초기화 할 때 필수이다. 단, 문자열로 초기화할 경우는 편의를 위하여 괄호를 생략해도 무방하다.
> - 구조체 멤버 중 문자배열은 '문자열 상수'로 초기화 할 수 있다.

이제 구조체를 정의하는 방법과 구조체 변수를 선언 및 초기화하는 방법에 대하여 학습하였으니, 구조체 멤버변수에 접근하는 방법을 살펴보자. (눈치 빠른 독자라면, 이미 구조체의 멤버변수를 참조하는 방법을 알고 계시리라 생각한다. )

### 구조체 멤버의 접근 방법

구조체의 멤버변수는 아래와 같은 방식으로 접근할 수 있다.

■ 구조체 멤버의 접근

```
struct StudentInfo
{
    char no[10];
    char name[20];
    int  math;
};


Struct StudentInfo myclass;
```



- 여기서 ' . '은 일종의 연산자로 '구조체 변수의 멤버를 참조'한다라는 의미이다.
- 구조체 멤버변수의 순서와 관계없이 ' . '을 이용하여 접근해 사용할 수 있다.

---

**TIP**  memset( )함수를 이용하여 구조체 변수 전체를 0으로 초기화 하는 방법

구조체 변수도 메모리의 특정 주소에 연속하여 적재되는 데이터 이므로, **구조체 변수의 주소와 크기를 이용하여 0으로 초기화** 할 수 있다.

■ 구조체 변수의 주소와 크기를 이용하여 0으로 초기화 하기

```
1: #include <stdio.h>
2: #include <string.h>          // memset( )함수 이용을 위함
3:
4: void main(void)
5: {
6:         typedef struct tag_StudentInfo
7:         {
8:                 char no[10];
9:                 char name[20];
10:                int math;
```

```
11:        } StudentInfo;
12:
13:        StudentInfo studentInfo={ "201701", "chris", 99 };
14:
15:        // 학생 정보 출력
16:        printf("student info: number[%s], name[%s], math[%d]\n",
17:                  studentInfo.no, studentInfo.name, studentInfo.math);
18:
19:        // studentInfo의 전체 메모리 영역을 0으로 설정
20:        memset(&studentInfo, 0x00, sizeof(studentInfo));
21:        studentInfo.math=100;  // math 멤버변수만 100으로 값 설정
22:
23:        printf("student info: number[%s], name[%s], math[%d]\n",
24:                  studentInfo.no, studentInfo.name, studentInfo.math);
25: }
```

**해설**

- 13~16행 : studentInfo 구조체 변수를 특정 값으로 초기화 하고, 내용을 출력
- 20~21행 : memset( )함수를 이용하여, 구조체 변수에 할당된 메모리 영역을 0(0x00)로 설정한다. 출력 결과 확인을 위하여, math 멤버의 값만 100으로 설정한다.

**실행결과**

```
student info: number[201701], name[chris], math[99]
student info: number[], name[], math[100]
```

**TIP**

구조체 변수의 이름(주소)은 구조체 변수의 첫 번째 멤버변수의 주소와 같다. 우리는 앞서 배열명(배열변수의 주소)은 배열의 첫 번째 항목 주소와 같다는 것을 확인하였다. 마찬가지로 구조체 변수의 이름(주소)도 구조체의 첫 번째 멤버변수가 저장되어 있는 주소와 동일하다. 이러한 관계를 예제를 이용하여 간단히 살펴보도록 하자.

■ 구조체 변수의 주소와 각 멤버 변수들의 주소 출력

```c
1: #include <stdio.h>
2:
3: void main(void)
4: {
5:     typedef struct tag_StudentInfo
6:     {
7:             char no[10];
8:             char name[20];
9:             int math;
10:     } StudentInfo;
11:
12:     StudentInfo studentInfo={"201701", "chris", 99};
13:
14:     // 구조체의 메모리 정보 출력
15:     printf("Address: &studentInfo[%x], &studentInfo.no[%x]\n", &studentInfo, &studentInfo.no);
16:     printf("studentInfo.name[%x], &studentInfo.math[%x]\n", studentInfo.name, &studentInfo.math);
17: }
```

**해설**

· 12행 : StudentInfo 구조체 변수를 선언하고, 초기화 한다.

· 15~16행 : 선언한 구조체 변수, studentInfo의 주소값과 각 멤버의 주소값을 출력한다. 이때, studentInfo 구조체 변수의 주소인 &studentInfo와 첫 번째 멤버변수인 studentInfo.no[10]의 시작 주소값이 동일함을 확인한다. 참고로, name[20], math 등 다른 멤버변수의 시작 주소는 각 멤버변수의 크기만큼 간격을 두고 연속적으로 위치한다.

**실행결과**

```
Address: &studentInfo[3bf9e8], studentInfo.no[3bf9e8]
        studentInfo.name[3bf9f2], &studentInfo.math[3bfa08]
```

– 출력되는 주소값은 프로그램 실행 시 마다 달라질 수 있다.

**TIP**

구조체를 구성하는 멤버변수의 데이터형 크기를 모두 더한 값이 구조체 변수의 전체 크기와 다른 경우가 있는데, 그 이유는 데이터 정렬(data align) 때문이다.

- **데이터 정렬(data memory align)**은 효율적인 메모리 관리를 위하여, **멤버변수가 저장되는 메모리의 주소를 특정 숫자의 배수가 되도록 조정하여 정렬하는 것**을 의미한다.
- 32비트 OS를 기준으로 보통 4의 배수로 정렬한다.

데이터 정렬에 대하여 처음 접하는 독자는 이러한 설명이 어렵게 여겨질 것이다. 일단, 예제코드를 이용하여 좀더 구체적인 내용을 확인해보자.

■ 구조체 멤버변수의 메모리 정보 출력

```c
 1: #include <stdio.h>
 2:
 3: void main(void)
 4: {
 5:     typedef struct tag_MyData
 6:     {
 7:             int  nVar_1;
 8:             char cVar;
 9:             int  nVar_2;
10:     } MyData;
11:
12:     MyData mydata={0, };
13:
14:     // 각 멤버변수의 주소값 출력
15:     printf("mydata info: total size[%d], &nVar_1[%x], &cVar[%x], &nVar_2[%x]\n",
16:             sizeof(mydata), &mydata.nVar_1, &mydata.cVar, &mydata.nVar_2);
17: }
```

**해설**

- 5~12행 : 정수형, 문자형, 정수형 총 3개의 멤버변수를 갖는 구조체를 정의하고, 구조체 변수를 선언함
- 15~16행 : 구조체 변수의 크기와 각 멤버변수들의 시작 주소를 출력한다. 멤버변수들의 각 데이터형을 고려할 때, 총 9바이트의 크기가 출력될 것으로 기대하였다. 데이터 정렬(data align)이 이루어져 총 12바이트의 크기가 출력된다.

```
mydata info: total size[12], &nVar_1[2ffa2c], &cVar[2ffa30], &nVar_2[2ffa34]
- 출력되는 주소값은 프로그램 실행 시 마다 달라질 수 있다.
```

■ 구조체의 멤버변수의 메모리 배치 확인(data align)

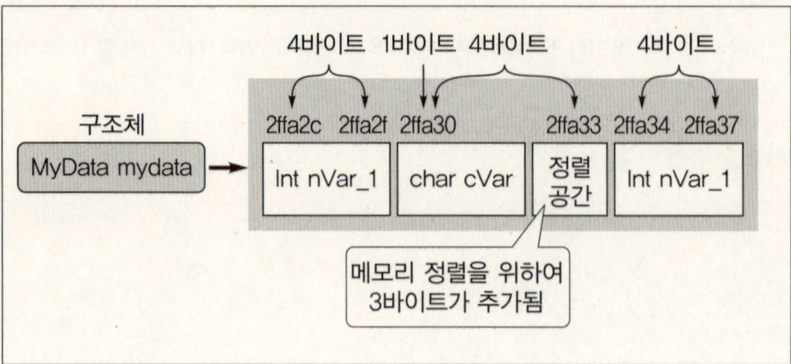


보통의 경우 '.'를 이용하여 구조체의 멤버변수를 참조하므로, 데이터 정렬을 고려할 필요가 없으나, 메모리 주소를 이용한 데이터 저수준(low level)제어가 필요할 경우, 발견하기 어려운 문제를 가져오기도 하니, 데이터 정렬의 개념을 확인하고 넘어가길 권장한다.

# 03 Point 구조체 포인터 변수의 이용

구조체는 어떠한 데이터형 이라도 멤버로 가질 수 있으므로, 포인터 또한 구조체의 멤버가 될 수 있으며, 포인터 멤버변수는 Part02, Part03에서 학습한 내용에 준하여 일반 포인터 변수와 동일한 방식으로 사용할 수 있다.

일반 데이터 형 변수와 마찬가지로 구조체로 선언한 변수의 주소 또한 동일한 구조체 타입의 포인터 변수에 저장하고 참조할 수 있다. 그러나, 구조체 포인터를 이용한 데이터 참조는 일반 포인터를 이용한 참조 방식과 다른 부분이 있다. 간단한 예제를 통하여 구조체 포인터의 특징을 살펴보자.

■ 구조체 포인터 변수를 이용한 구조체 데이터 참조

```
1: #include <stdio.h>
2:
3: void main(void)
```

```
 4: {
 5:   typedef struct tag_StudentInfo
 6:   {
 7:           char no[10];
 8:           char name[20];
 9:           int math;
10:   } StudentInfo;
11:
12:   StudentInfo studentInfo={"201701", "chris", 99};
13:
14:   // StudentInfo 포인터 변수를 선언하고, 구조체 변수의 주소를 할당함
15:   StudentInfo *pInfo=&studentInfo;
16:
17:   // 포인터 변수를 이용한 학생 정보 출력
18:   printf("student info: number[%s], name[%s], math[%d]\n",
19:           (*pInfo).no,(*pInfo).name,(*pInfo).math);
20: }
```

**해설**

- 15행 : 구조체 포인터 변수를 선언하고, 구조체 변수 `studentInfo`의 주소를 할당한다. 이처럼, 구조체 포인터도 일반 자료형의 포인터와 동일하게 사용할 수 있다.
- 18~19행 : pInfo는 구조체 변수를 가리키는 주소이므로, 주소에 저장된 구조체 변수에 접근하기 위하여 `*Info`를 이용한다.

**실행결과**

```
student info: number[201701], name[chris], math[99]
```
– 출력되는 주소값은 프로그램 실행 시 마다 달라질 수 있다.

위 예제에서 살펴본 바와 같이, 구조체 포인터 또한 일반 포인터와 동일한 방식으로 사용된다. 그러나, 구조체 포인터를 이용하여 구조체 멤버변수를 참조할 경우 주의할 사항이 있다. 앞서 살펴본 예제에서 구조체 포인터 변수의 이용 방식을 다시 확인해보자. 특히, 구조체의 멤버에 접근하기 위하여 사용한 괄호 '(', ')'의 위치에 주목하자.

■ 구조체 포인터 변수를 이용한 구조체 데이터 참조(1)

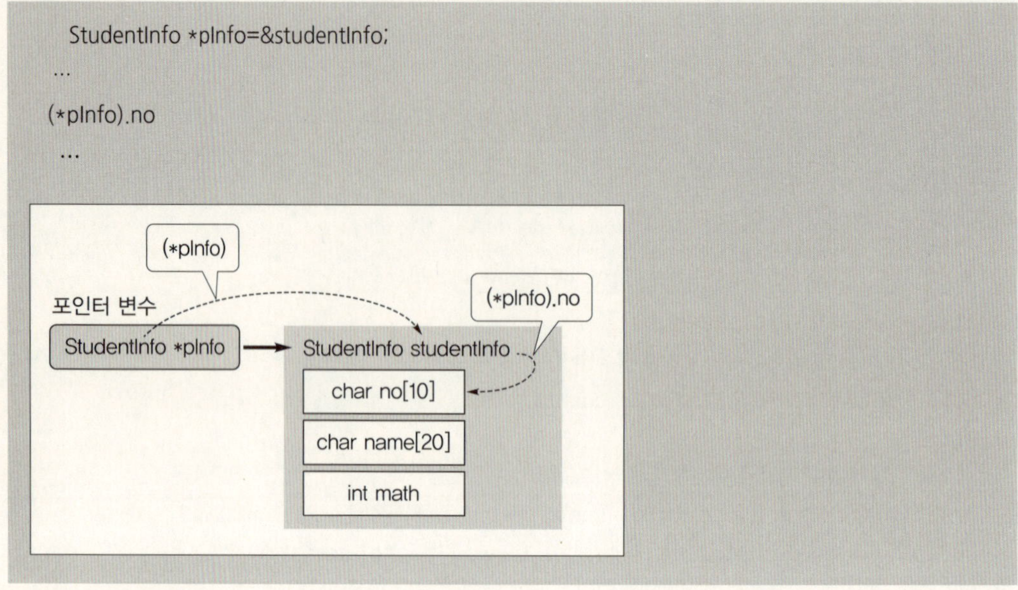


여기서 만일, 괄호를 생략하면 어떻게 해석이 될까?

■ 구조체 포인터 변수를 이용한 구조체 데이터 참조(2)

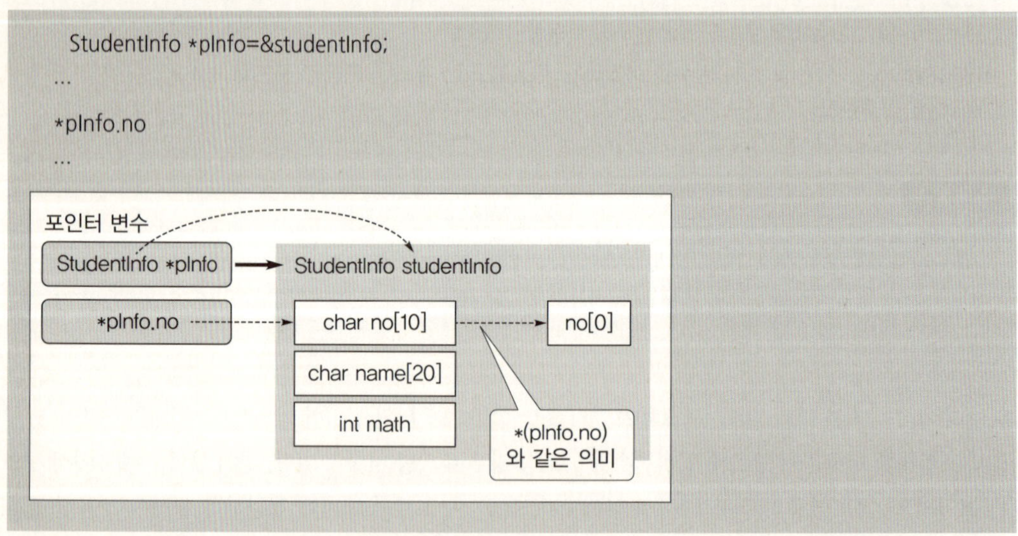


이와 같이, 괄호를 생략하면 전혀 다른 의미의 코드가 된다. 따라서 **구조체 포인터의 경우 괄호의 위치가 중요하며 실수로 괄호를 누락하게 되면, 찾기 어려운 버그(bug, 문제)를 만들어 내게 된다.**

- (*pInfo).no는 *pInfo.no와 다른 의미이다.
- (*pInfo).math는 *pInfo.math와 다르며, 프로그램 실행 시 오류가 발생할 수 있다.

다행히 구조체 포인터의 참조에서 발생할 수 있는 이러한 문제는 **간접 선택 연산자인 '–>'를 이용하여 최소화** 할 수 있다. 즉, C언어에서 제공하는 '–>' 연산자를 이용하여 구조체 포인터가 가리키는 데이터를 참조하면, 괄호 누락에 따른 오류를 방지할 뿐 아니라 괄호 자체를 생략할 수 있어 간결한 코드를 작성할 수 있다.

> **간접 선택 연산자 '->'의 의미와 활용**
>
> '->' 연산자는 구조체 포인터 변수가 가리키는 구조체 데이터의 멤버변수를 참조하라는 의미이다. 즉, 아래와 같은 관계를 가진다.
>
> - (*pInfo).no와 pInfo->no는 동일하다.
> - (*pInfo).math와 pInfo->math는 동일하다.

따라서, 앞의 예제코드는 '–>'를 이용하여 보다 좋은 형태로 재구성할 수 있다.

■ **구조체 포인터 변수를 이용한 구조체 데이터 참조('–>' 연산자 이용)**

```c
 1: #include <stdio.h>
 2:
 3: void main(void)
 4: {
 5:   typedef struct tag_StudentInfo
 6:   {
 7:         char no[10];
 8:         char name[20];
 9:         int math;
10:   } StudentInfo;
11:
12:   StudentInfo studentInfo={"201701", "chris", 99};
13:
14:   // StudentInfo 포인터 변수를 선언하고, 구조체 변수의 주소를 할당함
15:   StudentInfo *pInfo=&studentInfo;
16:
17:   // 포인터 변수를 이용한 학생 정보 출력
18:   printf("student info: number[%s], name[%s], math[%d]\n",
19:         pInfo->no, pInfo->name, pInfo->math);
20: }
```

**해설**

• 18~19행 : pInfo->no와 같은 형식으로, '–>' 연산자를 이용하여 구조체 포인터가 가리키는 구조체 변수에 접근한다.

```
student info: number[201701], name[chris], math[99]
```

# 04 Point 구조체의 대입(=) 연산과 연산 기능 정의

먼저, 구조체의 대입(=) 연산의 특징을 살펴보기 위하여, 아래 예제코드를 확인해보자.

■ 학생정보 구조체의 대입(=) 연산자 활용

```c
 1: #include <stdio.h>
 2:
 3: void main(void)
 4: {
 5:   typedef struct tag_StudentInfo
 6:   {
 7:         char no[10];
 8:         char name[20];
 9:         int math;
10:   } StudentInfo;
11:
12:   StudentInfo studentInfo_1={"201701", "chris", 99};
13:
14:   // 첫 번째 학생 정보 출력
15:   printf("student info(1): number[%s], name[%s], math[%d]\n",
16:         studentInfo_1.no, studentInfo_1.name, studentInfo_1.math);
17:
18:   // 두 번째 학생 정보 구조체 변수를 선언하고, 첫 번째 학생 정보를 대입한다.
19:   StudentInfo studentInfo_2=studentInfo_1;
20:
21:   printf("student info(2): number[%s], name[%s], math[%d]\n",
22:         studentInfo_2.no, studentInfo_2.name, studentInfo_2.math);
23: }
```



• 19행 : 두 번째 학생 정보 구조체 변수를 선언하고, 첫 번째 학생 정보를 대입하며, 바이트 단위로 복사되어 두 구조체 변수의 내용이 동일하게 된다.

```
student info(1): number[201701], name[chris], math[99]
student info(2): number[201701], name[chris], math[99]
```

구조체 변수의 '=' **대입연산**은 구조체를 구성하는 멤버변수들을 바이트 단위로 복사하는 방식으로 동작한다. 따라서, **멤버변수로 배열이 포함된 경우, 배열의 각 항목들도 동일하게 모두 복사**된다.

■ **구조체 변수의 '=' 대입연산 동작 방식**

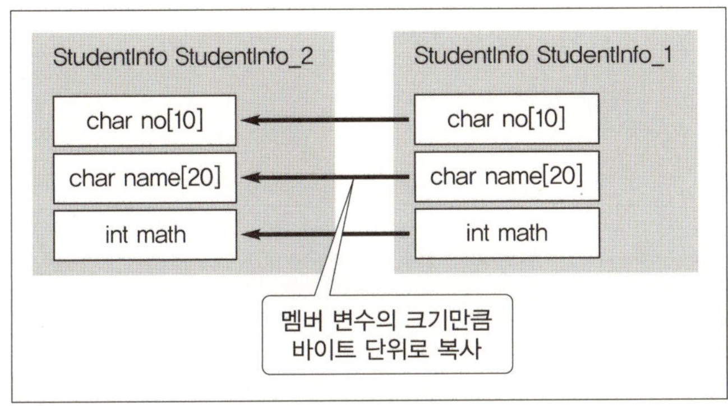


여기서 한가지 주의할 점이 있다. 구조체의 멤버변수로 포인터를 이용하고 malloc( )함수를 이용하여 힙메모리(heap memory)를 동적으로 할당한 경우, 구조체 변수 사이에 바로 대입연산자를 이용하면 멤버변수로 갖는 각각의(2개의) 포인터가 동일한 메모리 영역을 가리키게 된다.

■ **포인터를 멤버변수로 하는 구조체 변수의 '=' 대입연산 동작**

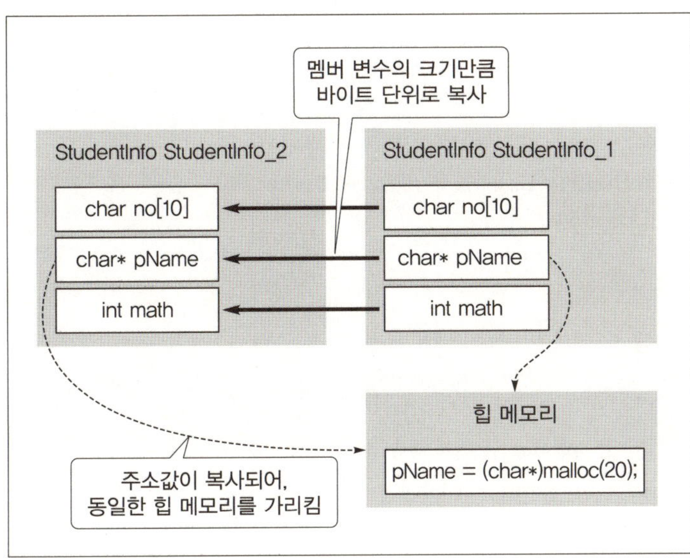


이 경우 아래와 같은 2가지 문제를 가져오게 된다.

**문제1) 할당된 메모리를 2번 해제하는 실수를 범할 수 있다.**

보통의 경우, malloc( )으로 할당한 힙메모리는 free( )함수를 이용하여 해제 하게 된다. 따라서, 구조체 포인터 멤버변수에 할당된 동일한 주소의 메모리를 중복해서 해제하는 실수를 범할 수 있다.

**문제2) 구조체로 구성된 데이터들이 다른 구조체 데이터에 종속된다.**

따라서, 구조체 데이터 구조의 품질이 저하되고, 잘못된 메모리 참조 등 잠정적인 문제를 갖게 된다.

아래의 잘못된 메모리 해제 사례를 코드로 살펴보고 해결방안을 검토해보자.

■ 힙메모리 중복해제에 문제를 갖는 예제

```c
 1: #include <stdio.h>
 2: #include <stdlib.h>    // malloc( )함수를 이용하기 위함
 3:
 4: void main(void)
 5: {
 6:  typedef struct tag_StudentInfo
 7:  {
 8:         char no[10];
 9:         char *pName;
10:         int math;
11:  } StudentInfo;
12:
13:  StudentInfo studentInfo_1={ "201701", NULL, 99 };
14:  studentInfo_1.pName=(char*)malloc(20 * sizeof(char));
15:  strcpy(studentInfo_1.pName, "chris");
16:
17:  // 첫 번째 학생 정보 출력
18:  printf("student info(1): number[%s], name[%s], math[%d]\n",
19:         studentInfo_1.no, studentInfo_1.pName, studentInfo_1.math);
20:
21:  // 두 번째 학생 정보 구조체 변수를 선언하고, 첫 번째 학생 정보를 대입한다.
22:  StudentInfo studentInfo_2=studentInfo_1;
23:
24:  printf("student info(2): number[%s], name[%s], math[%d]\n",
25:         studentInfo_2.no, studentInfo_2.pName, studentInfo_2.math);
26:
```

```
27:    // studentInfo_1 관련 메모리를 정리한다.
28:    free(studentInfo_1.pName);
29:
30:    // 아래 코드는 문제가 발생할 수 있으므로, 주석처리한다.
31:
32:    //      printf("student info(2): number[%s], name[%s], math[%d]\n",
33:    //              studentInfo_2.no, studentInfo_2.pName, studentInfo_2.math);
34:
35:    // free(studentInfo_2.pName);
36: }
```



- 13~15행 : studentInfo_1의 멤버변수인 pName은 포인터이므로, 문자열을 저장하기 전에 malloc( )함수로 힙메모리를 할당한다. strcpy( )는 문자열을 복사하는 함수로, 자세한 내용은 Part06에서 설명하기로 한다.
- 22행 : 구조체 변수의 복사는 바이트 단위로 이루어지므로, 포인터 변수도 동일한 값으로 복사된다. 즉, 동일한 메모리 영역을 가리키게 된다.
- 28행 : studentInfo_1을 더 사용하지 않을 것이므로, 관련 힙메모리를 해제한다.
- 32~35행 : studentInfo_2의 멤버변수 pName은 이미 해제되어 무효한 메모리를 가리키게 되므로, 참조하거나 다시 해제할 경우 문제가 발생할 수 있다.



```
student info(1): number[201701], name[chris], math[99]
student info(2): number[201701], name[chris], math[99]
```

이러한 문제는 malloc( )함수를 이용하여 힙메모리를 할당하고, 복사하는 별도의 함수를 구성하여 개선할 수 있다.

### ■ 구조체 변수 복사 함수를 이용한 문제 개선 예제

```
1: #include <stdio.h>
2: #include <stdlib.h>    // malloc( )함수를 이용하기 위함
3:
4: typedef struct tag_StudentInfo
5: {
6:    char no[10];
7:    char *pName;
```

```
 8:   int math;
 9: } StudentInfo;
10:
11: // 성공한 경우, dest(포인터)를 반환하고 실패한 경우 NULL을 반환함
12: StudentInfo * copyStruct(StudentInfo *dest, const StudentInfo *src)
13: {
14:   // 전달된 인자를 점검하여 오류를 방지함
15:   if(NULL==dest || NULL==src || NULL==src->pName)
16:   {
17:           // 복사작업을 수행할 수 없으므로, NULL 반환
18:           return NULL;
19:   }
20:
21:   strcpy(dest->no, src->no);
22:   // 문자열 마지막의 null('\0')을 고려하여 필요한 메모리 크기 계산
23:   dest->pName=(char*)malloc(strlen(src->pName) + 1);
24:   strcpy(dest->pName, src->pName);
25:   dest->math=src->math;
26:
27:   return dest;
28: }
29:
30: void main(void)
31: {
32:   StudentInfo studentInfo_1={ "201701", NULL, 99 };
33:   studentInfo_1.pName=(char*)malloc(20 * sizeof(char));
34:   strcpy(studentInfo_1.pName, "chris");
35:
36:   // 첫 번째 학생 정보 출력
37:   printf("student info(1): number[%s], name[%s], math[%d]\n",
38:           studentInfo_1.no, studentInfo_1.pName, studentInfo_1.math);
39:
40:   // 두 번째 학생 정보 구조체 변수를 선언하고, 정의한 함수를 이용하여 값을 대입한다.
41:   StudentInfo studentInfo_2={ 0, };
42:
43:   copyStruct(&studentInfo_2, &studentInfo_1);
44:
45:   printf("student info(2): number[%s], name[%s], math[%d]\n",
46:           studentInfo_2.no, studentInfo_2.pName, studentInfo_2.math);
47:
```

```
48:    // 관련 메모리를 정리한다.
49:    free(studentInfo_1.pName);
50:    free(studentInfo_2.pName);
51: }
```

**해설**

- 4~9행 : copyStruct( )함수와 main( )함수에서 모두 이용할 수 있도록, StudentInfo 구조체 정의를 전역으로 선언한다.
- 12~19행 : 포인터를 이용하여 메모리를 관리하는 경우, 유효한 메모리 영역을 가리키고 있는지, 가정한 제약사항을 만족하고 있는지 점검하는 것이 필요하다.
- 21~25행 : 구조체의 멤버변수를 1:1로 대입한다. 이때 포인터 변수의 경우 힙메모리를 할당한 후, 데이터를 복사한다. 참고로, strcpy( )는 문자열을 복사하는 함수로, 자세한 내용은 'Part06 문자와 파일 입출력'에서 설명하기로 한다.
- 43행 : copyStruct( )함수를 이용하여 구조체 변수의 대입연산을 수행한다.
- 45~50행 : 포인터 변수의 메모리 관리가 적절히 이루어졌으므로, 문제없이 출력되고 각각 해제할 수 있다.

■ 구조체 복사 시, 포인터 멤버변수에 힙메모리를 할당하고 데이터 복사

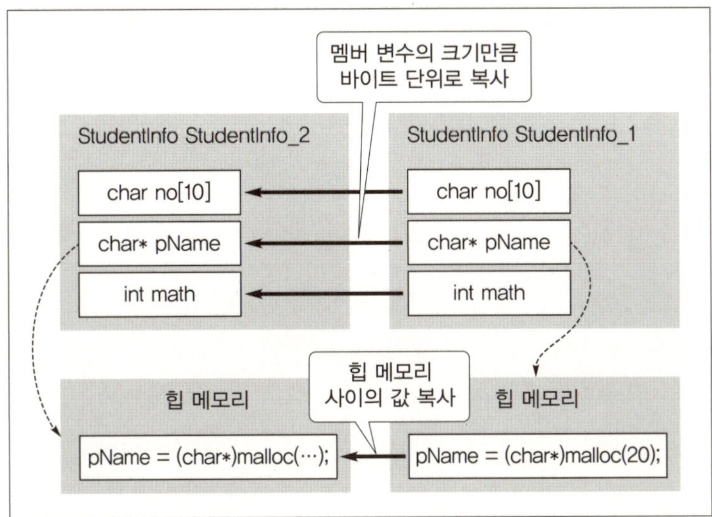


**실행결과**

```
student info(1): number[201701], name[chris], math[99]
student info(2): number[201701], name[chris], math[99]
```

만일 대입 연산자 이외에 '+', '−'와 같은 다른 연산자를 구조체에 활용하고 싶다면, 관련 연산의 동작 방식을 정의한 후, 별도의 함수로 구성하여야 한다.

화면(screen) 상의 마우스 좌표를 구조체로 관리하고, '+', '−' 연산을 제공하는 예제코드를 살펴보며,
이번 챕터를 마무리 해보자.

### ■ 마우스 좌표를 관리하는 구조체 예제

```c
 1: #include <stdio.h>
 2:
 3: typedef struct tag_Point
 4: {
 5:   int x;
 6:   int y;
 7: } Point;
 8:
 9: // 2개의 Point 구조체 변수의 덧셈 연산 정의
10: Point plus(const Point pos1, const Point pos2)
11: {
12:   Point posResult={ 0, 0 };
13:
14:   posResult.x=pos1.x + pos2.x;
15:   posResult.y=pos1.y + pos2.y;
16:
17:   return posResult;
18: }
19:
20: // 2개의 Point 구조체 변수의 뺄셈 연산 정의
21: Point minus(const Point pos1, const Point pos2)
22: {
23:   Point posResult={ 0, 0 };
24:
25:   posResult.x=pos1.x - pos2.x;
26:   posResult.y=pos1.y - pos2.y;
27:
28:   return posResult;
29: }
30:
31: void main(void)
32: {
33:   Point pt1={ 10, 10 };
34:   Point pt2={ 3,7 };
```

```
35:
36:   Point ptPlus=plus(pt1, pt2);
37:   Point ptMinus=minus(pt1, pt2);
38:
39:   printf("pt1(%d, %d) + pt2(%d, %d)=ptPlus(%d, %d)\n",
40:          pt1.x, pt1.y, pt2.x, pt2.y, ptPlus.x, ptPlus.y);
41:
42:   printf("pt1(%d, %d) - pt2(%d, %d)=ptMinus(%d, %d)\n",
43:          pt1.x, pt1.y, pt2.x, pt2.y, ptMinus.x, ptMinus.y);
44: }
```

**해설**

- 3~7행 : 화면의 x, y 자표를 저장하는 구조체를 정의한다.
- 10~18행 : plus( ) 구조체 함수를 정의하되, 좌표값을 서로 더하는 것으로 한다.
- 21~29행 : minus( ) 구조체 함수를 정의하되, 좌표값의 차를 구하는 것으로 한다.
- 36~37행 : plus( ), minus( )함수를 호출하여 구조체 연산을 수행한다.
- 39~43행 : 결과를 출력한다.

**실행결과**

```
pt1(10, 10) + pt2(3, 7)=ptPlus(13, 17)
pt1(10, 10) - pt2(3, 7)=ptMinus(7, 3)
```

## Point 05   구조체 자료구조의 이해 연습문제

**Q1** int형 멤버변수 3개를 갖는 구조체를 정의 및 선언하고, 내용을 출력하시오.(단, 멤버변수의 초기값으로 1, 2, 3을 각각 갖도록 하고 선언과 함께 초기화 한다.)

**정답**

[소스코드]

```
 1: #include <stdio.h>
 2:
 3: void main(void)
 4: {
 5:    // typedef로 구조체 타입 MyData를 정의한다.
 6:    typedef struct tag_myData
 7:    {
 8:            int x;
 9:            int y;
10:            int z;
11:    }MyData;
12:
13:    // 초기화와 함께 각 멤버변수를 1, 2, 3으로 초기화
14:    MyData data={1, 2, 3};
15:
16:    printf("data : x[%d], y[%d], z[%d]\n", data.x, data.y, data.z);
17: }
```

[실행결과]

```
data : x[1], y[2], z[3]
```

**해설**

• 14행 : 구조체 변수를 선언과 함께 초기화 한다. 초기화 방법은 구조체의 각 멤버변수 타입에 맞추어, 괄호 '{', '}'안에 상수값을 순서에 따라 나열하는 것이다.

**Q2** 화면(screen)의 좌표값 x, y를 멤버변수로 하는 구조체를 정의 및 선언하고, 2개의 좌표값을 입력받아 저장한 후, 각각의 좌표 정보와 거리를 출력하시오.(단, x와 y는 정수형으로 정의하며, 제곱근을 구하는 함수로 〈math.h〉에 선언된 sqrt( )함수를 이용한다. 또한 거리는 소수점 2 번째 자리까지 출력한다.)

정답

**[소스코드]**

```c
 1: #include <stdio.h>
 2: #include <math.h>   // sqrt( )함수 이용을 위함
 3:
 4: void main(void)
 5: {
 6:   typedef struct tag_Point
 7:   {
 8:         int x;
 9:         int y;
10:   } Point;
11:
12:
13:   Point pt[2]={ {0,0}, {0,0} };
14:
15:   printf("Input 2 digits: ");
16:   scanf("%d %d", &pt[0].x, &pt[0].y);
17:
18:   printf("Input 2 digits: ");
19:   scanf("%d %d", &pt[1].x, &pt[1].y);
20:
21:   double distance=sqrt((pt[1].x - pt[0].x)*(pt[1].x - pt[0].x)
+(pt[1].y - pt[0].y)*(pt[1].y - pt[0].y));
22:
23:   printf("point1(%d, %d), point2(%d, %d), distance(%.2f)\n",
24:         pt[0].x, pt[0].y, pt[1].x, pt[1].y, distance);
25: }
```

**[실행결과]**

```
 Input 2 digits: 10 20
 Input 2 digits: 30 50
point1(10, 20), point2(30, 50), distance(36.06)
```

**해설**

- 13행 : 2개의 좌표값을 입력받기 위한 Point 배열을 선언 및 초기화 한다. 참고로, 다음 장에서 구조체 배열에 대하여 추가 설명한다.
- 15~19행 : 2개의 좌표값을 사용자로부터 입력받는다.
- 21행 : 2개 좌표의 거리를 sqrt( )함수를 이용하여 계산한다.

**Q3** 이름, 나이, 생년월일을 멤버변수로 하는 구조체를 정의하고, 각각 'tommy', '21', '2000.05.05'를 초기값으로 하는 구조체 변수를 선언하시오. 구조체 변수를 하나 더 선언한 후, 대입 연산자(=)를 이용하여, 앞서 선언한 구조체 변수를 복사하시오. 구성한 2개의 구조체 변수의 내용을 출력하시오.(단, 이름은 최대 10자, 나이는 정수형, 생년월일은 최대 12자의 문자로 하며, 문자열 저장은 배열을 이용한다.)

**정답**

[소스코드]

```
 1: #include <stdio.h>
 2:
 3: void main(void)
 4: {
 5:   typedef struct tag_Person
 6:   {
 7:           char name[11];
 8:           int age;
 9:           char birth[13];
10:   } Person;
11:
12:   Person person_1={ "tommy", 21, "2000.05.05" };
13:
14:   Person person_2=person_1;
15:
16:   printf("Person_1 [%s, %d, %s], Person_2 [%s, %d, %s]\n",
17:           person_1.name, person_1.age, person_1.birth,
18:           person_2.name, person_2.age, person_2.birth);
19: }
```

[실행결과]

```
Person_1 [tommy, 21, 2000.05.05], Person_2 [tommy, 21, 2000.05.05]
```

**해설**

• 5~10행 : null('₩0') 문자를 고려하여, name[11], birth[13]과 같이 정의된 길이보다 1개 더 크게 문자배열을 멤버로 구성한다.

• 12~14행 : 구조체의 대입연산은 바이트 단위로 이루어 지므로, 16~18행에서 동일한 값이 출력된다.

 **Q4** 앞의 Q3예제의 문자열을 포인터 변수와 malloc( )함수를 이용하여 재구성하시오.

**정답**

**[소스코드]**

```c
 1: #include <stdio.h>
 2: #include <string.h>   // strcpy( )함수를 이용하기 위함
 3: #include <stdlib.h>   // malloc( ), free( )함수를 이용하기 위함
 4:
 5: void main(void)
 6: {
 7:   typedef struct tag_Person
 8:   {
 9:         char *pName;
10:         int age;
11:         char *pBirth;
12:   } Person;
13:
14:   Person person_1={ NULL, 0, NULL };
15:
16:   // person_1의 멤버변수에 값을 대입한다.
17:   // 이때, 포인터 변수일 경우 힙메모리를 할당한 후 문자열을 복사한다.
18:   person_1.pName=(char*)malloc(11);
19:   strcpy(person_1.pName, "tommy");
20:   person_1.age=21;
21:   person_1.pBirth=(char*)malloc(13);
22:   strcpy(person_1.pBirth, "2000.05.05");
23:
24:   // 2번째 구조체 변수 person_2를 선언한 후, person_1의 값으로 복사하여 구성한다.
25:   Person person_2={ NULL, 0, NULL };
26:
27:   person_2.pName=(char*)malloc(strlen(person_1.pName) + 1);
28:   strcpy(person_2.pName, person_1.pName);
29:   person_2.age=person_1.age;
30:   person_2.pBirth=(char*)malloc(strlen(person_1.pBirth) + 1);
31:   strcpy(person_2.pBirth, person_1.pBirth);
32:
33:
34:   printf("Person_1 [%s, %d, %s], Person_2 [%s, %d, %s]\n",
```

```
35:             person_1.pName, person_1.age, person_1.pBirth,
36:             person_2.pName, person_2.age, person_2.pBirth);
37:
38:    // 프로그램 종료 이전에, 할당한 힙메모리를 해제한다.
39:    free(person_1.pName);
40:    free(person_1.pBirth);
41:    free(person_2.pName);
42:    free(person_2.pBirth);
43: }
```

**[실행결과]**

```
Person_1 [tommy, 21, 2000.05.05], Person_2 [tommy, 21, 2000.05.05]
```

**해설**

- 14행 : 구조체 멤버변수 중 포인터는 안전하게 사용하기 위하여, NULL로 초기화 한다.
- 18~22행 : null('₩0') 문자 저장을 위하여, 정의된 길이보다 1 더 큰 길이로 힙메모리를 할당하고, 문자열을 복사한다.
- 25~31행 : 힙메모리를 가리키는 포인터 변수를 포함한 구조체의 안전한 복사를 위하여, 필요한 길이만큼 힙메모리를 할당한 후 직접 복사 strcpy( )를 실행한다.
- 39~42행 : 힙메모리는 필요없을 경우 free( )함수를 이용하여 해제한다.

**Q5** 화면(screen)의 좌표값 x, y를 멤버변수로 하는 구조체를 정의 및 선언하고, 1개의 좌표값을 입력받아 저장하시오. 구조체 포인터 변수를 이용하여, 좌표값을 저장하고 있는 구조체 변수를 각각 참조하여, 멤버변수의 내용을 출력하시오.(단, x와 y는 정수형으로 정의한다.)

**정답**

**[소스코드]**

```
1: #include <stdio.h>
2:
3: void main(void)
4: {
5:   typedef struct tag_Point
6:   {
7:           int x;
8:           int y;
```

```
 9:   } Point;
10:
11:
12:   Point pt={ 0, 0 };
13:
14:   printf("Input 2 digits: ");
15:   scanf("%d %d", &pt.x, &pt.y);
16:
17:   // Point 구조체 포인터 변수를 선언하고, pt 변수의 주소로 초기화
18:   Point *pVar=&pt;
19:
20:   printf("point: x[%d], y[%d]\n", pVar->x, pVar->y);
21: }
```

**[실행결과]**

```
Input 2 digits: 10 20
point: x[10], y[20]
```

**해설**

- 12~15행 : 2개의 정수를 입력받아 Point 구조체 변수 pt의 멤버변수에 각각 저장한다.
- 20행 : 구조체 포인터 변수의 멤버는 '->' 연산자를 이용하여 접근할 수 있다.

**Q6** 문제 Q5에서 정의한 구조체를 이용하여 좌표값 1개를 입력받아 저장 및 출력하되, 구조체 포인터 변수와 malloc( )함수를 이용하여 구조체 변수를 힙메모리에 할당하여 사용하시오.

**정답**

**[소스코드]**

```
1: #include <stdio.h>
2: #include <stdlib.h>   // malloc( )함수 사용을 위함
3:
4: void main(void)
5: {
6:   typedef struct tag_Point
7:   {
8:           int x;
```

```
 9:        int y;
10:   } Point;
11:
12:   // Point 구조체를 heap에 할당하고, 포인터 변수에 저장한다.
13:   Point *pVar=NULL;
14:   pVar=(Point*)malloc(sizeof(Point));
15:
16:   // 2개의 변수를 입력받아 x, y에 각각 저장한다.
17:   printf("Input 2 digits: ");
18:   scanf("%d %d", &pVar->x, &pVar->y);
19:
20:   printf("point: x[%d], y[%d]\n", pVar->x, pVar->y);
21:
22:   // 할당한 메모리를 해제한다.
23:   free(pVar);
24: }
```

**[실행결과]**

```
Input 2 digits: 10 20
point: x[10], y[20]
```

**해설**

• 소스 코드 내의 주석을 참고한다.

# 구조체 자료구조의 활용

## 01 Point · 구조체 배열의 선언과 접근

앞 장에서 학습한 방법으로 정의한 구조체는 C언어의 다른 자료형과 동일한 방식으로 사용할 수 있다. 즉, 구조체를 배열로 구성할 수 있고, 함수의 파라메터로 이용할 수 있을 뿐 아니라 다른 구조체의 멤버로 포함할 수도 있다. 이제, '구조체 배열'을 먼저 학습해보자.

구조체 배열의 선언과 접근 방법은 일반 자료형을 대상으로 한 방법과 동일하다.
**배열의 선언은 데이터형과 배열명 그리고 사용할 인덱스(첨자)로 구성되며, 첨자의 개수에 따라 1차원, 2차원 및 다차원 배열로 구분**된다. 구조체 배열 또한 이와 동일한 방법을 따른다.

**1차원 구조체배열의 선언 예**

■ POINT arrayPoint[4] 구조체 배열 선언

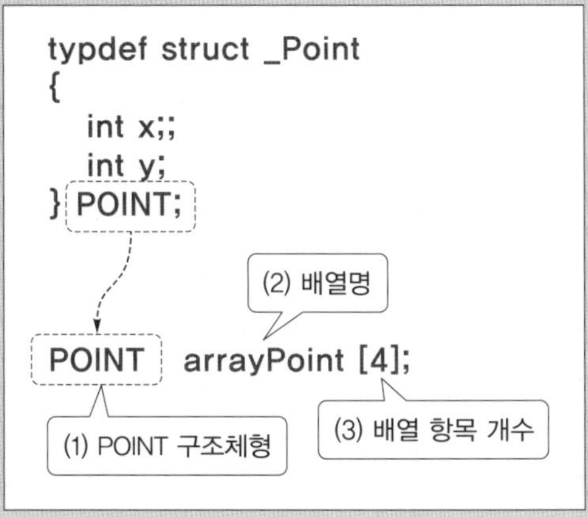

```
typdef struct _Point
{
    int x;;
    int y;
} POINT;


POINT  arrayPoint [4];
```



왼쪽 배열 선언을 살펴보면,
(1) POINT : 저장하는 데이터 타입으로, POINT 구조체 데이터를 이용하겠다는 의미이다.
(2) arrayPoint : 배열명으로, 저장된 항목은 배열명과 첨자로 참조한다.
(3) [4] : 배열의 크기, 즉 항목의 개수가 4개라는 의미이다.

이와 같이 4개의 항목을 갖는 POINT 구조체의 1차원 배열 arrayPoint를 선언하고, 이용할 수 있다.

또한, 각 배열항목은 첨자를 이용하여 접근하므로, 위 예제의 경우 첫 번째 항목의 POINT 멤버변수에 접근하기 위하여, arrayPoint[0].x와 arrayPoint[0].y의 형식을 이용한다. 이를 메모리 배치와 함께 살펴보자.

■ POINT arrayPoint[4] 배열의 메모리 구성 및 항목 접근

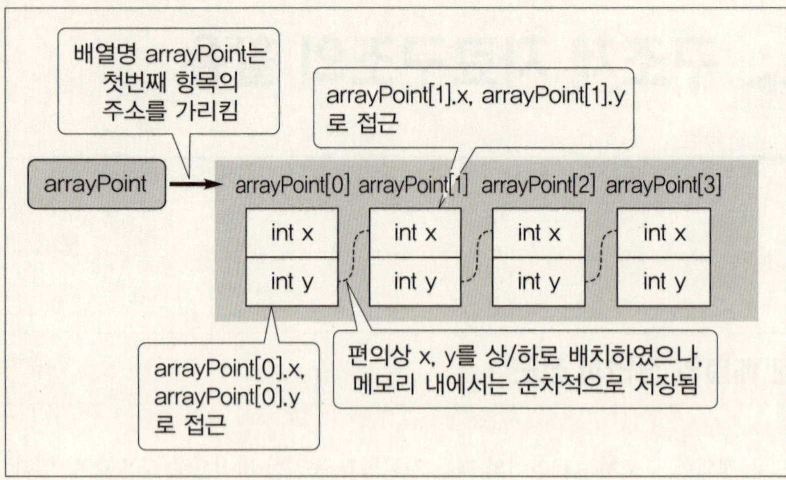


이렇게 선언한 구조체 배열을 초기화하는 방법도 기존과 크게 다르지 않다. 구조체 배열을 선언과 함께 초기화 하는 방법을 StudentInfo구조체를 이용하여 살펴보자. 이때 한가지 주의할 점은 **'구조체는 여러 개의 자료들로 이루어진 복합구조' 이므로, 중괄호 '{, }'를 이용하여 각 항목별 초기화를 구분**해야 한다는 것이다.

■ StudentInfo 구조체 배열의 선언과 초기화

```
struct tag_StudentInfo
{
   char no[10];
   char name[20];
   int    math;
};

typedef struct tag_StudentInfo  StudentInfo;


StudentInfo myClass[2] = {
                       {"001", "chris", 90},

                       {"002", "tommy", 100}
                       };
```



이처럼 구조체 배열이라고 해서, 특별한 것이 있는 것이 아니고 일반자료형과 동일한 방식을 따르되, '각 항목이 구조체'라는 차이만 있을 뿐이다. 이어서 설명할 함수 파라메터와 중첩구조체도 앞 장에서 학습한 내용을 떠올리면 당연한 것으로 생각될 것이다.

# 02 Point 함수에서 구조체 이용하기

## 가. Call by value와 Call by reference 방식의 구조체 인자 전달

함수의 파라메터로 구조체를 전달하는 방법은 크게 3가지로 분류할 수 있다.

■ 함수의 파라메터로 구조를 전달하는 방법

| 구분 | (1) 항목별 전달 | (2) Call by value | (3) Call by reference |
|------|------|------|------|
| 설명 | 구조체의 멤버변수를 파라메터로 각각 전달 | 구조체 변수를 복사방식으로 전달 | 구조체 변수의 주소값을 이용한 참조방식으로 전달 |
| 특징 | 구조체 변수 중 일부만 전달할 때 유용함 | 간단한 방식이나, 큰 구조체의 경우 복사에 따른 성능 저하 | 효율적인 전달방식이나, 포인터에 의한 참조 필요 |

기본적으로 (1) 항목별 전달, (2) Call by value, (3) Call by reference 방식 모두 구조체라고 하여 특별히 다를 것은 없다. 그런데 (2) Call by value 방식에서 성능이 저하될 수 있다는 것은 어떤 의미일까?

■ Call by value를 이용한 구조체 파라메터 전달 시, 성능저하

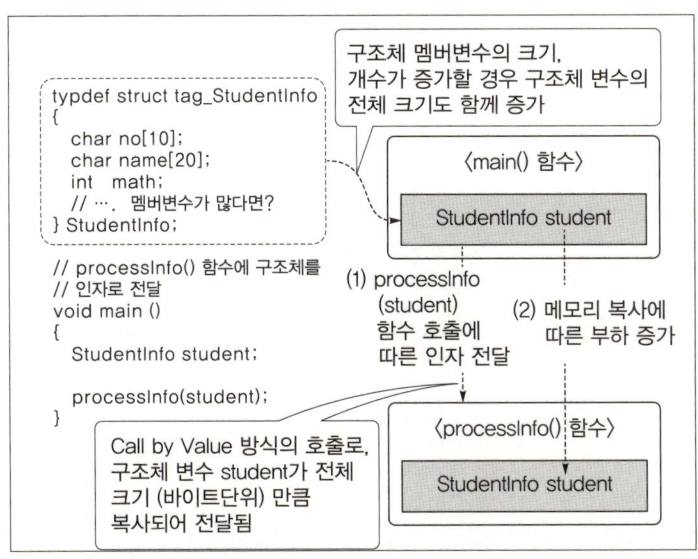


이와 같이 구조체의 복사는 구조체 변수의 크기만큼 바이트 단위로 복사가 이루어 지므로, Call by value 방식으로 구조체를 전달할 경우 성능 저하가 발생할 수 있다. 따라서, **멤버의 개수가 많거나 멤버 데이터의 크기의 총합이 큰 구조체 변수의 경우 Call by reference에 의한 인자전달 방식을 권장**한다.

이제 프로그램 예제를 통해 구조체의 함수 파라메터 전달 방식을 정리해보자.

■ Student 구조체 변수의 함수 파라미터 전달

```c
 1: #include <stdio.h>
 2:
 3: // typedef로 구조체 타입 StudentInfo를 정의한다.
 4: typedef struct tag_StudentInfo
 5: {
 6:   char no[10];
 7:   char name[20];
 8:   int math;
 9: } StudentInfo;
10:
11: // 구조체 변수를 각각의 파라메터로 전달하여 출력
12: void printInfo(const char* no, const char* name, const int math)
13: {
14:   printf("Info: no(%s), name(%s), math(%d)\n", no, name, math);
15: }
16:
17: // 구조체 변수를 call by value 방식으로 전달
18: void printStructInfo(const StudentInfo info)
19: {
20:   printf("Info: no(%s), name(%s), math(%d)\n", info.no, info.name, info.math);
21: }
22:
23: // 구조체 변수를 call by reference 방식으로 전달
24: void swapInfo(StudentInfo* pInfo_1, StudentInfo* pInfo_2)
25: {
26:   StudentInfo infoTemp=*pInfo_1;
27:   *pInfo_1=*pInfo_2;
28:   *pInfo_2=infoTemp;
29: }
30:
31: void main(void)
32: {
33:   StudentInfo info_1={ "2001", "chris", 99 };
34:   StudentInfo info_2={ "2002", "tommy", 100 };
35:
36:   printInfo(info_1.no, info_1.name, info_1.math);
37:   printStructInfo(info_2);
38:
```

```
39:   swapInfo(&info_1, &info_2);
40:
41:   printStructInfo(info_1);
42:   printStructInfo(info_2);
43: }
```

### 해설

- 12~15행 : 구조체 멤버변수를 각각 함수의 인자로 전달하여 출력한다. 함수 내에서 각 값들이 변경되지 않으므로 const 지시자를 추가하였다.
- 18~21행 : 구조체 변수를 call by value방식으로 전달하여 출력한다. 따라서, 구조체 변수가 함수 내 지역변수에 바이트 단위로 복사하여 전달된다.
- 24~29행 : 포인터를 이용한 call by reference 방식으로 함수에 인자를 전달한다. swapInfo( )함수는 전달된 두개의 구조체 변수의 내용을 상호 교환한다.
- 39~42행 : swapInfo( )함수에 의하여 구조체 변수가 상호 교환된 후 정보를 출력한다.

### 실행결과

```
Info: no(2001), name(chris), math(99)
Info: no(2002), name(tommy), math(100)
Info: no(2002), name(tommy), math(100)
Info: no(2001), name(chris), math(99)
```

> **TIP** **Call by reference에 의한 파라메터 변수 값의 상호교환**
>
> 위 예제의 swap( )함수를 살펴보면, Call by reference 방식으로 전달된 파라메터를 포인터를 이용하여 상호 교환하고 있다. 이것은 이미 Part02에서 학습한 내용을 구조체 역시 그대로 따르고 있음을 보여준다. 혹시, swap( )함수의 동작 방식이 어렵게 느껴진다면, Part02의 '매개변수로서의 포인터, 리턴값으로서의 포인터' 부분을 다시 살펴보길 제안한다.

## 나. 함수의 반환값으로 구조체 이용

'구조체의 복사는 구조체의 크기만큼 바이트 단위로 이루어진다.'라는 특징을 기억하면, 함수의 반환값으로 구조체를 사용하는 것도 일반 데이터형의 사례와 다르지 않음을 알 수 있을 것이다. 예제를 통해 사례를 살펴보는 것으로 학습을 마무리 해보자.

■ StudentInfo 구조체 변수를 리턴하는 함수의 예제

```c
 1: #include <stdio.h>
 2: #include <string.h>
 3:
 4: // typedef로 구조체 타입 StudentInfo를 정의한다.
 5: typedef struct tag_StudentInfo
 6: {
 7:   char no[10];
 8:   char name[20];
 9:   int math;
10: } StudentInfo;
11:
12: // 전달받은 값을 이용하여, StudentInfo 구조체 변수를 생성하여 반환한다.
13: StudentInfo makeInfo(const char* no, const char* name, const int math)
14: {
15:   StudentInfo info;
16:
17:   strcpy(info.no, no);
18:   strcpy(info.name, name);
19:   info.math=math;
20:
21:   return info;
22: }
23:
24: void main(void)
25: {
26:   StudentInfo info=makeInfo("2002", "tommy", 100);
27:
28:   printf("Info: no(%s), name(%s), math(%d)\n", info.no, info.name, info.math);
29: }
```

**해설**

- 13~22행 : 지역변수로 선언된 구조체 변수 info는 함수의 종료와 함께 바이트 단위로 복사되어 호출자에게 전달된다.
- 26~28 : makeInfo( )함수를 이용하여 구조체 변수를 생성하고 출력한다.

**실행결과**

```
Info: no(2002), name(tommy), math(100)
```

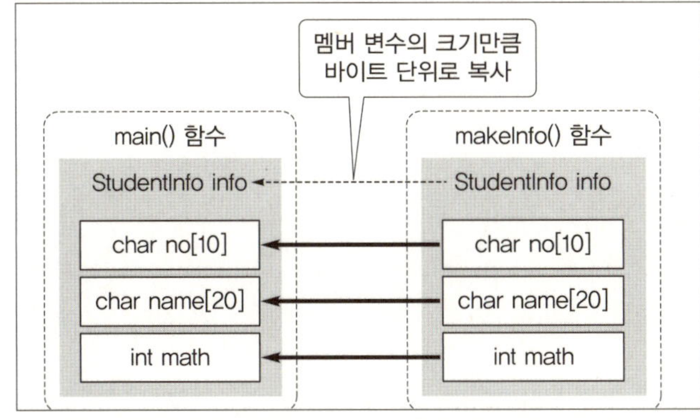



이제, 구조체 변수를 이용하는 것이 일반 데이터형의 사례와 다르지 않다는 것을 잘 이해했을 것으로 기대하며, 중첩 구조체를 정의하는 방법을 살펴보는 것으로 구조체 학습을 마무리 하기로 한다.

# 03 Point  중첩 구조체의 정의와 활용

**중첩 구조체란?**

구조체 변수를 멤버로 갖는 구조체를 의미한다.
- 일반 데이터형과 동일하게 구조체도 다른 구조체의 멤버가 될 수 있으며, 사용하는 방법 또한 일반 데이터형과 크게 다르지 않다.

이러한 중첩 구조체의 특징과 활용을 예제를 통해 살펴보자. 참고로, 예제에서 사용하는 중첩 구조체 Line(선)은 좌표값 2개를 멤버로 갖는 Point(위치좌표)를 멤버로 하여 중첩 구성된다.

■ 중첩 구조체의 선언과 활용

```
1: #include <stdio.h>
2: #include <math.h>  // sqrt( )함수 이용을 위함
```

```
 3:
 4: void main(void)
 5: {
 6:   typedef struct tag_Point
 7:   {
 8:           int x;
 9:           int y;
10:   } Point;
11:
12:   typedef struct tag_Line
13:   {
14:           Point start;
15:           Point end;
16:   } Line;
17:
18:   // Line 구조체는 2개의 Point 구조체를 멤버로 갖고 있으므로,
19:   // Point 멤버변수를 각각 초기화 한다.
20:   Line line={{0, 0}, {10, 10}};
21:
22:   double length=sqrt((line.end.x - line.start.x)*(line.end.x - line.
start.x) +(line.end.y - line.start.x)*(line.end.y - line.start.x));
23:
24:   printf("Line has(%d, %d) and(%d, %d), length(%.2f)\n",
25:           line.start.x, line.start.y, line.end.x, line.end.y, length);
26: }
```

**해설**

- 12~16행 : Line 구조체는 2개의 Point 구조체를 멤버로 갖는다.
- 20행 : 중첩 구조체의 초기화는 각 구조체의 값을 중괄호 '{ , }'로 묶어 각각 수행한다.
- 22~25행 : 구조체 변수 line의 선 길이를 구하여 출력한다.

**실행결과**

```
Line has(0, 0) and(10, 10), length(14.14)
```

## TIP  자기 참조 구조체와 연결 리스트(linked list)

여기까지 학습을 진행하였다면, C언어로 프로그램을 개발할 때 '구조체 사용이 필수'라는 것에 아마도 동의할 것이다. 구조체의 유용함을 다시 한 번 확인하기 위하여, '자기 참조 구조체'의 개념과 이를 활용한 연결 리스트(linked list)의 구현을 살펴보기로 한다.

먼저, 앞서 학습한 Line 구조체를 이용하여 자기 참조 구조체를 구성해보자.

■ LINE 구조체를 이용한 자기 참조 구조체 정의

```
 1:     typedef struct tag_Point
 2:     {
 3:             int x;
 4:             int y;
 5:     } Point;
 6:
 7:     typedef struct tag_Line
 8:     {
 9:             Point start;
10:             Point end;
11:             struct tag_Line *pNext;
12:     } Line;
```

■ 자기 참조 구조체란?

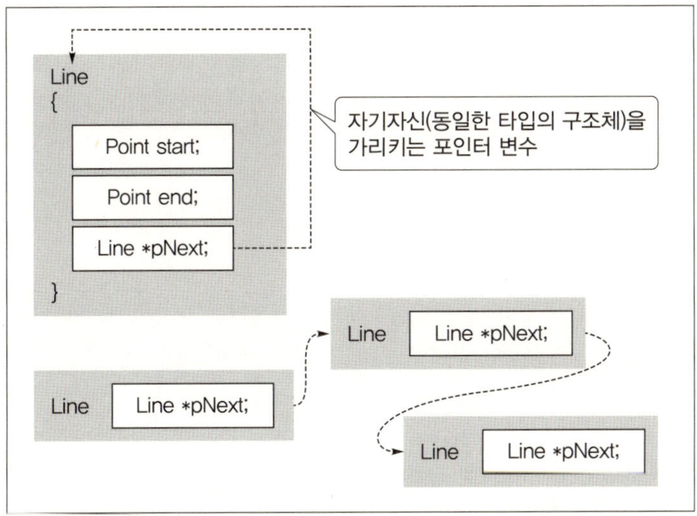


위와 같이 자기 참조 구조체는 포인터를 이용하여, 동일한 타입의 구조체 변수를 반복하여 연결해 갈 수 있는데, 이러한 연결방식을 따르는 자료구조를 연결 리스트(linked list)라고 한다.

연결 리스트의 구현방법은 이후 연습 문제로 확인해보자.

**Point 04** ## 구조체 자료 구조의 활용 연습문제(Linked list 이용하기)

**Q1** 화면(screen)의 마우스 좌표값 x, y를 멤버변수로 하는 구조체를 정의한다. 선(line)을 구조체로 관리하기 위하여, 2개의 좌표값(구조체)을 멤버변수로 하는 중첩 구조체를 정의한다. 정의한 중첩 구조체를 이용하여 선(line) 변수를 정의하고, 좌표값 2개를 각각 입력받아 저장한 후 결과를 출력한다.(단, 좌표를 저장하는 값은 정수형으로 관리한다. 구조체명은 각 자료형을 대표할 수 있도록 적절하게 정의하여 이용한다.)

**정답**

[소스코드]

```
 1: #include <stdio.h>
 2:
 3: // Point 구조체화 중첩 구조체 Line을 정의한다.
 4: typedef struct tag_Point
 5: {
 6:   int x;
 7:   int y;
 8: } Point;
 9:
10: typedef struct tag_Line
11: {
12:   Point start;
13:   Point end;
14: } Line;
15:
16: void main(void)
17: {
18:   Line line={{0, 0}, {0, 0}};
19:   Point pt={0, 0};
20:
21:   // 시작 점을 입력 받는다.
22:   printf("Input 2 digits(start): ");
23:   scanf("%d %d", &pt.x, &pt.y);
24:   line.start=pt;
25:
26:   // 끝 점을 입력 받는다.
27:   printf("Input 2 digits(end): ");
```

```
28:   scanf("%d %d", &pt.x, &pt.y);
29:   line.end=pt;
30:
31:   printf("Line: start[%d,%d] - end[%d,%d]\n",
32:           line.start.x, line.start.y, line.end.x, line.end.y);
33: }
```

**[실행결과]**

```
Input 2 digits(start): 0 0
Input 2 digits(end): 10 10
Line: start[0, 0] - end[10, 10]
```

**해설**

• 4~14행 : 2개의 Point 구조체를 멤버변수로 갖는 중첩구조체 Line을 정의한다. 기타 내용은 소스코드 내 주석을 참고한다.

**Q2** Q1)에서 정의한 중첩 구조체를 확장하여, 연속된 선을 링크드 리스트로 관리할 수 있도록 다음 번 선(line)을 가리키는 구조체 포인터를 추가한다. 새롭게 정의한 중첩 구조체를 이용하여 구조체 변수를 선언하되, '0, 0, 10, 10, NULL'로 각각의 멤버변수를 초기화 한다.

**정답**

**[소스코드]**

```
1: #include <stdio.h>
2:
3: // Point 구조체화 중첩 구조체 Line을 정의한다.
4: typedef struct tag_Point
5: {
6:   int x;
7:   int y;
8: } Point;
9:
10: typedef struct tag_Line
11: {
12:   Point start;
13:   Point end;
14:   struct tag_Line *next;
```

```
15: } Line;
16:
17: void main(void)
18: {
19:   Line line={{ 0,0 },{ 10,10 }, NULL};
20: }
```

**해설**

• 10~15행 : Line 구조체의 변수로 Line 구조체 포인터를 갖는다. 이러한 구조를 자기 참조 구조체라 한다.

**Q3** 첫 번째 Line 구조체의 Point 멤버변수를 {0, 0}, {10, 10}으로 초기화 하여 생성한다. 두 번째 Line 구조체의 Pont 멤버변수를 {10, 10}, {20, 20}으로 초기화 하여 생성한다. 마지막으로 첫 번째 구조체의 next에 두 번째 구조체 주소를 연결 구성한다.

**정답**

[소스코드]
```
 1: #include <stdio.h>
 2:
 3: // Point 구조체화 중첩 구조체 Line을 정의한다.
 4: typedef struct tag_Point
 5: {
 6:   int x;
 7:   int y;
 8: } Point;
 9:
10: typedef struct tag_Line
11: {
12:   Point start;
13:   Point end;
14:   struct tag_Line *next;
15: } Line;
16:
17: void main(void)
18: {
19:   Line line_1={{ 0,0 },{ 10,10 }, NULL};
20:   Line line_2={{ 10,10 }, { 20,20 }, NULL};
```

```
21:
22:   line_1.next=&line_2;
23: }
```

**해설**

• 22행 : 첫 번째 Line 구조체 변수 line_1의 next 포인터 멤버변수에 두 번째 Line 구조체 변수인 line_2의 주소를 대입한다.

 **Q4** 총 3개의 선(line) 정보를 사용자에게 입력받아 링크드 리스트로 연결한다.(단, 모든 Line 구조체 변수는 malloc( )함수를 이용하여 힙메모리에 생성한다.)구성한 링크드 리스트 전체 정보를 출력하되, 가장 큰 선의 길이를 함께 출력한다.

**정답**

**[소스코드]**

```
 1: #include <stdio.h>
 2: #include <stdlib.h>
 3: #include <math.h>   // sqrt( )함수 이용을 위함
 4:
 5: // Point 구조체화 중첩 구조체 Line을 정의한다.
 6: typedef struct tag_Point
 7: {
 8:   int x;
 9:   int y;
10: } Point;
11:
12: typedef struct tag_Line
13: {
14:   Point start;
15:   Point end;
16:   struct tag_Line *next;
17: } Line;
18:
19: void main(void)
20: {
21:   // Linked list의 시작을 의미하는 header pointer를 선언한다.
22:   Line *pHeader=NULL;
23:   // Linked list의 마지막을 관리하기 위한 pointer를 선언한다.
```

```c
24:    Line *pTail=NULL;
25:
26:    // Header pointer에 힙메모리를 할당하여 지정한다.
27:    pHeader=(Line*)malloc(sizeof(Line));
28:
29:    printf("Input 2 digits(start): ");
30:    scanf("%d %d", &pHeader->start.x, &pHeader->start.y);
31:    printf("Input 2 digits(end): ");
32:    scanf("%d %d", &pHeader->end.x, &pHeader->end.y);
33:    pHeader->next=NULL;
34:
35:    pTail=pHeader;
36:
37:    // 2개의 Line정보를 더 입력받아 연결한다.
38:    for(int i=0; i < 2; i++)
39:    {
40:            // 새로운 Line 구조체를 힙에 생성한다.
41:            Line *pLine=(Line*)malloc(sizeof(Line));
42:
43:            printf("Input 2 digits(start): ");
44:            scanf("%d %d", &pLine->start.x, &pLine->start.y);
45:            printf("Input 2 digits(end): ");
46:            scanf("%d %d", &pLine->end.x, &pLine->end.y);
47:            pLine->next=NULL;
48:
49:            // Tail에 연결한 후, Tail 위치를 조정한다.
50:            pTail->next=pLine;
51:            pTail=pLine;
52:    }
53:
54:    // 구성한 linked list의 정보를 출력하되, 가장 큰 길이의 선을 확인한다.
55:    // 또한, 더 이상 사용하지 않을 것이므로 할당된 힙메모리를 해제한다.
56:    double maxlength=0;
57:
58:    while(NULL !=pHeader)
59:    {
60:            Line *pLine=pHeader;
61:
62:            double length=sqrt((pLine->end.x - pLine->start.x)*(pLine->end.x
                - pLine->start.x) +(pLine->end.y - pLine->start.x)*(pLine->end.y
                - pLine->start.x));
```

```
63:
64:          printf("Line info: start[%d,%d] - end[%d,%d], length[%.2f]\n",
65:                  pLine->start.x, pLine->start.y, pLine->end.x, pLine->end.
                     y, length);
66:
67:          if(maxlength < length)
68:          {
69:                  maxlength=length;
70:          }
71:
72:          // Header의 위치를 다음으로 이동한다.
73:          pHeader=pHeader->next;
74:
75:          // 현재 Line 정보를 힙메모리에서 제거한다.
76:          free(pLine);
77:  }
78:  printf("Max length : [%.2f]\n", maxlength);
79: }
```

**[실행결과]**

```
Input 2 digits(start): 0 0
Input 2 digits(end): 10 10
Input 2 digits(start): 10 10
Input 2 digits(end): 15 15
Input 2 digits(start): 15 15
Input 2 digits(end): 30 30
Line info: start[0, 0] - end[10, 10], length[14.14]
Line info: start[10, 10] - end[15, 15], length[7.07]
Line info: start[15, 15] - end[30, 30], length[21.21]
Max length : [21.21]
```

**해설**

- 58행 : 포인터 멤버변수 next의 값이 NULL이면 다음번 연결된 Line 구조체 변수가 없다는 의미이므로, 더 진행하지 않는다. 기타 세부 내용은 소스코드의 주석을 참고한다.

# 열거형과 공용체 자료구조의 이해

## 01 Point  열거형의 개념과 특징

C언어는 열거형(Enumerated type)을 제공하여, 개발자의 구현 의도를 명확히 전달하고, 소스코드의 가독성을 높일 수 있게 지원한다. 자세한 내용을 살펴보기 전에 열거형을 이용한 소스코드를 먼저 살펴보자.

■ 열거형을 이용한 프로그래밍 예제

```
 1: #include <stdio.h>
 2:
 3: // 빨강, 초록, 파랑 색상값을 이용하여 RGB 값으로 조립하는 매크로
 4: #define RGB(r,g,b) ((unsigned long)(((unsigned char)(r) |((unsigned short)
    ((unsigned char)(g))<<8)) |(((unsigned long)(unsigned char)(b) << 16))))
 5:
 6: void main(void)
 7: {
 8:   enum tag_Color
 9:   {
10:        RED=0, GREEN, BLUE, WHITE, BLACK
11:   } color;
12:
13:   printf("Enput your color number [0:RED, 1:GREEN, 2:BLUE, 3:WHITE, 4:BLACK]: ");
14:   scanf("%d", &color);
15:
16:   unsigned long rgb=0;
17:
18:   switch(color)
19:   {
20:   case RED:
```

```
21:          rgb=RGB(255, 0, 0);
22:          break;
23:   case GREEN:
24:          rgb=RGB(0, 255, 0);
25:          break;
26:   case BLUE:
27:          rgb=RGB(0, 0, 255);
28:          break;
29:   case WHITE:
30:          rgb=RGB(255, 255, 255);
31:          break;
32:   case BLACK:
33:          rgb=RGB(0, 0, 0);
34:          break;
35:   default:
36:          rgb=-1;
37:          break;
38:   }
39:
40:   if(-1 != rgb)
41:   {
42:          printf("Input color [%d] -> RGB[%06x]\n", color, rgb);
43:   }
44:   else
45:   {
46:          printf("Input color [%d] is invalid\n", color);
47:   }
48: }
```

**해설**

- 4행 : 간단한 계산을 위하여 매크로 함수를 정의하였으며, 매크로 함수에 대한 세부 내용은 다음 장에서 설명한다.

- 8~11행 : RED, GREEN, BLUE, WHITE, BLACK으로 설정할 수 있는 열거형 변수 color를 선언한다. 각각의 값은 0, 1, 2, 3, 4의 정수형 상수값에 대응된다.

- 18~38행 : 사용자로부터 입력받은 값을 참조하여, 해당되는 RGB값을 계산한다. 이때, switch case 문 안에서 열거형으로 구성한 의미있는 값을 이용한다.

- 40~47행 : 결과를 출력한다. 참고로, RGD(Red, Green, Blue)의 의미와 나르게 실제 메모리 값은 BGR(Blue, Green, Red)순으로 조립되어 저장된나.

```
Input your color number [0:RED, 1:GREEN, 2:BLUE, 3:WHITE, 4:BLACK]: 2
Input color [2] -> RGB[ff0000]

Enput your color number [0:RED, 1:GREEN, 2:BLUE, 3:WHITE, 4:BLACK]: 5
Input color [5] is invalid
```

소스코드에 RED, GREEN, BLUE, WHITE, BLACK과 같은 색상을 표현하는 단어를 직접 사용하여, 코드가 의미하는 바를 좀 더 쉽게 파악할 수 있게 되었다. 만일, 열거형을 사용하지 않는다면 임의의 숫자 값 등을 대신 이용해야 하는데, 이 경우 의미 전달의 명확성이 떨어져 코드의 이해와 유지보수가 불편할 것이다. 이와 같이 열거형은 임의의 상수에 의미를 부여할 수 있는 장점을 갖는다.

소스코드의 가독성을 높이기 위한 다른 방법으로 매크로 상수를 이용할 수도 있으나, 위와 같은 경우 여러 개의 매크로 상수를 정의해야 하므로 불편함이 따를 수 있다. 매크로 상수에 대한 자세한 내용은 이후 챕터에서 다시 살펴보기로 한다.

이제 열거형 데이터의 개념과 선언 및 활용방법을 살펴보자.

**열거형(Enumerated type)이란?**

정수형 상수에 이해하기 쉬운 의미를 부여한 자료형

- 정수형 상수 값을 대신하는 것이므로, 소스코드 내에서 정수형 상수가 사용되는 곳이라면 어디든 사용될 수 있다.

열거형은 아래와 같이 정의하여 사용할 수 있는데, 앞서 학습한 구조체의 정의 방식과 비교하여 이해하면 좀더 쉽게 이해할 수 있을 것으로 기대한다.

**열거형의 정의와 선언 방법**

방법1) 열거형 정의 후 변수 선언

```
enum tag_Color
{
  RED=0, GREEN, BLUE, WHITE, BLACK
};

enum tag_Color color;
```

방법2) 열거형 정의와 함께 변수 선언

```
enum tag_Color
```

```
  {
    RED=0, GREEN=1, BLUE=2, WHITE, BLACK=3
  } color;
```

열거형 변수의 선언과 사용 시 주의 사항
 - 열거형에 포함되는 열거리스트는 1씩 증가한 값으로 구성된다.
 - 열거리스트의 값에 정수형 상수값을 설정할 수 있다.
 - 첫 번째 열거리스트는 특정 값으로 설정하지 않은 경우, 0으로 설정된다.
 - 열거리스트의 값들에 각각 다른 상수값을 설정할 수 있다.
   (예 : RED=0, GREEN=3, BLUE=5, BLACK=7)
 - 열거리스트의 값들에 중복된 상수값을 설정할 수 있다.
   (예 : RED=0, GREEN=0, BLUE=3, BLACK=3)

이와 같이 정의한 열거형 자료구조 및 변수는 앞서 제시한 RGB Color 예제와 같이 코드 내에서 사용할 수 있다.

---

**TIP**

열거형 데이터를 간단히 이용할 경우, 무명 열거형을 사용할 수 있다. **무명 열거형이란 열거형 데이터를 정의하고 선언할 때 '열거형 이름(태그명)'을 생략**하는 것을 의미한다. 아래 예제를 살펴보자.

**[소스코드] Boolean 자료형의 정의**

```
enum { NO, YES } answer;
```

- answer는 NO(0) 혹은 YES(1)의 값을 갖는 열거형 변수이다.

---

**TIP** **typedef를 이용한 열거형 정의와 선언**

우리는 앞장에서 typedef 지시자를 이용하여 이미 알려진 자료형을 다른 이름으로 재정의할 수 있음을 학습했다. 열거형 또한 typedef로 자료형을 재정의하고, 좀더 간편하게 변수를 선언할 수 있다. 아래 코드 조각을 이용하여 확인해보자.

```
typedef enum _Boolean {FALSE=0, TRUE=1} Boolean;
Boolean bResult=TRUE;
Boolean bCheck=FALSE;
```

이와 같이 새롭게 정의한 Boolean 타입을 이용하여, 여러 개의 변수를 선언하고 이용할 수 있다. 참고로, C언어 프로그래머들은 tag이름을 언더바'_'로 시작하는 관습을 갖고 있으니, 함께 확인히도록 하자.

## 02 Point 공용체 자료구조의 개념과 특징

C언어가 제공하는 공용체형 변수는 일반 데이터 형과 다른 메모리 배치(memory allocation)을 갖는데, 이러한 부분이 공용체를 이해하는 데 어려움으로 다가오게 된다. 하지만, 유사한 자료구조인 구조체와 비교하여 공용체의 특징을 살펴보면, 쉽게 이해할 수 있으니 걱정하지 않아도 된다. 바로 구조체와 공용체를 비교하는 것으로 공용체에 대한 학습을 시작해보자.

### 가. 구조체(Struct type)와 공용체(Union Type)의 비교

정수형 변수, 문자형 변수, 더블형 변수 3개를 멤버로 하는 구조체와 공용체를 각각 정의해보자. 참고로, 이후 코딩 작업에 typedef를 이용하여 자료형을 정의한다.

■ 구조체와 공용체의 정의와 선언

| 구조체 | 공용체 |
|---|---|
| typedef struct _Userdata<br>{<br>   int num;<br>   char var;<br>   double data;<br>} UserData;<br><br>UserData userdata; | typedef union _Userdata<br>{<br>   int num;<br>   char var;<br>   double data;<br>} UserData;<br><br>UserData userdata; |

위 내용을 살펴보면, 자료형으로 struct와 union을 지정한 것을 제외하면 동일한 구성을 갖는다. 그렇다면, 공용체는 구조체와 어떻게 다를까? 이에 대한 답으로, 각 변수의 메모리 구성을 살펴보자.

■ 구조체와 공용체 변수의 메모리 구성

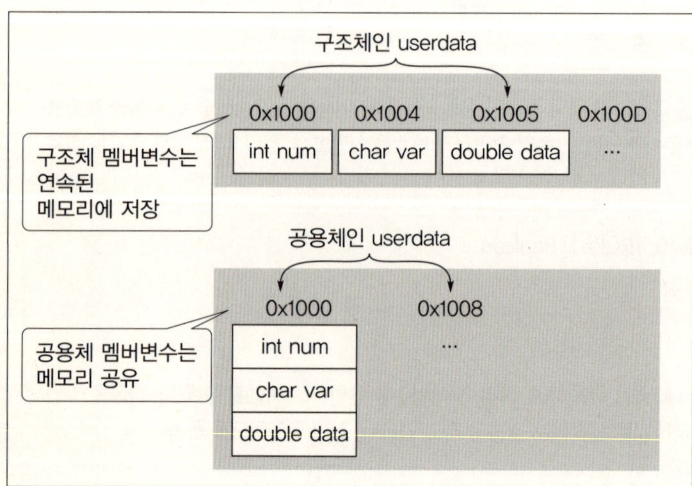

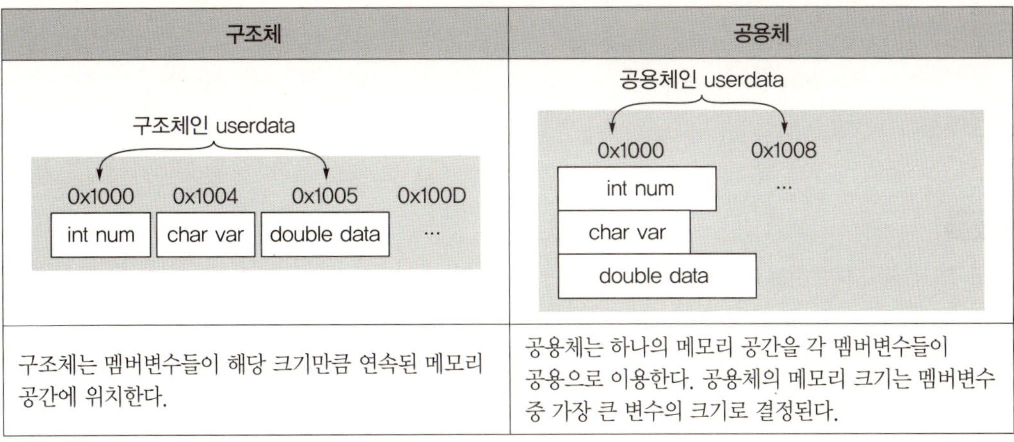



| 구조체 | 공용체 |
|---|---|
| 구조체는 멤버변수들이 해당 크기만큼 연속된 메모리 공간에 위치한다. | 공용체는 하나의 메모리 공간을 각 멤버변수들이 공용으로 이용한다. 공용체의 메모리 크기는 멤버변수 중 가장 큰 변수의 크기로 결정된다. |

공용체의 특징을 좀더 명확히 확인하기 위하여 예제 코드를 작성해보자.

■ 구조체와 공용체 변수의 메모리 정보 출력

```c
 1: #include <stdio.h>
 2:
 3: void main(void)
 4: {
 5:  typedef struct _UserdataStuct     // 구조체 자료형 정의
 6:  {
 7:         int num;
 8:         char var;
 9:         double data;
10:  } UserDataStruct;
11:
12:  typedef union _UserdataUnion     // 공용체 자료형 정의
13:  {
14:         int num;
15:         char var;
16:         double data;
17:  } UserDataUnion;
18:
19:  UserDataStruct dataStruct={1, 'A', 0};
20:  UserDataUnion dataUnion={1};
21:
22:  printf("dataStruct: size[%d], &num[%x], &var[%x], &data[%x]\n",
23:         sizeof(dataStruct), &dataStruct.num, &dataStruct.var,
                &dataStruct.data);
24:
```

```
25:    printf("dataUnion:  size[%d], &num[%x], &var[%x], &data[%x]\n",
26:           sizeof(dataUnion), &dataUnion.num, &dataUnion.var, &dataUnion.data);
27: }
```

### 해설

- 19~20행 : 구조체 변수와 공용체 변수를 각각 선언하고 초기화 한다.
- 22~23행 : 구조체 변수의 크기와 주소 및 각 멤버변수의 주소를 출력한다.
- 25~26행 : 공용체 변수의 크기와 주소 및 각 멤버변수의 주소를 출력한다.

### 실행결과

```
dataStruct: size[16], &num[c1f73c], &var[c1f740], &data[c1f744]
dataUnion:  size[8], &num[c1f72c], &var[c1f72c], &data[c1f72c]
```

– 출력되는 메모리 주소는 프로그램 실행 시 마다 달라질 수 있다.

위 예제를 살펴보면, 구조체의 경우 멤버변수 크기의 전체 합을 데이터 정렬(dat align)을 고려하여 16으로 출력하고, 각 멤버변수들의 주소는 크기만큼 떨어져 순차적으로 배치되고 있다. 반면, 공용체의 경우 가장 큰 멤버변수의 크기 8이 구조체의 크기로 출력되고, 각 멤버변수들은 같은 시작 주소를 갖는다.

이러한 결과를 확인하였으니, 이제 공용체의 개념과 특징을 이해할 수 있을 것으로 기대한다.

**공용체(Union type)란?**

**공용체는 같은 메모리 영역을 멤버 변수들이 함께 공유하는 자료구조**이다.
- 공용체의 크기는 가장 큰 멤버변수의 크기와 같다.
- 공용체 멤버변수의 시작 주소는 동일하다.

## 나. 공용체의 장점과 활용

공용체의 개념을 이해한다면, 공용체의 특징들 역시 당연하다 할 수 있겠다. 그렇다면, 공용체의 장점은 무엇일까?

공용체는 하나의 메모리 공간을 두개 이상의 자료형, 즉 변수로 참조할 수 있다.

공용체를 이용하면 같은 메모리 공간을 다른 방식으로 해석하고 접근할 수 있는 장점을 가진다.

4바이트 정수형 변수에 저장된 값을 바이트 단위로 출력하려면 어떻게 해야 할까? 아마도 포인터 변수와 타입캐스팅을 이용하여 구현할 수 있겠지만 공용체를 이용하여 확인할 수도 있다. 간단한 예제를 통하여 공용체의 활용방법을 살펴보자.

**■ 정수형 변수의 메모리 값을 확인하는 예제**

```
 1: #include <stdio.h>
 2:
 3: void main(void)
 4: {
 5:    // 정수형 1개와 문자형 배열을 갖는 공용체 변수를 선언하고 정수값으로 초기화 한다.
 6:    union tag_Data
 7:    {
 8:          int num;
 9:          char var[4];
10:    }data={ 12345 };
11:
12:    printf("data: size[%d], num[%08x], ch0[%x], ch1[%x], ch2[%x], ch3[%x]\n",
13:           sizeof(data), data.num, data.var[0], data.var[1], data.
               var[2], data.var[3]);
14: }
```

**해설**

• 12~13행 : 공용체 변수의 크기가 멤버변수 중 가장 큰 크기를 갖는 int num의 4로 출력됨을 확인하고, 각 멤버변수들의 값을 16진수로 표시한다. 실행결과를 확인해보면, num의 4바이트 메모리 공간에 저장된 값을 1바이트씩 구분하여 접근할 수 있다.

**실행결과**

```
data: size[4], num[00003039], ch0[39], ch1[30], ch2[0], ch3[0]
```

- num의 4바이트가 0x00003039의 값으로 채워져 있다.

- 이를 바이트 별로 분리하여 출력하면, 0x39, 0x30, 0x00, 0x00이 된다.

- 단, 출력결과는 운영체제에 따라 달라질 수 있다. 위 결과는 X84 CPU 기반의 윈도우즈 환경에서 실행한 것으로, '값이 메모리에 적재될 때, 역순으로 저장'된다. 이를 little-endian 방식이라 한다.

## TIP  Little-endian vs. Big-endian

값을 메모리에 저장하는 방식을 의미하며 시스템 및 운영체제에 따라 메모리에 배치하는 방식이 다르다. 위 예제를 참고하여 리틀엔디안 방식과 빅엔디안 방식의 특징을 살펴보자.

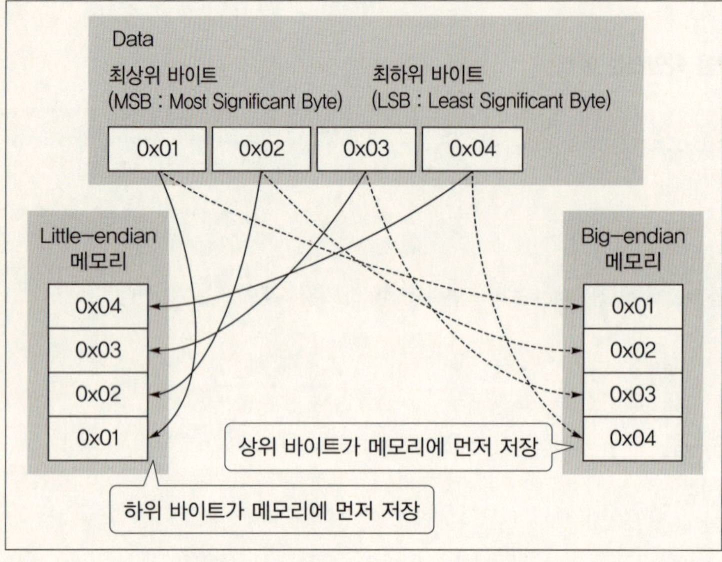


## TIP  공용체 변수의 초기화

이미 앞에서 살펴본 예제들을 통해서 알고 있겠지만 구조체와 마찬가지로 공용체 변수 또한 선언과 함께 초기화 할 수 있다. 그러나, 구조체와 다른 주요 특징이 있다.

**- 공용체를 선언과 함께 초기화하면, 첫 번째 멤버형식만 초기화 된다.**

**- 비록 1개의 값만 지정하게 되지만 반드시 괄호 '{, }'로 감싸야 한다.**

앞의 UserData 공용체를 예로 들어보면,

```
typedef union _Userdata
{
    Int num;
    char var;
    double data;
} UserData;

UserData userdata={10};
```

첫 번째 항목인 num을 기준으로 하여 10으로 초기화 된다. 물론, 이렇게 초기화 한 후에는 var, data 항목으로도 접근 할 수 있다.

## Point 03 열거형과 공용체 자료구조 연습문제

**Q1** 열거형의 의미와 열거형을 이용하면 어떠한 장점이 있는지 설명하시오.

**정답**

열거형(Enumerated type)은 상수값에 이해하기 쉬운 의미를 부여하여, 새롭게 정의한 자료형이다. 따라서, 아래와 같은 장점을 가질 수 있다.
- 개발자의 구현의도를 명확히 할 수 있어, 코드의 이해와 유지보수성을 높이고, 오류를 방지할 수 있다.

**Q2** 1월~12월을 표현할 수 있는 열거형을 정의하고, 열거형 변수를 선언과 함께 3월로 초기화하시오.(단, 1월~12월은 Jan, Feb, Mar, Apr, May, Jun, Jul, Aug, Sep, Oct, Nov, Dec로 하며, 열거형 이름은 tag_Month, 변수 이름은 month로 한다.).

**정답**

[소스코드]
```c
 1: #include <stdio.h>
 2:
 3: void main(void)
 4: {
 5:   enum tag_Month
 6:   {
 7:     Jan=1, Feb, Mar, Apr, May, Jun, Jul, Aug, Sep, Oct, Nov, Dec
 8:   } month=Mar;
 9:
10:   printf("month [%d]\n", month);
11: }
```

[실행결과]
```
month [3]
```

**해설**

- 5~8행 : 열거형를 정의하고 변수를 선언 및 초기화 한다. 이때 Jan은 1월을 의미하므로, 'Jan=1'로 설정한다. Feb~Dec은 각각 1씩 증가하는 값으로 구성되며, 2월~12월을 의미하게 된다.

**Q3** 공용체 자료구조의 의미를 설명하고, 특징을 3가지 이상 설명하시오.

**정답**

공용체는 같은 메모리 영역을 멤버 변수들이 함께 공유하는 자료구조이며, 아래와 같은 특징을 갖는다.

1) 공용체의 멤버 변수의 시작 주소는 모두 동일하다.

2) 공용체를 이용하여 동일한 메모리 영역을 다양한 방식(데이터형)으로 이용할 수 있다.

3) 공용체의 메모리 크기는 멤버 항목 중 가장 큰 변수의 크기로 결정된다.

4) 공용체 변수를 선언과 함께 초기화 하는 경우, 가장 첫 번째 항목을 기준으로 값이 설정되며, 반드시 괄호 '{', '}'
   를 이용해야 한다.

**Q4** 정수형, 최대 10개 길이의 문자열을 저장할 수 있는 공용체 변수를 선언하고, 사용자로부터 각 형식의 데이터를 입력받은 후 출력하시오.

**정답**

[소스코드]

```c
1: #include <stdio.h>
2:
3: void main(void)
4: {
5:   union tag_Data
6:   {
7:         int num;
8:         char var[11];       // 최대 10자 이므로, null을 고려하여 11을 배열크기로 한다.
9:   } data;
10:
11:   printf("Input a number: ");
12:   scanf("%d", &data.num);
13:   printf("result: %d\n", data.num);
14:
15:   printf("Input a string[max 10]: ");
16:   scanf("%s", data.var);
17:   printf("result: %s\n", data.var);
18: }
```

**[실행결과]**

```
Input a number: 7
result: 7
Input a string[max 10]: hello
result: hello
```

**해설**

- 11~17행 : 공용체 변수의 접근 방식을 확인하고, 동일한 메모리 공간을 각각 다른 방식으로 사용하고 있음을 이해한다.

# 문자와 파일 입출력

C 언어는 데이터 입력과 출력을 위한 스트림 기반 입출력 함수를 제공하며, 표준 입출력과 파일 입출력을 지원한다. 다양한 함수를 제공 하므로, 각각의 특징과 차이점을 이해하여 정확히 사용하는 것이 필요하다.

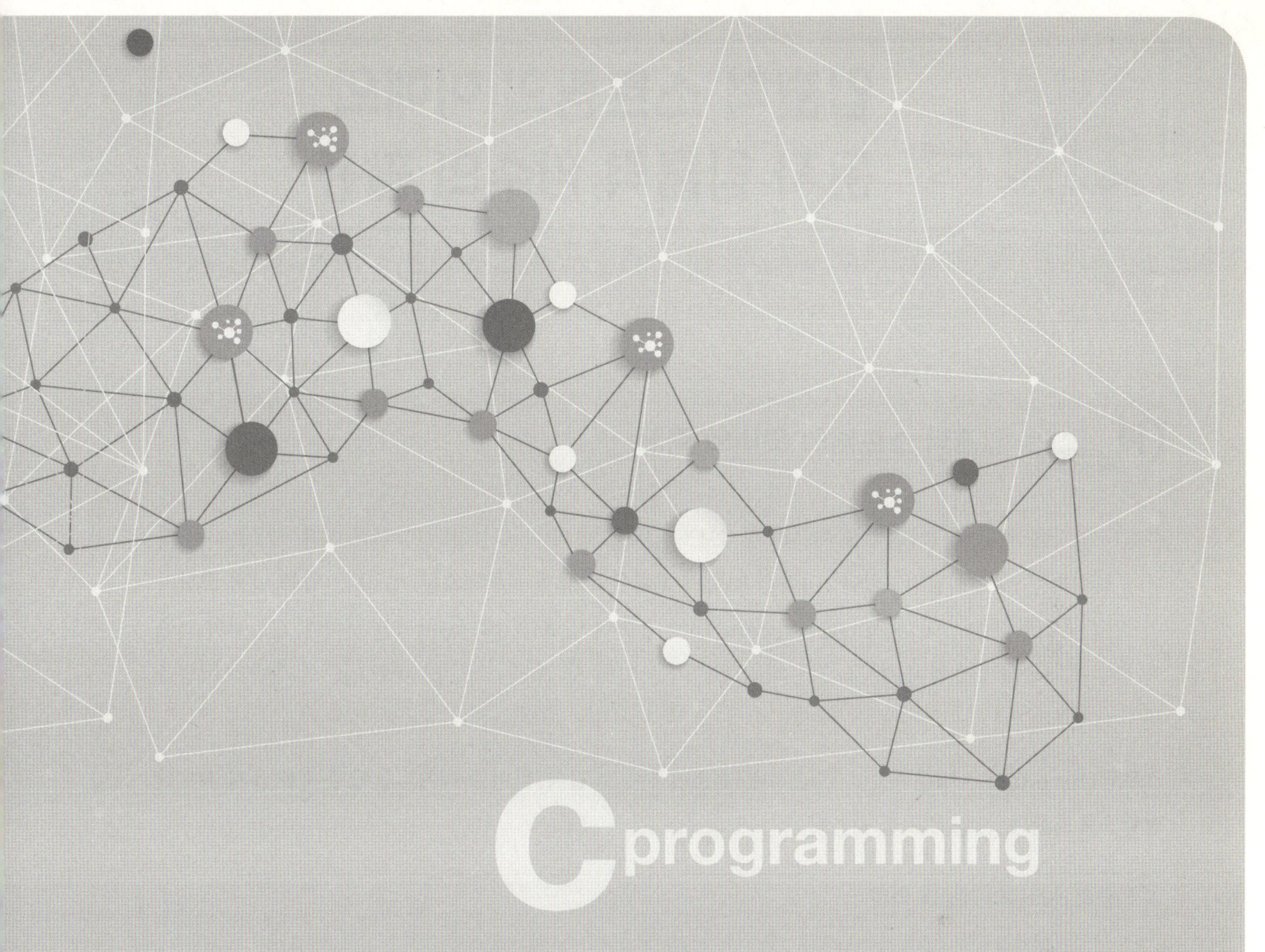
Cprogramming

# 입출력 스트림의 이해와 문자 입출력 함수의 활용

## 01 / Point 입출력 스트림의 의미와 특징

우리는 앞장에서 scanf( )함수를 이용하여 키보드 입력을 받거나, printf( )함수를 이용하여 문자를 화면에 출력하는 예제를 살펴보았다. 이러한 입력과 출력은 어떻게 이루어지는 것일까? 답을 먼저 말하자면, 입출력 스트림(Input / Output stream)을 이용하여 입력과 출력을 처리한 것이다. C언어의 입출력 함수를 학습하기에 앞서, 문자 혹은 파일 입출력을 위해 사용하는 스트림(stream)의 개념과 특징을 먼저 살펴보자.

**스트림(Stream)**은 영문 뜻인 '개울, 시내'가 의미하는 것 같이 **바이트 데이터들이 순서를 유지하며 한 방향으로 흐른다.**'라는 의미를 갖는다.

■ 입출력 스트림의 개념과 역할

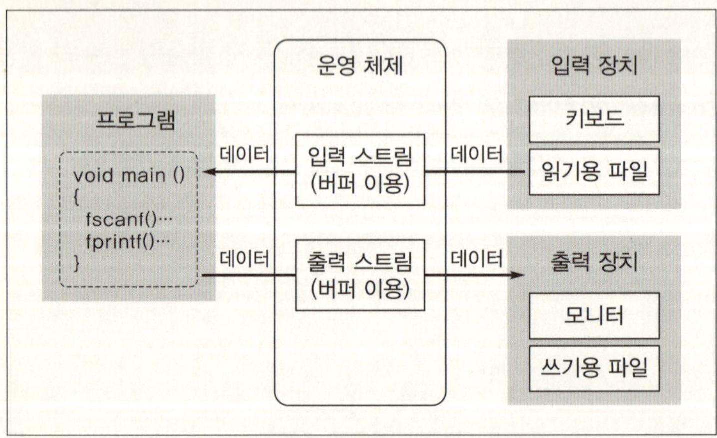


위 그림과 같이 우리가 작성한 프로그램은 입력 스트림을 이용하여 키보드와 같은 장치에서 사용자 입력 데이터를 가져오고, 출력 스트림을 이용하여 화면(모니터)과 같은 출력장치에 데이터를 전달하여 표시한다.

> **입출력 스트림(Input Output Stream)이란?**
>
> 시스템의 입력장치 및 출력장치와 데이터를 주고 받을 수 있도록 운영체제가 제공하는 도구(방법 혹은 매개체)
>
> - 시스템 자원(system resource)이므로, 필요한 경우 운영체제에 요청하여 스트림을 생성하고, 사용하고 난 후 운영체제에 반환해야 한다.

이러한 입출력 스트림은 사용목적, 제공 방식에 따라 아래와 같이 분류할 수 있다.

### ■ 사용목적에 따른 입출력 스트림의 구분

| 구분 | 텍스트 스트림 | 이진 스트림 |
|------|---------------|-------------|
| 개념 | 텍스트 데이터 전송을 위한 스트림 | 바이너리 데이터 전송을 위한 스트림<br>(참고로, 바이너리 데이터의 개념을 텍스트가 아닌 일반 데이터로 이해하자) |
| 특징 | **개행 문자(\n)**로 종료되는 연속된 문자열을 관리한다. | 정수, 실수, 이미지 데이터 등을 **메모리에 저장되는 방식** 그대로 관리한다. |

### ■ 제공 방식에 따른 입출력 스트림의 구분

| 구분 | 표준 스트림 | 장치 스트림 |
|------|-------------|-------------|
| 개념 | 키보드와 화면(모니터)을 대상으로 데이터를 입/출력하기 위한 스트림 | 파일, 카메라 등 특정 장치로부터 데이터를 입/출력하기 위한 스트림 |
| 특징 | 프로그램 실행과 함께 자동으로 제공되며, (1) 표준입력, (2) 표준출력, (3) 표준에러 스트림으로 구분된다.<br>별도의 반환(해제)이 필요 없다. | 별도의 함수를 호출하여 스트림을 생성하고, 사용 후 반환(해제)해야 하는 시스템 자원이다. |

### ■ 표준 스트림의 종류

| 구분 | (1) stdin | (2) stdout | (3) stderr |
|------|-----------|------------|------------|
| 목적 | 표준 입력 스트림<br>일반적인 데이터 입력 | 표준 출력 스트림<br>일반적인 데이터 출력 | 표준 에러 스트림<br>오류 정보 출력 |
| 대상 | 키보드 | 화면(모니터) | 화면(모니터) |

참고로, 키보드와 화면(모니터)를 콘솔(console), 터미널(terminal)이라는 용어로 추상화하여 표현하기도 한다.

## TIP  표준 스트림의 방향을 다른 곳으로 전환하는 입출력 리다이렉트

표준 입출력 스트림을 이용하는 일반적인 콘솔 프로그램은 키보드, 모니터를 이용하여 입출력을 진행한다. 그러나, 특정 목적으로 입출력 대상을 변경할 수 있는 데, 이를 입출력 리다이렉트(redirect)라 한다.

■ 입출력 리다이렉트의 개념

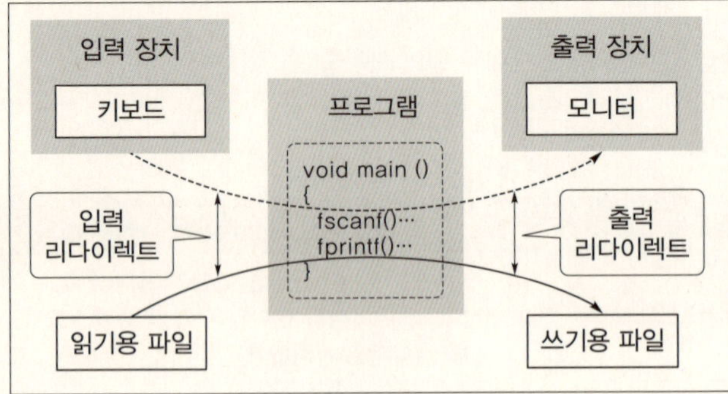


이러한 입출력 리다이렉트의 동작을 쉽게 확인해 볼 수 있는 방법이 있다. 아래 명령어를 확인해보자. 참고로, hello.exe는 표준 출력 스트림(화면)에 'hello'라는 문자를 출력하는 프로그램이다.

■ C:\example\hello.exe 〉 hello.txt

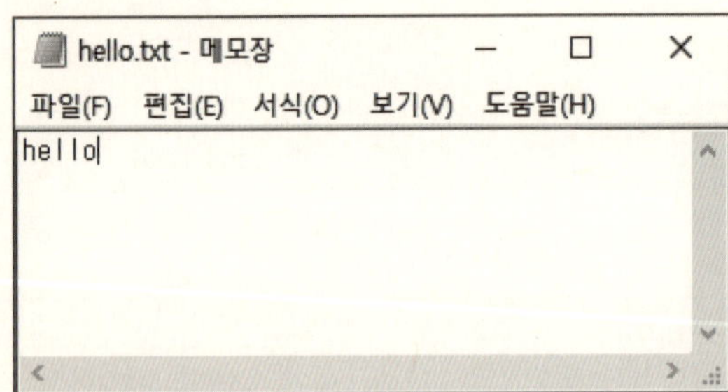


- '〉'는 표준 출력의 방향을 리다이렉트 하는 커맨드(command)로, 표준 출력의 방향을 파일로 리다이렉트하였다.

이러한 **입출력 리다이렉트는 윈도우 API(Windows API)를 이용하여 코드로도 구현**할 수 있으나, 본 도서의 범위를 넘어가는 내용이므로 추가 설명은 생략한다.

파일 등 장치 스트림의 특징과 사용법은 이후 챕터에서 좀더 자세히 살펴보기로 하고, 표준 스트림을 대상으로 데이터를 입/출력하는 C언어의 표준 입출력 함수의 종류와 특징에 대하여 먼저 학습해보자.

# 02 Point  문자와 문자열 입출력 함수

C언어가 제공하는 주요 문자, 문자열 입출력함수를 요약해보면 다음과 같다.

## ■ 주요 문자, 문자열 입출력 함수 요약

| 함수 이름 | 함수 원형 | 기능 설명 |
|---|---|---|
| putchar( ) | int putchar(int ch) | 문자 ch를 stdout으로 출력 |
| fputc( ) | int fputc(int ch, FILE *stream) | 문자 ch를 stream으로 출력(stream에 stdout을 지정하면, putchar( )와 같음) |
| getchar( ) | int getchar( ) | stdin으로부터 1개 문자 가져오기 |
| fgetc( ) | int fgetc(FILE *stream) | stream으로부터 1개 문자 가져오기(stream에 stdin을 지정하면, getchar( )와 같음) |
| puts( ) | int puts(const char *str) | null로 종료되는 문자열을 개행문자 'Wn'과 함께 stdout으로 출력 |
| fputs( ) | int fputs(const char *str, FILE *stream) | null로 종료되는 문자열을 stream으로 출력(stream에 stdout을 지정하면, puts( )와 유사하게 동작) |
| gets( ) | char * gets(char *str) | stdin으로부터 개행문자 'Wn'을 만날 때가지 문자를 읽어서 str에 저장('Wn'은 읽은 후 제외하여, 마지막에 null 문자 추가) 단, 보안에 취약하여 최신 컴파일러는 지원하지 않음 |
| fgets( ) | char* fgets(char *str, int count, FILE* stream) | stream으로부터 최대(count − 1)의 개수만큼 문자를 읽어서 str에 저장(stream에 stdin을 지정하면, gets( )와 유사하게 동작) |

위 요약표에서 설명한 바와 같이, stream을 인자로 하는 함수들에 각각 stdin, stdout을 인자로 지정하면, 일반 문자/문자열 함수의 기능과 같거나 유사한 동작을 하게 된다. stream을 인자로 하는 함수들의 특징과 일반 함수와의 차이점은 이후 파일 입출력과 함께 확인하기로 하며, 여기서는 stdin, stdout을 기본 대상으로 하는 일반 문자/문자열 입출력함수에 대하여 자세히 살펴 보기로 하자.

참고로, 헤더파일은 함수를 이용하기 위해 소스코드 앞 부분에 '#include'를 이용하여 포함해야 하는 소스파일이다. 자세한 내용은 Part07에서 다시 설명하기로 한다.

### putchar( )함수의 원형 및 기능

#include ⟨stdio.h⟩

int putchar(int ch);

### ■ 함수 원형의 세부 내용

| 항목 | 내용 | 세부 설명 |
|---|---|---|
| 헤더파일 | stdio.h | putchar( )함수의 선언 포함 |
| 파라메터 | int ch | 출력할 문자 |
| 리턴값 | int | 출력한 문자(성공한 경우)<br>EOF, End Of File(실패한 경우) |
| 기능/참고 시힝 | | - putchar( )함수는 인자로 전달된 문자정보 ch를 표준 출력 스트림 stdout으로 전송하여 출력한다.<br>- 보통 문자데이터는 unsigned char로 관리하는데, putchar( )함수는 전달된 int형 인자 ch를 내부적으로 unsigned char로 변환하여 이용한다.<br>- 호출 예)<br>putchar('A');   // 영문자A 출력 |

**getchar( )함수의 원형 및 기능**

#include <stdio.h>

int getchar( );

■ 함수 원형의 세부 내용

| 항목 | 내용 | 세부 설명 |
| --- | --- | --- |
| 헤더파일 | stdio.h | getchar( )함수의 선언 포함 |
| 파라메터 | 없음 | 없음 |
| 리턴값 | int | 입력 받은 문자(성공한 경우)<br>EOF, End Of File(실패한 경우) |
| 기능/참고 사항 | - getchar( )함수는 표준 입력 스트림 stdin에서 1개의 문자를 읽어 온다.<br>- 보통 문자데이터는 unsigned char로 관리하므로, 리턴값이 unsigned char면 충분하겠지만 실패 시 리턴되는 EOF를 고려하여 함수의 리턴값이 int로 구성하여 사용된다. 참고로, EOF는 음수인 정수값(int) -1로 정의되어 있다.<br>- 호출 예)<br>   int ch=getchar( );<br>   putchar(ch);   // 키보드로 문자 1개를 입력 받은 후 출력<br>- 참고 : getchar( )함수는 getc(stdin)으로 정의된 매크로 함수로 stream buffer 기반으로 동작한다. getc( )함수의 원형은 int getc(FILE *stream);이다. | |

---

**TIP**  **EOF(End Of File)의 의미와 처리**

**EOF는 End Of File의 약자로, 파일의 끝이라는 의미**이다. 따라서, stream으로부터 데이터를 읽어 들일 때 'EOF'가 리턴 되면, 파일 끝에 도착하여 더 읽을 것이 없다 라는 의미가 된다. 잠깐! 위 getchar( )함수를 보면 표준 입력 스트림에서 읽기에 실패한 경우 EOF를 리턴한다고 하였다. 우리는 이미 표준 입력 스트림과 파일 스트림은 다른 것으로 학습하는데, 그렇다면 어떤 경우 EOF가 리턴되는 것일까?

아래 예제를 확인해보자.

■ getchar( )의 EOF 리턴 예제

```
[소스코드]
 1: #include <stdio.h>
 2:
 3: void main(void)
 4: {
 5:     // EOF가 입력될 때까지 stdin으로 부터 문자를 읽어, stdout으로 출력한다.
 6:     printf("Input a character\n");
 7:     int ch=getchar( );
 8:     while(EOF != ch)
 9:     {
```

```
10:            putchar(ch);
11:            ch=getchar( );
12:    };
13:}
```

**해설**

• 8행 : 입력 받은 값이 EOF일 경우, while( )반복문을 탈출한다.

**실행결과**

```
Input a character
a
a
b
b
^Z
```

- 위 예제를 실행한 후 [Ctrl]+[Z] (^Z)를 입력하면, stdin의 끝을 의미하는 EOF가 getchar( )를 통해 전달된다. 이와 같이 표준 입력 스트림에서도 EOF가 입력의 끝으로 사용될 수 있다.
- 참고로, LINUX OS의 경우 [Ctrl]+[D] 가 이용된다.

## puts( )함수의 원형 및 기능

#include <stdio.h>
int puts(const char *str);

■ 함수 원형의 세부 내용

| 항목 | 내용 | 세부 설명 |
|---|---|---|
| 헤더파일 | stdio.h | puts( )함수의 선언 포함 |
| 파라메터 | const char* str | 출력할 문자열 |
| 리턴값 | int | 음수가 아닌 값(성공한 경우)<br>EOF, End Of File(실패한 경우) |
| 기능/참고 사항 | | - puts( )함수는 인자로 전달된 null('₩0')로 종료되는 문자열을 표준 출력 스트림 stdout으로 전달하여 출력한다.<br>- 인자로 전달된 문자열을 모두 출력한 후, 개행문자 '₩n'을 stdout에 추가로 출력하여, 줄바꿈이 일어나게 된다.<br>- 성공적으로 출력한 경우 '출력된 문자 개수' 혹은 '마지막으로 출력한 문자'와 같이 시스템에 따라 다른 값을 리턴한다. 따라서, '성공 시, 음수가 아닌 값'이 리턴됨을 확인한다.<br>- 호출 예)<br>puts("Hello");<br>// 문자열 "Hello"를 출력 후 줄바꿈 한다. |

**gets( )함수의 원형 및 기능**

#include <stdio.h>
char * gets(char *str);

■ 함수 원형의 세부 내용

| 항목 | 내용 | 세부 설명 |
|---|---|---|
| 헤더파일 | stdio.h | gets( )함수의 선언 포함 |
| 파라메터 | char* str | 입력받은 문자열이 저장될 주소(보통 배열 혹은 동적할당한 메모리 공간의 주소) |
| 리턴값 | char * | 입력 문자열이 저장된 주소값, str 값(성공한 경우), NULL(실패한 경우) |
| 기능/참고 사항 | | - gets( )함수는 개행문자('₩n')를 만나거나 EOF(End Of File)이 발생 될 때까지 입력 스트림 stdin 으로부터 문자를 읽어서, 인자로 전달된 str 메모리 영역에 순차적으로 저장한다.<br>- 개행문자('₩n')는 stdin에서 읽어오지만 저장하지 않고 제거하며, str에는 null('₩0')를 추가하여 문자열이 종료됨을 표시한다.<br>- 주의 : gets( )는 입력 받을 문자의 길이와 인자로 전달된 str의 메모리 크기를 점검하지 않는다. 따라서, 만일 str 메모리의 크기보다 큰 문자 개수를 가진 문자열을 입력하면 메모리 오버플로우 가 발생하여, 오동작을 하게 된다. 따라서, gets( )함수를 이용할 경우, 오버플로우에 주의해야 한 다. 이러한 이유로 Visual Studio 2015등 최신의 특정 컴파일러는 gets( )함수를 지원하지 않으 며, 이후 설명할 fgets( )함수를 이용하거나 별도로 제공하는 gets_s( )를 이용해야 한다. Visual Studio 2015의 보안관련 사항은 부록에서 추가 설명하기로 한다.<br>- 호출 예)<br>char str[100]={0, };<br>gets(str);<br>// stdin으로부터 문자열을 입력받아 str배열에 저장한다.<br>// 단, gets( )함수는 보안상의 이유로 최신 컴파일러에서는<br>// 제외된 함수로 권장하지 않는다. |

---

**TIP** 메모리 오버플로우(overflow)를 고려한 안전한 프로그램 개발

처음 Visual Studio의 기본 옵션으로 프로젝트를 생성하고, 문자 입출력 혹은 문자 제어 함수를 이용하면, 컴 파일이 안 되어 당황할 수 있다. 이는 Visual Studio 2015의 안전한 코딩 점검 기능으로 인한 것으로, **메모리 (버퍼, buffer) 오버플로우의 위험이 있는 함수들을 기본으로 사용 금지**하였기 때문이다. 이 문제를 해결하기 위하여 Visual Studio Project의 옵션을 변경하거나 안전한 함수(Safe function)를 이용해야 한다.

이에 대한 내용은 부록(Appendix)에서 살펴보기로 하며, 여기서는 gets( )함수를 fgets( )함수로 대신하여 버 퍼 오버플로우에 안전하도록 개발하는 방법을 살펴보자. fgets( )함수는 이후 챕터인 '파일 스트림 입출력'에 서 설명할 것이므로, 지금은 '입력받을 문자열의 길이를 제한하는 기능을 제공'한다고 이해하면 되겠다.

■ fgets( )를 이용한 안전한 문자열 입력

[소스코드]

```
1: #include <stdio.h>

2:
```

```
3: void main(void)
4: {
5:      char str[10]={ 0, };
6:
7:      printf("Input string\n");
8:
9:      // 배열의 길이만큼 입력받을 문자 개수 설정
10:     fgets(str, sizeof(str), stdin);
11:     puts(str);
12:}
```



• 10행 : fgets( )함수의 두 번째 인자로 배열의 길이를 10으로 지정하였다. 따라서, null('\0')이 저장될 장소를 고려하여 최대 9개의 문자를 입력받게 된다.



```
Input string
1234567890abc
123456789
```

이제 문자, 문자열 입출력을 위하여 학습한 putchar( ), getchar( ), puts( ), gets( )함수를 하나의 예제를 이용하여 복습해보자.

■ 문자, 문자열 입출력 함수 예제

```
1: #include <stdio.h>
2:
3: void main(void)
4: {
5:  char str[20]="Hello World\n";
6:
7:  // putchar( )함수를 이용하여 str의 문자열 출력
8:  for(int i=0; '\0' !=str[i]; i++)
9:  {
```

```
10:          putchar(str[i]);
11:   }
12:
13:   // stdin으로 부터 1개의 문자열을 입력받아 출력
14:   puts("Input a string: ");
15:   fgets(str, 20, stdin);
16:   puts(str);
17:
18:   // 사용자 입력을 기다린 후, 프로그램 종료
19:   puts("Input any key to exit: ");
20:   getchar( );
21: }
```

### 해설

- 8~11행 : 문자열 배열 str의 항목을 null('\0')을 만나기 전까지 차례로 접근하여, 해당 문자를 출력한다.
- 15행 : 안전한 문자 입력을 위하여, fgets( )함수를 이용하였다. fgets( )함수는 문자열 입력 시 개행문자('\n')를 포함한다. 보다 자세한 내용은 이후 파일 입출력함수에서 다시 설명하기로 한다.
- 19~20행 : Visual Studio등의 통합환경에서 프로그램을 실행할 경우, 이와 같이 임의의 문자를 입력 받도록 하여, 프로그램이 종료하기 전에 멈추는 효과를 얻을 수 있다.

### 실행결과

```
Hello World
Input a string:
Hello again!
Hello again!

Input any key to exit:
```

## 03 Point 스트림 버퍼와 fflush( )함수

앞장에서 스트림을 이용한 입출력에 버퍼(buffer)를 이용한다고 하였는데, 입출력에 버퍼를 이용하는 이유는 무엇일까? **버퍼를 이용하는 가장 큰 이유는 데이터 전송 속도를 향상하기 위함**이다. 예를 들면, 화면이나 파일에 데이터를 출력하고 저장할 때 한 바이트(byte)씩 전달하는 것 보다 블럭(Block)과 같은 특정 단위로 묶어서 전송하면 더 효율적으로 데이터를 처리할 수 있게 된다.

반면, 버퍼가 비워지는 시점은 운영체제(Operating System) 및 사용하는 함수의 특징에 따라 달라지게 되므로, 버퍼를 강제로 비우는 즉, 더 이상 버퍼 안에 데이터를 남겨두지 않고 모두 처리하는 방법이 필요하게 된다.

이제 출력 버퍼를 비우는 fflush( )함수의 특징에 대하여 살펴보자.

**fflush( )함수의 원형 및 기능**

```
#include <stdio.h>
int fflush(FILE *stream);
```

■ 함수 원형의 세부 내용

| 항목 | 내용 | 세부 설명 |
|---|---|---|
| 헤더파일 | stdio.h | fflush( )함수의 선언 포함 |
| 파라메터 | FILE *stream | 비우고자 하는 스트림(해당 스트림에 쓰여질 데이터가 있으면 모두 처리) |
| 리턴값 | int | 0(성공한 경우)<br>EOF, End Of File(실패한 경우) |
| 기능/참고 사항 | | - fflush( )함수는 인자로 전달된 stream으로 전달 및 쓰여질 데이터가 버퍼에 남아 있다면, 이를 처리하고 버퍼를 비운다.<br>- 주의: fflush( )함수의 stream 인자는 출력용 stream이어야 하며, 입력용 stream에 대한 동작은 정의되지 않았다.<br>- 호출 예)<br>  fflush(stdout);  // 표준 출력 스트림의 데이터를 모두 처리 |

**일반적으로 fflush( )함수는 이후 학습할 파일 스트림(file stream)을 대상**으로 하며, 표준 출력 장치인 stdout을 지정하는 경우는 많지 않다.

위에서 살펴본 바와 같이 fflush( )함수의 동작은 출력 스트림을 대상으로 정의되어 있다. 그렇다면, 입력 스트림의 경우 스트림을 비울 필요가 없을까?

아직 학습하기 이전이지만 파일에서 데이터를 읽어 오는 파일 입력 스트림의 경우 API의 호출과 함께 원하는 데이터를 바로 프로그램으로 가져오고, 파일의 끝을 만나게 되면 EOF 리턴값과 함께 더 읽지 않게 되므로, 실제적으로 입력 스트림에 대한 비우기(flush) 작업은 필요 없다. 엄밀히 이야기 하면, **파일로부터 데이터를 가져올 경우 버퍼처리를 운영체제가 관리하므로 응용 프로그램은 관여하지 않아도 된다.**

그렇다면, 표준 입력 스트림인 stdin의 경우는 어떨까? 앞서 학습한 getchar( )함수 예제를 다시 이용하여 확인해보자.

■ 여러 개의 문자를 입력하고 enter키를 입력한 getchar( )함수 예제

```
 1: #include <stdio.h>
 2:
 3: void main(void)
 4: {
 5:   int ch=0;
 6:
 7:   printf("Input a character: ");
 8:   ch=getchar( );
 9:   printf("Result: %c\n", ch);
10:
11:   printf("Input a character: ");
12:   ch=getchar( );
13:   printf("Result: %c\n", ch);
14: }
```

**해설**

• 소스 코드의 원래 의도는 하나의 문자를 입력받아 출력한 후, 다시 다른 문자를 입력받아 출력하는 것이다. 그러나, 실행 시 두개의 문자를 한 번에 입력하면, '입력 스트림 버퍼에 담긴 값'을 추가 입력없이 바로 다시 읽게 되어, 의도한 바와 다른 결과를 갖는다.

**실행결과**

```
Input a character: aa
Result: a
Input a character: Result: a
```

어떠한가? 만일 매순간 하나의 문자를 입력받고 싶었는데, 실수로 2개 이상의 문자를 입력했다면, 이후의 동작을 제어할 수 없게 될 것이다. 이와 같은 문제를 예방하기 위하여, 필요할 경우 fflush( )와 유사한 기능을 하는 함수를 제작하여 사용해야 한다. 독자의 상상력을 기대하며 관련 함수를 연습문제로 제시하기로 한다.

**TIP**  **그렇다면, 엔터키 없이 하나의 문자를 입력 받을 수 없는 것인가?**

방법이 있다. 바로 표준 입출력 함수를 사용하지 않고 conio.h에 정의된 _getch( )함수를 이용하는 것이다. 참고로, conio.h는 Visual Studio에 포함된 헤더파일로 리눅스에서는 일반적으로 이용할 수 없다. 간단한 예제를 이용하여 _getch( )의 사용예를 살펴보자.

■ getch( )를 이용한 문자 입력

[소스코드]
```
 1: #include <stdio.h>
 2: #include <conio.h>    // _getch( )함수를 이용하기 위함
 3:
 4: void main(void)
 5: {
 6:        printf("Type any character\n");
 7:
 8:        int ch=_getch( );
 9:        printf("Result: %c -> %d\n", ch, ch);
10: }
```

**해설**

• 8~9행 : 1개의 문자를 키보드로부터 입력 받아, 문자와 문자값(코드)을 바로 출력한다.

**실행결과**

```
Type any character
Result: a -> 97
```

## Point 04 입출력 스트림의 이해와 문자 입출력 함수의 활용 연습문제

**Q1** getchar( )함수를 이용하여, 문자 3개를 입력받아, 문자열로 만든 후 puts( )함수를 이용하여 출력하시오.

### 정답

[소스코드]

```
 1: #include <stdio.h>
 2:
 3: void main(void)
 4: {
 5:   char str[10]={ 0, };
 6:
 7:   printf("Type 3 characters: ");
 8:   str[0]=getchar( );
 9:   str[1]=getchar( );
10:   str[2]=getchar( );
11:   str[3]=getchar( );
12:
13:   puts(str);
14: }
```

[실행결과]

```
Type 3 characters: 123
123
```

### 해설

- 7~11행 : 3개의 문자를 입력 받는다. 추가로 3개 문자 외에 개행문자('₩n')도 함께 입력 스트림에 존재하므로, 편의를 위해 이를 함께 getchar( )로 가져와 문장을 구성한다.
- 13행 : puts( )는 개행문자를 자동으로 추가하여 출력하므로, 결과적으로 2개의 개행문자가 출력된다.

**Q2** EOF가 발생할 때까지 1개의 문자를 입력받고 바로 출력하시오. 이때, 한 번에 여러가지 문자를 입력 후 엔터키를 치면 어떤 결과가 나오는 지 확인하고, 그 이유를 설명하시오.

### 정답

**[소스코드]**

```
 1: #include <stdio.h>
 2:
 3: void main(void)
 4: {
 5:    // EOF가 입력될 때까지 stdin으로부터 문자를 읽어, stdout으로 출력한다.
 6:    printf("Input a character\n");
 7:    int ch=getchar( );
 8:    while(EOF != ch)
 9:    {
10:            putchar(ch);
11:            ch=getchar( );
12:    };
13: }
```

**[실행결과]**

```
Input a character
a
a
abcdef
abcdef
c
c
^Z
```

- 한 개의 문자를 입력한 경우, '문자+₩n'이 입력되어 실제로는 2개의 문자가 입력된 결과를 갖는다. 따라서, getchar( ), putchar( )가 2번 실행되어 '입력한 문자와 개행문자'를 각각 처리하게 된다.
- 여러 개의 문자를 한번에 입력한 경우, 입력 문자들은 입력스트림의 버퍼에 놓이게 된다. 이를 대상으로 getchar( ), putchar( )가 반복 실행되어 '입력한 문자 전체가 한 번에 입력, 출력된 것 같은 효과'가 발생한다.

### 해설

- 8행 : 입력 받은 값이 EOF일 경우, while( )반복문을 탈출한다. Ctrl+Z (^Z)를 입력하면, stdin의 끝을 의미하는 EOF가 getchar( )를 통해 전달된다. 이와 같이 표준 입력 스트림에서도 EOF가 입력의 끝으로 사용될 수 있다. 참고로, LINUX OS의 경우 Ctrl+D 가 이용된다.

**Q3** 본문에서 제안한 표준 입력 스트림 버퍼에 저장되어 있는 문자를 비울 수 있는 함수를 제작하고, 테스트하는 코드를 작성하시오.

**정답**　　문자와 파일 입출력

**[소스코드]**

```c
 1: #include <stdio.h>
 2:
 3: // stdin의 버퍼를 비우는 함수
 4: void inputStreamFlush(void)
 5: {
 6:   int ch=0;
 7:   do
 8:   {
 9:         ch=getchar( );
10:   } while('\n' != ch);
11: }
12:
13: void main(void)
14: {
15:   // Q 혹은 q가 입력될 때까지 stdin으로부터 문자를 읽어, stdout으로 출력한다.
16:   printf("Input a character\n");
17:
18:   int ch=getchar( );
19:   inputStreamFlush( );
20:
21:   while('Q' !=ch && 'q' != ch)
22:   {
23:         putchar(ch);
24:         putchar('\n');
25:
26:         ch=getchar( );
27:         inputStreamFlush( );
28:   };
29: }
```

**[실행결과]**

```
Input a character
a
a
12345
1
q
```

- 7~10 행 : stdin 스트림 버퍼에 데이터가 있다는 가정하에, '₩n'(개행문자)를 만날 때까지 계속 읽어들여 버퍼를 비운다.
- 18~19행 : 한개의 문자만 입력한 경우라도, '₩n'이 함께 입력되므로 stdin 스트림 버퍼에는 '₩n'이 남아있게 된다. 따라서, inputStreamFlush( )함수를 이용하여 스트림 버퍼를 비운다.
- 23~24행 : 출력 형식을 보기 좋게 하기 위하여, 개행문자를 추가로 출력한다.

**Q4** A와 Z를 포함하여 A~Z사이의 모든 영문자를 각각 차례로 출력하시오.(단, 출력함수는 putchar( )함수를 이용한다.)

**정답**

[소스코드]

```
1: #include <stdio.h>
2:
3: void main(void)
4: {
5:   for(int i='A'; i <= 'Z'; i++)
6:   {
7:           putchar(i);
8:   }
9: }
```

[실행결과]

ABCDEFGHIJKLMNOPQRSTUVWXYZ

**해설**

- 5~8행 : 영어 문자코드는 연속된 수를 가지므로, A~Z까지 1씩 증가한 값을 출력한다.

**Q5** 표준 입출력 스트림의 종류와 특징을 설명하시오.

**정답**

표준 입출력 스트림의 종류와 특징은 아래와 같다.

| 구분 | stdin | stdout | stderr |
|---|---|---|---|
| 목적 | 표준 **입력** 스트림<br>일반적인 데이터 입력 | 표준 **출력** 스트림<br>일반적인 데이터 출력 | 표준 **에러** 스트림<br>오류 정보 출력 |
| 대상 | 키보드 | 화면(모니터) | 화면(모니터) |

표준 입출력 스트림은 버퍼를 이용하여 입출력을 수행하므로, 필요할 경우 fflush( )함수 혹은 별도의 함수를 제작하여 버퍼를 비워야 한다. 표준 입출력 스트림은 프로그램 시작과 함께 제공되고, 별도의 해제 작업이 필요 없다.

# 문자열 관련 함수의 활용

## 01 Point 문자열 조작 시 발생할 수 있는 버퍼 오버플로우

C언어는 문자열을 조작하고 활용하기 위하여 여러가지 함수를 제공하는데, 일반 조작 함수와 문자열 혹은 메모리 버퍼의 길이를 고려한 함수로 구분할 수 있다. 각 함수를 자세히 살펴보기에 앞서, 문자열 조작 시 버퍼 오버플로우의 문제와 문자열 길이를 고려한 함수의 필요성을 먼저 확인해보자.

우리는 이미 앞장의 gets( )함수 예제를 통하여, 메모리 버퍼 오버플로우의 문제점을 살펴보았다. gets( ) 함수의 사례와 같이 **문자열을 다루는 함수는 문자열이 저장될 메모리 버퍼의 크기와 저장될 문자열의 길이를 함께 고려하지 않을 때, 메모리 침범문제로 크래쉬(crash) 등 문제가 발생**하게 된다.

이번에는 문자열을 복사하는 strcpy( )함수를 이용하여 버퍼 오버 플로우 문제를 한 번 더 살펴보자.

■ strcpy( )함수 이용 시, 버퍼 오버플로우 발생 사례

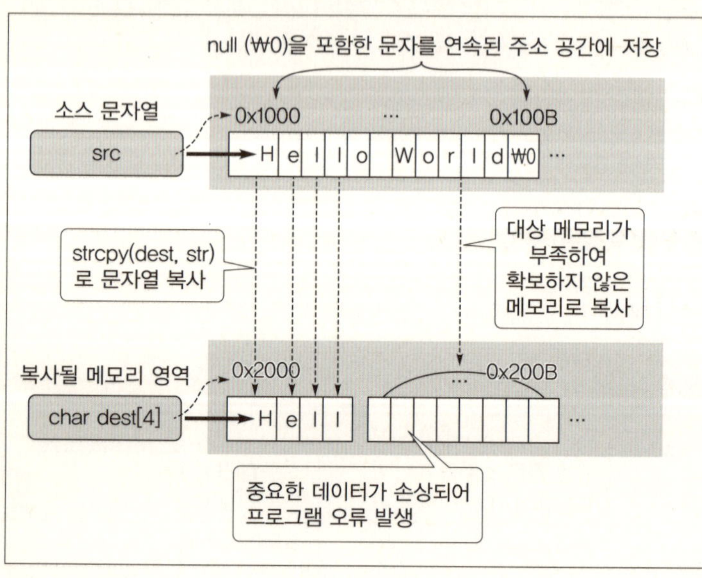


위 그림에서 보는 바와 같이 문자열이 저장될 대상 버퍼의 크기가 원본 문자열의 길이 보다 작으면 문제가 발생하게 된다.

그러면, 이러한 문제는 어떻게 예방할 수 있을까? 이미 파악한 독자들도 계시겠지만 문자열의 길이 혹은 버퍼의 길이를 점검하는 함수를 제공하면 된다. 예를 들면, gets( )함수의 경우 fgets( )함수를 이용하여 이러한 문제를 예방할 수 있다.

이제 버퍼 오버플로우 문제와 안전한 함수 이용의 중요함을 이해하였으리라 생각하며, 문자열 조작 함수들을 살펴보기로 한다.

## 02 Point C언어의 문자열 관련 함수와 활용

C언어가 제공하는 주요 문자열 관련 함수를 요약해보면 아래와 같다. 프로그램을 개발하다 보면 문자열을 조작하고 다루어야 하는 일이 많이 있으므로, 각 함수의 특징과 사용법을 잘 학습하길 권장한다.

■ 주요 문자열 관련 함수 요약

| 함수 이름 | 함수 원형 | 기능 설명 |
| --- | --- | --- |
| strlen( ) | size_t strlen(const char *str) | 인자로 전달된 문자열 str의 길이를 구함(단, null은 길이에서 제외) |
| strcpy( ) | char * strcpy(char *dest, const char *src) | 인자로 전달된 src 문자열을 dest로 시작하는 메모리 영역으로 복사(null을 포함하여 복사) |
| strncpy( ) | char * strncpy(char *dest, const char * src, size_t count) | strcpy( )함수와 동일하되, 최대 count 개수만큼만 문자복사(count는 null을 고려하여 dest의 크기보다 1 작게 지정) |
| strcat( ) | char * strcat(char *dest, const char *src) | 2 번째 인자로 전달된 문자열 src를 첫 번째 인자 dest 문자열에 추가/연결하여 하나의 문자열로 만듦 |
| strncat( ) | char * strncat(char *dest, const char *src, size_t count) | strcat( )함수와 동일하되, 최대 count 개수만큼만 문자연결 |
| strcmp( ) | int strcmp(const char *str1, const char *str2) | 인자로 전달된 2개의 문자열의 크기를 비교(처음 문자부터 사전순으로 비교) |
| strncmp( ) | int strncmp(const char *str1, const char *str2, size_t count) | strcmp( )와 동일하되, 최대 count개수만큼만 문자비교 |
| strchr( ) | char * strchr(const char *str, int ch) | 인자로 전달된 str 문자열을 첫 번째 문자부터 비교하여, 문자 ch의 위치를 찾음 |
| strrchr( ) | char * strrchr(const char *str, int ch) | 인자로 전달된 str 문자열을 마지막 문자부터 시작하여 첫 번째 문자 순으로 비교하고 문자 ch의 위치를 찾음 |
| strstr( ) | char * strstr(const char *str, const char* substr) | 첫 번째 인자 문자열 str에서 두 번째 인자 문자열 substr이 포함된 위치를 찾음 |

이제 각 함수의 원형과 주요 특징을 하나씩 살펴보자.

## 가. 문자열의 길이를 구하고 조작하는 함수

---

### strlen( )함수의 원형 및 기능

#include <string.h>
size_t strlen(const char *str);

■ 함수 원형의 세부 내용

| 항목 | 내용 | 세부 설명 |
|---|---|---|
| 헤더파일 | string.h | strlen( )함수의 선언 포함 |
| 파라메터 | const char *str | null로 종료되는 문자열 포인터(주소값) |
| 리턴값 | size_t | null을 제외한 문자열의 길이(문자 개수) |
| 기능/참고 사항 | - strlen( )함수는 인자로 전달된 문자열 str의 길이, 즉 포함된 문자의 개수를 리턴한다. 이때 null('\0')은 포함하지 않는다.<br>- 주의 : 파라메터로 전달된 str이 null로 종료되는 문자열이 아닐 경우 결과를 예측할 수 없다.<br>- 호출 예)<br>const char *pstr="Hello";<br>printf("Length : %d\n", strlen(pstr)); // 5가 출력된다. | |

---

참고로, size_t는 unsigned int형을 재정의한 것으로 'typedef unsigned int size_t'로 선언되어 있다. 따라서, unsigned int를 대신하여 사용할 수 있다.

---

### strcpy( )함수의 원형 및 기능

#include <string.h>
char * strcpy(char *dest, const char *src);

■ 함수 원형의 세부 내용

| 항목 | 내용 | 세부 설명 |
|---|---|---|
| 헤더파일 | string.h | strcpy( )함수의 선언 포함 |
| 파라메터 | char *dest | 2 번째 인자로 전달되는 src 문자열을 복사하여 저장할 메모리 주소 |
| | const char *src | null로 종료되는 문자열 포인터(주소값) |
| 리턴값 | char * | 첫 번째 인자 dest의 주소값 |
| 기능/참고 사항 | - strcpy( )함수는 인자로 전달된 src문자열을 dest로 시작하는 메모리 영역으로 복사한다. 이때, null을 포함하여 복사가 이루어진다. | |

---

| 기능/참고 사항 | - 주의 : 파라메터로 전달된 src가 null로 종료되는 문자열이 아니거나, dest 메모리 영역<br>의 크기가 소스 문자열을 복사할 만큼 크지 않을 경우, 결과를 예측할 수 없다.<br>- 호출 예)<br>const char *pstr="Hello";<br>char dest[10]={0,};<br>strcpy(dest, pstr);<br>// dest 배열에 문자열 "Hello"가 복사되며, dest[5]의 값은<br>// null('₩0')이 된다. |
| --- | --- |

## strncpy( )함수의 원형 및 기능

#include <string.h>
char * strncpy(char *dest, const char * src, size_t count)

■ 함수 원형의 세부 내용

| 항목 | 내용 | 세부 설명 |
| --- | --- | --- |
| 헤더파일 | string.h | strncpy( )함수의 선언 포함 |
| 파라메터 | char *dest | 2 번째 인자로 전달되는 src문자열을 복사하여 저장할 메모리 주소 |
| | const char *src | null로 종료되는 문자열 포인터(주소값) |
| | size_t count | 복사할 최대 문자 개수 |
| 리턴값 | char * | 첫 번째 인자 dest의 주소값 |
| 기능/참고 사항 | | - strncpy( )함수는 인자로 전달된 src 문자열을 dest로 시작하는 메모리 영역으로 복사한<br>다. 이때, 최대 count만큼의 문자가 복사되며, 마지막에 null이 추가된다.<br>- 주의 : 파라메터로 전달된 src가 null로 종료되는 문자열이 아닐 경우 결과를 예측할 수<br>없다. null을 포함한 안전한 문자열 복사를 위하여 count의 값은 dest 메모리 영역의 크<br>기 보다 1 작은 값을 지정한다.<br>- 호출 예)<br>const char *pstr="Hello World";<br>char dest[10]={0,};<br>strncpy(dest, sizeof(dest) - 1, pstr);<br>// 최대 9개의 문자를 복사하므로, dest에 공백을<br>// 포함한 문자 "Hello Wor"이 복사되며<br>// dest[9]의 값은 null('₩0')이 된다. |

### strcat( )함수의 원형 및 기능

#include 〈string.h〉
char * strcat(char *dest, const char *src);

■ 함수 원형의 세부 내용

| 항목 | 내용 | 세부 설명 |
|---|---|---|
| 헤더파일 | string.h | strcat( )함수의 선언 포함 |
| 파라메터 | char *dest | 결합한 문자열이 저장될 메모리 주소(포인터)로 문자열 데이터를 포함<br>이 문자열 뒤로 2 번째 인자로 전달된 문자열이 추가(append) 됨 |
| | const char *src | null로 종료되는 문자열 포인터(주소값) |
| · 리턴값 | char * | 첫 번째 인자 dest의 주소값 |
| 기능/참고 사항 | | - strcat( )함수는 2 번째 인자로 전달된 src 문자열을 1 번째 인자가 지정하는 dest 문자열의 뒤에 추가(append)하여 새로운 문자열을 만든다.<br>- 주의 : 파라메터로 전달된 src가 null로 종료되는 문자열이 아니거나, dest의 메모리 크기가 새로운 문자열을 구성하기에 부족할 경우 결과를 예측할 수 없다.<br>- 호출 예)<br>const char *pstr="World";<br>char dest[20]="Hello";<br>strcat(dest, pstr);<br>printf("Result : %s\n", dest);<br>// "Hello"를 문자열로 갖는 dest 배열에 pstr이 가리키는<br>// "World" 문자열이 추가되어, dest배열은 "HelloWorld"를<br>// 저장하고, 출력한다.<br>// 정의에 따라 dest[10]의 값은 null('\0')이 된다. |

■ strcat( )함수의 동작 방식

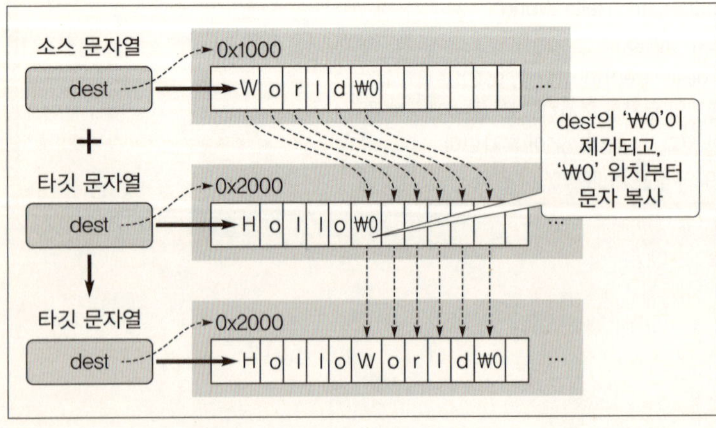

## strncat( )함수의 원형 및 기능

#include <string.h>
char * strncat(char *dest, const char *src, size_t count)

■ 함수 원형의 세부 내용

| 항목 | 내용 | 세부 설명 |
|---|---|---|
| 헤더파일 | string.h | strncat( )함수의 선언 포함 |
| 파라메터 | char *dest | - 결합한 문자열이 저장될 메모리 주소(포인터)로 문자열 데이터를 포함<br>- 이 문자열 뒤로 2 번째 인자로 전달된 문자열이 추가(append) 됨 |
| | const char *src | null로 종료되는 문자열 포인터(주소값) |
| | size_t count | 추가(append)될 최대 문자 수 |
| 리턴값 | char * | 첫 번째 인자 dest의 주소값 |
| 기능/참고 사항 | | - strncat( )함수는 2 번째 인자로 전달된 src 문자열을 1 번째 인자가 지정하는 dest 문자열의 뒤에 추가(append)하여 새로운 문자열을 만든다. 단, 추가할 수 있는 최대 문자수는 3 번째 인자로 지정한 count로 한정한다.<br>- 주의 : 파라메터로 전달된 src가 null로 종료되는 문자열이 아닐 경우 결과를 예측할 수 없다.<br>- 호출 예)<br>const char *pstr="World";<br>char dest[20]="Hello";<br>strncat(dest, pstr, 3);<br>printf("Result : %s₩n", dest);<br>// "Hello"를 문자열로 갖는 dest 배열에 pstr이 가리키는<br>// "World" 문자열을 최대 3개 문자수만큼 추가한다.<br>// 따라서, dest배열은 "HelloWor"가 되고, 이를 출력한다.<br>// 정의에 따라 dest[8]의 값은 null('₩0')이 된다. |

여기까지 학습한 문자열 길이, 문자열 복사 관련 함수를 하나의 예제를 이용하여 복습해보자.

■ 문자열의 길이를 구하는 함수와 문자열을 조작하는 함수의 예제

```
1: #include <stdio.h>
2: #include <string.h>
3:
4: void main(void)
5: {
6:   const char * pHello="Hello";
7:   const char * pWorld="World";
```

```
 8:   char dest[10]={ 0, };
 9:
10:   strncpy(dest, pHello, sizeof(dest) - 1);
11:   strncat(dest, pWorld, sizeof(dest) - strlen(dest) - 1);
12:
13:   printf("Result: %s\n", dest);
14: }
```

**해설**

- 10행 : 버퍼의 크기보다 작은 개수의 문자만 복사되도록, sizeof( ) 연산자를 이용하였다. 여기서 1 작은 수를 인자로 지정한 것은 '₩0' 널문자를 위함이다.
- 11행 : 대상 버퍼에 문자열이 이미 저장되어 있으므로 strcat( ), strncat( )함수로 추가할 수 있는 문자의 개수는 '버퍼의 남은 공간 크기'이다.

**실행결과**

```
Result: HelloWorl
```

## 나. 문자열을 비교하고 검색하는 함수

### strcmp( )함수의 원형 및 기능

```
#include <string.h>
int strcmp(const char *str1, const char *str2)
```

■ 함수 원형의 세부 내용

| 항목 | 내용 | 세부 설명 |
|---|---|---|
| 헤더파일 | string.h | strcmp( )함수의 선언 포함 |
| 파라메터 | const char *str1 | 비교할 문자열이 저장된 포인터(주소값) |
| | const char *str2 | 비교할 문자열이 저장된 포인터(주소값) |
| 리턴값 | int | 음수(str1 문자열이, str2보다 먼저 위치한 경우)<br>양수(str1문자열이, str2보다 뒤에 위치한 경우)<br>0(str1, str2 문자열이 동일한 경우) |

| | |
|---|---|
| 기능/참고 사항 | - strcmp( )함수는 인자로 전달받는 2개의 문자열을 사전순으로 비교하여, 결과를 리턴한다.<br>- 주의 : 파라메터로 전달된 str1 혹은 str2가 null로 종료되는 문자열이 아닐 경우 결과를 예측할 수 없다.<br>- 호출 예)<br>const char *str1="Hello";<br>const char *str2="Hi";<br>printf("Result : %d\n", strcmp(str1, str2));<br>// str1과 str2가 가리키는 문자열을 사전순서에 따라<br>// 비교해보면, 첫 번째 문자는 'H로 동일'하나,<br>// 두 번째 문자는 str1의 'e' 가 str2의 'i'보다 사전순서의<br>// 앞에 위치한다. 따라서, 0보다 적은 음수가 표시된다. |

**TIP** **문자열을 사전순서에 따라 비교한다는 것은 어떤 의미인가?**

말 그대로 사전편찬 순서를 기준으로 비교한다는 것이다.

- 대문자 A가 대문자 B 보다 사전편찬 순서상 먼저 나오므로, A가 B보다 먼저 위치한다.
- 소문자 a는 소문자 b 보다 사전편찬 순서상 먼저 나오므로, a가 b보다 먼저 위치한다.
- 숫자 문자 '1'이 숫자 문자 '2'보다 사전편찬 순서상 먼저 나오므로, '1'이 '2'보다 먼저 위치한다.
- 일반적으로 **숫자, 대문자, 소문자 순으로 사전편찬 순서상 앞에 위치**한다.

## strncmp( )함수의 원형 및 기능

```
#include <string.h>
int strncmp(const char *str1, const char *str2, size_t count)
```

■ 함수 원형의 세부 내용

| 항목 | 내용 | 세부 설명 |
|---|---|---|
| 헤더파일 | string.h | strncmp( )함수의 선언 포함 |
| 파라메터 | const char *str1 | 비교할 문자열이 저장된 포인터(주소값) |
| | const char *str2 | 비교할 문자열이 저장된 포인터(주소값) |
| | size_t count | 비교할 문자의 최대 개수 |
| 리턴값 | int | - 음수(str1 문자열이, str2보다 먼저 위치한 경우)<br>- 양수(str1문자열이, str2보다 뒤에 위치한 경우)<br>- 0(str1, str2 문자열이 동일한 경우)<br>- 단, 3번째 인자인 count 개수만큼 비교 |

| 기능/참고 사항 | - strncmp( )함수는 인자로 전달받는 2개의 문자열을 사전순으로 비교하여, 결과를 리턴한다. 이때 비교하는 문자의 개수는 3번째 인자인 count로 제한한다.<br>- 주의 : 파라메터로 전달된 str1 혹은 str2가 null로 종료되는 문자열이 아닐 경우 결과를 예측할 수 없다.<br>- 호출 예)<br>const char *str1="MyHello";<br>const char *str2="MyHi";<br>printf("Result : %d\n", strncmp(str1, str2, 3));<br>// str1과 str2가 가리키는 문자열을 사전순서에 따라<br>// 비교하면 str1이 더 앞에 있으나, 최대 비교 문자 개수가<br>// 3이므로 처음 3개의 문자 'MyH'의 같은 문자만<br>// 비교하여, 결과는 0이 된다. |
| --- | --- |

## strchr( )함수의 원형 및 기능

#include <string.h>
char * strchr(const char *str, int ch)

■ 함수 원형의 세부 내용

| 항목 | 내용 | 세부 설명 |
| --- | --- | --- |
| 헤더파일 | string.h | strchr( )함수의 선언 포함 |
| 파라메터 | const char *str | 문자가 검색되는지 분석할 문자열 포인터(주소값) |
|  | int ch | 첫 번째 인자 str에서 검색할 문자 |
| 리턴값 | char * | 해당 메모리 주소값(검색된 경우)<br>NULL(검색이 안된 경우) |
| 기능/참고 사항 | | - strchr( )함수는 인자로 전달된 str문자열을 첫 번째 문자부터 비교 검색하여, 2 번째 인자로 전달된 문자 ch의 위치를 찾는다.<br>- 주의 : 파라메터로 전달된 str이 null로 종료되는 문자열이 아닐 경우 결과를 예측할 수 없다.<br>- 호출 예)<br>const char *str="Hello";<br>char* pos=strchr(str1, 'e');<br>printf("Result : %x\n", pos);<br>// str의 두 번째 문자가 'e'이므로, strchr( )함수의 결과<br>// pos는 NULL이 아닌 유효한 주소값을 갖는다.<br>// 참고로, pos의 값은 str + sizeof(char)의 값이 될 것이다. |

## ■ strchr( )함수의 동작 방식

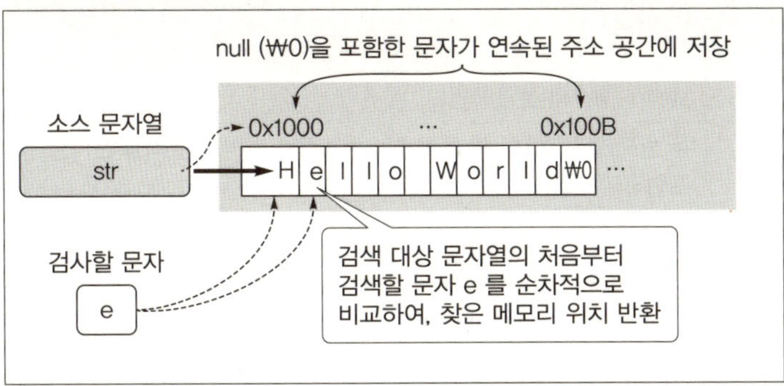


**strrchr( )함수의 원형 및 기능**

#include <string.h>

char * strrchr(const char *str, int ch)

- strrchr( )함수는 인자로 전달된 str문자열을 마지막 문자부터 시작하여 첫 번째 문자 방향으로 비교 검색하여,
  2 번째 인자로 전달된 문자 ch의 위치를 찾는다.
- 그 외의 내용은 strchr( )함수와 동일하다.

## ■ strrchr( )함수의 동작 방식과 strchr( )과 비교

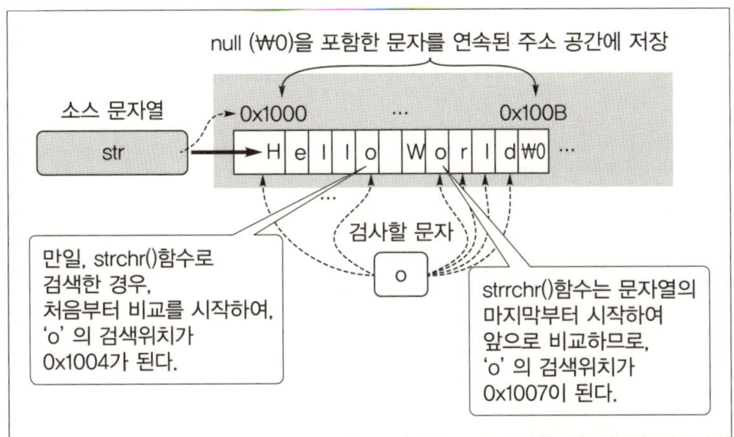


**strstr( )함수의 원형 및 기능**

#include <string.h>

char * strstr(const char *str, const char* substr);

■ 함수 원형의 세부 내용

| 항목 | 내용 | 세부 설명 |
|---|---|---|
| 헤더파일 | string.h | strstr( )함수의 선언 포함 |
| 파라메터 | const char *str | 두 번째 인자 substr의 문자열이 존재하는 지 비교/분석할 문자열 포인터(주소값) |
| | const char* substr | 첫 번째 인자 str에서 검색할 문자열 |
| 리턴값 | char * | - 검색 위치의 시작 값(검색이 된 경우)<br>- NULL(검색이 되지 않은 경우)<br>- 만일, substr이 NULL이면, 첫 번째 인자인 str주소가 반환된다. |
| 기능/참고 사항 | | - strstr( )함수는 인자로 전달된 str문자열에 2 번째 인자로 전달된 문자열 substr이 존재하는지 확인하고, 해당 위치의 시작주소를 리턴한다.<br>- 주의 : 파라메터로 전달된 str 혹은 substr이 null로 종료되는 문자열이 아닐 경우 결과를 예측할 수 없다.<br>- 호출 예)<br>const char *str="Hello World";<br>const char *substr="World";<br>char *pos=strstr(str, substr);<br>printf("Result : %x\n", pos);<br>// 문자열 str에서 substr문자열 "Word"를 찾을 수 있다.<br>// 따라서, pos는 NULL이 아닌 유효한 주소값을 갖는다.<br>// 참고로, 0부터 시작하여 6 번째 위치가 검색된 시작<br>// 주소이므로, pos의 값은 str + sizeof(char)*6의 값이 될<br>// 것이다. |

■ strstr( )함수의 동작 방식

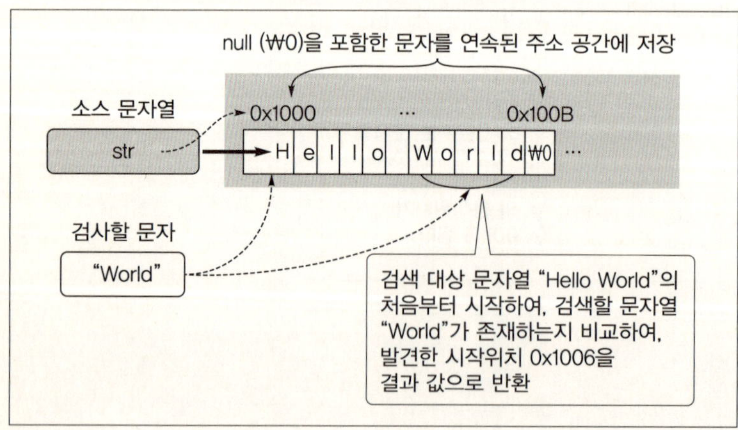


여기까지 학습한 문자열 비교 및 검색 관련 함수를 하나의 예제를 이용하여 복습해보자.

■ 문자열을 비교하고 검색하는 함수의 예제

```
 1:  #include <stdio.h>
 2:  #include <string.h>
 3:
 4:  void main(void)
 5:  {
 6:   char str[20]="Hello My World";
 7:   char *pos=NULL;
 8:
 9:   // "My" 문자열을 검색하고, 몇 번째 위치에 있는지 출력
10:   pos=strstr(str, "My");
11:   if(NULL !=pos)
12:   {
13:           printf("My -> [%d]th position\n", pos - str);
14:   }
15:
16:   // 가장 마지막에 위치한 소문자 l을 대문자 L로 변환
17:   pos=strrchr(str, 'l');
18:   if(NULL != pos)
19:   {
20:           *pos='L';
21:           printf("Result: %s\n", str);
22:   }
23:
24:   // 공백을 구분자로 하여, 3개의 단어로 구분하여 저장
25:   char str_1[10]={ 0, };
26:   char str_2[10]={ 0, };
27:   char str_3[10]={ 0, };
28:
29:   char* pStart=str;
30:
31:   pos=strchr(pStart, ' ');
32:   if(NULL !=pos)
33:   {
34:           strncpy(str_1, pStart, pos - pStart);
35:           pStart=pos + 1;
36:   }
37:
38:   pos=strchr(pStart, ' ');
```

```c
39:   if(NULL !=pos)
40:   {
41:            strncpy(str_2, pStart, pos - pStart);
42:            pStart=pos + 1;
43:   }
44:
45:   strcpy(str_3, pStart);
46:
47:   printf("Result: [%s], [%s], [%s]\n", str_1, str_2, str_3);
48:
49:   // 3개의 문장을 서로 비교하여 사전순으로 가장 뒤에 위치하는 문자열을
50:   // 출력하시오.
51:
52:   char* pLast=NULL;
53:   pLast=(0 < strcmp(str_1, str_2)) ? str_1 : str_2;
54:
55:   if(strcmp(pLast, str_3) < 0)
56:   {
57:            pLast=str_3;
58:   }
59:
60:   printf("Result: [%s]\n", pLast);
61: }
```

**해설**

- 31~36 : 대상 문자열에서 공백문자를 찾고, 공백문자 바로 직전까지의 문자열을 별도의 문자배열에 복사한다. 이후 검색할 문자열을 '공백문자 다음으로 지정'하여 다음 동작을 준비한다.
- 53행 : 3항 비교 연산자를 이용하여, 문자열 비교 구현을 간소화 하였다.

**실행결과**

```
My -> [6]th position
Result: Hello My WorLd
Result: [Hello], [My], [WorLd]
Result: [WorLd]
```

## TIP 문자열을 숫자로 변환하는 함수

간혹 '문자열로 저장된 숫자'를 실제 숫자로 변환할 필요가 있는데, 이때 사용할 수 있는 유용한 함수를 소개한다.

```
#include <stdlib.h>          // stdlib.h 에 선언되어 있으므로, 헤더파일 필요
int atoi(const char * str);     // 문자열을 int형 상수로 변환하여 반환
long atol(const char * str);   // 문자열을 long형 상수로 변환하여 반환
double atof(const char * str) // 문자열을 double형 상수로 변환하여 반환
```

- 파라미터로 전달되는 str의 선행 공백문자는 제거된다.
- 문자열 처음부터 시작하여 의미 있는 숫자로 변환 가능한 부분까지 참조하여 변환한다.

**[소스코드]문자열을 숫자로 변환하는 함수 예제**

```
 1: #include <stdio.h>
 2: #include <stdlib.h>    // 문자열을 숫자로 변환하는 함수를 이용하기 위함
 3:
 4: void main(void)
 5: {
 6:       printf("%s -> %d\n", "2017", atoi("2017"));
 7:       printf("%s -> %d\n", "-2017abcd", atoi("-2017abcd"));
 8:       printf("%s -> %ld\n", "2147483000", atol("2147483000"));
 9:       printf("%s -> %f\n", "3.14", atof("3.14"));
10:       printf("%s -> %f\n", "invalid", atof("invalid"));
11: }
```

### 해설

실행결과와 비교하여 살펴보면,

- 7행 : 의미 없는 문자인 'abcd'는 제거되고, 변환가능한 부분까지 숫자로 변환하였다. 이때 '-'는 음수의 의미로, 해석하여 변환한다.

### 실행결과

```
2017 -> 2017
-2017abcd -> -2017
2147483000 -> 2147483000
3.14 -> 3.140000
invalid -> 0.000000
```

## Point 03 문자열 관련 함수의 활용 연습문제

**Q1** 최대 10자 길이의 문자열 3개를 각각 입력받아 저장하고, 이를 하나의 문자열로 합치시오. 최종 문자열과 문자열의 길이를 출력하시오.(단, 문자열 입력은 scanf( )함수를 이용하고, strncpy( )함수와 strncat( )함수를 꼭 포함하여 작성하시오.)

**정답**

[소스코드]

```c
 1: #include <stdio.h>
 2: #include <string.h>
 3:
 4: void main(void)
 5: {
 6:   char str_1[11]={ 0, };
 7:   char str_2[11]={ 0, };
 8:   char str_3[11]={ 0, };
 9:
10:   printf("Input a string [MAX 10]: ");
11:   scanf("%s", str_1);
12:   printf("Input a string [MAX 10]: ");
13:   scanf("%s", str_2);
14:   printf("Input a string [MAX 10]: ");
15:   scanf("%s", str_3);
16:
17:   char str[40]={ 0, };
18:
19:   strncpy(str, str_1, sizeof(str)-1);
20:   strncat(str, str_2, sizeof(str) - strlen(str) - 1);
21:   strncat(str, str_3, sizeof(str) - strlen(str) - 1);
22:
23:   printf("Result: [%s], [%d]\n", str, strlen(str));
24: }
```

[실행결과]

```
Input a string [MAX 10]: 12345
Input a string [MAX 10]: 67890
Input a string [MAX 10]: abcdefgh
Result: [1234567890abcdefgh], [18]
```

**해설**

- 10~15행 : 최대 10자 이내의 문자열 3개를 입력 받는다. 사용한 버퍼의 길이는 null('₩0')을 고려하여 11로 한다.
- 19~21행 : 최종 데이터가 저장될 버퍼 str의 남은 공간크기를 고려하여, strncpy( ), strcat( )의 3번째 인자를 결정한다. sizeof(str)은 버퍼의 크기, strlen(str)은 현재 저장된 문자열의 길이를 반환한다.

**Q2** 최대 10자 크기의 문자열을 2개 입력 받아 저장하시오. 저장한 2개의 문자열을 비교하여 더 큰 문자열을 출력하시오.

**정답**

[소스코드]

```
 1: #include <stdio.h>
 2: #include <string.h>
 3:
 4: void main(void)
 5: {
 6:   // 2차원 문자배열을 이용한다.
 7:   char str[2][11]={ 0, };
 8:
 9:   printf("Input two strings: ");
10:   scanf("%s %s", str[0], str[1]);
11:
12:   char *result=(0 < strcmp(str[0], str[1])) ? str[0] : str[1];
13:   printf("Result: %s\n", result);
14: }
```

[실행결과]

```
Input two strings: abcdef 12345
Result: abcdef
```

**해설**

- 12행 : 문자열 비교 결과를 간편하게 저장하기 위하여, 3항 비교 연산자를 이용하였다.

**Q3** 문자열 "I Love You"를 문자배열에 저장하고, 모든 'o'를 찾아 대문자 'O'로 변경한 후 출력하시오.

**정답**

**[소스코드]**

```c
 1: #include <stdio.h>
 2: #include <string.h>
 3:
 4: void main(void)
 5: {
 6:   char str[20]="I Love You";
 7:   char *pos=NULL;
 8:
 9:   pos=strchr(str, 'o');
10:
11:   while(NULL != pos)
12:   {
13:           *pos='O';
14:           pos=strchr(pos, 'o');
15:   }
16:
17:   printf("Result: %s\n", str);
18: }
```

**[실행결과]**

```
Result: I LOve YOu
```

**해설**

• 11~14 행 : 문자열에서 'o'를 더 찾을 수 없으면, 즉 strchr( )이 NULL을 리턴하면 while 문을 탈출한다. 14행을 보면, strchr( )함수의 인자로 pos를 전달하여, 'O'로 값이 변경된 위치부터 다시 'o'를 검색하는 것을 확인한다.

**Q4** strcmp( )함수의 역할을 하는 mystrcmp( )함수를 구현하시오. "Hello"와 "Hi" 두개의 문자열을 strcmp( )와 mystrcmp( )로 각각 비교하여 결과가 같음을 확인하시오.

**정답**

**[소스코드]**

```c
 1: #include <stdio.h>
 2: #include <string.h>
```

```c
 3:
 4:  // 두개의 문자열을 비교하는 mystrcmp( )함수 정의
 5:  int mystrcmp(const char* str1, const char* str2)
 6:  {
 7:    int pos=-1;
 8:    int result=0;
 9:
10:    do
11:    {
12:          pos++;
13:          result=*(str1 + pos) - *(str2 + pos);
14:    } while(0==result && '\0' !=*(str1 + pos) && '\0' !=*(str2 + pos));
15:
16:    return result;
17:  }
18:
19:  void main(void)
20:  {
21:    char str[2][11]={ 0, };
22:
23:    printf("Input two strings [MAX 10]: ");
24:    scanf("%s %s", str[0], str[1]);
25:
26:    printf("Result: mystrcmp[%d] vs. strcmp[%d]\n",
27:           mystrcmp(str[0], str[1]), strcmp(str[0], str[1]));
28:  }
```

**[실행결과]**

```
Input two strings [MAX 10]: abc abc
Result: mystrcmp[0] vs. strcmp[0]

Input two strings [MAX 10]: abc def
Result: mystrcmp[-3] vs. strcmp[-1]

Input two strings [MAX 10]: de abcd
Result: mystrcmp[3] vs. strcmp[1]

Input two strings [MAX 10]: Hello Hi
Result: mystrcmp[-4] vs. strcmp[-1]
```

- 총 3회의 테스트 문장을 입력하여 mystrcmp( )함수의 동작을 확인한 후, 'Hello'와 'Hi'를 입력값으로 사용하였다.
- mystrcmp( )와 strcmp( )의 반환값이 일치하지는 않으나, 두 문자열을 비교하여, '음수, 0, 양수'로 결과값을 반환한다는 정의에 따라 mystrcmp( )함수가 잘 구현된 것으로 판단한다.

**해설**

• 10~14행 : mystrcmp( )함수의 파라메터로 전달된 2개의 문자열을 각각 '처음부터 한 무자 씩 비교'한다. 다른 문자가 발견뇌거나 문자열의 마지막('\0')이 되면, while문을 탈출하고 결과를 반환한다. 참고로, 비교의 방법으로 두 문자의 값(문자코드값)의 차를 이용하였으며, 음수이면 앞의 문자가 코드테이블에 먼저 위치한다는 의미가 된다.

# 파일 스트림의 개념과 입출력 함수의 활용

## 01 Point 파일 스트림의 개념과 입출력 모드

앞 장에서 살펴본 입출력 스트림의 의미와 특징을 파일 스트림 관점으로 좀더 확장하여 이해해보자. 아직 파일 입출력 함수를 학습한 상황이 아니므로 다소 어려울 수도 있겠지만 파일 스트림의 특징을 설명하기 위하여 몇몇 함수를 간단한 소개와 함께 사용하도록 하겠다. 혹시, 파일 입출력 함수를 먼저 학습하고 싶은 독자는 뒤에 설명하는 함수들의 특징을 먼저 살펴보고, 이곳으로 다시 돌아와도 좋겠다.

하드디스크(Hard Disk)와 같은 물리적 장치에 논리적 구조의 파일을 저장하고 사용하기 위하여, 운영체제는 디바이스 드라이버(Device Driver)와 파일 시스템(File System)의 기능을 제공한다. 또한, 응용프로그램은 파일에 접근하여 데이터를 읽고 쓰기 위하여, 운영체제가 제공하는 논리적 매개체인 파일 입출력 스트림을 이용하게 된다.

**파일 입출력 스트림**은 운영체제가 관리하는 중요한 **시스템 자원(system resource)**이므로, 사용이 필요할 경우 운영체제에 요청하여 **스트림을 생성하고, 다 사용하고 난 후 운영체제에 반환**하여야 한다.

**파일 입출력 스트림(File Input/Output Stream)이란?**

파일로부터 데이터를 읽거나 파일에 데이터를 쓸 수 있도록 운영체제가 제공하는 도구(방법 혹은 매개체)

■ 파일 입출력 스트림의 개념과 역할

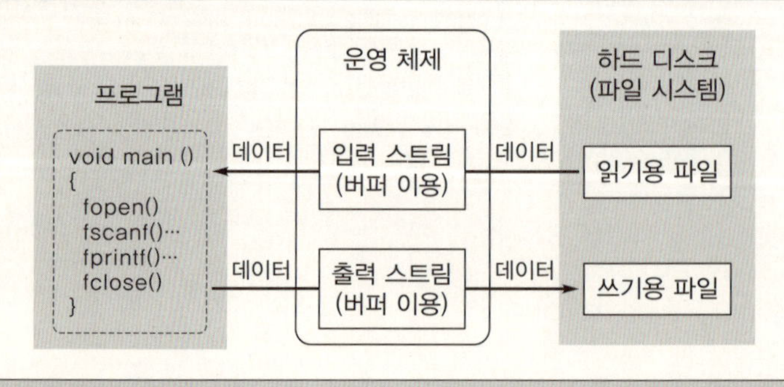

- **fopen( )함수는 운영체제에게 파일 스트림의 생성을 요청하는 함수**이다. 이렇게 생성한 파일 스트림은 여러 파일관련 함수들이 이용하게 된다.
- **fclose( )함수는 생성한 파일 스트림을 닫도록(즉, 해제하도록) 운영체제에 요청**한다. 이때, 버퍼에 저장된 데이터는 모두 처리되며, 운영체제제는 파일 스트림을 위해 생성한 자원을 해제하게 된다.

fopen( )함수로 파일 스트림을 열게 되면, 파일 스트림에 접근하고 이용할 수 있는 파일 구조체 포인터 (FILE *)를 얻은 후, 파일 관련 함수에서 사용하게 된다. 참고로, 파일 구조체 포인터를 간단히 파일 포인터라 표현하기도 한다.

■ **파일 포인터, 스트림, 파일과의 관계**

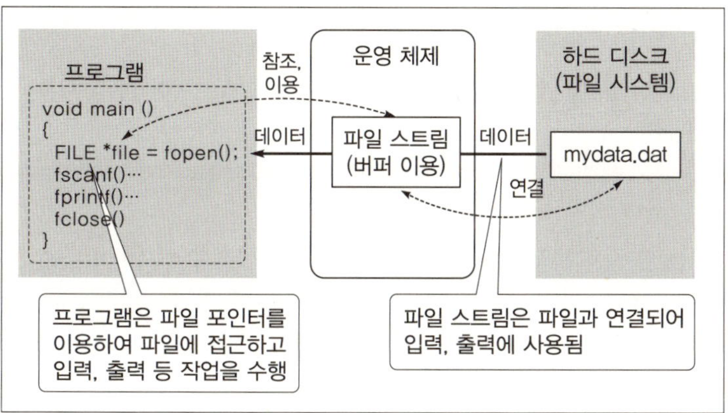


> **TIP** **파일 스트림과 FILE 구조체**
>
> fopen( )함수를 이용하여 파일 스트림을 열게 되면, FILE 구조체(포인터)를 얻게 되고, 이 FILE 포인터를 통하여 파일을 이용하게 된다.
>
> ■ **파일 구조체의 주요 내용**
>
> ```
> struct _iobuf
> {
>     char *_ptr;          // 파일의 현재 위치를 나타내는 포인터
>     int _cnt;
>     char *_base;
>     int _flag;
>     int _file;           // 파일 식별자
> ```

```
    int _charbuf;

    int _bufSize;

    char *_tmpfname;

    };

    typdef struct _iobuf FILE;
```

여기서 중요한 멤버변수 두개를 살펴보자.

- char *_ptr : 파일 포인터의 위치로 파일에서 데이터를 읽거나 기록할 때 연속적으로 위치가 변경된다. 만일 이 위치가 파일 끝에 도착하면 EOF가 리턴된다. 파일 포인터의 위치를 '파일 포지션', '파일 위치 지시자' 등으로 명명하기도 하니, 관련 용어를 기억해 두도록 하자.
- int _file : 운영체제는 임의의 정수값을 파일 스트림에 부여하여 관리한다.

특히, 파일 포인터는 이후 feof( ), ftell( ), fseek( )함수를 이해하고 사용하기 위해 꼭 알고 있어야 하는 내용이니, 이번에 확인하고 넘어가길 권장한다.

파일 스트림(혹은 파일 입출력 스트림)은 사용 목적에 따라 다양한 방식으로 생성될 수 있으며, fopen( )함수가 사용하는 파라메터를 통해 지원된다.

이제 fopen( )함수의 특징과 활용을 파일 스트림의 입출력 모드와 연계하여 학습해보자.

참고로, 엄밀히 말하면 파일(file)과 파일 스트림(file stream)은 다른 개념이지만 편의를 위하여 이 둘을 같은 개념으로 사용하겠다. 즉, **'파일을 연다'라는 의미는 파일 스트림을 연다(혹은 생성한다.)**라는 의미와 같다.

## 가. 파일 스트림을 생성하는 fopen( )함수의 특징

**fopen( )함수의 원형 및 기능**

```
#include <stdio.h>
FILE * fopen(const char *filename, const char *mode);
```

■ 함수 원형의 세부 내용

| 항목 | 내용 | 세부 설명 |
|---|---|---|
| 헤더파일 | stdio.h | fopen( )함수의 선언 포함 |
| 파라메터 | const char * filename | - 접근하여 이용하고자 하는 파일의 이름<br>- 생성하는 파일스트림과 파일(명)이 연결됨 |
| | const char * mode | - 파일 스트림의 생성모드<br>- 접근 및 사용방식을 지정 |

| 리턴값 | FILE * | FILE 구조체 포인터(성공한 경우)<br>NULL(실패한 경우) |
|---|---|---|
| 기능/참고 사항 | | - fopen( )함수는 전달받은 filename에 연결된 파일 스트림을 생성하여 반환한다. 특히, 두 번째 인자를 이용하여 다양한 파일 모드를 설정할 수 있다.<br>- 참고 : 파일 스트림 생성모드(파라메터)는 아래에 다시 설명한다.<br>- 호출 예)<br>FILE *fp=fopen("myfile.dat", "r");<br>// myfile.dat 이름의 파일과 연결된 파일 스트림을 // 읽기모드로 생성한다. |

■ fopen( )함수의 스트림 생성 모드(mode)별 동작

| 지정자 | 모드 의미 | 파일이 이미 있는 경우 | 파일이 없는 경우 |
|---|---|---|---|
| "r" | read<br>파일을 읽기모드로 열기 | 파일의 처음부터 읽기 | 열기 실패 |
| "w" | write<br>파일을 쓰기모드로 열기 | 기존 파일의 내용을 제거하고 처음부터 쓰기 | 새로운 파일 생성 |
| "a" | append<br>기존 파일에 추가 | 파일의 마지막(end)부터 쓰기 | 새로운 파일 생성 |
| "r+" | read extended<br>파일을 읽기/쓰기로 열기 | 파일의 처음부터 읽기 | 열기 실패 |
| "w+" | write extended<br>파일을 읽기/쓰기로 열기 | 기존 파일의 내용을 제거하고 처음부터 쓰기 | 새로운 파일 생성 |
| "a+" | append extended<br>파일을 읽기/쓰기로 열기 | 파일의 마지막(end)부터 쓰기 | 새로운 파일 생성 |

참고로, 텍스트 모드 혹은 바이너리 모드를 지정하기 위한 지정자를 함께 조합하여 사용할 수 있다.

"t" : 텍스트 모드
"b" : 바이너리 모드

여기서 한가지 주의할 점이 있다. "b"모드는 윈도우즈(Windows) 운영체제에서만 효과가 있으며, 일반적으로 "t"모드를 지정하지 않을 때 바이너리 모드의 스트림이 생성된다. 즉, "rt", "wt", "at", "r+t", "w+t", "a+t"와 같이 속성을 조합해야 텍스트 모드의 파일을 생성할 수 있다.
참고로, 스트림 생성 모드를 조합할 때 순서는 영향을 주지 않는다. 즉, w+t와 wt+는 동일하다.
텍스트 모드와 바이너리 모드의 특징은 이후에 좀더 자세히 설명한다.

위 동작모드를 기준으로 하여, 파일 스트림을 아래와 같이 분류할 수 있다.

**쓰기 방식에 따른 파일 스트림의 분류**

1) 읽기 전용 스트림 : "r"모드에 해당하는 것으로, 존재하는 파일로부터 읽기만 가능하다.

2) 쓰기 전용 스트림 : "w"모드에 해당하는 것으로, 파일이 이미 존재하는 경우, 기존 내용은 삭제 된다.

3) 추기 전용 스트림 : "a"모드에 해당하는 것으로, 파일이 이미 존재하는 경우, 기존 내용 뒤부터 기록된다.

4) 읽기/쓰기 스트림 : "r+", "w+", "a+"에 해당하는 것으로, 읽기/쓰기가 모두 가능하다.

일반적인 쓰기, 읽기를 위한 파일 스트림을 생성하는 것은 위 모드만으로 충분하다. 여기에 더하여 파일 모드 설정에 포함된, 텍스트 모드와 바이너리 모드를 좀 더 살펴보자.

## 나. 텍스트 모드(text mode)와 바이너리 모드(binary mode)

텍스트 모드와 바이너리 모드는 '텍스트 데이터'와 '바이너리 데이터'를 각각 파일로 관리하기 위해 존재한다. 따라서 텍스트 데이터 파일과 바이너리 데이터 파일의 차이점을 먼저 이해하는 것이 필요하다.

### ■ 텍스트 데이터와 바이너리 데이터의 특징

| 구분 | 텍스트 데이터 파일 | 바이너리 데이터 파일 |
|---|---|---|
| 특징 | – **문자, 문자열**과 같이 쉽게 읽을 수 있는 데이터<br>– 각 텍스트 라인은 개행문자('\n')로 구분됨<br>– 문자열은 null('\0')을 포함하여, 문자열의 끝을 나타내나, 파일에 저장될 때 null을 제거하고 저장됨<br>– 파일 끝에 EOF(End Of File)을 의미하는 특수문자가 존재함 | – **이미지 등 특정 포맷**에 따라 메모리에 저장되는 그대로의 데이터이다. 따라서, 쉽게 해석하기 어려움<br>– 데이터를 읽고 쓰기 위해 별도의 변환이 필요 없음 |
| 관련함수 | – fputc( ), fgetc( )와 같은 문자 입출력 함수<br>– fputs( ), fgets( )와 같은 문자열 입출력 함수 | – 데이터 입출력을 위한 fread( ), fwrite( )<br>– 파일 포지션 관리를 위한 ftell( ), fseek( ) |

결론적으로 텍스트 데이터 파일은 '텍스트 입력, 출력과 관리'를 위하여 몇가지 특징을 추가한 특수한 형태의 바이너리 파일이라 할 수 있겠다. 텍스트 입력과 출력은 제시한 함수를 이용하는 것으로 충분한데, 또 어떤 관리가 필요하단 것인가?

## 다. 텍스트 모드 파일의 개행문자 처리

우리는 '\n'을 이용하여 개행문자를 처리한다고 학습하였다. 그러나, 개행문자는 화면에 표시되는 특별한 문자가 아니라 '줄 바꿈' 이라는 표현을 위한 C언어의 약속이다. 그렇다면, 다른 표현 방법도 있을 수 있다는 것인가? 맞다, **운영체제(Operating system)의 종류에 따라 개행을 표현하는 방법이 다르다.**

### ■ 운영체제별 개행문자 표현 방법

만일, 문자열이 저장된 텍스트 파일을 윈도우즈(Windows), 맥(MAC), 리눅스(Linux)에서 동시에 사용한다고 가정하면, 개행정보를 어떻게 처리해야 할까? 운영체제마다 별도로 처리될 수 있도록 텍스트 파일의 구성을 각각 변경해야 할까? 바로 이런 어려움을 해결하기 위하여 텍스트 모드 파일이 존재하는 것이다.

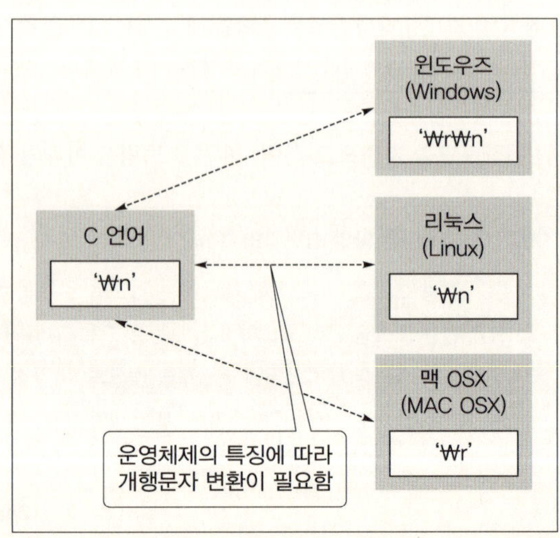

> **텍스트 모드 스트림을 이용한 개행문자 자동 변환**
>
> 파일을 텍스트 모드로 열면(텍스트 모드 스트림을 생성하면) C언어의 개행('₩n')과 각 운영체제별 개행정보를 자동으로 상호 변환한다.

여기까지 파일 스트림의 개념과 입출력 모드에 대한 설명을 마무리한다. 비록, 다소 분량이 많고 복잡한 내용이지만 C언어를 이용한 파일 입출력을 구현하기 위하여 꼭 필요한 지식이니, 정확히 이해하길 권장한다.

## 라. 파일 스트림을 닫는 fclose( )함수의 특징

fopen( )을 이용하여 얻은 파일 스트림을 더 이상 사용할 필요가 없다면, fclose( )함수로 닫아 주어야 한다.

**fclose( )함수의 원형 및 기능**

```
#include <stdio.h>
int fclose(FILE *stream);
```

■ 함수 원형의 세부 내용

| 항목 | 내용 | 세부 설명 |
|---|---|---|
| 헤더파일 | stdio.h | fclose( )함수의 선언 포함 |
| 파라메터 | FILE *stream | 닫고자 하는 파일 스트림(파일 구조체의 포인터) |
| 리턴값 | int | - 0(성공한 경우)<br>- EOF(실패한 경우) |
| 기능/참고 사항 | | - fclose( )함수는 전달받은 파일 스트림을 닫는다. 이때 운영체제는 할당한 파일 관련 자원(리소스, resource)를 해제하며, 버퍼에 저장되어 있는 데이터를 처리한다.<br>- 참고 : 쓰기 모드로 개방된 경우 버퍼에 남은 데이터를 파일에 모두 기록하며, 읽기 모드로 개방된 경우 버퍼에 남은 데이터는 모두 제거된다.<br>- 호출 예)<br>FILE *fp=fopen("myfile.dat", "r");<br>fclose(fp);<br>// myfile.dat 이름의 파일과 연결된 파일 스트림을<br>// 읽기모드로 생성한 후, 다시 닫는다. |

# 02 Point  파일에 문자, 문자열을 입출력하는 함수

앞 장에서 살펴본, C언어가 제공하는 주요 문자, 문자열 입출력 함수 중에서 '파일 스트림을 대상으로 하는 함수'의 특징을 학습해보자. 이미 설명하였듯이, 대부분의 경우 **stdin, stdout을 파라메터로 전달하면 '표준 입출력 스트림을 사용하는 일반 입출력 함수'와 동일**하다. 단, 개행('Wn')을 처리하는 방식이 일부 다른데, 이 부분은 각 함수를 설명하면서 함께 확인하기로 한다.

먼저, 파일에 문자, 문자열을 입출력하는 함수를 다시 요약해보고, 세부 내용을 살펴보자.

■ 파일에 문자, 문자열을 입출력하는 함수 요약

| 함수 이름 | 함수 원형 | 기능 설명 |
|---|---|---|
| fputc( ) | int fputc(int ch, FILE *stream) | 문자 ch를 stream으로 출력(stream에 stdout을 지정하면, putchar( )와 같음) |
| fgetc( ) | int fgetc(FILE *stream) | stream으로부터 1개 문자 가져오기(stream에 stdin을 지정하면, getchar( )와 같음) |
| fputs( ) | fputs(const char *str, FILE *stream) | null로 종료되는 문자열을 'Wn'과 함께 stream으로 출력 (stream에 stdout을 지정하면, puts( )와 유사하게 동작) |
| fgets( ) | char* fgets(char *str, int count, FILE* stream) | stream으로부터 최대(count − 1)의 개수만큼 문자를 읽어서 str에 저장(stream에 stdin을 지정하면, gets( )와 유사하게 동작) |

**fputc( )함수의 원형 및 기능**

```
#include <stdio.h>
int fputc(int ch, FILE *stream);
```

■ 함수 원형의 세부 내용

| 항목 | 내용 | 세부 설명 |
|---|---|---|
| 헤더파일 | stdio.h | fputc( )함수의 선언 포함 |
| 파라메터 | int ch | 출력할 문자 |
| | FILE *stream | 문자를 출력(저장)할 파일 스트림 (stream에 stdout을 지정하면, putchar( )와 같음) |
| 리턴값 | int | 출력한 문자(성공한 경우)<br>EOF, End Of File(실패한 경우) |

| 기능/참고 사항 | - fputc( )함수는 인자로 전달된 문자정보 ch를 전달된 출력 스트림(stream)으로 전송하여 출력한다.<br>- 보통 문자데이터는 unsigned char로 관리하는데, fputc( )함수는 전달된 int형 인자 ch를 내부적으로 unsigned char로 변환하여 이용한다.<br>- 호출 예)<br>// 'mydata.txt'를 쓰기 모드로 오픈한다.<br>FILE *file=fopen("mydata.txt", "wt");<br>fputc('A', file);   // 영문자 'A'를 오픈한 file 스트림에 쓴다.<br>fclose(file);     // file스트림을 닫는다. |

## fgetc( )함수의 원형 및 기능

```c
#include <stdio.h>
int fgetc(FILE *stream);
```

■ 함수 원형의 세부 내용

| 항목 | 내용 | 세부 설명 |
|---|---|---|
| 헤더파일 | stdio.h | fgetc( )함수의 선언 포함 |
| 파라메터 | FILE *stream | 1개의 문자를 읽어올 파일 스트림<br>(stream에 stdin을 지정하면, getchar( )와 같음) |
| 리턴값 | int | - 입력받은 문자(성공한 경우)<br>- EOF, End Of File(실패한 경우) |
| 기능/참고 사항 | | - fgetc( )함수는 인자로 전달된 읽기용 파일 스트림(stream)에서 1개의 문자를 읽어 온다. 보통 문자데이터는 unsigned char 로 관리하므로, 리턴값이 unsigned char면 충분하겠지만 실패 시 리턴되는 EOF를 고려하여 함수의 리턴값이 int로 구성하여 사용된다. 참고로, EOF는 음수인 정수값(int) -1로 정의되어 있다.<br>- 호출 예)<br>// 'mydata.txt' 를 읽기 모드로 오픈한다.<br>FILE *file=fopen("mydata.txt", "rt");<br>char ch=fgetc(file);   // 오픈한 file 스트림에서 문자 읽기<br>fclose(file);           // file 스트림을 닫는다. |

## fputs( )함수의 원형 및 기능

```c
#include <stdio.h>
int fputs(const char *str, FILE *stream);
```

■ 함수 원형의 세부 내용

| 항목 | 내용 | 세부 설명 |
|---|---|---|
| 헤더파일 | stdio.h | fputs( )함수의 선언 포함 |
| 파라메터 | const char * str | 출력할 문자열 |
| | FILE *stream | 문자열을 출력(저장)할 파일 스트림<br>(stream에 stdout을 지정하면, puts( )와 유사하게 동작) |
| 리턴값 | int | - 음수가 아닌 값(성공한 경우)<br>- EOF, End Of File(실패한 경우) |
| 기능/참고 사항 | | - fputs( )함수는 첫 번째 인자로 전달된 null('₩0')로 종료되는 문자열을 두 번째 인자로 전달된 쓰기용 파일 스트림(stream)으로 출력한다.<br>- 성공적으로 출력한 경우 '출력된 문자 개수' 혹은 '마지막으로 출력한 문자'와 같은 시스템에 따라 다른 값을 리턴한다. 따라서, '성공 시, 음수가 아닌 값'이 리턴됨을 확인한다.<br>- 호출 예)<br>// 'mydata.txt'를 쓰기 모드로 오픈한다.<br>FILE *file=fopen("mydata.txt", "wt");<br>// 문자열 "Hello"를 오픈한 file 스트림에 쓴다.<br>fputs("Hello", file);<br>fclose(file);　　// file 스트림을 닫는다. |

fputs( )함수와 puts( )함수는 개행문자 처리에 중요한 차이점을 가지므로, 이를 확인해보자.

표준 출력 스트림(stdout)을 이용하여 문자열을 출력하는 puts( )함수는 인자로 전달된 문자열을 모두 출력한 후, 개행문자 '₩n'을 stdout에 추가로 출력하여, 줄바꿈이 일어나게 된다. 반면, **fputs( )함수는 자동으로 개행문자 '₩n'을 추가하지 않는다.**

■ fputs( )함수와 puts( )함수의 개행처리 비교

| 구분 | fputs( )함수를 이용한 코드 | puts( )함수를 이용한 코드 |
|---|---|---|
| 소스코드 | ```#include <stdio.h>void main(void){    fputs("Hello", stdout);    fputs("World", stdout);}``` | ```#include <stdio.h>void main(void){    puts("Hello");    puts("World");}``` |
| 실행결과 | HelloWorld | Hello<br>World |
| 설명 | fputs( )함수는 개행문자('₩n')를 추가하지 않고 출력하므로, 2개의 문자열이 연속하여 출력된다. 즉, 자동개행이 이루어지지 않는다. | puts( )함수는 개행문자('₩n')를 추가하여 출력하므로, 2개의 문자열이 다른 행으로 분리되어 출력된다. 즉, 자동개행이 이루어진다. |

## fgets( )함수의 원형 및 기능

```
#include <stdio.h>
char* fgets(char *str, int count, FILE* stream);
```

■ 함수 원형의 세부 내용

| 항목 | 내용 | 세부 설명 |
|---|---|---|
| 헤더파일 | stdio.h | fgets( )함수의 선언 포함 |
| 파라메터 | char* str | 입력받은 문자열이 저장될 주소(보통 배열 혹은 동적할당한 메모리 공간의 주소) |
| | int count | null('\0')을 포함하여, 파일 스트림으로 부터 읽어 올 최대 문자 개수 |
| | FILE *stream | 문자열을 읽어 올 스트림(stream)<br>(stream에 stdin을 지정하면, gets( )와 유사하게 동작) |
| 리턴값 | char * | - 입력 문자열이 저장된 주소값, str 값(성공한 경우)<br>- NULL(실패한 경우) |
| 기능/참고 사항 | | - fgets( )함수는 개행문자('\n')를 만나거나 EOF(End Of File)이 발생 될 때까지 읽기 모드로 오픈한 스트림(stream)으로부터 문자를 읽어서 인자로 전달된 str 메모리 영역에 순차적으로 저장한다. 단, 읽어올 문자의 최대 개수는 null('\0')을 포함하여 count값으로 제한한다.<br>- 개행문자('\n')도 함께 읽어들여 저장하며, str에는 null('\0')을 추가하여 문자열이 종료됨을 표시한다.<br>- 호출 예)<br>`// 'mydata.txt'를 읽기 모드로 오픈한다.`<br>`FILE *file=fopen("mydata.txt", "rt");`<br>`char str[10]={0, };`<br>`// count의 값을 버퍼의 크기로 설정하면,`<br>`// null('\0')이 저장될 공간을 제외하고`<br>`// 최대(버퍼의 크기 - 1)개의 문자를 입력 받는다.`<br>`fputs(str, sizeof(str), file);  // 스트림에서 문자열 읽기`<br>`fclose(file);          // file 스트림을 닫는다.` |

참고사항에서 설명하였듯이, fgets( )함수와 gets( )함수의 개행문자 처리에 중요한 차이점이 있다. 비록, 최신 C컴파일러는 보안을 고려하여 gets( )함수를 지원하지 않는 경우가 있으나, fgets( )함수의 특징을 정확히 이해하기 위하여 다시 한 번 정리한다.

■ fgets( )함수와 gets( )함수의 개행처리 비교

| 구분 | fgets( )함수를 이용한 코드 | gets( )함수를 이용한 코드 |
|---|---|---|
| 소스코드 | #include 〈stdio.h〉<br>void main(void)<br>{<br>　　char str[20]={0, };<br>　　fgets(str, sizeof(str), stdin);<br>　　printf("%sWn", str);<br>　　printf("%s", str);<br>} | #include 〈stdio.h〉<br>void main(void)<br>{<br>　　char str[20]={0, };<br>　　gets(str);<br>　　printf("%sWn", str);<br>　　printf("%s", str);<br>} |
| 실행결과 | "HelloWorld" 한 개의 라인을 읽어 들였다고 가정하면,<br><br>[출력내용]<br>HelloWorld<br><br>HelloWorld | "HelloWorld"를 입력 받았다고 가정하면,<br><br>[출력내용]<br>HelloWorld<br>HelloWorld |
| 설명 | fgets( )함수는 개행문자('Wn')를 함께 입력받아 저장하므로, str[10]에는 "HelloWorldWn"이 저장된다. | gets( )함수는 개행문자('Wn')를 읽어 들이나 제외하고 저장하지 않으므로, str[10]에는 "HelloWorld"가 저장된다. |

이제 위에서 학습한 fputc( ), fgetc( ), fputs( ), fgets( )함수를 하나의 예제를 이용하여 복습해보자.

■ 파일에 문자, 문자열을 입출력하는 함수 예제

```
 1: #include <stdio.h>
 2: #include <string.h>
 3:
 4: void main(void)
 5: {
 6:    //mydata.txt 를 쓰기 모드로 오픈한다.
 7:    FILE *file=fopen("mydata.txt", "wt");
 8:
 9:    // "Hello"를 문자별로 구분하여 출력하고, 개행문자를 출력한다.
10:    fputc('H', file);
11:    fputc('e', file);
12:    fputc('l', file);
13:    fputc('l', file);
14:    fputc('o', file);
15:    fputc('\n', file);
16:
17:    // "World" 문자열을 출력
```

```
18:    fputs("World", file);
19:
20:    // 파일을 닫는다.
21:    fclose(file);
22:
23:    // mydata.txt를 읽기 모드로 오픈한다.
24:    file=fopen("mydata.txt", "rt");
25:
26:    // 1개의 문자열을 읽어들인 후, 화면에 출력한다.
27:    char str[10]={ 0, };
28:    fgets(str, sizeof(str), file);
29:    fputs(str, stdout);
30:
31:    // 더 읽을 내용이 없을 때까지, 문자를 한개씩 읽은 후 화면에 표시한다.
32:    char ch=fgetc(file);
33:
34:    while(EOF != ch)
35:    {
36:            fputc(ch, stdout);
37:            ch=getc(file);
38:    }
39:
40:    // 파일을 닫는다.
41:    fclose(file);
42: }
```

**해설**

- 7행 : 'wt' 즉, 텍스트 쓰기 모드로 파일을 오픈한다. 따라서, 개행문자('₩n')는 자동으로 변환되며, 만일 mydata.txt가 이미 존재하는 파일이면 기존 내용이 삭제된다.
- 24행 : 'rt' 즉, 텍스트 읽기 모드로 파일을 오픈한다. fputc( ), fgetc( ), fputs( ), fgets( )함수의 동작을 생각해보며, 결과를 예상해보자.

**실행결과**

# 03 Point 바이너리 데이터 입출력 및 파일 포지션 관리 함수

앞에서 바이너리 데이터를 '이미지 등 특정 포맷에 따라 메모리에 저장'되는 그대로의 데이터라고 이해하였다. 따라서, 바이너리 데이터는 메모리 블록(memory block)으로 간주하여 관리할 수 있으며, 메모리 영역의 시작 주소와 데이터의 크기로 구별할 수 있다.

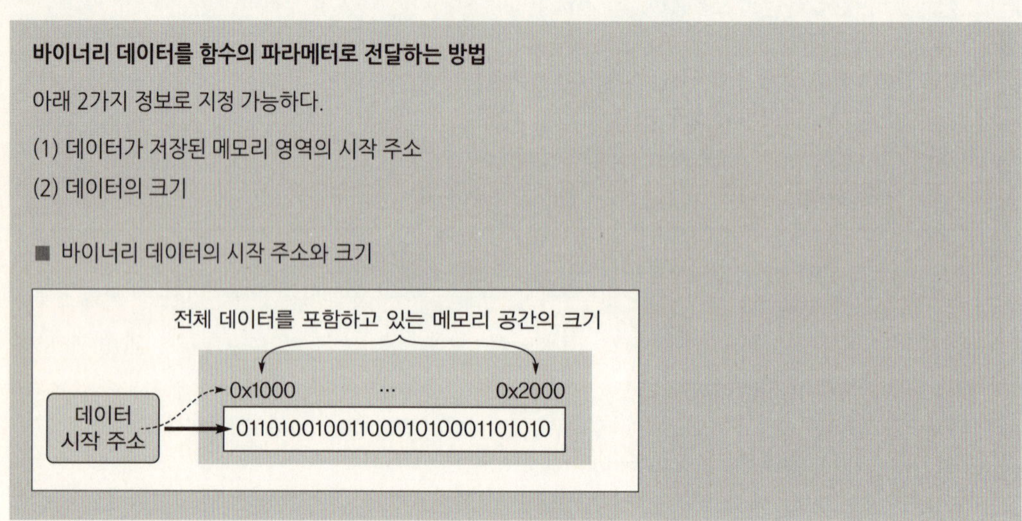


이러한 이해를 바탕으로, 바이너리 데이터를 처리하기 위한 파일 관련 주요 함수들을 정리해보자.

■ 바이너리 데이터 입출력 및 파일 포지션 관리 함수 요약

| 함수 이름 | 함수 원형 | 기능 설명 |
|---|---|---|
| fread( ) | size_t fread(void *buffer, size_t size, size_t count, FILE *stream) | 주어진 파일 스트림에서(size * count) 크기의 데이터를 읽어, buffer에 저장 |
| fwrite( ) | size_t fwrite(const void *buffer, size_t size, size_t count, FILE *stream) | 주어진 buffer(메모리 시작번지)로부터 시작되는(size * count) 크기의 데이터를 파일 스트림에 저장 |
| feof( ) | int feof(FILE *stream) | 파일 스트림의 파일 포지션이 EOF(End Of File, 파일끝)에 도착했는지 확인 |
| ftell( ) | long ftell(FILE *stream) | 현재 파일 포지션 값을 확인 |
| fseek( ) | int fseek(FILE* stream, long offset, int origin) | 파일 포지션을 인자로 주어진 기준점(origin)을 기준으로 offset 만큼 이동하여 설정 |

각 함수의 세부 내용을 살펴보기에 앞서, 파일 포지션(혹은, 파일 위치 지시자)가 무엇을 의미하는지 확인해보자.

> **파일 포지션, 파일 위치 지시자란?**
>
> 파일 스트림을 대상으로 데이터를 입력 혹은 출력할 때, 전체 스트림 영역 중 어느 위치를 대상으로 하는지 관리하는 정보를 의미한다.
>
> 참고로, **파일 위치 지시자는 FILE 구조체의 'char *_ptr' 멤버변수를 통해 관리**된다.
> - 파일 스트림에서 데이터를 읽거나 쓰는 경우, 그 크기만큼 파일 위치 지시자는 순차적으로 이동한다.
> - 예를 들면, 파일로부터 10바이트의 데이터를 읽어 들이면, 파일 위치 지시자는 10 바이트만큼 우측으로 이동한다.

이제 파일 위치 지시자의 개념까지 확인하였으니, 각 함수가 의미하는 세부 동작을 쉽게 이해할 수 있으리라 기대한다. 각 함수들의 원형과 기능을 살펴보자.

## 가. 바이너리 데이터의 파일 입출력 관련 함수

**fread( )함수의 원형 및 기능**

```
#include <stdio.h>
size_t fread(void *buffer, size_t size, size_t count, FILE *stream)
```

■ 함수 원형의 세부 내용

| 항목 | 내용 | 세부 설명 |
|---|---|---|
| 헤더파일 | stdio.h | fread( )함수의 선언 포함 |
| 파라메터 | void *buffer | 스트림으로부터 읽어 온 데이터를 저장할 버퍼의 주소 |
| | size_t size | 스트림으로 읽을 단위 데이터(객체, object)의 크기 |
| | size_t count | 스트림으로 읽을 단위 데이터(객체, object)의 개수 |
| | FILE *stream | 읽기 모드로 오픈한 파일 스트림 |
| 리턴값 | size_t | - 읽어온 단위 데이터(객체, object)의 개수, count와 동일한 값(성공한 경우)<br>- count 보다 작은 값(파일 끝에 도달하거나 실패한 경우) |
| 기능/참고 사항 | | - fread( )함수는 인자로 전달된 읽기 모드의 스트림(stream)에서(단위 데이터의 크기 * 단위 데이터의 개수)만큼의 데이터를 읽어서 buffer 메모리 공간에 저장한다.<br>- 동작에 성공한 경우, 인자로 전달한 count값이 반환되며, 실패한 경우 count 보다 작은 값이 리턴된다. 따라서, 이 경우 '파일 끝에 도착한 상황인지, 오류가 발생한 것인지 확인'이 필요하다.<br>- 호출 예)<br>// 'mydata.txt'를 읽기 모드로 오픈한다.<br>FILE *file=fopen("mydata.txt", "r");<br>char buffer[10]={0, };<br>// char buffer[10]만큼을 읽을 것이므로, 단위<br>// 데이터(객체)인 char의 크기와 개수를 인사로 시정한나.<br>fread(buffer, sizeof(char), 10, file);<br>fclose(file);   // file 스트림을 닫는다. |

만일 fread( )함수가 인자로 전달한 객체의 개수(count)보다 작은 값을 반환하는 경우, 파일 끝에 도착한 것인지, 오류가 발생한 것인지 구분하여 적절한 조치를 취해야 하다. 이때 사용할 수 있는 함수가 feof( )와 ferror( )함수이다. **feof( )는 파일 끝을 점검하는 함수**로 파일 위치 포지션을 관리하는 다른 함수와 함께 설명하기로 하며, 여기서는 ferror( )함수의 사용을 팁으로 제시한다.

---

**TIP** **ferror( )함수를 이용한 파일 입출력 오류 점검**

ferror( )함수는 주어진 파일 스트림의 오류 여부를 확인하는 함수로, 아래와 같은 함수 원형을 갖는다.

- int ferror(FILE *stream);

- stream에 오류가 있는 경우 0이 아닌 값을 리턴하며, 문제가 없는 경우 0을 리턴한다.

ferror( )함수를 이용하여 fread( )함수를 이용한 데이터 읽기 시의 오류여부를 점검해보자.

**[소스코드] fread( )함수의 리턴값 점검을 통한 오류 확인**

```
 1: #include <stdio.h>
 2: #include <string.h>
 3:
 4: void main(void)
 5: {
 6:         // mydata.txt를 읽기 모드로 연다.
 7:         FILE *file=fopen("mydata.txt", "r");
 8:
 9:         char buf[20]={ 0, };
10:         size_t readcount=0;
11:
12:         readcount=fread(buf, sizeof(char), sizeof(buf) - 1, file);
13:
14:         // fread( )의 2 번째 인자로 전달한 값과 fread( )의 반환값이 같으면 정상
15:         if(sizeof(buf) - 1 == readcount)
16:         {
17:                 puts(buf);
18:         }
19:         else  // 오류 상황인지 점검이 필요함
20:         {
21:                 if(ferror(file))
22:                 {
```

```
23:                            puts("Error!!!");
24:                    }
25:               else
26:                    {
27:                            puts("EOF");
28:                            puts(buf);
29:                    }
30:        }
31:
32:      // 파일을 닫는다.
33:      fclose(file);
34: }
```

### 해설

먼저, 읽기에 사용한 'mydata.txt'에는 앞의 예제에 따라 'Hello₩nWorld"가 저장되어 있다고 가정한다.

- 12행 : 데이터를 읽어서 저장할 buf는 이후 문자열로 출력할 것이므로, null('₩0')을 고려하여 sizeof(buf)-1을 파라메터로 전달한다.
- 15행 : fread( )함수는 정상적으로 데이터를 읽을 경우, 2 번째 인자와 동일한 값을 반환한다.
- 21~29행 : fread( )함수가 기대한 것과 다른 값을 반환하였으므로, ferror( )함수를 이용하여 오류여부를 점검한다. 단, 여기서는 오류가 아닌 경우 EOF라고 가정한다.

### 실행결과

```
EOF
Hello
World
```

### fwrite( )함수의 원형 및 기능

```
#include <stdio.h>
size_t fwrite(const void *buffer, size_t size, size_t count, FILE *stream)
```

■ 함수 원형의 세부 내용

| 항목 | 내용 | 세부 설명 |
| --- | --- | --- |
| 헤더파일 | stdio.h | fwrite( )함수의 선언 포함 |

| 파라메터 | const void * buffer | 스트림에 저장할 데이터를 저장하고 있는 메모리 영역의 시작 주소 |
|---|---|---|
| | size_t size | 스트림으로 저장할 단위 데이터(객체, object)의 크기 |
| | size_t count | 스트림으로 저장할 단위 데이터(객체, object)의 개수 |
| | FILE *stream | 쓰기 모드로 오픈한 파일 스트림 |
| 리턴값 | size_t | - 저장한 단위 데이터(객체, object)의 개수 count와 동일한 값을 리턴(성공한 경우)<br>- count 보다 작은 값(실패한 경우) |
| 기능/참고 사항 | | - fwrite( )함수는 '인자로 전달된 buffer로 시작되는 메모리 공간'에 저장된(단위데이터의 크기 * 단위 데이터의 개수)만큼의 데이터를 쓰기 모드로 오픈된 스트림(stream)에 저장한다.<br>- 동작에 성공한 경우, 인자로 전달한 count값이 반환되며, 실패한 경우 count 보다 작은 값이 리턴된다.<br>- 호출 예)<br>// 'mydata.txt' 를 쓰기 모드로 오픈한다.<br>FILE *file=fopen("mydata.txt", "w");<br>char buffer[10]="Hello";<br>// char buffer[10]에 저장된 문자데이터 만큼을 기록 할<br>// 것이므로, 데이터(객체)인 char의 크기와 null을 포함한<br>// 문자열 길이를 인자로 지정한다.<br>fwrite(buffer, sizeof(char), strlen(buffer)+1, file);<br>fclose(file);   // file 스트림을 닫는다. |

## 나. 파일 포지션 관리 함수

**feof( )함수의 원형 및 기능**

```
#include <stdio.h>
int feof(FILE *stream);
```

■ 함수 원형의 세부 내용

| 항목 | 내용 | 세부 설명 |
|---|---|---|
| 헤더파일 | stdio.h | feof( )함수의 선언 포함 |
| 파라메터 | FILE *stream | 점검하고자 하는 파일 스트림 |
| 리턴값 | int | - 0이 아닌 값(파일 위치 지시자가 파일 끝인 경우)<br>- 0(파일 위치 지시자가 파일 끝이 아닐 경우) |

| 기능/참고 사항 | - feof( )는 인자로 전달된 파일 스트림이 EOF(End Of File), 즉 파일 위치 지시자가 파일의 마지막에 위치하고 있는지 점검한다.<br>- 호출 예)<br>// 'mydata.txt' 를 읽기 모드로 오픈한다.<br>FILE *file=fopen("mydata.txt", "r");<br>char buffer[10]={0, };<br>while( 0 == feof( file ) ) // 파일 끝이 될 때까지 반복 읽기<br>{<br>fread(buffer, sizeof(char), 10, file);<br>} |
|---|---|

## fseek( )함수의 원형 및 기능

```c
#include <stdio.h>
int fseek(FILE* stream, long offset, int origin);
```

■ 함수 원형의 세부 내용

| 항목 | 내용 | 세부 설명 |
|---|---|---|
| 헤더파일 | stdio.h | fseek( )함수의 선언 포함 |
| 파라메터 | FILE *stream | 파일 위치 지시자의 이동 대상이 되는 파일 스트림 |
| | long offset | - 3 번째 인자로 전달되는 origin을 기준으로 한 상대적인 위치값(해당 위치값으로 파일 위치 지시자가 변경됨)<br>- offset으로 음수가 전달되면 '왼쪽 방향'으로 이동 |
| | int origin | - 2 번째 인자로 전달된 offset을 위한 기준위치<br>- SEEK_SET, SEEK_CUR, SEEK_END값을 가짐 |
| 리턴값 | int | - 0(성공한 경우)<br>- 0이 아닌 값(실패한 경우) |
| 기능/참고 사항 | - fseek( )함수는 인자로 전달된 origin을 기준으로 offset 만큼 떨어진 위치(값)으로 파일 위치 지시자를 이동한다.<br>- origin 값은 아래 중 하나를 갖는다.<br>　(1) SEEK_SET : 파일의 맨 앞을 기준으로 이동<br>　(2) SEEK_CUR : 현재 파일 위치 지시자의 값(즉, 현재위치)를 기준으로 이동<br>　(3) SEEK_END : 파일의 맨 마지막을 기준으로 이동<br>- 호출 예)<br>// 'mydata.txt' 를 쓰기 모드로 오픈한다.<br>FILE *file=fopen("mydata.txt", "w");<br>char buffer1[10]="Hello";<br>char buffer2[10]="World";<br>fwrite(buffer1, sizeof(char), strlen(buffer1)+1, file); |

| 기능/참고<br>사항 | // 기록한 전체 데이터의 크기만큼 파일 위치가 순차적으로<br>// 이동했을 것이다. 이를 다시 파일 처음으로 돌린 후<br>// 기록한다.<br>fseek(file, 0, SEEK_SET);<br>fwrite(buffer2, sizeof(char), strlen(buffer2)+1, file);<br>fclose(file);   // file 스트림을 닫는다. |
| --- | --- |

fseek( )의 정확한 동작 이해를 위하여, 파일 위치 지시자의 변경방식을 그림으로 제시한다.

■ fseek( )함수를 이용한 파일 위치 지시자의 변경

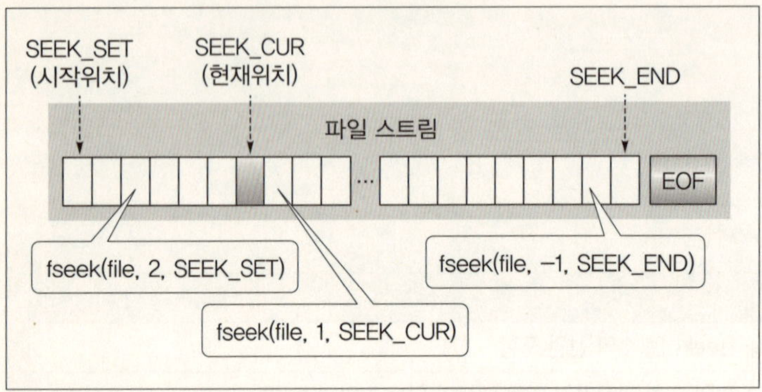


이제 앞에서 학습한 fread( ), fwrite( ), feof( ), ftell( ), fseek( )함수를 하나의 예제를 이용하여 복습해보자.

■ 바이너리 데이터 입출력 및 파일 포지션 관리 함수 예제

```
 1: #include <stdio.h>
 2: #include <string.h>
 3: #include <stdlib.h>
 4:
 5: void main(void)
 6: {
 7:   char buf[20]="Hello";
 8:   long readcount=0;
 9:
10:   // mydata.txt를 쓰기, 읽기 모드로 연다.
11:   FILE *file=fopen("mydata.txt", "w+");
12:
```

```c
13:    // 버퍼에 저장된 문자열을 2번 반복하여 기록한다.
14:    fwrite(buf, sizeof(char), strlen(buf), file);
15:    fwrite(buf, sizeof(char), strlen(buf), file);
16:
17:    // 파일의 처음에서 0으로 시작하여 2 번째 위치를 이동한 후 다시 기록한다.
18:    fseek(file, 2, SEEK_SET);
19:    fwrite(buf, sizeof(char), strlen(buf), file);
20:    fflush(file);
21:
22:    // 현재의 파일 포지션 위치를 확인한다.
23:    printf("Current position: [%d]\n", ftell(file));
24:
25:    // 버퍼 크기만큼 파일에서 읽어 들여, 내용을 출력한다.
26:    memset(buf, 0x00, sizeof(buf));
27:    readcount=fread(buf, sizeof(char), sizeof(buf) - 1, file);
28:
29:    // 정상적으로 잘 읽힌 경우 결과를 출력한다.
30:    if(sizeof(buf) - 1 == readcount)
31:    {
32:            puts(buf);
33:    }
34:    else   // 오류인지 점검하여 결과를 출력한다.
35:    {
36:            if(ferror(file))
37:            {
38:                    printf("Error!!!\n");
39:            }
40:
41:            if(feof(file))
42:            {
43:                    printf("EOF\n");
44:                    puts(buf);
45:            }
46:    }
47:
48:    // 파일을 닫는다.
49:    fclose(file);
50: }
```

### 해설

- 11행 : 'w+' 모드로 파일을 열었으므로, 쓰기와 읽기가 모두 가능하다.
- 14~15행 : 파일에 "HelloHello"가 기록된다. 참고로, 문자열의 길이만큼만 기록하므로 null('₩0')은 기록되지 않는다.
- 18~20행 : 파일 위치를 2 번째로 이동하고, "Hello"문자열을 한 번 더 쓴다. 따라서, 'HeHellollo'가 파일의 최종 상태가 된다.(참고 : 파일위치는 0부터 시작된다.)
- 23행 : 쓰기 동작에 따라 파일 위치 지시자가 이동하여, 위치는 7이 된다.
- 26~46행 : 버퍼의 크기만큼 파일에서 읽어들이며, 오류를 점검한다. 이때 읽어들여 출력되는 문자열은 "llo"가 된다. 파일 위치 지시자의 위치부터 읽기 때문이다.

### 실행결과

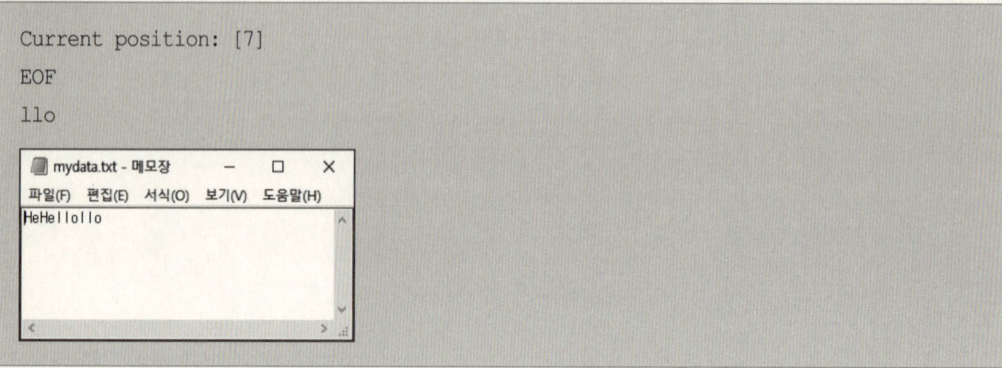

```
Current position: [7]
EOF
llo
```



> **TIP** 형식지정자를 이용한 파일 입출력
>
> 표준 입출력 스트림(stdin, stdout)을 대상으로 printf( ) 및 scanf( )함수를 이용하면 형식지정자를 이용한 데이터 입/출력이 가능하듯이, 아래 함수를 이용하면 파일 스트림을 대상으로 형식지정자를 이용한 데이터 입/출력이 가능하다.
>
> - int fprintf(FILE *stream, const char *format, …);  // 출력을 위한 함수
> - int fscanf(FILE *stream, const char *format, …);  // 입력을 위한 함수
>
> '대상 파일 스트림을 지정'하는 인자가 있다는 것 이외에는 printf( ) 및 scanf( )와 동일하므로, 사용하는 데 큰 어려움이 없을 것으로 기대한다.
>
> 참고로 **fprintf( ) 및 fscanf( )의 stream 인자에 표준 입출력 스트림인 stdout, stdin을 각각 지정하면, printf( )와 scanf( )와 동일한 기능**을 수행하게 된다.
>
> fprintf( ) 혹은 fscanf( ) 처럼 함수 인자의 형식과 개수를 가변으로 지정하는 방식을 가변인자 방식이라 하며, 좀더 자세한 내용은 부록(Appendix)으로 제공한다.

## Point 04  파일 스트림의 이해와 입출력 함수의 활용 연습문제

**Q1** fgets( )함수와 fputs( )함수를 fgetc( )함수와 fputc( )함수를 이용하여 직접 구현하고 테스트하시오.(단, 새롭게 구현한 함수명은 myfgets( ), myfputs( ) 이며, 파라메터와 반환값은 fgets( ) 및 fputs( )와 각각 동일하다.)

### 정답

**[소스코드]**

```
 1: #include <stdio.h>
 2: #include <string.h>
 3: #include <stdlib.h>
 4:
 5: char* myfgets(char* str, int count, FILE* file)
 6: {
 7:   int ch=0;
 8:
 9:   // count 갯수만큼 읽기동작을 반복한다.
10:   int i=0;
11:   for(i=0; i < count; i++)
12:   {
13:         ch=fgetc(file);
14:
15:         if('\n' == ch)    // 개행문자를 읽은 경우, 읽기 동작을 종료된다.
16:         {
17:               str[i]=ch; // fgets( )함수는 개행문자를 포함하여 읽어 들인다
18:               break;
19:         }
20:         else if(EOF == ch)       // 파일 끝에 도착한 경우, 읽기 동작을 종료된다.
21:         {    // fgets( )함수는 null('\0')로 끝나는 문자열을 반환한다.
22:               str[i]='\0';
23:               break;
24:         }
25:         else if(ferror(file))  // 오류가 발생한 경우, 바로 종료된다.
26:         {
27:               return EOF;
28:         }
29:         else
30:         {
```

```
31:                  str[i]=ch;        // 대상 문자열 버퍼에 읽은 값을 저장한다.
32:          }
33:  }
34:
35:  // count는 null('\0')을 포함하여 읽어들일 문자열 크기 이므로,
36:  // 이를 고려하여 보정한다.
37:  if(count == i)
38:  {
39:          str[count - 1]='\0';
40:  }
41:
42:  return str;
43: }
44:
45: int myfputs(const char *str, FILE* file)
46: {
47:  int i=0;
48:
49:  // '\0'을 만나기 전까지 fputc( )로 파일에 쓴다.  이때 '\0'은 쓰지 않는다.
50:  while('\0' != str[i])
51:  {
52:          fputc(str[i], file);
53:          i++;
54:  }
55:
56:  return i;                 // 파일에 기록한 문자 숫자를 반환한다.
57: }
58:
59: void main(void)
60: {
61:  char buf[20]="Hello";
62:
63:  fputs(buf, stdout);
64:  fputc('\n', stdout);  // 구분을 명확히 하기 위하여, 개행문자를 출력한다.
65:  myfputs(buf, stdout);
66:  fputc('\n', stdout);  // 구분을 명확히 하기 위하여, 개행문자를 출력한다.
67:
68:  // 테스트 파일을 읽기모드로 오픈한다.
69:  FILE *file=fopen("mydata.txt", "rt");
70:
```

```
71:    memset(buf, 0x00, sizeof(buf));
72:    fgets(buf, sizeof(buf), file);
73:    fputs(buf, stdout);
74:
75:    fseek(file, SEEK_SET, 0);
76:    memset(buf, 0x00, sizeof(buf));
77:    myfgets(buf, sizeof(buf), file);
78:    fputs(buf, stdout);
79: }
```

**[실행결과]**

```
Hello
Hello
Hi~ hello world
Hi~ hello world
```

**해설**

- 5~43행 : `myfgets( )`함수를 `fgets( )`함수와 동일한 기능으로 구현한다.
- 45~57행 : `myputs( )`함수를 `fputs( )`함수와 동일한 기능으로 구현한다.
- 구현 의도는 코드 내의 주석을 참고하되, 실행결과와 함께 이해하길 권장한다.

**Q2** 명령행 파라메터로 '원본파일명', '복사파일명' 2개를 입력 받은 후, 원본 파일의 내용을 복사파일로 동일하게 복사하여 저장하는 프로그램을 작성하시오. 단, fread( ), fwrite( )함수를 사용하는 copyfile( )함수를 별도로 작성하여 이용하며, copyfile( )의 함수 원형은 아래와 같다.

> int copyfile(const char * srcFilename, const char *destFilename);
> - 성공 시 0 리턴, 실패 시 0이 아닌 값 리턴

**정답**

**[소스코드]**

```
1: #include <stdio.h>
2:
3: int copyfile(const char *srcFilename, const char *destFilename)
4: {
5:    FILE  *srcFile=fopen(srcFilename, "r");
6:    if(NULL == srcFile)
```

```
 7:  {
 8:          printf("%s is not found\n", srcFilename);
 9:          return -1;
10:  }
11:
12:  FILE *destFile=fopen(destFilename, "w");
13:  if(NULL == srcFile)
14:  {
15:          printf("%s is not opended\n", destFilename);
16:          fclose(srcFile);       // 오류상황이므로 열려있는 파일을 닫는다.
17:          return -1;
18:  }
19:
20:  char* buf[1024]={ 0, };
21:  size_t read=0;
22:
23:  do
24:  {
25:          read=fread(buf, sizeof(char), 1024, srcFile);
26:
27:          if(0 < read)
28:          {
29:                  fwrite(buf, sizeof(char), read, destFile);
30:          }
31:  } while(0==ferror(srcFile) && 0==ferror(destFile) && 0==feof(srcFile));
32:
33:  int nResult=(0 != ferror(srcFile) || 0 != ferror(destFile)) ? -1 : 0;
34:
35:  fclose(srcFile);
36:  fclose(destFile);
37:
38:  return nResult;
39: }
40:
41: void main(void)
42: {
43:  int nResult=copyfile("mydata.txt", "yourdata.txt");
44:
45:  if(0==nResult)
46:  {
```

```
47:          puts("copy done");
48:  }
49:  else
50:  {
51:          puts("copy failed");
52:  }
53: }
```

**[실행결과]**

```
copy done
```





**해설**

- 5~18행 : copyfile( )함수 내에서 복사대상이 되는 2개의 파일을 오픈한다.
- 23~31행 : 소스파일의 끝에 도착할 때까지 소스 파일을 읽어서, 타겟 파일에 기록한다. 이때, ferror( )함수를 이용하여 오류를 함께 점검한다.
- 33행 : 파일 입/출력 오류를 점검하여 결과값을 결정한다.
- 35~36행 : 열린 파일을 모두 닫는다.
- 43행 : 앞 예제에서 작성한 mydata.txt 파일을 yourdata.txt 파일로 복사한다.

**Q3** 학생정보를 관리하는 구조체를 정의하고, 1개의 구조체 변수를 선언하시오. 사용자로부터 학생정보를 하나 입력받아 구조체 변수에 저장하고, 이를 student.dat 파일에 저장하시오. 새로운 구조체 변수를 하나 더 만든 후, student.dat 파일로부터 데이터를 읽어들여 구조체 변수에 저장하시오. 마지막으로 원본 구조체 변수와 파일로부터 읽어서 구성한 구조체 변수의 내용이 같음을 출력하여 확인하시오. 단, 아래의 제약사항을 따른다.

> 1) 학생정보는 번호(정수형), 이름(최대 10개 문자열), 나이(정수형) 으로 구성
>
> 2) student.dat 파일에 데이터를 쓰고 읽는 함수로 형식지정자를 갖는 fprintf( ) 및 fscanf( )를 이용하시오.

**정답**

**[소스코드]**

```
1: #include <stdio.h>
2:
3: void main(void)
```

```
 4: {
 5:     // 학생정보 구조체 정의
 6:     typedef struct _tag_StudentInfo
 7:     {
 8:             int no;
 9:             char name[11];
10:             int age;
11:     } StudentInfo;
12:
13:     // 학생정보를 사용자로부터 입력 받음
14:     StudentInfo sInfo;
15:
16:     printf("Input a sutdent's info [no, name, age]: ");
17:     scanf("%d %s %d", &sInfo.no, sInfo.name, &sInfo.age);
18:
19:     // 학생정보를 파일에 저장
20:     FILE *file=fopen("student.dat", "w");
21:     fprintf(file, "%d %s %d", sInfo.no, sInfo.name, sInfo.age);
22:     fclose(file);
23:
24:     // 새로운 학생정보 변수 선언
25:     StudentInfo newInfo;
26:
27:     // 파일로 부터 데이터를 읽어, 학생정보를 구성
28:     file=fopen("student.dat", "r");
29:     fscanf(file, "%d %s %d", &newInfo.no, newInfo.name, &newInfo.age);
30:     fclose(file);
31:
32:     printf("sInfo [%d, %s, %d] vs. newInfo [%d, %s, %d]\n",
33:     sInfo.no, sInfo.name, sInfo.age, newInfo.no, newInfo.name, newInfo.age);
34: }
```

**[실행결과]**

```
Input a sutdent's info [no, name, age]: 2007 chris 21
sInfo [2007, chris, 21] vs. newInfo [2007, chris, 21]
```

**해설**

• 21행 : fprintf( )함수를 이용하여 파일 스트림에 데이터를 저장한다.

• 29행 : fscanf( )함수를 이용하여 파일 스트림으로부터 데이터를 읽어들여 정보를 구성한다.

**Q4** 임의의 파일을 오픈하여 파일의 마지막부터 새로운 데이터를 추가하는 appenddata( )함수를 작성하고 테스트 하시오. 단, 아래의 제약사항을 준수한다.

> (1) appenddata( )함수 원형 : int appenddata(const char *filename, void *buf, size_t len); filename은 데이터를 추가할 파일명이며, buf와 len은 각각 데이터 주소와 크기이다. 성공 시 0을 실패 시 -1을 반환한다.
>
> (2) appenddata( )함수의 구현 방식에 대한 제약은 없다.

**정답**

**[소스코드]**

```
 1: #include <stdio.h>
 2:
 3: int appenddata(const char *filename, void *buf, size_t len)
 4: {
 5:   int nWrite=0;
 6:
 7:   // append(추가) 모드로 파일을 연다.
 8:   FILE  *file=fopen(filename, "a");
 9:   if(NULL==file)
10:   {
11:           return -1;
12:   }
13:
14:   // 파라메터로 전달받은 데이터를 기록한다.
15:   nWrite=fwrite(buf, sizeof(char), len, file);
16:   fclose(file);
17:
18:   // 기록한 개수와 fwrite( )의 두 번째 인자 len의 값이 같으면, 성공
19:   return(nWrite==len) ? 0 : -1;
20: }
21:
22: void main(void)
23: {
24:   char str[10]="thanks";
25:
26:   int nResult=appenddata("mydata.txt", str, sizeof(str));
27:
28:   if(0==nResult)
29:   {
```

```
30:          puts("appending done");
31:   }
32:   else
33:   {
34:          puts("appending failed");
35:   }
36:  }
```

**[실행결과]**

```
appending done
```

mydata.txt - 메모장
파일(F) 편집(E) 서식(O) 보기(V) 도움말(H)
Hellothanks

- 참고 : mydata.txt 파일에 'hello'가 저장된 상황에서 테스트 진행

**해설**

• 19행 : 3항 비교연산자를 이용하여 코드를 단순화 하였다. 기타 구현관련 의도는 코드 내의 주석을 참고한다.

**Q5** 임의의 파일명을 입력 받아, 파일의 크기를 출력하는 프로그램을 작성하시오. 단, 파일명은 명령행 파라메터로 전달한다.

**정답**

**[소스코드]**

```c
 1: #include <stdio.h>
 2:
 3: int main(int argc, char *argv[])
 4: {
 5:  if(2 != argc)
 6:  {
 7:         printf("usage: program.exe filename\n");
 8:         return -1;
 9:  }
10:
11:  long lSize=0;
```

```
12:    FILE *file=fopen(argv[1], "r");
13:
14:    if(NULL==file)
15:    {
16:            printf("%s open failed\n", argv[1]);
17:            return -2;
18:    }
19:
20:    fseek(file, 0, SEEK_END);
21:    lSize=ftell(file);
22:    fclose(file);
23:
24:    printf("%s -> %ld\n", argv[1], lSize);
25:
26:    return 0;
27: }
```

**[실행결과]**

```
#program.exe mydata.txt
mydata.txt -> 15
```

**해설**

- 20~21행 : fseek( )을 이용하여 파일 위치 지시자를 파일의 끝으로 이동시킨다. 이후 ftell( )함수로 현재 파일 위치 지시자의 값을 얻어오면, '파일의 첫 위치로부터의 상대거리(offset)'를 반환하게 된다. 따라서, 파일의 크기를 구할 수 있다.

**Q6** fopen( )함수가 이용하는 파일 스트림 개방 모드의 종류와 특징을 설명하시오.

**정답**

| 지정자 | 모드 의미 | 파일이 이미 있는 경우 | 파일이 없는 경우 |
|---|---|---|---|
| "r" | read<br>파일을 읽기모드로 열기 | 파일의 처음부터 읽기 | 열기 실패 |
| "w" | write<br>파일을 쓰기모드로 열기 | 기존 파일의 내용을 제거하고 처음부터 쓰기 | 새로운 파일 생성 |
| "a" | append<br>기존 파일에 추가 | 파일의 마지막(end)부터 쓰기 | 새로운 파일 생성 |
| "r+" | read extended<br>파일을 읽기/쓰기로 열기 | 파일의 처음부터 읽기 | 열기 실패 |
| "w+" | write extended<br>파일을 읽기/쓰기로 열기 | 기존 파일의 내용을 제거하고 처음부터 쓰기 | 새로운 파일 생성 |
| "a+" | append extended<br>파일을 읽기/쓰기로 열기 | 파일의 마지막(end)부터 쓰기 | 새로운 파일 생성 |

– 텍스트 모드로 파일 스트림을 생성하려면, "t"모드를 함께 지정한다. 즉, "rt", "wt", "at", "r+t", "w+t", "a+t"와 같이 속성을 조합해야 텍스트 모드의 파일을 생성할 수 있다.

**Q7** 텍스트 모드 파일과 바이너리 모드 파일의 특징을 비교하여 설명하시오.

**정답**

| 구분 | 텍스트 데이터 파일 | 바이너리 데이터 파일 |
|---|---|---|
| 특징 | - 문자, 문자열과 같이 쉽게 읽을 수 있는 데이터<br>- 각 텍스트 라인은 개행문자('\n')로 구분됨<br>- 문자열은 null('\0')을 포함하여, 문자열의 끝을 나타내나, 파일에 저장될 때 null을 제거하고 저장<br>- 파일 끝에 EOF(End Of File)을 의미하는 특수 문자 존재 | - 이미지 등 특정 포맷에 따라 메모리에 저장되는 그대로의 데이터이다. 따라서, 쉽게 해석하기 어려움<br>- 데이터를 읽고 쓰기 위해 별도의 변환이 필요없음 |
| 관련함수 | - fputc( ), fgetc( )와 같은 문자 입출력 함수<br>- fputs( ), fgets( )와 같은 문자열 입출력 함수 | - 데이터 입출력을 위한 fread( ), fwrite( ),<br>- 파일 포지션 관리를 위한 ftell( ), fseek( ) |

– 텍스트 모드로 파일을 저장하면, 운영체제의 특성에 따라 개행정보가 자동으로 변환 된다.

MEMO
C programming

# 전처리와 소스 분할 개발

C 언어로 프로그램을 개발할 때, #define 지시자를 이용하여 구조를 간결하게 하고, #include 지시자를 이용하여 필요한 정보를 소스코드에 포함하게 된다. 특히 여러사람이 함께 프로그램을 개발하는 경우, 여러개의 소스코드로 분할하여 개발하고 통합하는 것이 필요하다.

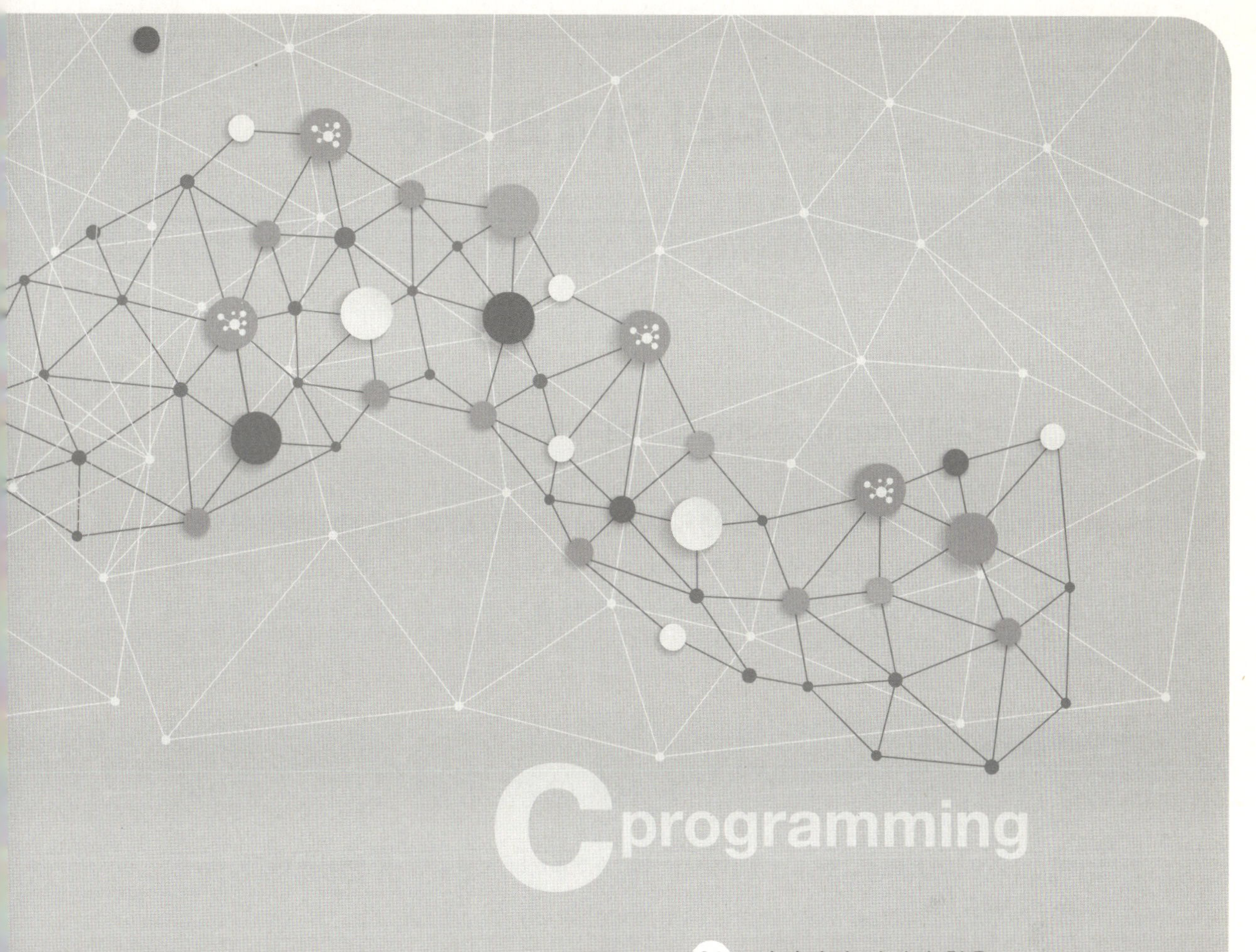

# Cprogramming

# CHAPTER 01

# 전처리의 이해와 활용

## 01 Point 전처리(Preprocessing)의 개념과 특징

Part01부터 Part06까지 예제 소스를 개발하면서, '#include ⟨stdio.h⟩'와 같이 헤더파일을 포함하는 것과 '#define TRUE 1'과 같이 특정 값을 정의하여 사용하는 것을 보았다. 이러한 코드는 전처리라는 과정을 통하여 실제 컴파일러가 사용하게 되는 소스로 확장되는데, 이번 장에서 이러한 과정을 좀더 자세히 살펴보기로 한다.

> **전처리(Preprocessing)란?**
>
> C언어의 컴파일러(Compiler)가 소스코드를 컴파일 하기 이전에, C언어의 규약에 따라 전처리문에서 정의해 놓은 작업들을 먼저 수행하는 과정으로, 선행처리라고도 한다.
> - 이러한 과정을 수행하는 프로그램을 **전처리기(선행처리기)**라고 하며, **Visual Studio**에서는 **CPP(C Pre-Processor)가 이를 담당**한다.

■ 전처리기에 의한 소스코드 확장

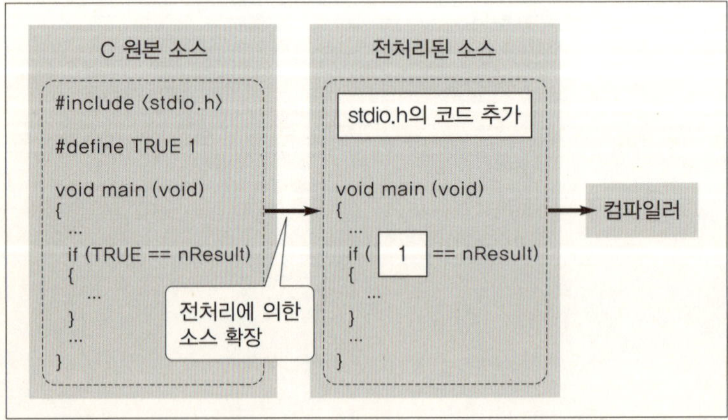


C언어는 전처리 과정을 통하여, 다른 소스코드를 삽입하고, 정의된 내용에 따라 소스코드를 변환하고, 특정 상황에 따라 컴파일 조건을 지정하는 등의 작업을 할 수 있다. 전처리의 개념이 그리 어려운 것이 아니니, 바로 사용할 수 있는 전처리문을 살펴보도록 하자.

# 02 Point 매크로의 의미와 활용

매크로를 쉽게 표현하자면, 소스코드를 정의한 규칙에 따라 치환하는 것이다. 이러한 매크로는 정의하는 방식에 따라 다양하게 사용될 수 있는데, 먼저 간단한 것부터 살펴보기로 하자.

> **매크로(MACRO)란?**
>
> 소스코드를 정의한 규칙에 따라 치환하는 규칙

## 가. 매크로 상수의 정의와 활용

매크로 상수는 가장 간단하면서도 많이 사용하는 매크로이므로, 이미 익숙한 독자들도 있으리라 생각한다.

■ 매크로 상수의 규칙

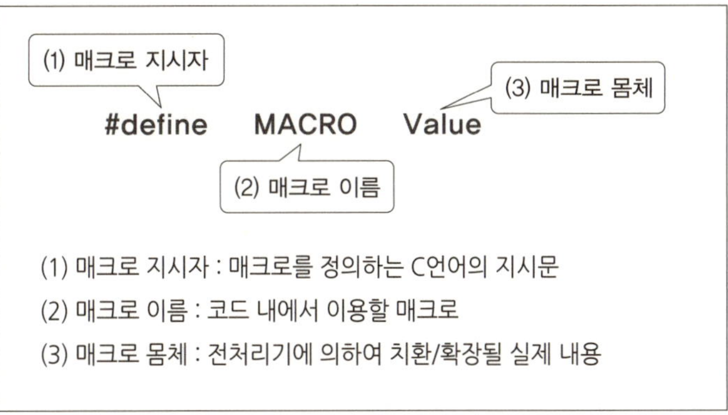


앞에서 살펴보았듯이, '#define TRUE 1'과 같이 매크로 상수를 정의하면, 전처리과정에서 소스코드 내의 모든 'TRUE'라는 매크로 이름은 '1'로 치환된다.

C언어는 프로그래밍 과정을 돕기 위하여 몇몇 매크로 상수를 미리 정의하여 제공하는 데, 대표적인 매크로 상수를 살펴보자.

■ 대표적인 사전정의 매크로 상수

| 매크로 상수 | 다차원 배열 |
|---|---|
| __FILE__ | 현재 작성(작업) 중인 소스 파일의 절대 경로 |
| __LINE__ | 현재 작성(작업) 중인 소스의 라인(줄) 번호 |
| __DATE__ | 컴파일 날자 |
| __TIME__ | 컴퍼일 시간 |
| __func__ | 함수 이름(Visual Studio 지원, 컴파일러에 따라 지원이 안될 수도 있다.) |

## 나. 매크로 함수의 정의와 활용

매크로 함수는 매크로에 인자를 지정하여, 인자를 이용한 연산 혹은 함수 호출을 수행한다. 매크로 함수의 규칙 또한 어렵지 않으니, 바로 확인해보도록 하자.

### ■ 매크로 함수의 규칙

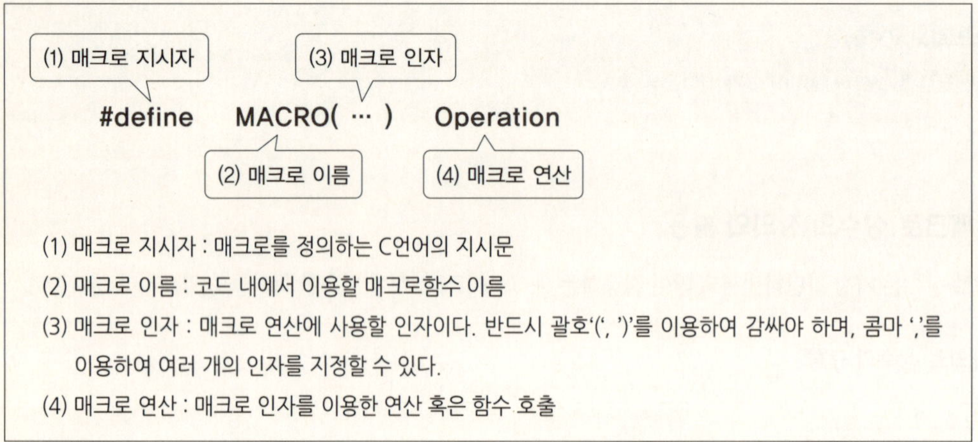


(1) 매크로 지시자 : 매크로를 정의하는 C언어의 지시문
(2) 매크로 이름 : 코드 내에서 이용할 매크로함수 이름
(3) 매크로 인자 : 매크로 연산에 사용할 인자이다. 반드시 괄호 '(', ')'를 이용하여 감싸야 하며, 콤마 ','를 이용하여 여러 개의 인자를 지정할 수 있다.
(4) 매크로 연산 : 매크로 인자를 이용한 연산 혹은 함수 호출

좀더 명확히 이해하기 위하여, 매크로 함수를 이용하는 예제를 통해 실제 사용법을 확인해 본다.

### ■ 매크로 함수 예제

```
 1: #include <stdio.h>
 2:
 3: #define SUM(X,Y) (X+Y)
 4: #define ABS(X,Y) (0 <(X-Y) ?(X-Y) :(Y-X))
 5: #define PRINTF(X) puts(X)
 6:
 7: void main(void)
 8: {
 9:   printf("3+5 -> %d\n", SUM(3, 5));
10:   int abs=ABS(3, 5);
11:   printf("ABS(3,5) -> %d\n", abs);
12:   PRINTF("Hello!");
13: }
```

**해설**

- 3행 : 2개의 인자 X, Y를 (X+Y)로 더하는 매크로 함수를 정의한다.
- 4행 : 2개의 인자 X, Y의 절대값을 구하는 매크로 함수를 정의한다. 3항 비교 연산자를 사용하였다.
- 5행 : 인자로 전달받은 문자열을 puts( )함수의 인자로 전달하여 출력한다.
- 9~12행 : 코드 내 사용한 매크로 함수는 전처리 과정에서 실제 매크로 연산으로 치환된다.

**실행결과**

```
3+5 -> 8
ABS(3,5) -> 2
Hello!
```

---

**TIP  매크로 함수 정의에 괄호'(, )'를 사용한 이유는 무엇일까?**

위 예제를 살펴보면 '#define SUM(X,Y)(X+Y)'로 매크로 연산을 괄호 '(, )'로 감싸고 있다. 확장된 코드를 유추해보면 괄호가 없어도 잘 동작할 것으로 보이는데, 굳이 괄호를 사용하는 이유는 무엇일까?

아래 내용을 살펴보자.

  (1) int nResult=SUM(1,2);

  (2) int nResult=SUM(1,2)*3;

매크로 함수도 소스코드 내에서 일반함수와 동일하게 사용하므로, 위 코드의 예상결과는 각각 '3, 9'일 것으로 기대되는데, 매크로를 확장하여 확인해보자.

〈괄호를 사용한 경우〉

  (1) int nResult=(1+2)   // 3

  (2) int nResult=(1+2)*3  // 9

〈괄호를 사용하지 않은 경우〉

  (1) int nResult=1+2    // 3

  (2) int nResult=1+2*3   // 7

어떠한가? 매크로 함수는 소스 코드내에 바로 확장되므로, 괄호의 유무에 따라 연산 결과가 달라지는 것이다. 따라서, **매크로 함수를 정의할 때에는 반드시 괄호를 사용하여 오류를 방지**하도록 하자.

---

**TIP**

매크로 함수정의 시, 먼저 정의한 매크로를 이용할 수 있다. 아래 예제를 통해 간단히 확인해보자.

**[소스코드] 매크로 함수 중복 사용**

```
1: #include <stdio.h>
2:
3: #define SUM(X,Y)(X+Y)
4: #define MULTI(X,Y)(X*Y)
5: #define SUM_MULTI(X,Y) MULTI(SUM(X,Y),SUM(X,Y))
6:
```

```
 7: void main(void)
 8: {
 9:      printf("SUM(2,3) => %d₩n", SUM(2, 3));
10:      printf("MULTI(2,3) => %d₩n", MULTI(2, 3));
11:      printf("SUM_MULTI(2,3) => %d₩n", SUM_MULTI(2, 3));
12: }
```

**해설**

3행 : 2개의 인자 X, Y의 합을 구하는 매크로 함수 정의

4행 : 2개의 인자 X, Y의 곱을 구하는 매크로 함수 정의

5행 : 2개의 인자 X, Y를 합한 후 곱하는 매크로 함수를 기존 매크로 함수를 이용하여 정의한다.

**실행결과**

```
SUM(2,3) => 5
MULTI(2,3) => 6
SUM_MULTI(2,3) => 25
```

**TIP** **'₩'를 이용하여 매크로를 2라인 이상으로 정의할 수 있다.**

간단한 매크로 상수라면 1줄에 충분히 정의할 수 있겠으나, 다소 긴 매크로일 경우 '₩'를 이용하여 여러 줄을 하나의 매크로로 정의할 수 있다.

```
예) #define MULTI_PRINT(X)  puts(X) ₩
                            puts(X) ₩
                            puts(X)
```

이와 같이 3개의 라인에 걸쳐 3번의 문자열 출력을 수행하는 매크로 함수를 정의할 수 있다.

위에서 살펴본 바와 같이 매크로 함수는 간편하게 정의해서 사용할 수 있는 장점이 있는 반면, 고려해야 할 사항도 있다. 장단점을 비교하며 매크로 함수에 대한 학습을 마무리 한다.

■ 매크로 함수의 장점 및 고려사항

| 장점 | 고려사항 |
| --- | --- |
| – 함수 호출이 아닌 즉시 호출이므로 실행 속도가 빠르다.<br>– 자료형과 관계없이 인자를 이용할 수 있다. | – 소스코드 내에 반복 확장되므로, 최종코드의 길이가 길어지고 프로그램의 크기가 증가한다.<br>– 소스 확장을 고려하여 잘 정의하기가 쉽지않고, 디버깅이 어렵다. |

## 다. 매크로를 이용한 문자열 조작

상대적으로 사용빈도가 많지는 않으나, 문자열 확장을 위하여 매크로를 이용할 수 있다. 구체적인 방법을
살펴본 후 바로 예제로 확인하도록 하자.

### ■ 문자열 전처리 연산자

| 구분 | 문자열화 연산자 '#' | 문자열 붙여넣기 연산자 '##' |
|---|---|---|
| 확장방법 | 매크로 함수의 인자를 큰따옴표 " "로 묶어서 문자열로 만든다. | 매크로 함수의 인자가 다른 문자열을 만들기 위해 연결(사용)된다. |
| 사례 | #define PRINT(X) puts(#X)<br>인자로 전달된 X를 문자열로 만들어 화면에 출력한다. | #define VALUE(X) ₩<br>printf("%d", var##X)<br>인자로 전달된 X를 var뒤에 연결한다. |

### ■ 매크로를 이용한 문자열 조작 예제

```
1: #include <stdio.h>
2:
3: #define PRINT(X) puts(#X)
4: #define VALUE(X) printf("%d\n", var##X)
5: #define PRINT_VALUE(X,Y) printf("var%s -> %d, var%s -> %d\n", #X, var##X,
   #Y, var##Y)
6:
7: void main(void)
8: {
9:   int var1=10;
10:   int var2=20;
11:
12:   PRINT(print vars);
13:   VALUE(1);
14:   VALUE(2);
15:   PRINT_VALUE(1,2);
16: }
```

해설

• 3행 : 인자로 전달된 X를 문자열로 만들기 위해 #x를 이용한다.

• 4행 : var##x는 인자로 전달된 x를 있는 그대로 var와 연결하라는 것이다. 만일 x가 10이라면 var##x는
var100이 된다. 참고로, 문자열로 만드는 것이 아니라 소스코드 자체를 이러한 규칙에 따라 재구성한다는
것이다.

• l5행 : PRINTF_VALUE의 인자로 1, 2가 전달되었으므로, #x는 문자열 "1"로 변환되고, var##x는 var1 로
확장된다.

```
print vars
10
20
var1 -> 10, var2 -> 20
```

비록, 매크로를 이용한 문자열 조작이 다소 복잡해 보이지만 한 번 이해하면 유용하게 사용할 수 있으니, 위 예제소스와 해설 및 실행결과를 잘 확인해 두길 권장한다.

# 03 Point 컴파일 조건지시자

컴파일 조건 지시자는 특정 조건에 따라 소스코드의 컴파일 방식을 변경하는 것이다. 우리는 이미 C언어 조건문의 특징과 활용을 배웠다. 따라서, 컴파일 조건 지시자의 의미와 활용도 어렵지 않게 파악할 수 있을 것으로 생각한다. C언어의 조건문을 생각하며, 컴파일 조건지시자의 종류와 활용을 함께 살펴보도록 하자.

■ #if ~ #endif(조건이 참일 경우 컴파일 수행)

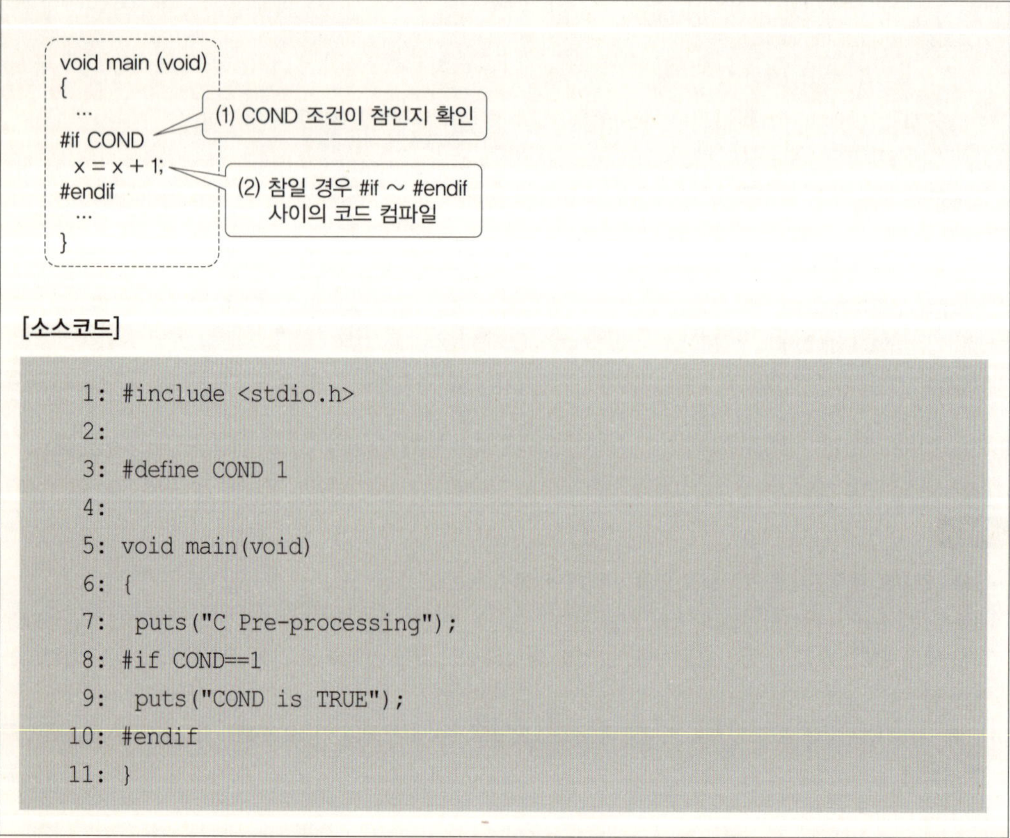


[소스코드]

```
 1: #include <stdio.h>
 2:
 3: #define COND 1
 4:
 5: void main(void)
 6: {
 7:  puts("C Pre-processing");
 8: #if COND==1
 9:  puts("COND is TRUE");
10: #endif
11: }
```

**해설**

• 3행 : 조건이 되는 COND의 값을 1로 정의한다.

• 8~10행 : 'COND==1'이 참 이므로, #if ~ #endif 사이의 코드가 컴파일 된다.

**실행결과**

```
C Pre-processing
COND is TRUE
```

---

■ #if ~ #else ~ #endif(조건의 참/거짓에 따라 다른 라인을 컴파일)

■ #if ~ #elif ~ #else ~ #endif(여러 조건을 확인하여 해당 조건의 컴파일 수행)

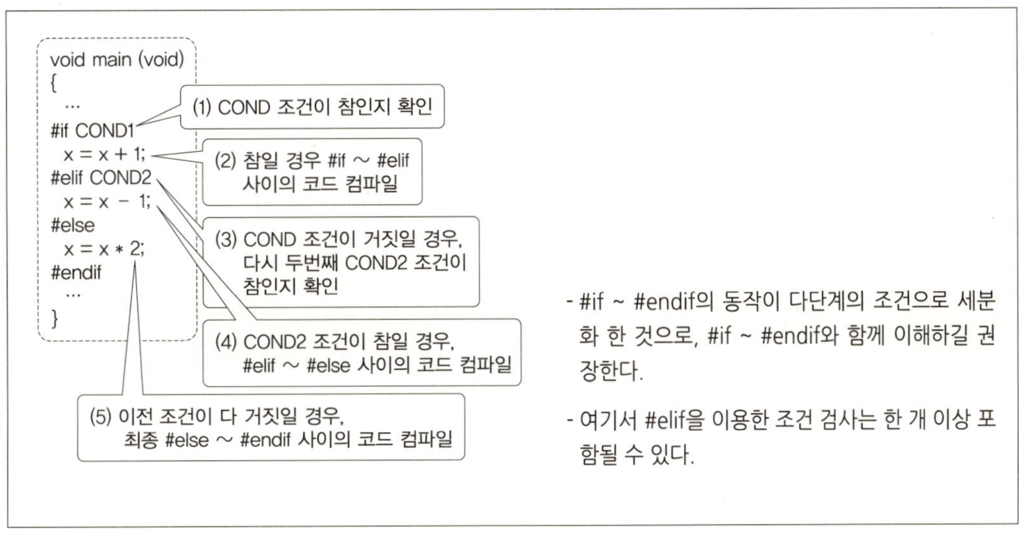

■ #ifdef ~ #endif(매크로가 정의된 경우, 컴파일 수행)

```
void main (void)
{
  ...
#ifdef PRINT
  PRINT(Hello);
#endif
  ...
}
```

(1) PRINT 매크로가 정의되어 있는지 확인

(2) 정의된 경우 #ifdef ~ #endif
    사이의 코드 컴파일

[소스코드]

```
 1: #include <stdio.h>
 2:
 3: #define PRINT(X) puts(#X)
 4:
 5: void main(void)
 6: {
 7:   puts("C Pre-processing");
 8: #ifdef PRINT
 9:   PRINT(Hello);
10: #endif
11: }
```

**해설**

- 3행 : PRINT 매크로 함수를 정의하여, 문자열을 출력할 수 있게 한다.
- 8~10행 : PRINT 매크로가 정의되어 있으므로, #ifdef ~ #endif 사이의 코드를 컴파일하고 실행한다.

**실행결과**

```
C Pre-processing
Hello
```

■ #ifndef ~ #endif(매크로가 정의되지 않은 경우, 컴파일 수행)

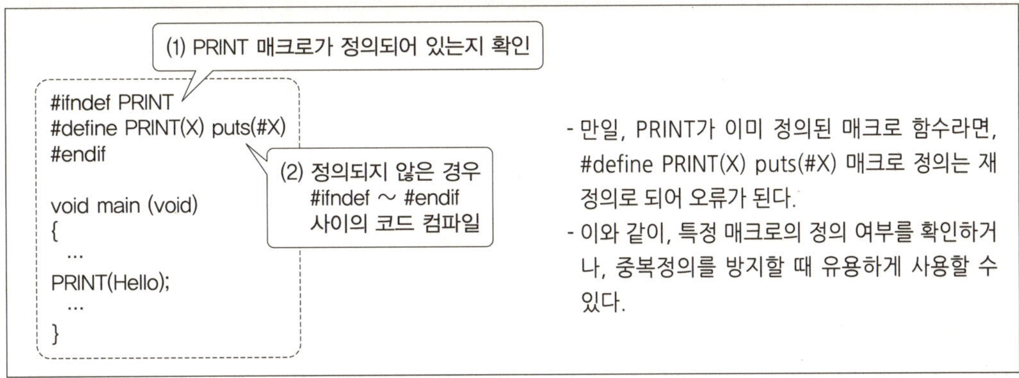


■ #ifdef ~ #else ~ #endif(매크로의 정의 유무에 따라 다른 라인을 컴파일)

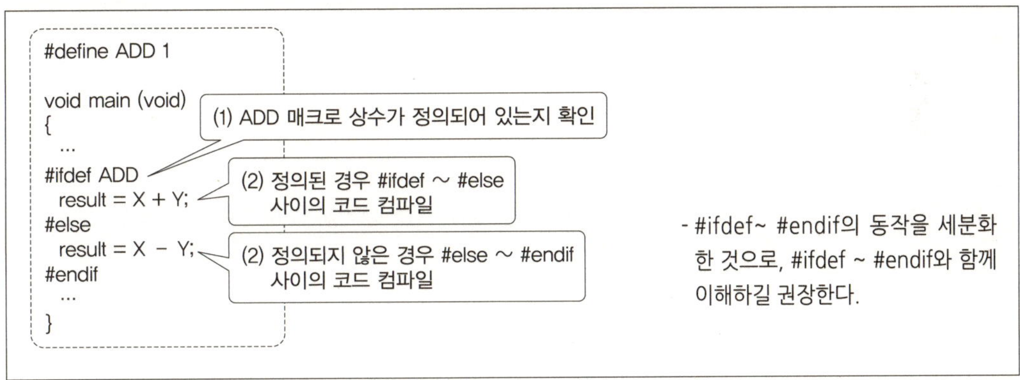


여기까지 하여, 기본적인 전처리 지시자를 살펴보았다. 이정도만 활용하여도 프로그램을 개발하는데 큰 어려움은 없겠으나, Tip으로 프로그래밍에 도움이 될 만한 컴파일 지시자를 하나 더 소개한다.

> **TIP  #error - 컴파일 시 오류가 발생하도록 강제하는 컴파일 지시자**
>
> Compile 도중 '#error' 지시자를 만나면, 이후에 지정된 문자열을 오류(error) 메시지로 출력하고 컴파일을 멈춘다.
>
> - 문법 : #error error_message
> - 컴파일 혹은 프로그램 동작에 중요한 내용을 명시하다는 데 사용할 수 있다.
>
> 프로그램을 개발하는 과정에서 만일 MY_DEFINE 이라는 매크로 상수가 정의되지 않은 경우, 컴파일 혹은 실행 시에 문제가 될 수 있다고 가정해보자. 이때, 소스코드를 컴파일하는 과정에서 바로 확인할 수 있다면 문제를 예방하는 데 도움이 될 것이다. 이러한 경우 #error 컴파일 지시자를 유용하게 사용할 수 있다.
>
> #ifndef MY_DEFINE
>
> #error MY_DIFINE is not defiled!!!
>
> #endif
>
> MY_DEFINE 매크로 상수를 정의하지 않고 위 코드조각을 실행하면 "MY_DEFINE is not defined!!!"라는 오류 메시지와 함께 컴파일이 종료되어, 문제를 바로 확인하고 개선할 수 있다.

## Point 04 — 전처리의 이해와 활용 연습문제

**Q1** 전처리(Preprocessing)의 의미와 전처리가 필요한 이유를 설명하시오.

**정답**

전처리란, C언어의 컴파일러(Compiler)가 소스코드를 컴파일 하기 이전에, C언어의 규약에 따라 전처리문에서 정의해 놓은 작업들을 먼저 수행하는 과정으로, 선행처리라고도 한다.

- #include, #define 등 전처리 지시자에 따라 소스코드를 확장하여, 컴파일러에게 전달한다.
- 프로그래머는 전처리 지시자를 이용하여 반복된 코드를 줄이고, 코드의 의미를 명확히 하여 가독성을 향상시킬 수 있다.
- 특히, 소스코드의 공통요소를 별도의 소스파일로 구성한 후, 전처리 단계에서 일괄적으로 코드에 삽입/확장할 수 있다.

**Q2** 3개의 인자를 전달받아 곱하는 매크로 함수 MULTI를 정의하고 테스트 하시오.

**정답**

[소스코드]

```
1: #include <stdio.h>
2:
3: #define MULTI(X,Y,Z) (X*Y*Z)
4:
5: void main(void)
6: {
7:    printf("2*3*4 -> [%d] vs. [%d]\n", 2 * 3 * 4, MULTI(2, 3, 4));
8: }
```

[실행결과]

```
2*3*4 -> [24] vs. [24]
```

**해설**

• 3행 : 매크로 함수 MULTI(X, Y, Z)를 정의한다.

**Q3** 사용자로부터 최대 10자의 문자열을 입력받아 저장하되, 디버그 모드일 경우에만 해당 값을 출력한다.(참고 : 디버그 모드일 경우 #define _DEBUG로 정의되어 있다.)

**정답**

**[소스코드]**

```
 1: #include <stdio.h>
 2:
 3: #ifndef _DEBUG
 4: #define _DEBUG
 5: #endif
 6:
 7: void main(void)
 8: {
 9:   char str[11]={ 0, };
10:
11:   printf("Input a string [MAX 10]: ");
12:   fgets(str, 11, stdin);
13:
14: #ifdef _DEBUG
15:   puts(str);
16: #endif
17:
18: }
```

**[실행결과]**

```
Input a string [MAX 10]: hello
hello
```

**해설**

- 3~5행 : _DEBUG 매크로가 정의되지 않은 경우, 정의한다.
- 14~16행 : _DEBUG가 정의된 디버그 모드일 경우, 입력 받은 문자열을 화면에 출력한다.

**Q4** #undef 지시지를 이용하면 이미 정의된 매크로를 제거할 수 있다. 만일 ADD(X, Y)가 정의되어 있을 경우 이를 제거하고, 새로운 ADD(X, Y)를 정의하는 코드를 작성하시오.(새로운 ADD는 각 인자의 제곱을 더한다.)

**정답**

**[소스코드]**

```c
 1: #include <stdio.h>
 2:
 3: #ifdef ADD
 4: #undef ADD
 5: #endif
 6:
 7: #define ADD(X, Y)(X*X+Y*Y)
 8:
 9: void main(void)
10: {
11:   printf("ADD(2, 5) -> %d\n", ADD(2, 5));
12: }
```

**[실행결과]**

```
ADD(2,5) -> 29
```

**해설**

- 3~5행 : 만일 ADD 매크로(함수)가 정의되어 있는 상태에서 새로운 ADD 매크로 함수를 정의하면 오류가 발생한다. 따라서, 기존에 정의된 매크로를 점검하여 제거한다.
- 7행 : 요구사항에 따라 ADD(X, Y) 매크로 함수를 정의한다.

# 소스 파일의 분할 개발



# CHAPTER 02

## 01 Point 소스 파일을 분할하는 이유

예제 수준의 간단한 프로그램의 경우 하나의 C 소스 파일만으로도 개발이 가능하나, 규모가 크고 복잡한 프로그램은 여러 개의 소스파일로 나누어 개발해야 한다. 당연한 내용이겠지만 어떠한 경우에 소스 파일을 분할하여 개발해야 하는지 정리해보자.

---

**개발 협업을 위한 소스 파일 분할**

규모가 크고 복잡한 상용 프로그램(commercial program)은 여러 명의 개발자가 함께 협업하여 개발하게 된다. 따라서, 각자 담당한 기능(모듈 혹은 라이브러리)별로 소스파일을 구성하게 된다.

이렇게 분할하여 개발한 소스파일들을 프로젝트로 묶어, 컴파일 및 링크함으로써 하나의 프로그램을 만들게 된다.

---

**프로그램 품질 향상과 유지보수를 위한 소스 파일 분할**

프로그램은 여러 개의 함수와 변수들로 구성되고, 서로 복잡한 참조관계를 갖는다. 따라서, 서로 관련있는 기능과 데이터를 하나의 소스파일로 독립 구성하여 개발하면, 필요한 기능이 한곳에 집중되므로 프로그램의 품질과 유지보수성이 좋아지게 된다. 소프트웨어공학에서는 이를 모듈화, 모듈의 품질이라 한다.

모듈의 품질을 좋게 하려면 아래 규칙을 따라야 한다.

- 모듈 내 응집도 : 관련있는 기능과 데이터는 하나의 모듈 안에 모여있고, 관리되어야 한다.
- 모듈 간 결합도 : 각 모듈들은 서로 독립적으로 구성되어야 한다. 즉, 한 모듈의 변경이 다른 모듈에 미치는 영향을 최소화해야 한다.

따라서, **관련있는 기능과 데이터를 별도의 소스파일로 분할하여 개발하는 것이 중요**하다.

---

이렇듯 프로그램 개발 시, 소스파일을 분할하여 각각 개발하고 통합하게 된다.

■ 분할된 소스파일을 하나의 프로젝트로 관리한다.

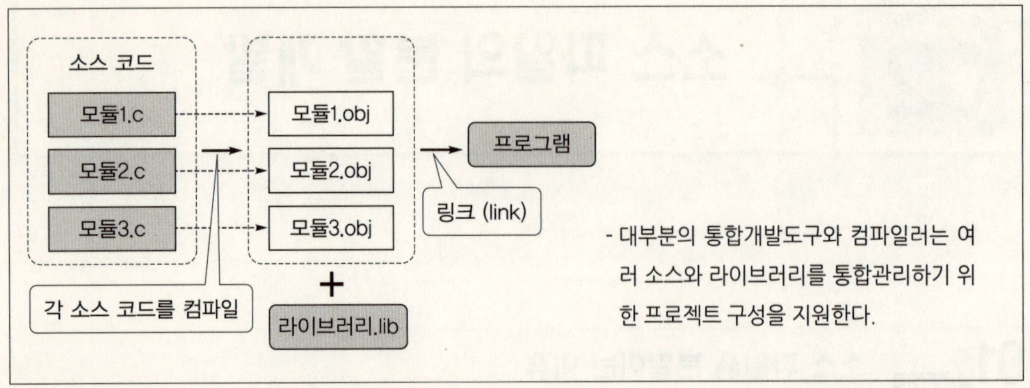


그러면, 소스를 분할하여 개발하는 경우 어떠한 것을 고려해야 할까? 기본적으로 '알려진 자료형을 사용한다.'거나 '선언된 함수 혹은 변수만 사용할 수 있다.'와 같은 C언어의 기본 규칙을 잘 지켜야 한다. 무엇보다 **컴파일러는 C소스 파일을 각각의 파일 단위별로 컴파일 하므로, 하나의 소스파일 컴파일에 필요한 정보를 정확하게 제공**해야 한다.

■ 각각의 소스코드 컴파일에 필요한 정보가 정확히 필요하다.

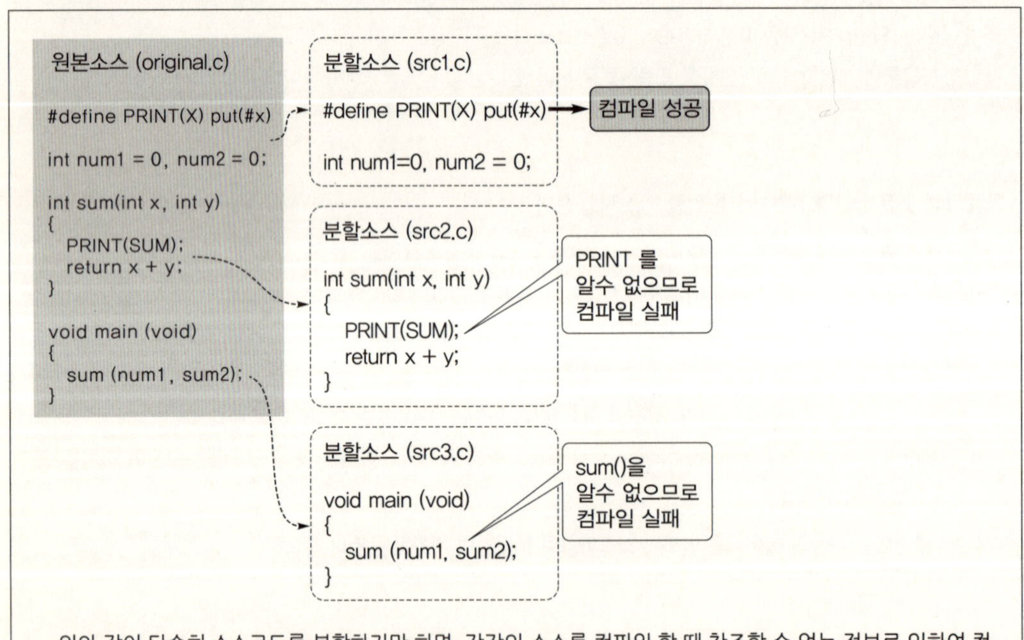


- 위와 같이 단순히 소스코드를 분할하기만 하면, 각각의 소스를 컴파일 할 때 참조할 수 없는 정보로 인하여 컴파일이 실패하게 된다.
- 따라서, 각 분할된 소스를 컴파일 할 때 필요한 정보를 참조할 수 있는 방법이 필요하다. 즉, **다른 분할소스에 있는 내용을 적절한 방법으로 필요한 소스코드에 알려주어야 한다.**

다른 소스파일에 있는 정보를 필요한 소스파일에 전달하기 위하여 'extern' 키워드를 이용할 수 있고, 공통된 선언 혹은 정보를 하나의 헤더파일(.h)로 모아 포함(#include) 시킬 수도 있다. 이에 대하여 좀더 구체적으로 살펴보도록 하자.

## 02 Point  extern 키워드와 헤더파일의 활용

먼저, extern 키워드의 개념을 알아보고, 앞서 제시한 소스분할 시의 문제점을 extern 키워드를 이용하여 개선해보자.

---

**extern 선언이란?**

해당 변수의 선언 혹은 함수의 정의가 다른 소스파일에 존재한다고 컴파일러에게 정보를 제공하는 방법이다.

- extern 키워드를 이용하여 컴파일러는 해당 변수 혹은 함수의 타입정보 등을 알 수 있으며, 이를 이용하여 컴파일을 수행할 수 있다.
- 참고로, 함수의 경우 extern 키워드를 생략할 수 있고, 추가로 인자의 이름도 생략할 수 있다.
  예) extern int sum(int x, int y); → int sum(int, int);
- 다른 소스파일에 선언된 변수 혹은 정의된 함수의 실제 내용은 컴파일 이후 링크(link) 수행 단계에서 연결된다. 따라서 extern 으로 선언된 변수 혹은 함수가 실제 존재하지 않을 때 링크 단계에서 오류가 발생한다.

---

■ **extern 키워드를 이용한 정보 전달 방법**

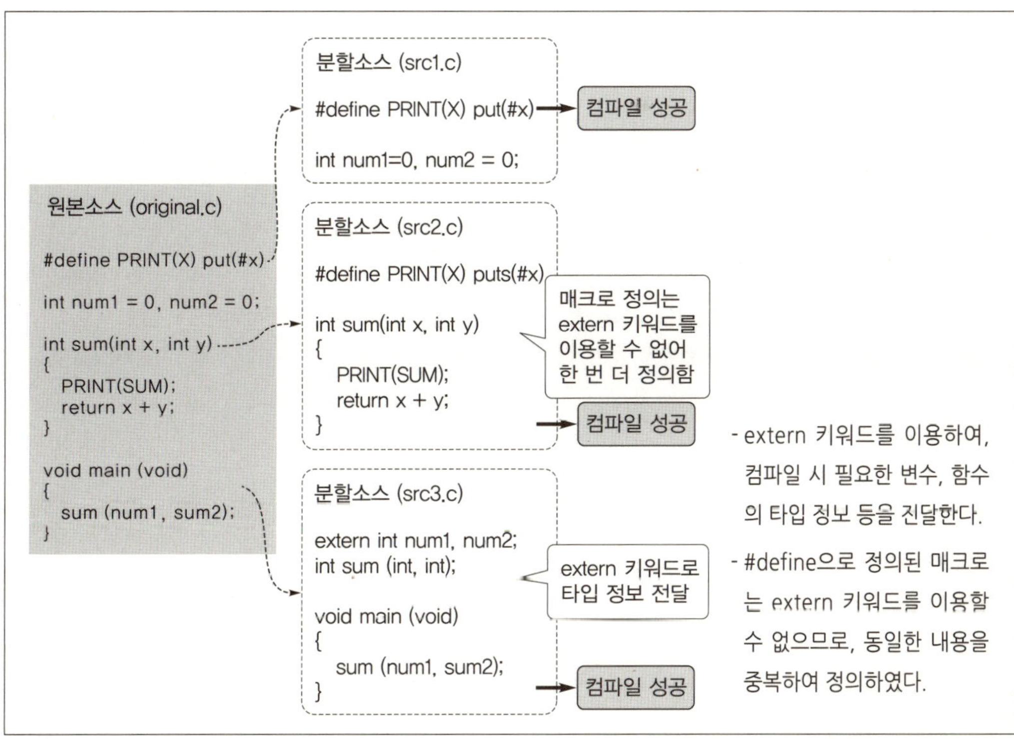

비록, 성공적으로 컴파일을 할 수 있었지만 아쉬운 부분이 보인다.

### extern 키워드만 이용하여 해결하기 어려운 문제

아래 시나리오를 가정하여 extern 키워드를 이용해보자.

- 많은 소스코드에 동일한 정보를 전달해야 할 경우?
- #define으로 선언된 매크로를 여러 소스에서 사용해야 할 경우?

아마도, 동일한 extern 선언과 #define 매크로 정의를 소스코드마다 반복해서 추가해야 할 것이다.

그런데, 원본 변수의 형식 혹은 함수의 리턴값이 달라지면 어떻게 될까? 그리고, #define 매크로 함수의 내용을 수정하게 되면 어떻게 될까? 관련 내용을 반영하기 위하여 전체 소스를 리뷰하고 각각 수정해야 하기에, 비효율적일 뿐 아니라 잠재적인 오류도 증가할 것이다.

이러한 한계를 극복하기 위하여 헤더파일을 작성하고 #include 지시자를 이용하여 각 소스파일에 포함하게 된다.

### extern 키워드만 이용하여 해결하기 어려운 문제

아래 시나리오를 가정하여 extern 키워드를 이용해보자.

- 많은 소스코드에 동일한 정보를 전달해야 할 경우?
- #define으로 선언된 매크로를 여러 소스에서 사용해야 할 경우?

아마도, 동일한 extern 선언과 #define 매크로 정의를 소스코드마다 반복해서 추가해야 할 것이다.

그런데, 원본 변수의 형식 혹은 함수의 리턴값이 달라지면 어떻게 될까? 그리고, #define 매크로 함수의 내용을 수정하게 되면 어떻게 될까? 관련 내용을 반영하기 위하여 전체 소스를 리뷰하고 각각 수정해야 하기에, 비효율적일 뿐 아니라 잠재적인 오류도 증가할 것이다.

### 헤더파일(header file)이란?

매크로 정의, 변수의 extern 선언, 함수의 선언 등 다른 소스파일에서 참조할 정보를 모아 놓은 특수형태의 소스파일이다.

- 헤더파일은 '.h'를 기본 확장자로 하나, 특별한 제약이 있는 것은 아니다. 즉, 일반 C 소스파일 '.c'도 헤더파일로 사용할 수 있다. 그러나, **프로그래밍의 일관성을 위하여 '.h'를 헤더파일의 확장자로 사용하길 권장**한다.
- 헤더파일은 #include 지시자를 이용하여 소스코드 내에 포함되고, 전처리 과정에서 실제 헤더파일의 내용에 따라 확장된다.

■ 헤더 파일 포함(#include)을 이용한 소스 분할 개발

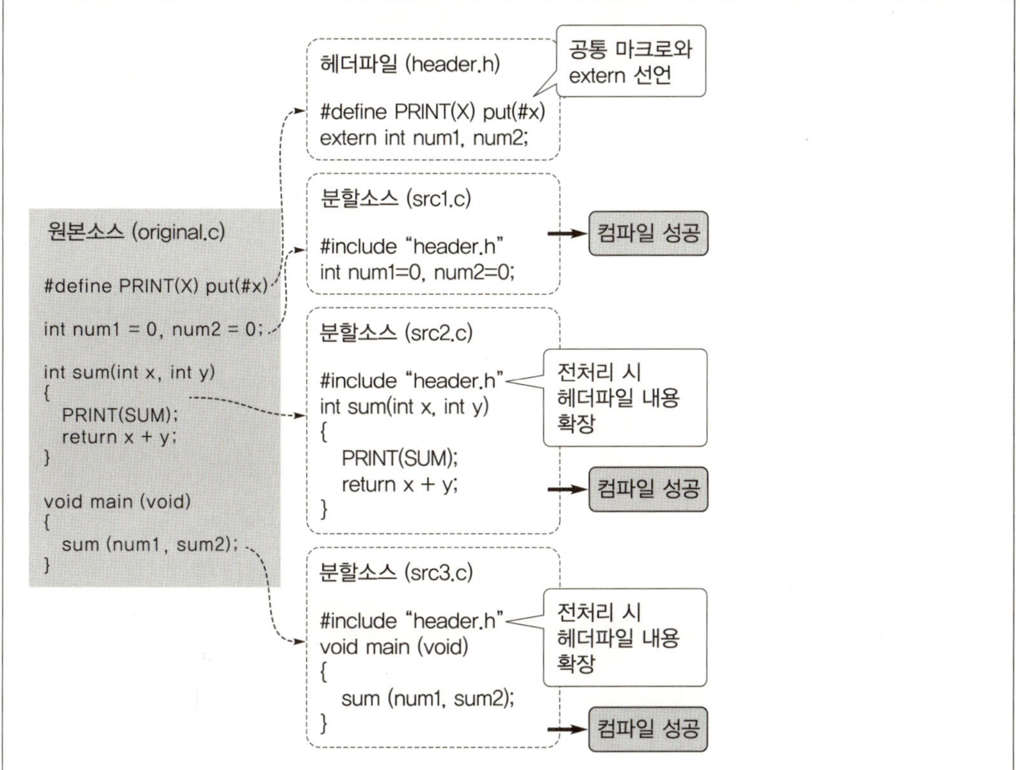


- 여러 소스파일에서 공통으로 이용하는 매크로 정의와 extern 선언을 하나의 헤더파일 'header.h'에 추가하여 작성한 후, #include 지시지를 이용하여 각 소스에 포함하고 있다.
- 공통 정보들이 하나의 헤더파일을 통해 관리되고 공유되므로, 만일 변경이 필요할 경우 헤더파일('header.h')만 수정하게 되어, 유지보수도 한결 수월해 진다.

---

**TIP  #include를 이용한 헤더파일 포함 방법**

다양한 예제 소스를 살펴보면, 아래와 같이 #include를 이용한 헤더파일 포함 방법을 확인할 수 있다.

(1) #include <stdio.h> : Visual Studio와 같은 C언어 개발도구에 함께 제공되는 시스템 헤더파일을 포함

(2) #include "mynheader.h" : 개발자가 작성한 헤더파일을 포함

위와 같이 헤더파일을 포함할 때 '<', '>'을 이용하여 헤더파일명을 지정하는 것과 " "을 이용하여 헤더파일명을 지정하는 것에 따라 헤더파일을 찾는 디렉터리 경로가 달라진다.

(1) #include <header.h> : Visual Studio 컴파일러 환경에서 설정한 헤더파일 탐색 경로를 기준으로 헤더파일을 찾는다. 이러한 시스템 헤더파일의 경로는 Visual Studio 프로그램의 설치와 함께 설정되는데, 참고로 필자의 시스템 헤더파일 탐색 경로는 아래와 같다.

```
INCLUDE=C:\Program Files (x86)\Microsoft Visual Studio 14.0\VC\INCLUDE;C:\
Program Files (x86)\Microsoft Visual Studio 14.0\VC\ATLMFC\INCLUDE;C:\
Program Files (x86)\Windows Kits\10\include\10.0.10240.0\ucrt;C:\Program
Files (x86)\Windows Kits\NETFXSDK\4.6.1\include\um;C:\Program Files (x86)\
Windows Kits\8.1\include\\shared;C:\Program Files (x86)\Windows Kits\8.1\
include\\um;C:\Program Files (x86)\Windows Kits\8.1\include\\winrt;
```

만일, 추가로 설치한 라이브러리의 헤더파일 경로 등을 추가하고 싶은 경우, 설정하고자 하는 프로젝트를 선택한 후 '메뉴 → 프로젝트 → 속성 → 구성 속성 → C/C++ → 일반 → 추가 포함 디렉터리' 항목에서 해당 디렉터리를 추가할 수 있다.

**[그림] Visual Studio '추가 포함 디렉터리' 설정**

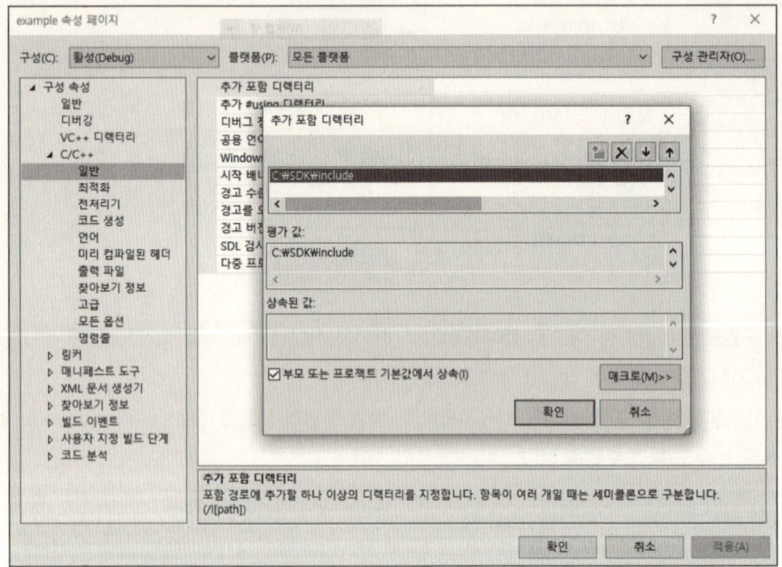

(2) #include "header.h" : 현재 소스가 저장된 폴더를 시작으로 헤더파일을 찾는다. 만일 현재 컴파일하고 있는 소스 'source.c'가 'C:\Project\Exercise'에 저장되어 있고, source.c가 #include "header.h"형식으로 헤더파일을 포함한다면, 'header.h' 파일을 현재 소스가 저장된 'C:\Project\Exercise'에서 먼저 찾는다. 만일 찾지 못할 경우, 앞서 설명한 시스템 헤더파일 경로에서 다시 찾게 된다.

따라서, 동일한 이름의 헤더 파일이 여러 경로에 저장되어 있다면, 지정방식에 따라 다른 헤더파일이 포함될 수 있다.

혼란과 오류를 방지하기 위하여, 컴파일러(도구)가 제공하는 **C의 기본 헤더파일은(1)과 같이 "< >"를 이용하여 포함하고, 개발자가 직접 작성한 헤더파일은 (2)와 같이 " "를 이용하여 포함하길 권장**한다.

참고로, 포함하는 헤더파일에 절대경로 혹은 상대경로를 지정할 수도 있다. 하지만, 소스가 저장되는 경로는 상황에 따라 바뀔 수 있으므로 절대경로 지정방식은 권장하지 않는다.

- 절대경로 : #include "c:\\source\\header.h"

- 상대경로 : #include "..\\header.h"

다시 C언어의 기본으로 돌아가 생각해 보자. C언어 코딩(coding) 시, '정의는 중복되면 안된다.'라는 것을 기억하고 아래 예제를 살펴보기로 한다.

**■ 헤더의 중복 포함에 따른 오류**

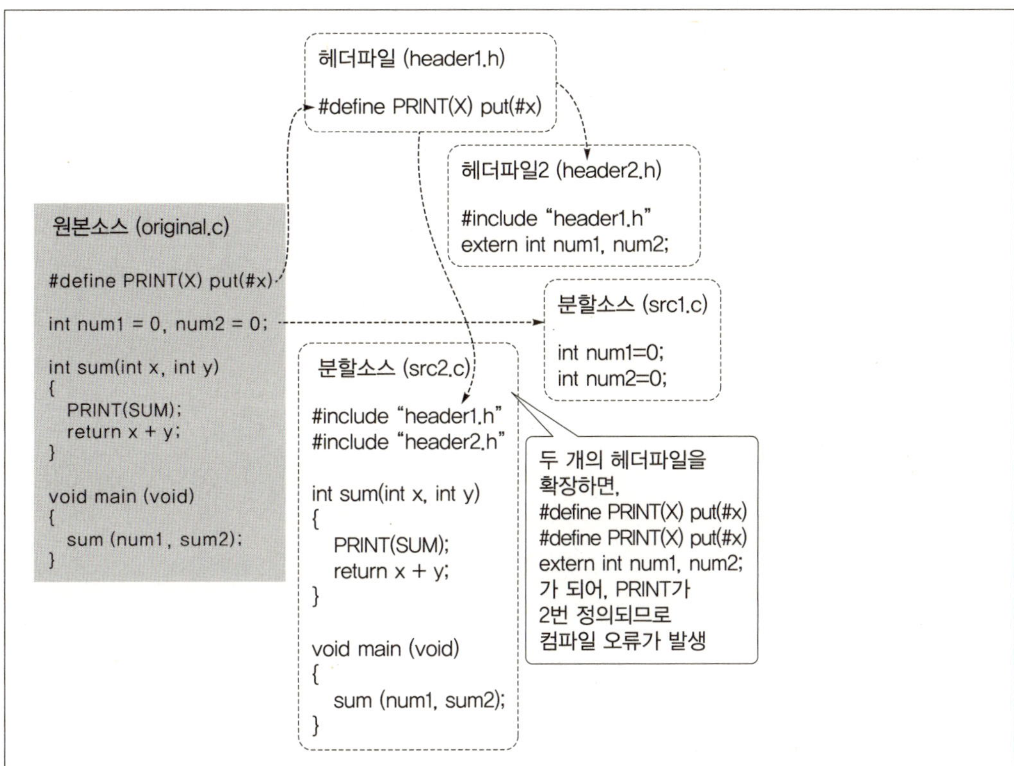


- 분할소스 'src2.c'는 컴파일을 위해 PRINT 매크로 정의와 sum( )함수의 정보가 필요하므로, 헤더파일1 'header1.h'와 헤더파일2 'header2.h'를 각각 포함하였다. 그러나, 공교롭게도 헤더파일2 'header2.h'가 헤더파일1 'header1.h'를 이미 포함하고 있으므로, 컴파일을 위해 확장된 최종 소스코드는 PRINT 매크로 함수를 2번 중복하여 포함하게 된다.

위 사례와 같이 헤더파일의 중복 포함은 문제가 발생할 수 있으므로, 주의 깊게 관리해야 한다. 보통, 프로그래머들은 이를 해결하기 위하여 #define 매크로와 #ifdef 컴파일 조건 지시자를 이용한다. 이러한 내용을 포함한 전체 예제 소스를 살펴보면서 헤더파일에 대한 학습을 마무리 하도록 하자.

**■ 헤더파일을 이용한 C 프로그램 개발 예제**

```
〈header.h〉

1: // 헤더파일 중복 포함을 방지하기 위하여, 득정한 매크로 _MY_HEADER_H_ 기
2: // 정의되지 않은 경우에만 확장하여 코드가 컴파일 되게 한다.
3: #ifndef _MY_HEADER_H_
```

```
 4: #define _MY_HEADER_H_ 1   // 헤더파일이 포함된 경우, _MY_HEADER_H_ 가 정의된다.
 5:
 6: #include <stdio.h> // 시스템 헤더파일은 기본적으로 중복 포함을 방지하는 코드를 갖는다.
 7:
 8: // 공통으로 사용할 매크로 함수 정의
 9: #define PRINT(X) puts(X)
10: #define SUM(X, Y) (X+Y)
11: #define MAX(X, Y) (X<Y)?Y:X
12:
13: // StudentInfo 구조체 타입 정의
14: typedef struct tag_StudentInfo
15: {
16:   int no;
17:   char name[10];
18:   int math;
19: } StudentInfo;
20:
21: // 공통으로 참조할 글로벌 변수 extern 선언
22: // 참고로 이렇게 extern 선언할 경우 변수를 초기화 할 수 없다.
23: extern int gMax;
24:
25: // 공통으로 이용할 함수를 선언한다.
26: void showStudentName(const StudentInfo *);
27:
28: #endif
```

〈variable.c〉

```
1: // 글로벌하게 이용할 변수를 정의한다.
2: int gMax=0;
```

〈function.c〉

```
1: // 공통 정보를 담고 있는 헤더파일을 포함한다.
2: #include "header.h"
3:
4: // 함수를 정의한다.
5: void showStudentName(const StudentInfo *pInfo)
6: {
7:   PRINT(pInfo->name);
8: }
```

```
〈main.c〉
 1: #include <stdio.h>
 2: // 공통 정보를 담고 있는 헤더파일을 포함한다.
 3: #include "header.h"
 4:
 5: void main(void)
 6: {
 7:   StudentInfo sInfo[2]={{2017,"chris", 99}, {2017, "tommy", 100}};
 8:
 9:   gMax=MAX(sInfo[0].math, sInfo[1].math);
10:
11:   showStudentName(&sInfo[0]);
12:   showStudentName(&sInfo[1]);
13:
14:   printf("Max: %d\n", gMax);
15: }
```

**해설**

**<header.h>**

- 3~4행 : 헤더파일의 중복 포함을 방지 하기 위하여, #ifndef 컴파일 조건 지시자와 #define 상수 정의를 이용하였다. 많이 사용되는 코딩 패턴이니 확인하고 넘어가길 권장한다. 기타 세부 구현 의도는 소스 내의 주석을 참고한다.

**<variable.c>**

- 2행 : 정수형 변수 1개를 선언(정의)하는 것이므로, 별도의 헤더파일의 포함은 필요 없다.

**<function.c>**

- 2행 : 작성한 헤더파일을 포함한다.
- 5행 : 헤더파일에 정의된 StudentInfo 구조체를 이용하므로, 문제없이 컴파일 된다.
- 7행 : 헤더파일에 정의된 PRINT 매크로 함수를 이용한다.

**<main.c>**

- 1~3행 : 필요한 헤더파일을 포함한다.
- 9행 : header.h에 extern으로 선언된 gMax를 이용하므로, 문제없이 컴파일 된다.
- 11~12행 : header.h에 선언된 showStudentName( )함수를 이용하므로, 문제없이 컴파일 된다.

참고로, 전체 소스는 링크(link)를 통해 하나의 프로그램으로 연결 및 완성된다.

**실행결과**

```
chris
tommy
Max: 100
```

# 03 Point  Visual Studio를 이용한 소스파일의 분할 개발

Visual Studio는 통합 개발환경을 제공하므로, 새로운 소스코드를 바로 생성하여 개발하거나 이미 만들어 놓은 소스를 추가하여 함께 컴파일 및 링크 작업을 진행할 수 있다. 이번 챕터의 마지막 주제로, Visual Studio를 이용한 소스코드 분할 개발을 연습해보자.

먼저, Visual Studio에서 빈 프로젝트를 새롭게 생성한다.

### ■ Visual Studio 빈 프로젝트 생성

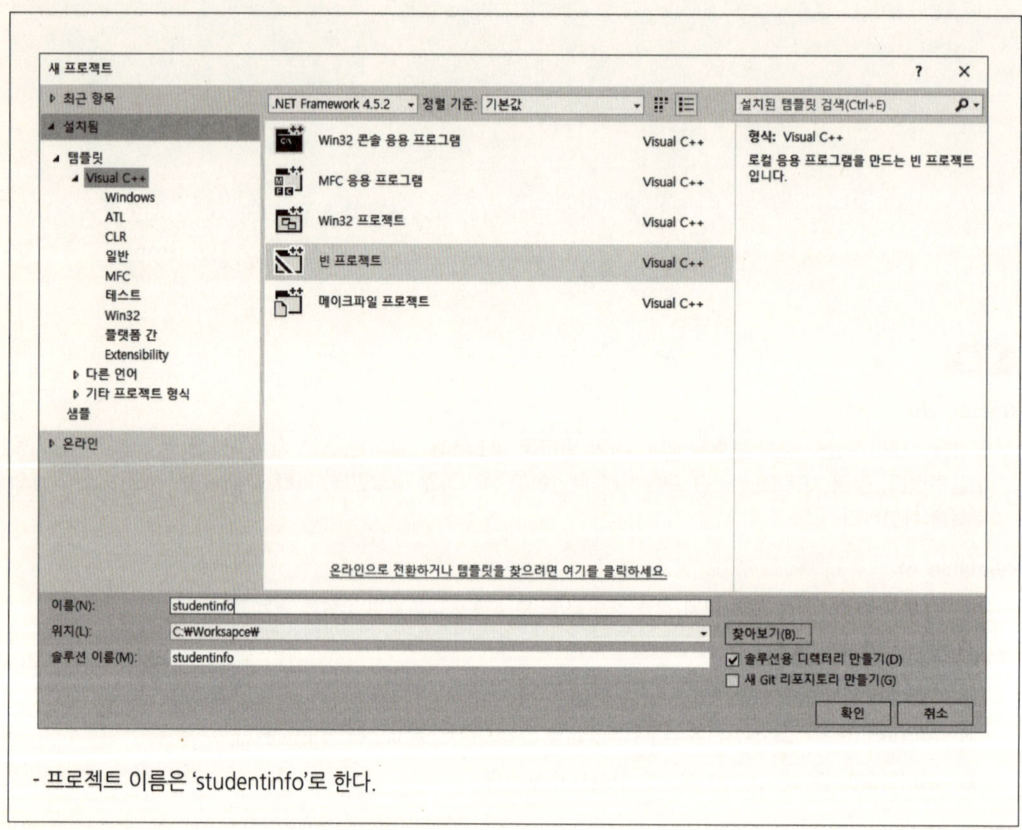

- 프로젝트 이름은 'studentinfo'로 한다.

## 가. 새로운 소스 파일 및 코드 추가

header.h, variable.c, function.c, main.c를 각각 새롭게 생성하고 코드를 추가한다.

■ 새로운 항목 추가

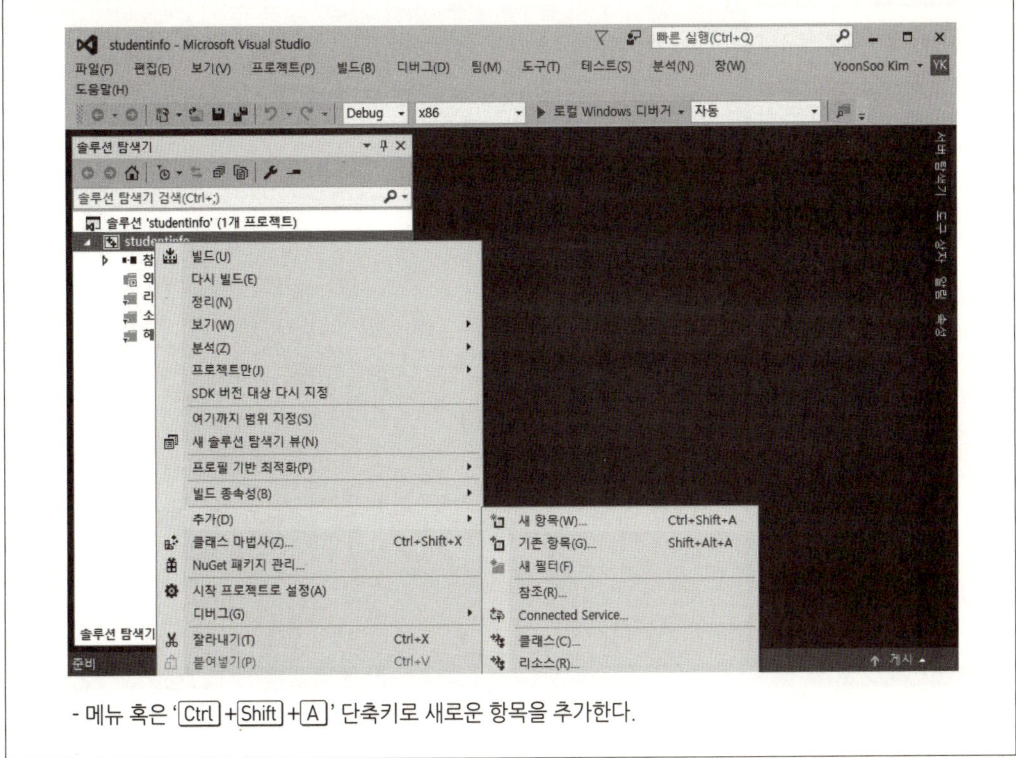

- 메뉴 혹은 'Ctrl + Shift + A' 단축키로 새로운 항목을 추가한다.

이제 header.h 파일을 만들고, 내용을 입력한다.

■ header.h 파일 생성 및 코드 입력

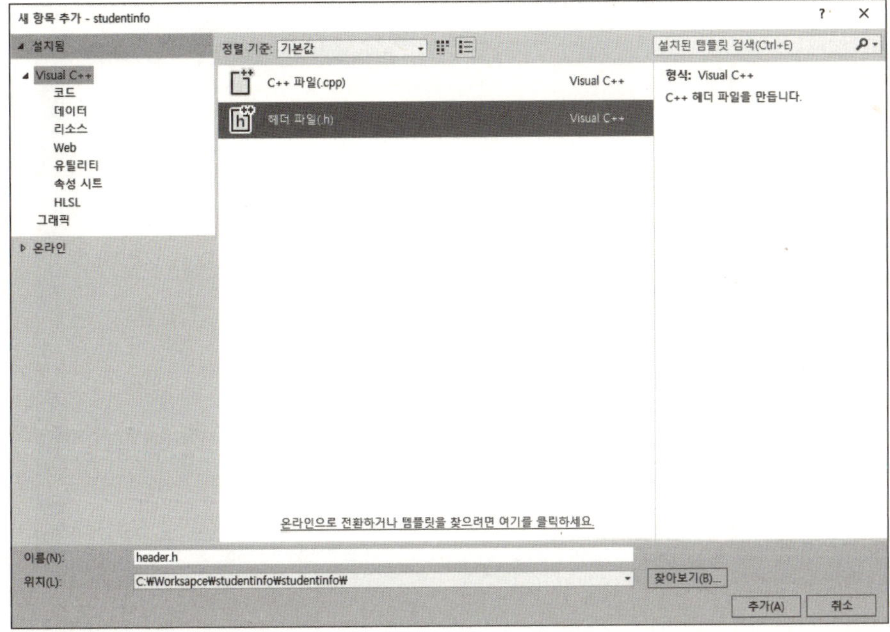

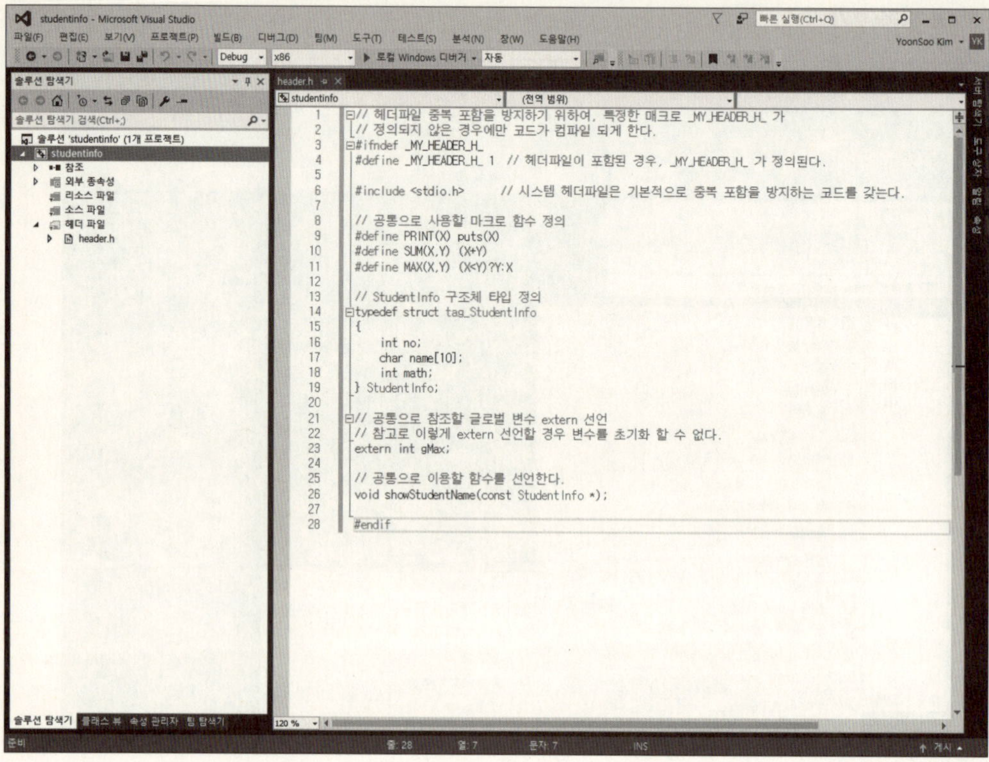

동일한 방법으로 variable.c, function.c, main.c 소스 파일을 새롭게 생성하고 코드를 입력하면, 아래와 같은 최종 프로젝트가 구성된다.

■ studentinfo 최종 프로젝트 구성

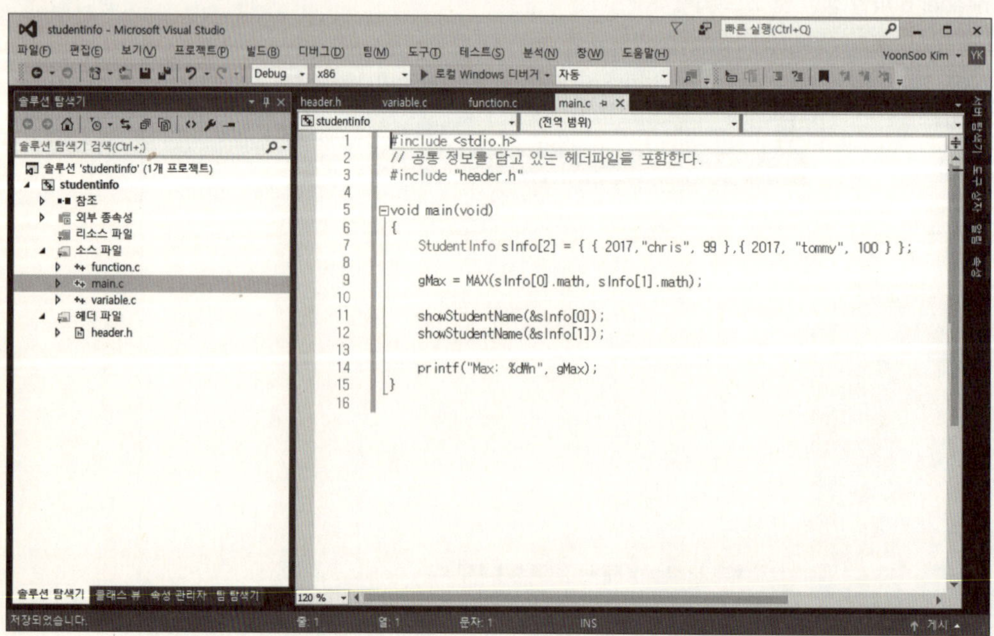

## 나. 이미 작성한 소스 파일을 프로젝트에 추가하여 구성

앞의 예제로 작성한 header.h, variable.c, function.c, main.c를 studentinfo 프로젝트에 추가해보자.

### ■ 기존 항목 추가

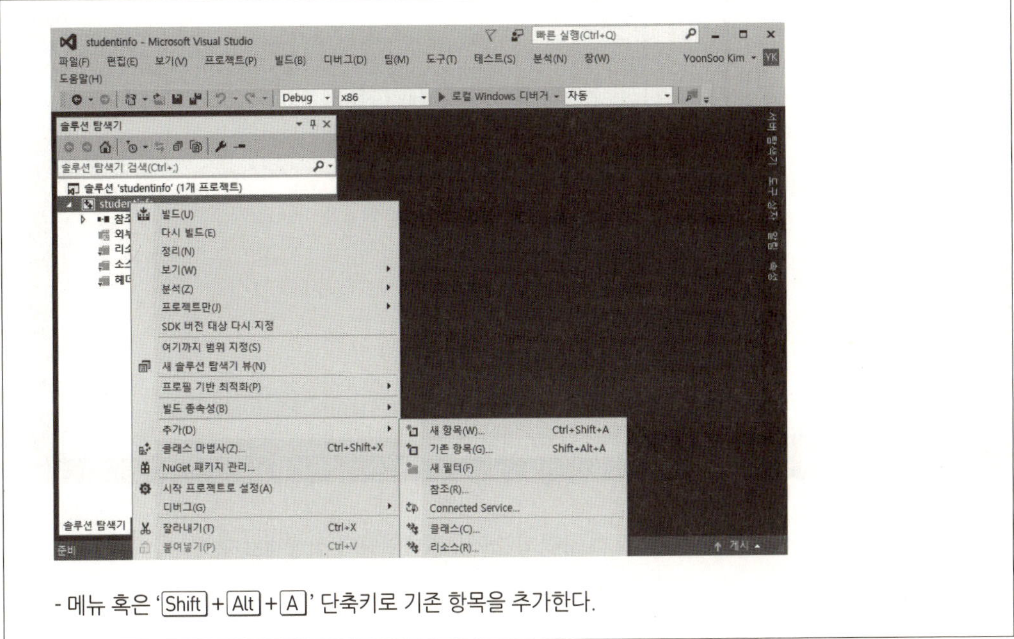

- 메뉴 혹은 'Shift + Alt + A' 단축키로 기존 항목을 추가한다.

이제, header.h, variable.c, function.c, main. 소스 파일들을 선택하여, 전체 프로젝트를 구성한다.

### ■ header.h, variable.c, function.c, main.c 선택

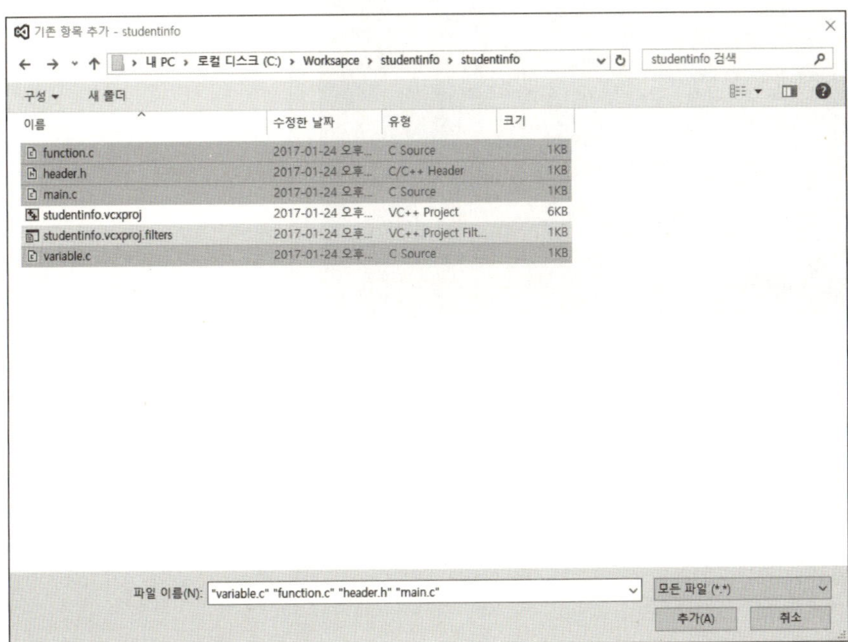

### ■ studentinfo 최종 프로젝트 구성

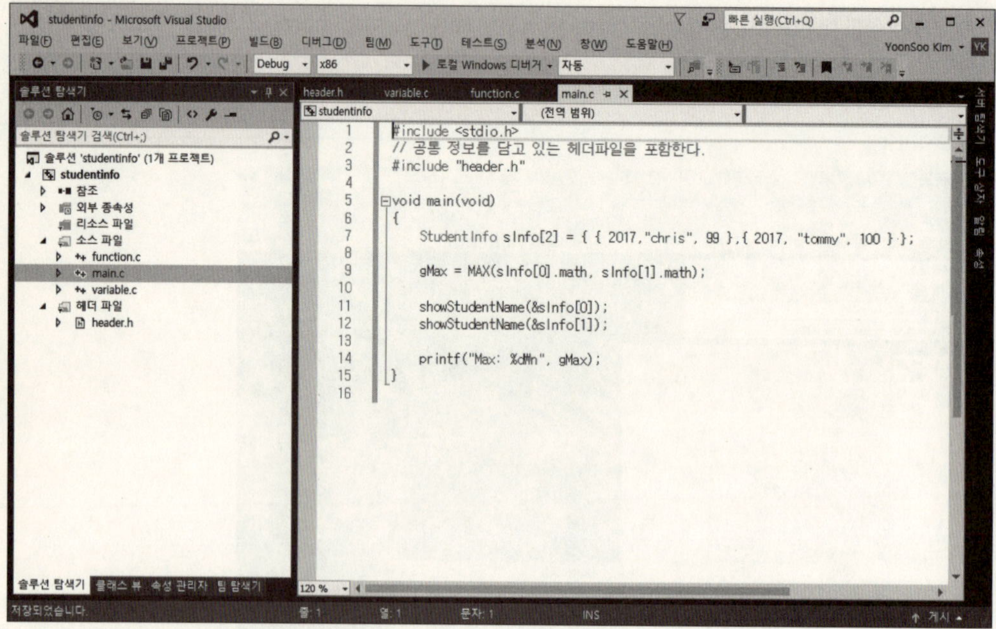

필요한 소스가 모두 추가된 최종 프로젝트가 구성되었으니 컴파일하여 실행해보자.

### ■ 프로그램 실행

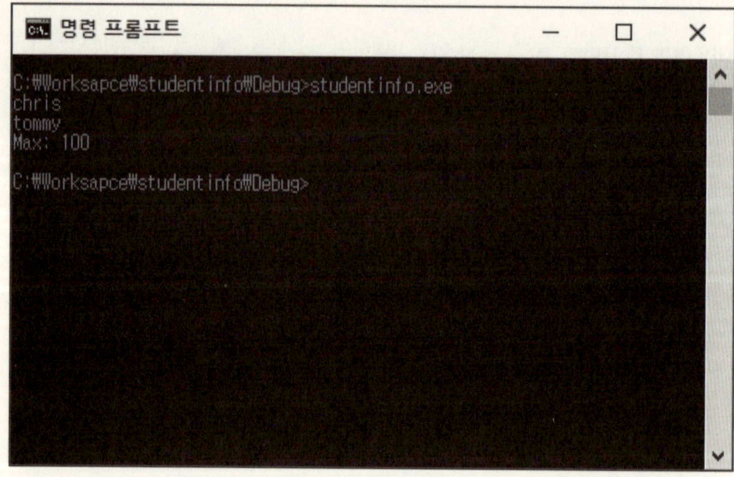

## TIP  함수를 만드는 이유와 고려할 내용은 무엇인가?

우리는 이번 장에서 '소스파일을 분할하는 이유'를 살펴보았다. 그렇다면, 함수를 사용하는 이유는 무엇이고, 함수를 만드는 기준은 어떤 것일까? 프로그래머들 마다 각각의 기준으로 함수를 만들고 이용하므로 하나의 정답은 없겠으나, 일반적으로 생각할 수 있는 내용을 살펴보자.

- 소스파일을 분할하는 이유와 함수를 분할하는 이유를 연관하여 생각할 수 있다.

  (1) 규모가 크고 많은 기능을 가진 프로그램은 '작은 단위'로 분할하여 각각 개발하고, 이를 통합하여 전체를 완성하게 된다. 이때 각 기능을 함수단위로 분할하여 개발하며, 각 함수는 관련있는 데이터와 기능으로 묶어 하나의 소스파일로 구성하게 된다. 따라서, 여러명의 프로그래머가 분담하여 개발한 후 하나의 프로그램으로 통합할 수 있다.

  (2) 프로그램을 설계하고 개발할 때, 구분된 함수 단위로 집중할 수 있으므로 품질 향상과 실수로 인한 오류 전파를 예방할 수 있다.

- 함수의 품질을 좋게 하려면, 함수의 기능적인 응집도와 결합도를 고려해야 한다. 이 역시, 소스파일 분할 시 고려해야 할 품질요소와 동일하다.

  (1) 함수 내 응집도 : 관련있는 기능과 데이터를 하나의 함수 내부에 모아놓고, 관리해야 한다. 따라서 하나의 기능을 하나의 함수로 각각 작성하는 것을 권장한다.

  (2) 함수 간 결합도: 각 함수들이 서로 독립적으로 동작하도록 개발해야 한다. 즉, 한 함수의 변경이 다른 함수에 미치는 영향을 최소화 해야 한다. 따라서, 전역 변수 등을 이용하여 다른 함수의 기능을 제어하는 것을 가능한 배제해야 한다.

- 함수의 기능과 인터페이스(함수명)을 분리한다.

  **예를 들면, 데이터를 입/출력하는 함수를 구성할 때, 하나의 함수가 아닌 각 기능에 따른 별도의 함수로 구성하는 것을 권장한다.**

  => DataIO(int* data, MODE mode);

      // 입, 출력 모드를 지정하는 2 번째 인자에 따라 포인터 변수

      // data를 입력 혹은 출력값으로 이용한다.

  => DataInput(int data); DataOutput(int* data);

      // 입력과 출력의 기능을 구별된 각각의 함수와 고유의

      // 함수명(인터페이스)으로 구성하여 제공하는 것을 권장한다.

  단, 이러한 기준이 절대적인 것은 아니며 상황에 따라 적절히 선별하여 적용한다.

## Point 04 소스 파일의 분할 개발 연습문제

**Q1** C언어 프로그램 개발 시, 소스코드를 분할하여 개발해야 하는 이유를 2가지 이상 설명하시오.

**정답**

1. 규모가 크고 복잡한 상용 프로그램(commercial program)은 여러 명의 개발자가 함께 협업하여 개발하게 된다. 따라서, 각자 담당한 기능(모듈 혹은 라이브러리)별로 소스파일을 분할하여 개발한 후 하나로 합치게 된다.
2. 프로그램 코드의 품질을 좋게 하려면, 모듈 내 응집도와 모듈 간 결합도를 고려해야 한다.
   - 모듈 내 응집도 : 관련있는 기능과 데이터는 하나의 모듈 안에 모여 있고, 관리되어야 한다.
   - 모듈 간 결합도 : 각 모듈들은 서로 독립적으로 구성되어야 한다. 즉, 한 모듈의 변경이 다른 모듈에 미치는 영향을 최소화해야 한다.

따라서, 관련있는 기능과 데이터를 별도의 소스파일로 분할하여 개발하는 것이 필요하다.

**Q2** 헤더파일 이용의 장점과 헤더파일 포함 시 주의해야 할 사항을 설명하시오.

**정답**

하나의 헤더파일(.h)에 여러 소스파일(.c)에서 공통으로 이용하는 매크로 정의와 extern 선언 등을 추가한 후, #include 지시자를 이용하여 작성한 헤더파일을 각 소스파일에 포함할 수 있다. 이렇게 헤더파일을 작성하고 소스코드에 포함시키면, 공통 정보들이 하나의 헤더파일을 통해 관리되고 공유되므로, 만일 변경이 필요할 경우 헤더파일('header.h')만 수정하게 되어, 유지보수도 한결 수월해 진다.

헤더파일을 #include 지시자로 소스코드에 포함할 경우, 중복 포함되지 않도록 주의해야 한다. 이를 위하여, #ifdef 컴파일 조건 지시자와 #define 매크로 정의를 함께 사용하여 관리한다.

**Q3** #include ⟨header.h⟩와 #include "header.h"의 차이점을 설명하시오.

**정답**

- #include ⟨header.h⟩ : Visual Studio 컴파일러 환경에서 설정한 헤더파일 탐색 경로를 기준으로 헤더파일을 찾는다.
- #include "header.h" : 현재 소스가 저장된 폴더를 시작으로 헤더파일을 찾는다. 만일 현재 폴더에서 지정한 헤더파일을 찾지 못할 경우, 컴파일러 환경에서 설정한 시스템 헤더파일 경로에서 다시 찾는다.

# Appendix

## 01 <sub>Appendix</sub> 가변인자 함수란 무엇인가?

우리는 앞장에서 scanf( )함수를 이용하여 키보드 입력을 받고, printf( )함수를 이용하여 문자열을 화면에 출력하였다. 뿐만 아니라 fscanf( )와 fprintf( )함수를 이용한 파일 입출력도 확인하였다.

파일 입출력 챕터에서도 설명하였듯이, 이러한 함수들은 인자의 개수가 정해진 것이 아니라, 포맷(형식) 지정자에 따라 인자의 개수가 변경된다. 이러한 특징을 가진 함수를 가변인자 함수라 하며, C언어는 가변인자를 사용할 수 있는 방법을 별도로 제공하고 있다.

먼저, fprintf( )함수의 원형을 확인해보자.

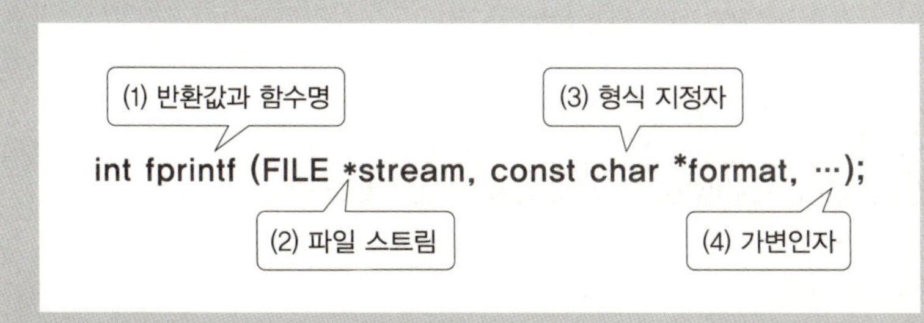


- 여기서, (4) '…'가 가변인자의 표현이며, (3) 형식지정자의 내용에 따라 인자의 개수가 바뀐다.
- 가변 인자는 ','를 이용하여 각각 구분하여 추가된다.
- 호출사례 : fprintf(stream, "%d, %d", 1, 2);

일반 함수와 다르게, 가변인자는 형(type)정의 없이 '…'로 표시된다. 이제 이러한 가변인자 함수를 구현하고 사용하는 방법을 구체적으로 살펴보자.

**가변인자 함수의 정의 방법**

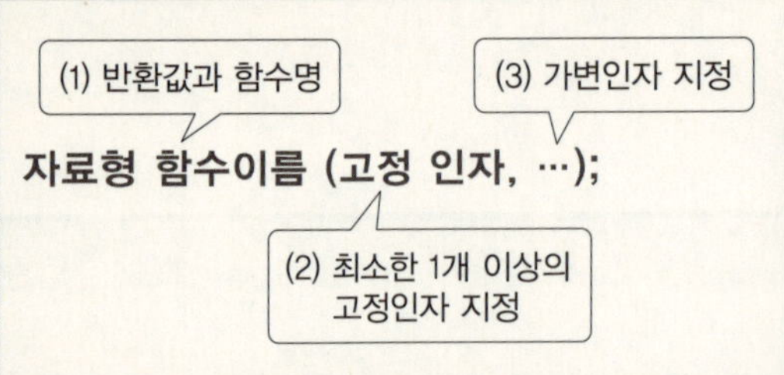


- 가변인자 함수는 최소한 1개 이상의 고정인자를 가지며, 이것을 참고하여 이후에 전달되는 가변인자를 확인하고 관리한다.

**가변인자 함수의 구현 시, 전달받은 가변인자를 이용하는 방법**

**가변인자 함수 구현에서 가장 중요한 것은 '고정인자' 정보를 이용하여 가변인자를 하나씩 가져와서 사용하는 것**이다. 이러한 과정은 <stdarg.h> 헤더파일에 선언되어 있는 'va_list', 'va_start( )', 'va_arg( )', 'va_end( )'를 이용하여 진행한다.

- va_list ap : char* 형으로 정의되어 있으며, 함수 스택으로 전달된 인자를 읽기 위한 포인터이다. 보통 변수이름을 ap로 한다.
- va_start(ap, 마지막으로 전달된 고정인자) : 가변인자를 읽을 수 있도록, ap 포인터가 첫 번째 가변인자를 가리키도록 초기화 한다. 참고로, ap의 값은 마지막 고정인자의 다음 주소로 설정된다.
- va_arg(ap, 인자타입) : ap 주소로부터 '인자타입의 크기'만큼을 읽어, 인자값으로 반환한다. 반환 후, ap의 값은 인자타입의 크기만큼 증가한다. 참고로, va_arg( )는 매크로 함수이다.
- va_end(ap) : 가변인자 관련 동작을 정리한다. ap의 값은 NULL이 된다.

va_list, va_start( ), va_arg( ), va_end( )의 활용이 가변인자 함수 구현의 핵심이다. 아래 예제를 이용하여 다시 확인해보자.

■ **전달받은 숫자의 평균을 구하는 예제**

```
1: #include <stdio.h>
2: #include <stdarg.h>
3:
4: // calcAverage( )는 아래 제약사항을 갖는다.
5: // 1번째 고정인자 : 가변인자의 개수 지정
6: // 가변인자는 모두 정수형으로 전달된다.
7: int calcAverage(int count, ...)
8: {
9:   int nTotal=0;
10:
11:   // 가변인자 관리를 위한 준비
12:   va_list va;
```

```
13:    va_start(va, count);
14:
15:    for(int i=0; i < count; i++)
16:    {
17:            nTotal +=va_arg(va, int);
18:    }
19:
20:    // 가변인자 관련 정리
21:    va_end(va);
22:
23:    return nTotal / count;
24: }
25:
26: void main(void)
27: {
28:    // 10, 20, 30, 40의 평균을 구함
29:    int nAverage=calcAverage(4, 10, 20, 30, 40);
30:
31:    printf("Result: %d\n", nAverage);
32: }
```

**해설**

- 12행~13행 : va_list, va_start( )함수를 이용하여 가변인자 접근을 준비한다.
- 17행 : va_arg(va, int);를 이용하여 가변인자 리스트에서 sizeof(int) 만큼 데이터를 가져온다.
- 21행 : 가변인자 관련 자료를 정리한다. ap의 값은 NULL이 된다.
  기타 구현의도는 소스 내의 주석을 참고한다.

**실행결과**

```
Result: 25
```

만일, fprintf( )와 같이 가변인자의 데이터 형도 다르게 지정하려면 어떻게 해야 할까? 아래 예제코드를 힌트로 하여 생각해보길 제안한다.

### ■ 데이터 형을 다르게 하여 가변인자를 이용하는 예제

```c
 1: #include <stdio.h>
 2: #include <stdarg.h>
 3:
 4: // calcAverage( )는 아래 제약사항을 갖는다.
 5: // 1 번째 고정인자 : 가변인자의 데이터 타입을 문자열로 표시한다.
 6: //        i(int), d(double), c(char)로 하며 공백은 없다고 가정한다.
 7: //        예) "iidc" : int, int, double, char 에 대응한다.
 8: double calcAverage(const char* fmt, ...)
 9: {
10:   double total=0.0f;
11:   int nCount=0;
12:
13:   // 가변인자 관리를 위한 준비
14:   va_list va;
15:   va_start(va, fmt);
16:
17:   for(int i=0; '\0' !=*(fmt+i); i++)
18:   {
19:        switch(*(fmt + i))
20:        {
21:        case 'i':
22:             total +=va_arg(va, int);
23:             break;
24:        case 'd':
25:             total +=va_arg(va, double);
26:             break;
27:        case 'c':
28:             total +=va_arg(va, char);
29:             break;
30:        default:
31:             break;
32:        }
33:        nCount++;
34:   }
35:
36:   // 가변인자 관련 정리
37:   va_end(va);
38:
39:   return(total /(double)nCount);
```

```
40: }
41:
42: void main(void)
43: {
44:    // "iidc"의 형식에 맞추어 가변인자를 전달한다.
45:    double average=calcAverage("iidc", 10, 20, 30.0, 'A');
46:
47:    printf("Result: %f\n", average);
48: }
```

**해설**

- 17~34행 : 형식지정 문자를 확인하고, 그에 해당하는 길이 만큼을 va로부터 읽어온다. 이러한 방식으로 타입이 다른 가변인자를 이용할 수 있다. 프로그램 구현의도는 소스 내의 주석을 참고한다.

**실행결과**

```
Result: 31.250000
```

# 02 Appendix  윈도우즈(Windows) 환경에서 gcc 이용하기

기본적으로 윈도우즈 운영체제 환경에서 Visual Studio를 이용하여 C언어를 실습하였으나, 실무에서는 gcc를 이용하여 오픈소스 등을 컴파일해야 하는 경우도 종종 있다. gcc를 이용하려면 리눅스(linux)환경에서 gcc tool chain을 설치해야 하지만, 윈도우즈(Windows) 환경에서 gcc를 이용할 수 있는 방법을 소개한다.

### ■ 윈도우즈(Windows) 환경에 gcc를 지원하는 도구

| 구분 | Cygwin | MinGW |
| --- | --- | --- |
| 홈페이지 | http://www.cygwin.com/ | http://mingw.org/ |
| 특징 | - gcc를 비롯한 다양한 개발툴 지원.<br>- 윈도우즈 환경에서 유닉스 계열 프로그램이 동작하도록 에뮬레이션<br>- gcc를 이용하여 개발한 프로그램은 Cygwin1.dll 런타임 라이브러리가 있어야 동작함 | - gcc를 비롯한 다양한 개발툴 지원<br>- gcc를 이용하여 개발한 프로그램은 DLL 등 별도의 라이브러리 없이 바로 실행 가능<br>- 응용 프로그램 개발과 배포 시 좀 더 유연하나, 지원하는 API 및 프로그램은 Cygwin 보다 다소 부족함 |

- 참고로, 오픈소스를 이용하여 개발할 때 GPL/LGPL 등 라이선스에 주의해야 한다. (http://www.gnu.org/licenses/)

이 중에서 MinGW를 설치하여 gcc를 사용해보자. 설치 프로그램은 홈페이지에서 다운로드 할 수 있는 데, 여기서는 'mingw-get-setup.exe' 를 이용하여 기본옵션으로 설치하기로 한다.

■ MinGW 설치

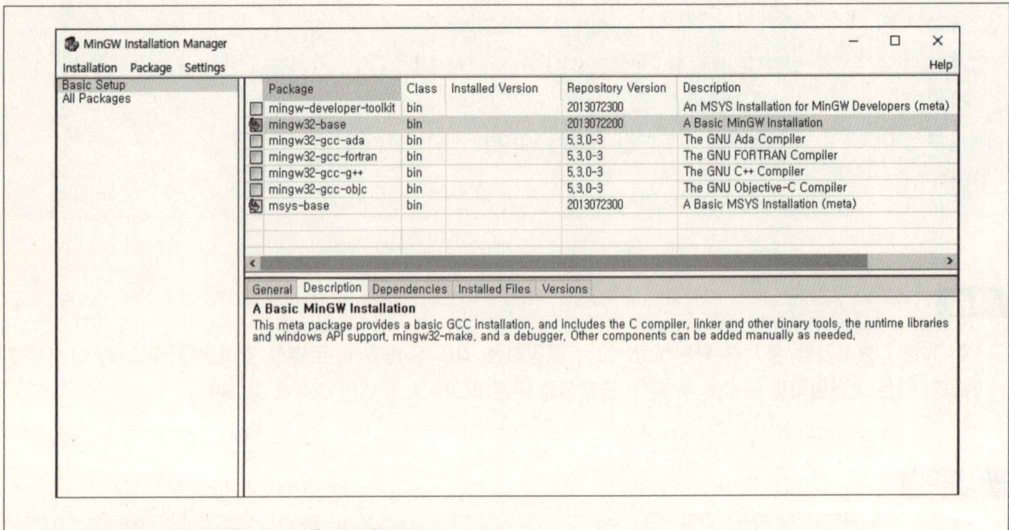


- Mingw32-base와 msys-base를 선택한다.
- 참고로 MinGW은 많은 도구를 제공하므로, 필요에 따라 추가 선택하여 설치할 수 있다.
- 옵션을 선택한 후 "메뉴 → Installation → Apply Changes"를 이용하여, 설치 진행한다.

이제, 기본 설치 폴더인 'C:\MinGW\msys\1.0"으로 이동하여 msys.bat 파일을 실행한다.

■ MinGW(msys) 실행 화면

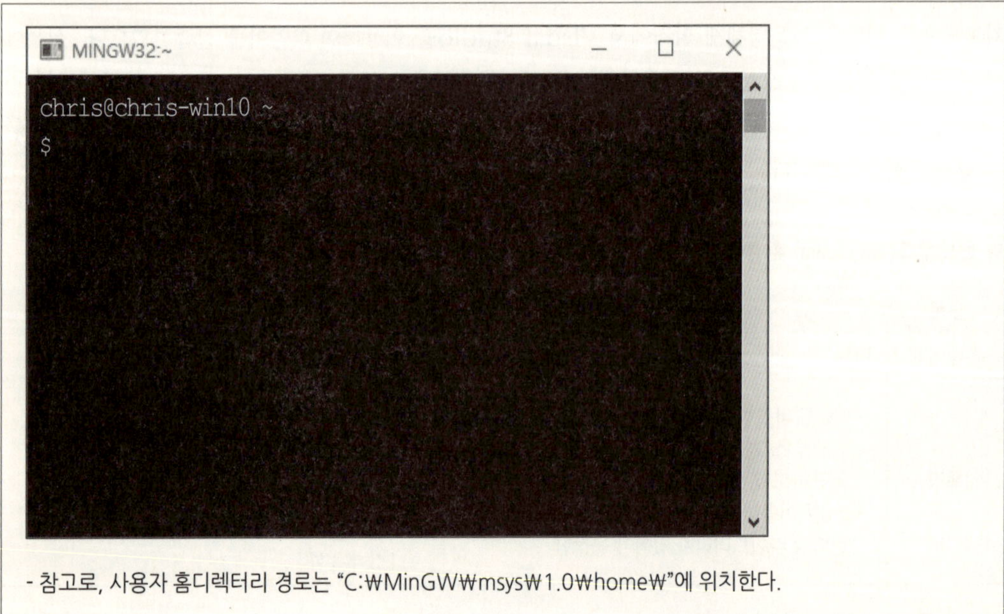


- 참고로, 사용자 홈디렉터리 경로는 "C:\MinGW\msys\1.0\home\"에 위치한다.

이제 "hello world"를 출력하는 간단한 C 소스 파일을 gcc로 빌드하고 실행해 본다.

■ gcc로 컴파일 하기

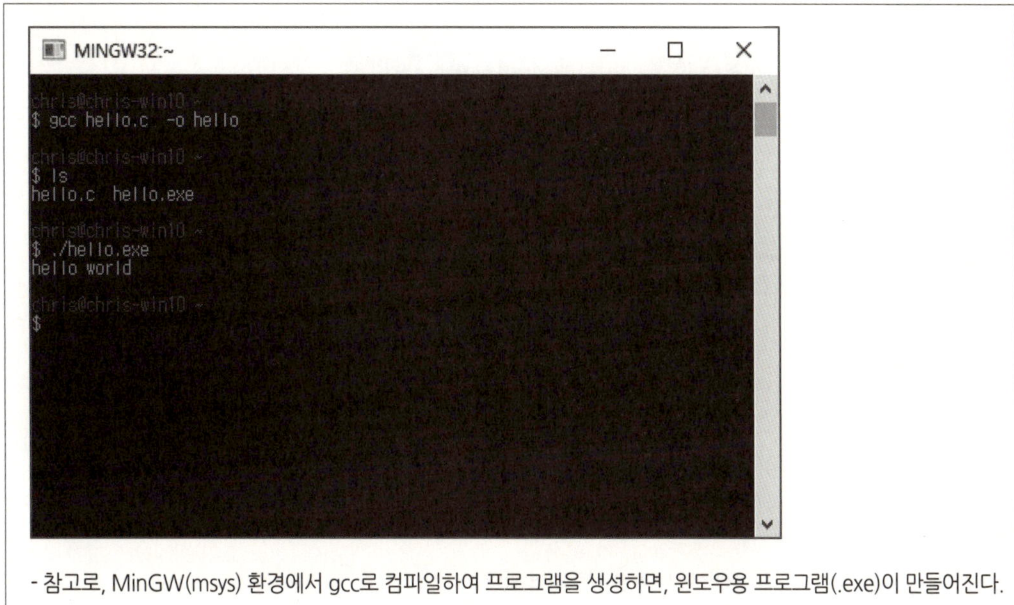


- 참고로, MinGW(msys) 환경에서 gcc로 컴파일하여 프로그램을 생성하면, 윈도우용 프로그램(.exe)이 만들어진다.

# 03 Appendix Visual Studio 2015의 SDL과 안전한 함수 사용

Visual Studio 2015는 보안에 안전한 코딩을 강조하기 위하여, 안전하지 않은 함수는 아예 지원하지 않거나, 컴파일시 "This function or variable may be unsafe"라는 메시지와 함께 대신 사용할 함수를 추천해 준다.

특히, **프로젝트 생성 중 SDL(Secure Development Lifecycle) 옵션을 선택한 경우, scanf( ) 등 함수 사용 시 보안오류를 발생시켜 컴파일이 실패**하게 된다.

■ SDL(Security Development Lifecycle) 옵션

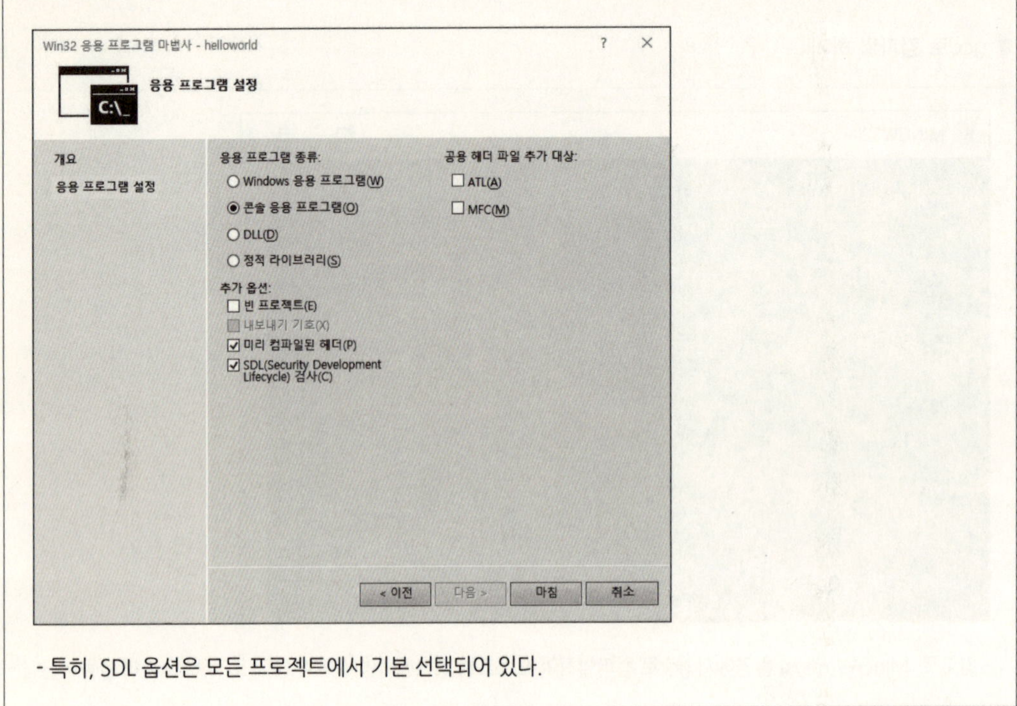

- 특히, SDL 옵션은 모든 프로젝트에서 기본 선택되어 있다.

■ C언어의 기본 함수인 scanf( )가 컴파일 시 보안문제로 오류가 됨

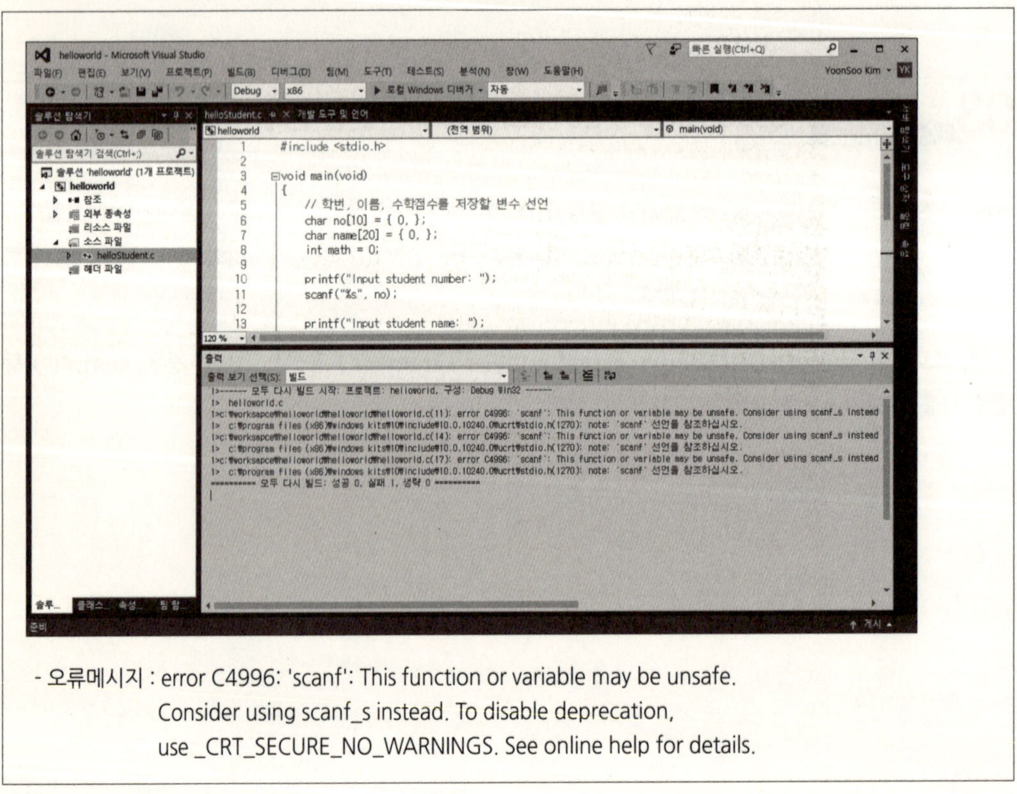

- 오류메시지 : error C4996: 'scanf': This function or variable may be unsafe.
  Consider using scanf_s instead. To disable deprecation,
  use _CRT_SECURE_NO_WARNINGS. See online help for details.

Visual Studio 2015의 안전한 함수 사용 강제는 올바른 방향이라 생각하나, C언어의 기본 함수를 중심으로 학습을 진행하기에 어려움이 따르게 된다. 또한 경우에 따라 gcc 컴파일러와 소스(함수) 호환성을 가져가야 할 필요도 생길 수 있다. 따라서, Visual Studio 2015의 보안관련 검사를 우회하여, 코딩을 연습해 볼 수 있는 방법을 설명한다.

**■ 프로젝트 속성에서 SDL 옵션 해제하기**

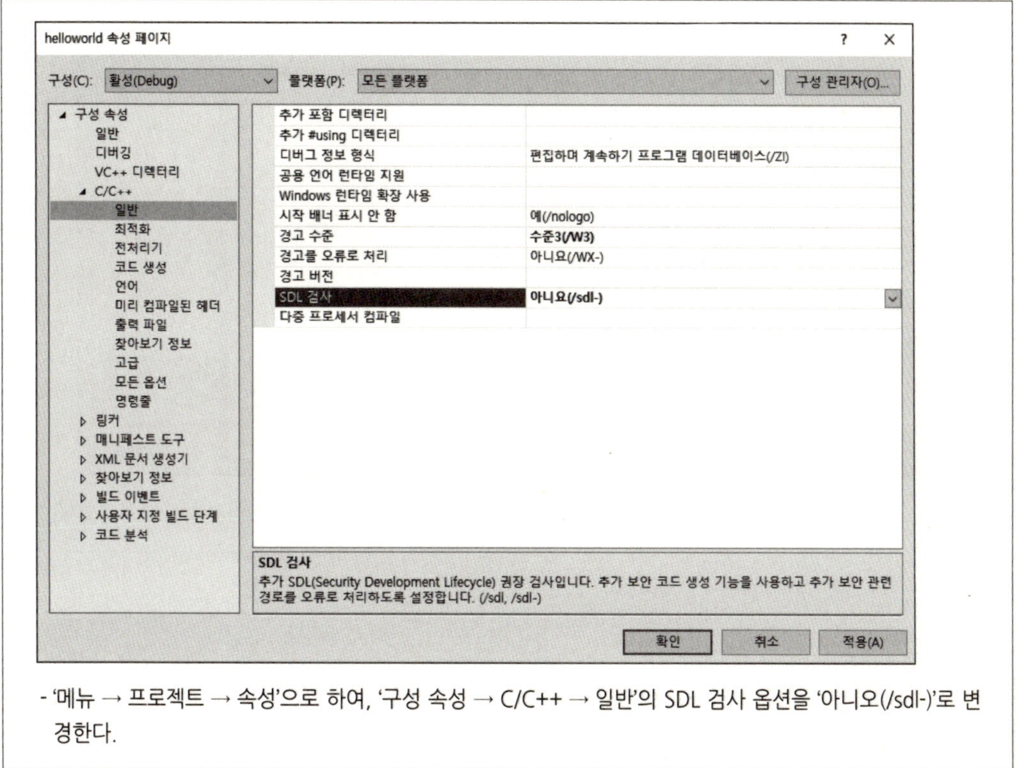

- '메뉴 → 프로젝트 → 속성'으로 하여, '구성 속성 → C/C++ → 일반'의 SDL 검사 옵션을 '아니오(/sdl-)'로 변경한다.

이제 오류 메시지가 아래와 같은 경고 메시지로 바뀌면서 컴파일에 성공한다.

```
warning C4996: 'scanf': This function or variable may be unsafe. Consider
using scanf_s instead. To disable deprecation, use _CRT_SECURE_NO_
WARNINGS. See online help for details.
```

만일, 위 경고 메시지도 없애고 싶거나 컴파일에 계속 문제가 생긴다면, 경고메시지에 설명된 바와 같이 '_CRT_SECURE_NO_WARNINGS'를 전처리기 정의에 포함한다.

### ■ _CRT_SECURE_NO_WARNINGS을 전처리에 포함하기

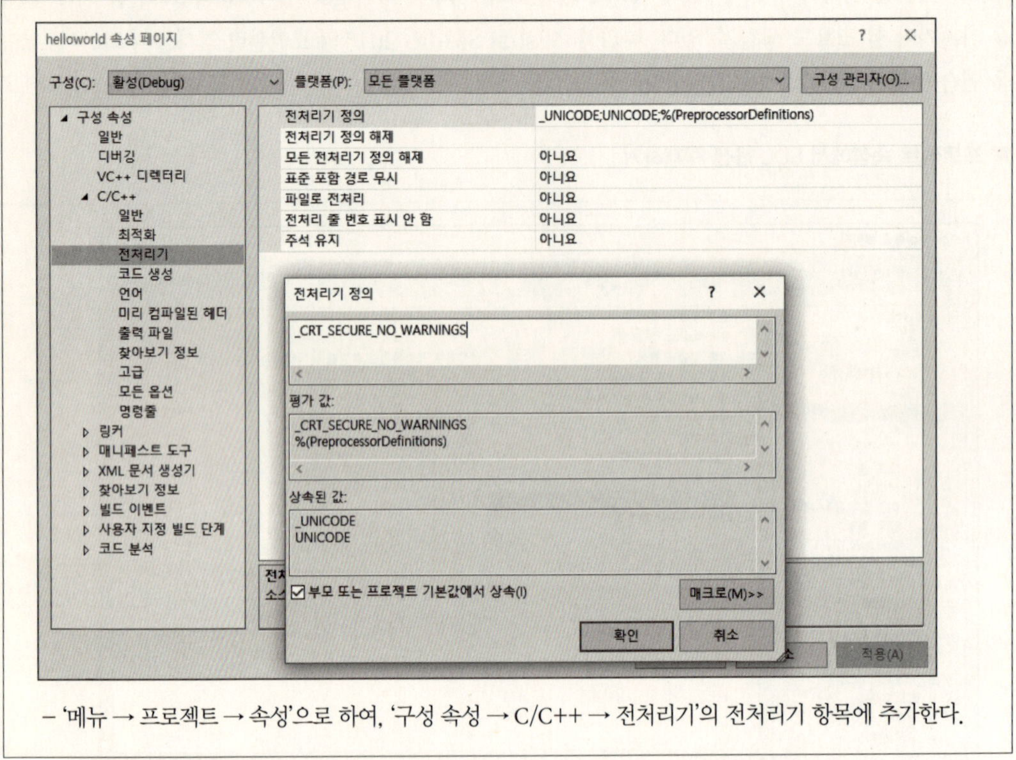


– '메뉴 → 프로젝트 → 속성'으로 하여, '구성 속성 → C/C++ → 전처리기'의 전처리기 항목에 추가한다.

# C 프로그래밍


2017. 7. 4. 초 판 1쇄 인쇄
2017. 7. 11. 초 판 1쇄 발행

지은이 │ 임호진, 김윤수
펴낸이 │ 이종춘
펴낸곳 │ 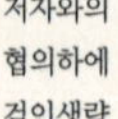 주식회사 성안당
주소 │ 04032 서울시 마포구 양화로 127 첨단빌딩 5층(출판기획 R&D 센터)
│ 10881 경기도 파주시 문발로 112 출판문화정보산업단지(제작 및 물류)
전화 │ 02) 3142-0036
│ 031) 950-6300
팩스 │ 031) 955-0510
등록 │ 1973. 2. 1. 제406-2005-000046호
출판사 홈페이지 │ www.cyber.co.kr
ISBN │ 978-89-315-5449-6 (13000)
정가 │ 23,000원

저자와의
협의하에
검인생략

**이 책을 만든 사람들**
기획 │ 최옥현
진행 │ 최창동, 최재석
전산편집 │ 인투
표지 디자인 │ 박원석
홍보 │ 박연주
국제부 │ 이선민, 조혜란, 김해영, 고운채, 김필호
마케팅 │ 구본철, 차정욱, 나진호, 이동후, 강호묵
제작 │ 김유석